刑法理论在刑事辩护中的运用

胡东平 著

中国政法大学出版社

2025·北京

声　　明　1. 版权所有，侵权必究。

　　　　　2. 如有缺页、倒装问题，由出版社负责退换。

图书在版编目（ＣＩＰ）数据

刑法理论在刑事辩护中的运用 / 胡东平著. -- 北京：中国政法大学出版社，2025. 6. -- ISBN 978-7-5764-2191-0

Ⅰ. D925.215

中国国家版本馆CIP数据核字第20259T1E67号

出 版 者	中国政法大学出版社
地　　址	北京市海淀区西土城路 25 号
邮寄地址	北京 100088 信箱 8034 分箱　邮编 100088
网　　址	http://www.cuplpress.com（网络实名：中国政法大学出版社）
电　　话	010-58908586(编辑部) 58908334(邮购部)
编辑邮箱	zhengfadch@126.com
承　　印	固安华明印业有限公司
开　　本	720mm×960mm　　1/16
印　　张	19.5
字　　数	350 千字
版　　次	2025 年 6 月第 1 版
印　　次	2025 年 6 月第 1 次印刷
定　　价	89.00 元

前 言

1979年7月1日全国人民代表大会第五次会议通过了新中国第一部《刑事诉讼法》[1]。该法第8条规定："……被告人有权获得辩护，人民法院有义务保证被告人获得辩护。"该法还专门在第四章"辩护"中对刑事辩护作出了专门规定。自此，刑事辩护开始进入我国的刑事司法实践。此后，在历次的《刑事诉讼法》修改中，与刑事辩护相关的条款的修订成了热点问题并获得了广泛讨论，刑事辩护也在保障人权、实现司法公正等方面发挥着越来越重要的作用。

随着刑事辩护普及率的不断提高，关于刑事辩护的专著也如雨后春笋般涌现，这些专著对于普及刑事辩护知识，提高辩护律师的专业技能，维护犯罪嫌疑人、被告人的合法权益无疑做出了重要贡献。然而，上述专著绝大多数都是对接待当事人、会见、阅卷、检索、刑事辩护文书的撰写、与法官检察官的沟通、庭审发问、举证质证、法庭辩论等刑事辩护的方法和技巧的介绍与探讨。这些方法和技巧对于刑事辩护而言当然非常重要，但任何刑事案件最终的处理结果，均无外乎取决于两个方面：事实的认定与法律的适用。因此，刑事辩护也是由事实之辩和法律之辩两部分组成的。上述刑事辩护专著研究的都是事实之辩的方法和技巧，而不涉及法律适用。但是，在司法实务中，有相当一部分刑案的控辩双方对于事实是没有争议的，双方的分歧在于如何适用法律。例如，近年来被网民戏称为"新四大奇案"的"玉米案""枪摊案""鹦鹉案"和"兰花案"，以及《刑法》第20条之所以被人称为是

---

[1]《刑事诉讼法》，即《中华人民共和国刑事诉讼法》，为表述方便，本书中涉及我国法律，直接使用简称，省去"中华人民共和国"字样，全书统一，后不赘述。

"写在纸上的法律",都是在各方对案件事实没有争议的情形下,由对法律适用存在分歧而引发的。

  法律的适用离不开对刑法理论的运用,对刑法理论持不同的立场,法律适用的结论就可能大相径庭。例如,刑法旧派的理论认为刑罚是对已然犯罪的报应,因此关注的是具有法益侵害性的犯罪行为;刑法新派的理论则认为刑罚是对未然犯罪的预防,因此关注的是具有人身危险性的犯罪人。于是,对于误将动物当作人而杀害的行为,刑法旧派理论认为,该行为因不具有对人的生命的侵害可能而不是我国《刑法》第232条规定的"故意杀人"行为,不构成犯罪。刑法新派理论则认为,该行为已征表出被告人的人身危险性,该行为是我国《刑法》第232条规定的"故意杀人"行为,应当以故意杀人罪(未遂)论。

  在司法实务中,刑法理论可以在刑事案件的法律适用方面发挥如下两方面的作用:一是对刑法的解释功能,即现行刑法(含司法解释)对某个问题虽然有规定,但能否将该规定适用于某一具体案件,则需要运用刑法理论才能作出判定。例如,我国《刑法》第13条但书规定"情节显著轻微危害不大的,不认为是犯罪"。在司法实务中,对于符合某罪犯罪构成的具体案件,能否适用《刑法》第13条但书之规定对该案件作出罪处理,则需要依据相关的社会危害性理论,对案件事实进行分析,才能作出判断。二是对刑法的填补功能,即现行刑法(含司法解释)对某个问题没有作出明文规定,需要运用相关的刑法理论才能对该案件作出处理。例如,在判断某个犯罪行为成立既遂还是未遂时,需要证明行为与结果之间是否具有刑法上的因果关系,但现行刑法(含司法解释)对于如何认定因果关系并无明文规定,这时就需要依据相关的因果关系理论结合案件事实作出判断。由此可见,刑法理论的运用对于刑事辩护而言可谓是举足轻重。

  本书挑选了笔者本人从事刑事辩护时经常运用的12种刑法理论,且都属于刑法总论部分的刑法理论。作此安排并非笔者认为刑法分论的理论不重要,而是因为刑法总论的理论对于个罪皆有指导功能,在刑事辩护中更有用武之地。本书挑选的这12种刑法理论大多为大陆法系国家的刑法理论,主要为刑法的基础理论和犯罪论部分的刑法理论。众所周知,大陆法系的犯罪构成理论通说是三阶层说,即行为成立犯罪必须具备构成要件该当性、违法性和有责性三个条件。但实际上,三阶层说包含的犯罪成立要件可以进一步简化为违法构成要件和责任构成要件。因此，本书从宏观、中观和微观三个层面进行编排：宏观层面，本书包括三编，第一编基础理论、第二编违法理论、第三编责任理论。中观层面，每一编下面包含四章，第一编基础理论下包含罪刑法定原则在刑事辩护中的运用、当然解释原则在刑事辩护中的运用、禁止重复评价原则在刑事辩护中的运用、社会危害性理论在刑事辩护中的运用；第二编违法理论下包含法益保护原则在刑事辩护中的运用、客观归责理论在刑事辩护中的运用、被害人承诺理论在刑事辩护中的运用、不真正不作为犯理论在刑事辩护中的运用；第三编责任理论下包含责任主义原则在刑事辩护中的运用、监督过失理论在刑事辩护中的运用、违法性意识理论在刑事辩护中的运用、期待可能性理论在刑事辩护中的运用。微观层面，每一章下面大致包含三节内容，分别是相关刑法理论的介绍，相关刑法理论的构成或特点，相关刑法理论与刑事辩护。此外，在每章的后面均附有一个笔者办理的典型案例及笔者运用相关刑法理论撰写的辩护意见或法律文书。值得一提的是，上述辩护意见或法律文书一般是从事实认定和法律适用两方面陈述辩护理由，相关刑法理论的运用只占了辩护意见或法律文书的部分篇幅，但为了让读者对辩护意见或法律文书形成全面的了解，本书将完整的辩护意见或法律文书予以附录。此外，为保护案件当事人的隐私，所涉及的当事人姓名、单位及部分地名均为化名。

　　本书论述的皆为刑法学中较为常见刑法理论，虽然倾注了笔者的相关见解，但受限于笔者的学术功底，算不上是"真知灼见"，更不敢言有什么创新点。将原本属于书本课堂的晦涩刑法理论，投入唇枪舌剑的法庭辩护之中，本是笔者践行理论联系实践的自娱自乐。除此之外，本书若还能为从事刑事辩护的律师提供另一种辩护思路，抑或激发其他读者学习刑法理论的少许兴趣，则会令作者倍感欣慰。

目 录

>> 第一编　基础理论编

第一章　罪刑法定原则在刑事辩护中的运用 …………… 003
　一、罪刑法定在我国的前世今生 …………………… 003
　二、违反罪刑法定的判断标准 ……………………… 008
　三、罪刑法定原则与刑事辩护 ……………………… 014
　附录：案例与辩护意见 ……………………………… 019

第二章　当然解释原理在刑事辩护中的运用 …………… 026
　一、当然解释的基本问题 …………………………… 026
　二、当然解释的运行法则 …………………………… 031
　三、当然解释原理与刑事辩护 ……………………… 035
　附录：案例与辩护意见 ……………………………… 042

第三章　禁止重复评价原则在刑事辩护中的运用 ……… 048
　一、禁止重复评价的刑法价值 ……………………… 048
　二、违反禁止重复评价的判断规则 ………………… 053
　三、禁止重复评价原则与刑事辩护 ………………… 060
　附录：案例与辩护意见 ……………………………… 065

第四章　社会危害性理论在刑事辩护中的运用 ………… 072
　一、社会危害性是否定罪之根据 …………………… 072

二、社会危害性内容的构成要素 …………………………………… 078
三、社会危害性理论与刑事辩护 …………………………………… 083
附录：案例与辩护意见 ……………………………………………… 088

▶▶ 第二编　违法理论编

第五章　法益保护原则在刑事辩护中的运用 …………………… 097
一、法益保护是刑法的基本原则 …………………………………… 097
二、法益保护在刑法中的展开 ……………………………………… 101
三、法益保护原则与刑事辩护 ……………………………………… 109
附录：案例与辩护意见 ……………………………………………… 114

第六章　客观归责理论在刑事辩护中的运用 …………………… 121
一、传统刑法因果关系理论之检讨 ………………………………… 121
二、客观归责理论之提倡 …………………………………………… 127
三、客观归责理论与刑事辩护 ……………………………………… 132
附录：案例与辩护意见 ……………………………………………… 138

第七章　被害人承诺理论在刑事辩护中的运用 ………………… 146
一、被害人承诺的出罪功能 ………………………………………… 146
二、被害人承诺的成立条件 ………………………………………… 151
三、被害人承诺理论与刑事辩护 …………………………………… 157
附录：案例与辩护意见 ……………………………………………… 165

第八章　不真正身份犯理论在刑事辩护中的运用 ……………… 170
一、不真正身份犯的定义纷争 ……………………………………… 170
二、不真正身份犯的认定标准 ……………………………………… 175
三、不真正身份犯理论与刑事辩护 ………………………………… 180
附录：案例与辩护意见 ……………………………………………… 185

第三编 责任理论编

第九章 责任主义原则在刑事辩护中的运用 …… 199
- 一、作为刑法格言的责任主义 …… 199
- 二、责任主义原则的理论演进 …… 203
- 三、责任主义原则与刑事辩护 …… 209
- 附录：案例与辩护意见 …… 216

第十章 监督过失理论在刑事辩护中的运用 …… 223
- 一、过失犯罪理论的反思与借鉴 …… 223
- 二、监督过失的成立标准 …… 228
- 三、监督过失理论与刑事辩护 …… 235
- 附录：案例与辩护意见 …… 240

第十一章 违法性认识理论在刑事辩护中的运用 …… 247
- 一、司法实务中的违法性认识问题 …… 247
- 二、违法性认识的学说评析 …… 252
- 三、违法性认识理论与刑事辩护 …… 258
- 附录：案例与辩护意见 …… 263

第十二章 期待可能性理论在刑事辩护中的运用 …… 268
- 一、大陆法系刑法中的期待可能性 …… 268
- 二、我国刑法中的期待可能性 …… 273
- 三、期待可能性理论与刑事辩护 …… 277
- 附录：案例与辩护意见 …… 284

参考文献 …… 291

后　记 …… 300

第一编
基础理论编

第一章

罪刑法定原则在刑事辩护中的运用

一、罪刑法定在我国的前世今生

（一）罪刑法定在我国先天不足

罪刑法定原则的基本含义是，"法无明文规定者不为罪""法无明文规定者不处罚"。该原则最早起源于英国1215年《自由大宪章》第39条之规定："对于任何自由人，不依同一身份的适当的裁判或国家的法律，不得逮捕、监禁、剥夺领地、剥夺法的保护或放逐出境，不得采取任何方法使之破产，不得施加暴力，不得使其入狱。"该规定奠定了罪刑法定的思想基础。此后，该思想在美国广为传播，并通过《权利宣言》及美国宪法使罪刑法定原则具体化。罪刑法定原则最终形成于法国，1789年《人权宣言》第8条规定："在绝对必要的刑罚之外不能制定法律，不依据犯罪行为前制定且颁布并付诸实施的法律，不得处罚任何人。"此后，罪刑法定原则成了一项法治原则为西方各国所普遍接受，并被写进国际条约，得到国际法的承认。《世界人权宣言》第11条第2款规定："任何人的任何行为或不行为，在其发生时依国家法或国际法均不构成刑事罪者，不得被判犯有刑事罪。刑罚不得重于犯罪适用的法律规定。"

我国刑法学界普遍主张，罪刑法定原则源于西方。[1]但是，也有观点认为，中国古代就已经存在依法定罪量刑思想的萌芽，这为罪刑法定原则在中国的引进提供了存活的土壤。理由是：①我国古代的一些思想家非常强调严

---

[1] 参见中国大百科全书总编辑委员会《法学》编辑委员会、中国大百科全书出版社编辑部编：《中国大百科全书·法学》，中国大百科全书出版社1984年版，第382页。

格执法对于稳定国家统治的作用。管仲提出，法律是评判天下是非黑白的仪表和依据。明君治国，不得因权贵犯罪而去修改法律，使其逃避刑罚（《管子·禁藏》）。商鞅主张"刑无等级"，即刑法在执行中，不得因所处阶层不同而有所区别，刑罚的适用并无等级之区分（《商君书·刑赏》）。②儒家典籍中虽无严格执法的直接表述，但孔子在当鲁国代理宰相之时，仅仅上朝七天就杀了少正卯（《荀子·宥坐》）；后人评价这是孔子的一贯作风，即依法判案，从不阿谀奉承（《春秋繁露·五行相生》）。③墨家学派的创始人墨子亦指出要严格按照法律规定的内容来判定罪刑。可见，我国古代的思想家大多主张罪刑的判定都要依照国家法律的明文规定来执行（《金史·刑法志》）。[1]

本书认为，中国古代是否存在罪刑法定原则存活的土壤，不能仅看古代的思想家是否主张严格执法或依法判定罪刑，而是要看中国古代是否存在罪刑法定原则的思想基础。一般认为，罪刑法定原则的思想基础包括两项，即民主主义和尊重人权主义。民主主义是指国家的重大事务应由国民自己决定，各种法律应由国民自己制定。"在特别重大的问题上，公民继续保留其否决权：这属于人权与基本权利，可以被理解为民主的创造性存在（而非像在传统自由主义中被作为对民主的提防）。"[2]刑法则是关系人的生命、身体、自由与财产等特别重大事项，应当由国民来决定何为犯罪以及对犯罪如何处罚，即刑法应当由国民选举组成的立法机关来制定。尊重人权主义则与保障国民对其行为的预测可能性密切相关。因为唯有国民能够预测行为的法律后果，才不会因为不知其行为将会受到何种处罚而不敢实施合法行为，进而引发行为萎缩的效果。换言之，保障国民对其行为的预测可能性，方能不阻碍国民的自由行动，从而保障人权。为保障国民对其行为的预测可能性，则必须禁止法律溯及既往，禁止类推定罪处罚。因为国民既不可能根据事后法来预测自己当下的行为，也不能预测自己的行为是否会被类推解释为犯罪。

由是观之，中国古代虽然存在依法定罪量刑思想，但不能将之视作罪刑法定原则存活的土壤。一方面，中国古代的刑法均由君主制订，而非由国民

---

[1] 参见李炜杰、全荃：《并非"舶来品"：我国罪刑法定原则的思想渊源与当代意涵》，载《辽宁大学学报（哲学社会科学版）》2021年第2期，第82页。

[2] [美]乔治·恩德勒等主编：《经济伦理学大辞典》，王淼洋译文主编，李兆雄、陈泽环译，上海人民出版社2001年版，第89页。

选举组成的立法机关制订，这样的依法定罪量刑不是民主主义的产物；另一方面，中国古代依法定罪量刑思想，其宗旨是维护和巩固政权统治，而不是出于尊重人权的考量。因此，我们可以看到，中国古代刑法中大量存在法溯及既往和类推定罪的情形。例如，《唐律疏议》中的《名例》篇就规定，对于法无明文规定的行为，按出罪时举重以明轻、入罪时举轻以明重的方法处理。[1]《大明律》"断罪依新颁律"条规定："凡律自颁降日为始，若犯在已前者，并依新律拟断。"[2]此即法溯及既往之规定。可见，中国古代并无民主主义和尊重人权的思想，不能因其存在依法定罪量刑思想就认为中国古代有罪刑法定原则存活的土壤。正如不能因为中国古代拥有较完备的"法制"（法律制度）就认为中国古代是"法治"社会。

(二) 罪刑法定在我国后天失调

如前所述，中国古代并不存在罪刑法定原则存活的土壤。因此，该原则对于我国来说是一个非常纯粹的舶来品，其引进经历了一个较为漫长而曲折的过程。

清朝末年，随着中华法系的衰微及清末修律活动的开展，1911年公布的《大清新刑律》在我国法制史上首次确立了罪刑法定这一近代刑法的基本原则。其第10条规定了"法律无正条者，不问何种行为，不为罪"。为了更好地体现罪刑法定主义思想，还增加了一条，"该法律颁布之后，适用于任何犯罪者"。但是，应当注意的是，《大清新刑律》是由清廷的法律修订馆邀请日本法学家冈田朝太郎协助修订而成，然后交付当时的资政院审议通过该草案的总则部分。资政院虽然类似立法机构，但其议员分为钦选议员和互选议员。钦选议员由皇帝选拔权贵、硕学通儒及纳税多者等人组成；互选议员则由各省咨议局互选，并由各该省督抚复选选定。[3]可见，《大清新刑律》不是由国民选出的立法机关制定，而主要是"钦定"。《大清新刑律》第10条之所以规定罪刑法定原则，也是迫于当时内外交困的现实，出于最大限度延续清廷的国家统治者权力之目的，而不是为了保障人权。因此，在其当中所规定的罪刑法定条款只是在法律形式上参考借鉴了西方国家，而没有体现民主主义

---

[1] 参见叶孝信主编：《中国法制史》，北京大学出版社1989年版，第156页。
[2] 范忠信、陈景良主编：《中国法制史》，北京大学出版社2007年版，第412页。
[3] 参见范忠信、陈景良主编：《中国法制史》，北京大学出版社2007年版，第412页。

和尊重人权主义的罪刑法定思想的要求。随着1911年武昌起义的枪声打响，清廷退出历史舞台，《大清新刑律》实际未能实施，其第10条罪刑法定的规定也就成了历史性的宣言。

民国时期，国民党的南京国民政府成立后颁布了《中华民国刑法》，该法延续了《大清新刑律》关于罪刑法定原则的规定，但也有刑法溯及既往这一类与罪刑法定思想相悖的条文。与《大清新刑律》不同的是，这部刑法不但颁布而且实施了。可是，由于该部刑法生搬硬套与当时中国国情存在巨大差异的西方国家的法律制度，其实施情况并不理想，最终被废止。1935年国民政府颁布了新的《中华民国刑法》，修正后的刑法规定以行为发生时的法律规定作为判定犯罪的主要依据，这就使得该部刑法中更多地体现了尊重人权主义的罪刑法定思想。一方面，该刑法的颁布和实施符合近代西方刑法的三大基本原则，即罪刑法定、罪责适应、人人平等，顺应了西方刑法的发展潮流，相较于《大清新刑律》和旧的《中华民国刑法》具有一定的进步性。另一方面，囿于立法者国家本位的立法宗旨，该部刑法在相关规定上也体现了社会防卫主义的需求，为后来刑法特别法的制定创造了条件。因此，新《中华民国刑法》在罪刑法定原则的立法上，既有依据行为时法判罚、尊重人权主义，推进罪刑法定思想的一面，又有通过刑事特别法强化社会防卫、松弛罪刑法定思想的一面。

新中国成立后，截止到20世纪70年代，我国先后起草了40多部与刑法有关的法律草案。但是，由于当时我国政治背景对法律制定有着重大影响，因此在上述草案中都没有对罪刑法定原则作出规定。改革开放后，我国的法治建设迎来了新局面，1979年7月1日，全国人民代表大会通过了我国第一部刑法（以下简称"1979年《刑法》"）。然而，当时我国仍处于计划经济时期，意识形态的转型还比较缓慢，很多上层建筑的构建还都处于"摸着石头过河"的状态之中，对于"法治"和"人权"这一类西方舶来品法学界还有些小心翼翼，对罪刑法定原则的研究也不够深入。认为"马列主义毛泽东思想关于社会主义时期阶段斗争和无产阶级专政的理论，对刑法有直接的指导意义"[1]，对我国刑法还停留在"同反革命罪作斗争，以保卫人民民主专

―――――――――
〔1〕 李放主编：《法学问题集解》，吉林大学出版社1985年版，第244页。

政的国家制度，这是我国刑法的首要任务"[1]这一认识的基础上。因此，为了实现刑法的上述任务，1979年《刑法》不但没有对罪刑法定原则作出明确规定，反而在第79条设置了与罪刑法定原则背道而驰的类推定罪规定。

随着改革开放的深入及社会主义市场经济体制的逐步形成，市场需要法治的观念深入人心，"依法治国"成了一项国策被确立。1997年新修订的《刑法》（以下简称"1997年《刑法》"）第3条明确规定："法律明文规定为犯罪行为的，依照法律定罪处刑；法律没有明文规定为犯罪行为的，不得定罪处刑。"这是新中国成立以来首次将罪刑法定原则明文写入刑法，其进步性是不言而喻的。然而，由于西方国家刑法通常是采取消极的罪刑法定规定模式，即"法无明文规定不为罪，法无明文规定不处罚"，以彰显其对人权的保障功能。1997年《刑法》第3条对罪刑法定采取的却是积极罪刑法定（第3条前半段）与消极罪刑法定（第3条后半段）相结合的"中国模式"。这与西方国家的传统模式明显不同，因此在学术界引起了较大争议。赞赏者认为，西方国家的罪刑法定原则的立法模式只片面强调人权保障，司法权限制，我国罪刑法定原则的立法模式克服了西方国家立法模式的片面性，既注重保护社会、打击犯罪，又注重保障人权、限制司法权。[2]因此，它是罪刑法定原则的新发展，具有相当强的创造性。质疑者则认为，规定罪刑法定原则是为了赋予并强化刑法的人权保障机能，"中国模式"强化的却是刑法天生所具有的社会保护机能，淡化了其本身所应具有的人权保障机能，从而失去了罪刑法定原则立法化的真正意义。[3]对于1997年《刑法》第3条，"尽管我们可以怀着无比庄严的心情铿锵有力地朗读这一原则……，但总觉得有面朝着我们磨刀霍霍的肃杀味道。因为这不是权利的声音，而是权力的声音"。[4]

本书认为，社会保护和人权保障是刑法的两大机能，二者缺一不可。只强调刑法的社会保护机能而忽视人权保障机能，刑法就会成为严刑峻法，引发"宁枉勿纵"的恐慌；只强调刑法的人权保障机能而忽视社会保护机能，

---

[1] 李放主编：《法学问题集解》，吉林大学出版社1985年版，第243页。

[2] 参见司法部法学教材编辑部编审，何秉松主编：《刑法教科书》，中国法制出版社1997年版，第63~67页。

[3] 参见刘艳红：《实质犯罪论》，中国人民大学出版社2014年版，第86页。

[4] 武玉虹、徐建峰：《应然的论说与实然的评说——对新刑法罪刑法定原则"中国特色"透析与质疑》，载《浙江省政法管理干部学院学报》2001年第3期，第10页。

则会令刑法存在的意义荡然无存,因为取消刑法最有利于人权保障。罪刑法定的"中国模式"显然是想同时实现刑法的这两大机能,但却犯下了以下三个错误:①导致刑法的两大机能明显失衡。我国《刑法》第1条、第2条分别规定了刑法的目的和任务,从法条的表述来看,我国的目的和任务都是"惩罚犯罪、保护人民"。但"惩罚犯罪、保护人民"是一种政治化的语言,如果将其转换成法律语言,则应当是指"维护社会秩序、保护合法权益",这显然是刑法社会保护机能的体现。[1]这样加上《刑法》第3条前半段,我国刑法就有两个半条文来强调刑法的社会保护机能,而只有《刑法》第3条后半段即半个条文来彰显刑法的人权保障机能,两者明显失衡。②违背了罪刑法定原则设立的初衷。刑法是规定犯罪与刑罚的法律,因此刑法先天就具有社会保护机能,即使1997年《刑法》没有规定第1条和第2条,也不会影响到刑法社会保护机能的发挥。刑法的人权保障机能则是后天养成的,如果不作规定,就会导致刑法的人权保障机能缺位。因此,罪刑法定原则本来就是为了实现刑法的人权保障机能,而与刑法的社会保护机能无关,这就是西方国家刑法对罪刑法定原则普遍采取消极立法模式的原因。③妨碍《刑法》第13条发挥出罪功能。我国《刑法》第13条后半段"但是情节显著轻微危害不大的,不认为是犯罪"(以下称为"但书")之规定,被认为是对于形式上符合犯罪构成要件,但实质上行为的社会危害性不值得动用刑罚处罚,因而对行为不以犯罪论的"出罪"条款,《刑法》第13条的设立也符合刑法学界普遍认可的"法无规定绝对不为罪,法有规定未必要入罪"的刑法适用方式,即入罪时考虑形式要件,出罪时考虑实质要件。但《刑法》第3条前半段的规定,使得《刑法》第13条几乎没有适用的可能,毕竟第3条是刑法的基本原则,而第13条只是刑法关于犯罪概念的具体规定,两者发生冲突,当然是刑法的具体规定要屈从于刑法的基本原则,这也是我国司法实践中机械司法主义盛行的重要原因。

二、违反罪刑法定的判断标准

(一)扩大解释不得违反国民预测可能

罪刑法定原则的机能在于人权保障,因此,在司法实践中"罪刑法定原

---

[1] 参见周少华:《罪刑法定与刑法机能之关系》,载《法学研究》2005年第3期,第57页。

则"是以限制法官的自由裁量权,以防止其以法律的名义侵犯公民的人权为目的。意大利著名刑法学家贝卡里亚认为,不应当让法官拥有任何自由裁量权,否则就是对公民自由的侵犯。按照贝卡里亚的设想,刑法的规定应当明确、具体,法官只需要适用刑法,无需解释刑法,"刑事法官根本没有解释刑事法律的权利,因为他们不是立法者"。[1]以我们今天的观点来看,法官的作用就好比是一台自动售货机。然而,刑法作为普遍适用的规范,它又必须是抽象的,具有一定的包容性,否则就无法获得广泛的适用。刑法规范具有的抽象性特点与"罪刑法定原则"要求刑法具体、明确之间的矛盾,是通过刑法的解释来化解的。"立法者的义务在于制定足够明确的法律来确定犯罪行为的可罚性,而法官的义务在于通过准确的法律解释尽量降低法规中的不明确性,也就是在制定一部足够明确的刑法的法律具体化过程中共同发挥作用。"[2]

"罪刑法定原则"存在形式的侧面和实质的侧面,形式的侧面包括法律主义(成文法)、禁止溯及既往、禁止类推解释;实质的侧面包括明确性,禁止处罚不当罚的行为,禁止不均衡的、残虐的刑罚。一般认为,尽管刑法规范本身是抽象的,但只要通过刑法的解释将刑法规范予以明确化,就不违反"罪刑法定原则"中实质层面的明确性要求。对刑法进行解释时存在诸多方法,其中与罪刑法定原则联系较为密切的是扩大解释和限制解释这两种方法。所谓扩大解释,是指在刑法条文的含义过于狭窄时,扩张法条的文义,作出大于字面含义的解释,使其符合刑法的真实含义的解释方法。所谓限制解释,是指在刑法条文的含义过于宽泛时,限制法条的文义,作出小于字面含义的解释。扩大解释的后果就是扩张刑法的处罚范围,这显然是有利于打击犯罪,而不利于被告人的。限制解释的后果就是限制刑法的处罚范围,这显然是有利于人权保障、有利于被告人的。但是,我们不能因此得出刑法禁止所有扩大解释,允许所有限制解释的结论。因为刑法同时具有社会保卫和人权保障两大机能。扩大解释有利于实现刑法的社会保卫机能,因此原则上允许扩大

---

[1] [意]切萨雷·贝卡里亚:《论犯罪与刑罚》,黄风译,中国法制出版社2005年版,第15页。
[2] [德]洛塔尔·库伦:《罪刑法定原则与德国司法实践》,黄笑岩译,载梁根林、[德]埃里克·希尔根多夫主编:《中德刑法学者的对话:罪刑法定与刑法解释》,北京大学出版社2013年版,第124页。

解释，但前提是该解释结论不得超出国民的预测可能性，否则就会侵害国民的自由，从而与罪刑法定原则相抵触。例如，将《刑法》第364条规定的"传播淫秽物品罪"中的淫秽物品扩大解释为反动、黄色、暴力及封建迷信的书籍及音像制品就超出了国民的预测可能性，违反了罪刑法定原则。限制解释通常不存在违反罪刑法定原则的问题，但也不是说可以随意作出限制解释。如果限制解释的结论损害到了刑法的社会保卫机能，这种限制解释就应当被禁止。例如，将《刑法》第232条规定的"故意杀人罪"中的"人"限制解释为"身体健康的人"，从而将"身体不健康的人"排除在《刑法》第232条的保护范围之外，这样的限制解释固然不会违反罪刑法定原则，但却损害到了刑法的社会保卫机能，该限制解释也不应当被允许。

（二）相关司法解释是否违反罪刑法定原则之评析

依据以上标准，我们可以对刑法学界存在争议的相关司法解释是否违反罪刑法定原则进行评析：

1. 盗窃罪司法解释

我国《刑法》第264条中"盗窃罪"的普通犯罪构成要求行为人非法占有的财物达到数额较大，是典型的数额犯。但是，相关的司法解释却出现了达到数额较大的50%也成立犯罪，或虽然达到数额较大却不追究刑事责任的规定。例如，《最高人民法院、最高人民检察院关于办理盗窃刑事案件适用法律若干问题的解释》（以下称《办理盗窃案件解释》）第2条规定："盗窃公私财物，具有下列情形之一的，'数额较大'的标准可以按照前条规定标准的百分之五十确定：（一）曾因盗窃受过刑事处罚的；（二）一年内曾因盗窃受过行政处罚的；……"第7条规定："盗窃公私财物数额较大，行为人认罪、悔罪、退赃、退赔，且具有下列情形之一，情节轻微的，可以不起诉或者免予刑事处罚；必要时，由有关部门予以行政处罚：（一）具有法定从宽处罚情节的；（二）没有参与分赃或者获赃较少且不是主犯的；……"[1]

作为数额犯的盗窃罪要求犯罪成立时必须达到法律规定的"数额较大"。但是，根据上述司法解释的规定，却存在达到"数额较大"的50%也成立盗

---

[1] 类似的还有《刑法》第267条"抢夺罪"、第274条"敲诈勒索罪"的相关司法解释。参见《最高人民法院、最高人民检察院关于办理抢夺刑事案件适用法律若干问题的解释》《最高人民法院、最高人民检察院关于办理敲诈勒索刑事案件适用法律若干问题的解释》。

窃罪和虽然达到数额较大却不追究刑事责任这两种情形。上述司法解释与刑法规定明显不一致，导致理论界对此纷纷表示质疑：

有学者认为，现行刑法对盗窃罪构成条件的规定明确而具体，具有可操作性，符合罪刑法定原则的要求。但是，相关司法解释或者将不具备"数额较大"的盗窃行为以犯罪论处，或者将已经具备"数额较大"情节的行为不以犯罪论，这是对罪刑法定原则的公然违反。[1]

本书认为，在对上述盗窃罪司法解释是否违反罪刑法定原则进行评判时，应当关注的是罪刑法定原则之精神，而不是我国《刑法》第3条"中国特色"罪刑法定原则的文字表述。为防止出现"恶法亦法"的法治之痛，司法解释必须发挥拾遗补缺，弥补刑事立法的不足之功能。《办理盗窃案件解释》第2条将盗窃达到数额较大标准的50%，但具备某些特定情形的行为也作犯罪处理，显然是一种扩大解释，凸显的是刑法的社会保护机能，而且这样的扩大解释同时也破坏了国民的预测可能性，侵害了国民的自由。这与罪刑法定原则强调人权保障的精神背道而驰，因而违反了罪刑法定原则。《办理盗窃案件解释》第7条，将盗窃达到数额较大标准，但具备某些特定情形的行为不作犯罪处理，则是一种限制解释，虽然不存在违反罪刑法定的问题。但是，如前所述，限制解释是否被允许，还要看限制解释的结论是否会损害到刑法的社会保卫机能。尽管《刑法》对盗窃罪的普通犯罪构成要求窃取数额较大的公私财物，但是当行为人符合《办理盗窃案件解释》第7条规定时，表明行为人的人身危险性很小，从而使得盗窃财物的行为的社会危害性实际上并不能达到犯罪的程度。这时就需要形式的正义让位于实质的正义，对盗窃罪的犯罪构成从实质合理性的角度进行解释，从而实现对盗窃罪的处罚范围的合理化，将不该处罚的行为排除在刑法之外。这样的限制解释得出的结论不会损害刑法的社会保卫机能，该限制解释值得肯定。

---

[1] 参见郑厚勇：《盗窃罪：司法解释与刑法规定之冲突——质疑司法解释［1998］第4号》，载《湖北社会科学》2004年第2期，第50～51页；李希慧：《罪刑法定原则与刑法有权解释》，载《河北法学》2009年第5期，第63页。需要注意的是，上述观点针对的是1997年《最高人民法院关于审理盗窃案件具体应用法律若干问题的解释》（以下称《审理盗窃案件解释》）第6条，但2013年《办理盗窃案件解释》颁布后，《审理盗窃案件解释》已废止。但两个司法解释都存在将不具备"数额较大"的盗窃行为以犯罪论处，或者将已经具备"数额较大"的行为不以犯罪论的情形。因此，上述两位学者的观点也可以用来说明《办理盗窃案件解释》。

2. 诽谤罪司法解释

我国《刑法》第246条规定"诽谤罪"的犯罪构成为"捏造事实诽谤他人，情节严重的"。但是，相关的司法解释却出现了没有实施"捏造事实"的行为，仅实施了"散布他人捏造的诽谤信息"，也以诽谤罪追究刑事责任的规定。例如，《最高人民法院、最高人民检察院关于办理利用信息网络实施诽谤等刑事案件适用法律若干问题的解释》（以下称《办理网络刑案解释》）第1条规定了利用信息网络诽谤的三种行为方式，其中第三种行为方式为明知是捏造的事实而散布，即"明知是捏造的损害他人名誉的事实，在信息网络上散布，情节恶劣的，以'捏造事实诽谤他人'论，构成诽谤罪"。由于这种行为中并无捏造事实之行为，仅有散布他人捏造的事实之行为，这明显是对"捏造事实诽谤他人"进行扩大解释得出的结论，该解释是否违反罪刑法定原则？

张明楷教授认为，诽谤罪的实行行为是单一行为，"单纯的捏造并非本罪的实行行为，将捏造的事实予以散布，才是诽谤的实行行为。换言之，明知是损害他人名誉的虚假事实而散布的，也属于诽谤"。[1]因此，《办理网络刑案解释》关于"明知是捏造的损害他人名誉的事实，在信息网络上散布，情节恶劣的，以'捏造事实诽谤他人'论"的规定，属于罪刑法定所许可的平义解释而非违反罪刑法定的类推解释。[2]黎宏教授则认为，诽谤罪是复行为犯，包括捏造事实与散布捏造的事实两个行为。"如果只有'捏造'没有'散布'，或者只有'散布'没有'捏造'的，均不构成犯罪。"[3]

本书认为，将诽谤罪的实行行为理解为"散布捏造的事实"的确有利于该罪的法益，即对公民名誉权的保护，从而实现刑法的社会保卫机能，但绝对不能以牺牲刑法的人权保障机能、违反罪刑法定原则为代价。在汉语中"捏造"与"散布"的含义存在明显区别，"捏造"一词的最大文义射程无论如何也无法将"散布"包括进来。因此，《办理网络刑案解释》第1条中的第三种行为方式的规定，不但属于扩大解释，而且该解释也破坏了国民的预测可能性、侵害了国民的自由、违反了罪刑法定原则。有学者认为，"散布他人捏造的诽谤信息"具有刑事可罚性，立法论上可以将其纳入诽谤罪的行为类

---

[1] 张明楷：《刑法学》（第4版），法律出版社2011年版，第823页。
[2] 参见张明楷：《网络诽谤的争议问题探究》，载《中国法学》2015年第3期，第60~79页。
[3] 黎宏：《刑法学各论》，法律出版社2016年版，第263页。

型予以定罪处罚,但在解释论上,根据罪刑法定原则及其规制下的刑法解释规则,对"散布他人捏造的诽谤信息"的行为,因为没有满足刑法规定的行为要件,只能按无罪处理。[1]该学者实际上认为,由于"散布他人捏造的诽谤信息"的行为具有刑事可罚性,因而我国《刑法》第246条存在处罚漏洞。在这一点上该学者的观点与张明楷教授可谓不谋而合。但如何弥补上述刑法的处罚漏洞?两人却分道扬镳,分别主张通过立法和解释的方法。本书认为,以解释的方法来堵塞刑法的漏洞固然可以节约立法资源,但如果这种解释超出了国民预测可能性,违反了罪刑法定原则,则得不偿失。因此,本书赞成通过修改刑法而非司法解释的途径将"散布他人捏造的诽谤信息"纳入诽谤罪的行为方式之中。

3. 寻衅滋事罪司法解释

我国《刑法》第293条规定"寻衅滋事罪"包括4种行为方式,其中第4种为"在公共场所起哄闹事,造成公共场所秩序严重混乱的"。但是,相关的司法解释却出现了将"在信息网络上散布虚假信息,起哄闹事,造成公共秩序严重混乱的"的行为,被视为是"在公共场所起哄闹事,造成公共场所秩序严重混乱的"的行为,也以寻衅滋事罪追究刑事责任的规定。例如,《办理网络刑案解释》第5条第2款规定:"编造虚假信息,或者明知是编造的虚假信息,在信息网络上散布,或者组织、指使人员在信息网络上散布,起哄闹事,造成公共秩序严重混乱的,依照刑法第二百九十三条第一款第(四)项的规定,以寻衅滋事罪定罪处罚。"该解释首次将"信息网络空间"解释为《刑法》第293条所规定的"公共场所",这是否属于扩大解释?是否违反罪刑法定原则?此外,《办理网络刑案解释》还以"造成公共秩序严重混乱"的表述,替换了《刑法》第293条所称的"造成公共场所秩序严重混乱",后者的外延显然窄于前者,因此这也是扩大解释,同样存在是否违反罪刑法定的问题。

本书认为,上述扩大解释是否违反罪刑法定原则,仍然要看该解释的结论是否在语词的最大文义射程内,是否超出了国民的行为预测可能性。"场所"一词的本义是"活动的处所"[2],百度百科对"场所"的定义则是"特

---

[1] 参见付立庆:《恶意散布他人捏造事实行为之法律定性》,载《法学》2012年第6期,第107~113页。

[2] 中国社会科学院语言研究所词典编辑室编:《现代汉语小词典》,商务印书馆1980年版,第58页。

定的人或事所占用的环境的特定部分,指的是特定建筑物或公共空间活动处所"。根据上述关于"场所"的定义,"信息网络空间"显然不在"公共场所"的最大文义射程内。此外,《最高人民法院、最高人民检察院关于办理寻衅滋事刑事案件适用法律若干问题的解释》(以下称《办理寻衅滋事案件解释》)第5条明确规定:"在车站、码头、机场、医院、商场、公园、影剧院、展览会、运动场或者其他公共场所起哄闹事,应当根据公共场所的性质、公共活动的重要程度、公共场所的人数、起哄闹事的时间、公共场所受影响的范围与程度等因素,综合判断是否'造成公共场所秩序严重混乱'。"根据该条规定,寻衅滋事罪中的"公共场所"是指车站、码头等具有物理属性的处所,信息网络虚拟空间则与上述处所的存在形态完全不同。《办理网络刑案解释》无论是将"信息网络空间"解释为"公共场所"的一种,还是认为"造成公共秩序严重混乱"就是"造成公共场所秩序严重混乱",都破坏了国民的预测可能性、侵害了国民的自由、违反了罪刑法定原则。

应当承认,刑法的既往规定永远跟不上不断发展变化的现实生活。面对可能出现的由刑法滞后性导致处罚漏洞的情况,司法者既不能为了实现刑法的社会保卫机能而超越司法权的边界在法外定罪量刑,更不能直接以刑法解释的名义进行司法造法。[1]刑法解释的过程原则上应当是"一个'有中找有'而非'无中找有'的过程"。[2]因此,司法必须保持必要的自我克制,并在必要与可能时积极推动立法者完善立法。

三、罪刑法定原则与刑事辩护

近代以来,人权保障观念逐渐深入人心,罪刑法定原则作为法治的象征,被奉为刑法的帝王原则。正因如此,为建设法治社会,我国于1997年取消了刑法中原有的类推定罪规定,将罪刑法定原则植入《刑法》第3条。罪刑法定原则所具有的人权保障机能与刑事辩护所追求的目标可谓完全契合。如此看来,刑事辩护似乎拥有了"尚方宝剑",罪刑法定原则本应当在刑事辩护中发挥奇效。"但是,罪刑法定原则在实践中并未充分发挥自由保障价值,惩罚

---

[1] 参见梁根林:《罪刑法定原则:挑战、重申与重述——刑事影响力案件引发的思考与检讨》,载《清华法学》2019年第6期,第71页。

[2] 杨兴培:《检视罪刑法定原则在当前中国的命运境遇——兼论中国刑法理论的危机到来》,载《华东政法大学学报》2010年第1期,第6页。

犯罪的确定性也不断动摇。"[1]我国的司法现实是刑事犯罪的无罪判决率非常低,我们可以将原因部分地归咎于我国的司法机关存在"重打击犯罪、轻人权保障"的重刑主义思想倾向。但这并不代表我们在运用罪刑法定原则进行刑事辩护时没有值得反思和检讨的地方。刑事审判的法庭上常有这样的场景,辩护人滔滔不绝地论证被告人的行为不符合被指控犯罪的构成要件,声情并茂地指出如果定罪便会违反罪刑法定原则。但公诉人只回应称被告人的行为完全符合该罪的构成要件,对其定罪恰恰是对罪刑法定原则的遵守。最终法院的判决书常以"辩护人认为被告人的行为不符合所指控犯罪的构成要件的辩护意见与事实不符合,不予采信"这样一句话作出裁定。由此可见,罪刑法定原则与生俱来的人权保障机能并没有在刑事辩护中得到充分实现,这也是导致当前刑事案件的无罪判决率非常低的重要原因。

本书认为,运用罪刑法定原则开展有效的刑事辩护,关键在于如何将抽象的刑法基本原则转换成具体的刑法规范。因此,辩护人不应当空谈罪刑法定原则的理念、机能,而是应当根据被告人的行为与被指控的犯罪的构成要件在文义上是否存在表面一致而采取不同的辩护策略。

(一)辩护策略之一:犯罪构成要件的直接论证

在司法实践中,鲜有辩护人会直接引用"罪刑法定原则"为被告人作无罪辩护。然而,无罪辩护又几乎都是对"罪刑法定原则"的具体运用。例如,针对公诉人指控的犯罪,辩护人通常会细致地论证被告人的行为不符合该罪的犯罪构成要件,由此得出被告人的行为不构成犯罪的结论。在此过程中,表面上辩护人是在运用犯罪构成要件理论进行无罪辩护,实际上则是罪刑法定原则的具体运用。因为,辩护人是以被告人的行为不符合该罪的犯罪构成要件为由认为被告人的行为不构成犯罪。其言外之意是,我国刑法并没有将被告人的行为规定为犯罪,根据罪刑法定原则,对被告人不应当以犯罪论处。

例如,某甲以"做游戏"为幌子,采取欺骗的方法令15岁的少年某乙为其从事危重劳动。如果起诉书指控某甲犯有"雇佣未成年人从事危重劳动罪",辩护人可以指出,某甲在本案中没有支付劳动报酬,不是雇佣。该行为虽然令未成年人从事了危重劳动,但不符合"雇佣未成年人从事危重劳动罪"的客观要件,因此某甲的行为不构成该罪。其言外之意是,某甲的行为是

---

[1] 高巍:《重构罪刑法定原则》,载《中国社会科学》2020年第3期,第123页。

"诱骗未成年人从事危重劳动"。但我国《刑法》没有规定"诱骗未成年人从事危重劳动罪",根据罪刑法定原则,该行为不构成犯罪。

(二) 辩护策略之二:限制解释的运用

当被告人的行为与被指控的犯罪的构成要件在文义上表面一致时,辩护人可采取对犯罪构成要件进行限制解释的方法。"限制解释"的后果就是限制刑法的处罚范围,这样辩护人就可以得出被告人的行为不符合被指控的犯罪的构成要件,并指出我国刑法亦没有将被告人的行为规定为其他犯罪,根据罪刑法定原则,被告人的行为不构成犯罪。

例如,某甲邀约两名女子到自己家中自愿同时秘密发生性行为,被指控触犯《刑法》第301条之规定,构成"聚众淫乱罪"。因为根据《刑法》第301条的规定,聚众进行淫乱活动,对首要分子和多次参加者以"聚众淫乱罪"处罚。聚众淫乱的字面含义是聚集三人以上进行淫乱活动,某甲方的行为显然符合上述特征。对此,辩护人可以采取对"聚众淫乱"进行限制解释的方法为某甲的行为作无罪辩护,即"聚众淫乱"中的"聚众"一词不包括所有的聚集三人以上的行为,而是应当被限定于"公然性的聚集三人以上"之行为。辩护理由一:由于聚众淫乱罪被规定在《刑法》分则第六章"妨害社会管理秩序罪"中的"扰乱公共秩序罪"中,因此该罪侵害的法益不是一般意义上的伦理秩序,而是公众对性的感情,尤其是侵害了性行为非公开化的社会秩序。[1]因此,"聚众淫乱"应当限制性地解释为具有一定公然性的聚众淫乱。辩护理由二:我国《刑法》第289条规定的聚众"打砸抢"行为,第290条规定的"聚众扰乱社会秩序罪""聚众冲击国家机关罪",第291条规定的"聚众扰乱公共场所秩序、交通秩序罪",第292条规定的"聚众斗殴罪"等聚众的犯罪中,"聚众"均指"公然性的聚集三人以上",根据刑法的体系解释原理,"聚众淫乱罪"中的"聚众"也必须是"公然性的聚集三人以上"。换言之,由于我国刑法没有将秘密聚集三人以上进行淫乱规定为犯罪的刑法规范,根据罪刑法定原则,某甲的行为不构成犯罪。

限制解释缩小了刑法的文义外延,而刑法规范多数表现为禁止性规范,缩小禁止性规范的后果就是限制了处罚范围,这与罪刑法定原则所担负的人权保障功能是一致的。因此,限制解释的方法应当在无罪或罪轻的刑事辩护

---

[1] 参见张明楷:《刑法学》(第4版),法律出版社2011年版,第947页。

中大力推广,这亦可被视为罪刑法定原则在刑事辩护中的一种具体运用。当然,采用限制解释进行刑事辩护时,其本身也是受到一定限制的,即什么情形下才可进行限制解释?在进行限制解释时,限制到什么范围?这些不是随心所欲的,而是要综合考虑该刑法规范的法益保护目的、国民的自由保障以及刑法规范之间的协调关系等因素。

(三) 辩护策略之三:扩大解释的反驳

当被告人的行为与被指控的犯罪的构成要件在文义上表面不一致时,公诉人可能会主张,对刑法进行必要的扩大解释是保护法益的需要,在对被指控的犯罪的构成要件进行合理必要的扩大解释后,被告人的行为符合该罪的构成要件。这时,辩护人切忌直接宣称公诉人主张的扩大解释的结论违反了罪刑法定原则。因为扩大解释虽然不利于被告人,但不能因此就认为凡是以扩大解释的方法入罪就违反了罪刑法定原则。毕竟,刑法除了具有人权保障功能外,也有法益保护的功能。更何况,我国《刑法》第3条所采取的独特的"积极的罪刑法定"加"消极的罪刑法定"的规定模式,常常被认为是体现了刑法的人权保障功能和法益保护功能。但是,由于扩大解释是对用语通常含义的扩张,这种扩张一旦超出了用语可能具有的含义,就会被视为类推解释。如前所述,罪刑法定原则的形式侧面包括禁止类推解释,即类推解释是违反罪刑法定原则的。因此,当公诉人以扩大解释的方法论证被告人的行为符合被指控犯罪的构成要件时,辩护人如果拟作无罪辩护,最好的办法就是指出公诉人的指控实际上是一种类推解释,违反了罪刑法定原则,进而得出被告人的行为不构成犯罪的结论。

这里存在一个如何区分类推解释和扩大解释的问题。一般认为,两者的界限需要综合考虑刑法条文的目的、行为的处罚必要性、国民的预测可能性、刑法条文的协调性、解释结论与用语核心含义的距离等诸多方面才能确定。本书认为,在上述解释因素中,国民的预测可能性特别值得关注。首先,可预测性解释能够突出保障人权而非仅仅保护社会的功能,可以防止借扩大解释之名进行类推解释,坚守着罪刑法定保障人权的阵地,是罪刑法定原则保障性的解释方法。[1]其次,"罪刑法定以刑法分则规定的构成要件为基本载

---

[1] 参见马荣春:《刑法的可能性:预测可能性》,载《法律科学(西北政法大学学报)》2013年第1期,第91~92页。

体。规定构成要件的刑法分则条文表达着特定的行为规范与裁判规范"。[1]刑法规范不仅仅是裁判规范，更是行为规范，民众是依据刑法规范来预测自己的行动自由之范围的。反之，如果民众无法根据刑法规范来确定其行动自由的边界，就会产生行动自由萎缩的后果，这就违反了罪刑法定原则的实质侧面中的明确性要求。因此，刑法规范在适用中如果导致国民的预测可能性受到破坏，则必然会损害罪刑法定原则，这样的解释就可以被归类为类推解释。例如，我国《刑法》第263条规定的"抢劫罪"加重情节之一，冒充军警人员抢劫的，处十年以上有期徒刑、无期徒刑或者死刑，并处罚金或者没收财产。如果被告人是一名真正的警察且在抢劫时告知被害人其警察身份，公诉人指控被告人的行为应当以"冒充军警人员抢劫"论。理由是，真正的警察以警察名义抢劫，其社会危害性比非警察人员假冒警察抢劫更大，更有从重处罚之必要。因此，应当将"冒充军警人员抢劫"扩大解释为包括真正的警察以警察名义抢劫。此时，辩护人可以主张"冒充"一词在文义上是仅指"假冒"，将"冒充军警人员抢劫"解释为包括真正的警察以警察名义抢劫，会破坏国民的预测可能性。这种解释的实质不是扩大解释，而是类推解释。该解释方法因违反罪刑法定原则而不应当被采信。因此，对被告人不应当以"冒充军警人员抢劫"论。

（四）辩护策略之四：消极犯罪构成的反向操作

应当注意的是，犯罪构成要件分为积极的犯罪构成要件和消极的犯罪构成要件这两类。所谓积极的犯罪构成要件是指积极地、正面地表明成立犯罪必须具备的要件；所谓消极的犯罪构成要件是指消极地、负面地表明当具备该要件时将导致犯罪不能成立。辩护人采取限制解释的方法以及论证公诉人的主张是类推解释的方法的辩护模式是针对积极的犯罪构成要件而言的，如果面对的是消极的犯罪构成要件，则需要采取相反的策略。

例如，《刑法》第274条规定："敲诈勒索公私财物，数额较大或者多次敲诈勒索的，处三年以下有期徒刑、拘役或者管制；数额巨大或者有其他严重情节的，处三年以上十年以下有期徒刑……"此处的"勒索"即是敲诈勒索罪的积极的犯罪构成要件。《刑法》第389条第3款规定："因被勒索给予国家工作人员以财物，没有获得不正当利益的，不是行贿。"此处的"勒索"

---

[1] 梁根林：《罪刑法定原则：挑战、重申与重述——刑事影响力案件引发的思考与检讨》，载《清华法学》2019年第6期，第71页。

即是行贿罪的消极的犯罪构成要件。"勒索"一词的文义为"采用威胁或要挟的方法，索取财物"。当辩护人为涉嫌敲诈勒索罪的被告人进行刑事辩护时，由于此时的"勒索"是作为敲诈勒索罪的积极的犯罪构成要件而存在，因此辩护人应当尽可能地对"勒索"一词的文义进行限制解释。例如，将此处的"勒索"解释为"使用胁迫手段，并使对方产生恐惧心理，进而取得财产"。再以被告人虽然采取了胁迫手段并取得了财产，但被害人并没有因此产生恐惧心理为由，主张该行为不符合敲诈勒索罪的犯罪构成要件。由于我国刑法并没有将未造成被害人恐惧心理的胁迫获得财产的行为规定为犯罪，根据罪刑法定原则，被告人无罪。当辩护人为涉嫌行贿罪的被告人进行刑事辩护时，由于此时的"勒索"是作为行贿罪的消极的犯罪构成要件而存在，因此辩护人应当尽可能对"勒索"一词的文义进行扩大解释。例如，将此处的"勒索"解释为"使用包括威胁、要挟或者刁难等方法，索要贿赂"。再以被告人是在受到受贿人刁难的情况下交付贿赂为由，主张该行为符合行贿罪的消极犯罪构成要件，被告人无罪。如果公诉人提出，"勒索"一词的文义为"采用威胁或要挟的方法，索取财物"，而辩护人将"勒索"解释为"使用刁难的方法，索取财物"是一种类推解释，违反罪刑法定原则。辩护人则可以反驳，将"勒索"解释为"使用刁难的方法，索取财物"，并没有超出国民的预测可能性。因为"刁难"一词的文义是指"故意把事情弄复杂，或者故意出难题使人为难，让人不知怎么办才好"。被刁难而交付财物与被威胁而交付财物都是在违背当事人意愿的情况下被迫交付财物，因此将"勒索"解释为"使用刁难的方法，索取财物"。并没有超出国民的预测可能性，这是一种扩大解释而不是类推解释，因此不违反罪刑法定原则。

附录：案例与辩护意见

1. 案例

2010年，江西省某外贸公司（以下称"甲公司"）总经理、股东赵某及股东吴某因涉嫌走私普通货物罪而被南昌海关缉私局逮捕。该案件中赵某既是甲公司的总经理、股东，又是另两家在香港注册的离岸公司（以下称"乙公司""丙公司"）的股东。甲公司主要经营出口金属原料到韩国的业务，其采取的外贸出口方式主要有两种：一种是由甲公司与韩国外商签订出口价格较高的合同，报关时则以修改后的较低的出口价格报关出口；二是甲公司与乙公司、丙公司先签订货物出口合同（低价合同）后，乙公司、丙公司再与韩国外商签订货物销售合同（正常价格合同），甲公司以其与乙公司、丙公司签订的合同价格报关出口。在实际出口时货物不经乙公司、丙公司，直接运给韩国外商。南昌海关缉私局指控吴某、赵某涉嫌利用虚假合同走私货物，偷逃关税220万元，构成走私普通货物罪。该案由于手法奇特，受到了海关总署、最高人民检察院的重视。

2. 辩护意见

关于甲公司及赵某不构成走私普通
货物罪的法律意见书

南昌市人民检察院：

我受赵某家属的委托和江西豫章律师事务所的指派，担任涉嫌走私普通货物罪犯罪嫌疑人赵某的辩护人。现就本案提出如下法律意见，供贵院在审查起诉时参考。

南昌海关缉私局（以下称"缉私局"）在《南昌海关缉私局起诉意见书》（以下称《起诉意见书》）中认定甲公司及赵某、吴某采用低价报关的方法，偷逃关税220万元，构成走私普通货物罪。辩护人认为，本案中，甲公司出口金属原料的行为方式主要有两种：一种是由甲公司与外商签订出口价格较高的合同，报关时则以修改后的较低的出口价格报关出口；二是甲公司与乙公司、丙公司签订货物出口合同后，乙公司、丙公司再与外商签订货物销售合同，甲公司以其与乙公司、丙公司签订的合同价格报关出口。对于第一种方式，辩护人认为甲公司确有申报不实的行为，涉嫌走私。但即使涉嫌走私，甲公司涉嫌偷逃关税的数额也不满25万元。因此，这只是一种应当受到行政处罚的行为，而不构成走私普通货物罪。对于第二种行为，辩护人认为《起诉意见书》将之认定为构成走私普通货物罪存在定性错误。以下是对上述行为的法律分析：

1. 由甲公司与外商签订出口价格较高的合同，报关时则以修改后的较低的出口价格报关出口的行为涉嫌走私，但不构成走私普通货物罪。

根据相关的海关法律法规的规定，对于货物的出口应缴关税是以出口货物的售价为依据来计算，但应当将出口方支付的佣金从售价中扣除。然而，缉私局在计算甲公司偷逃关税的数额时，并没有将甲公司支付的佣金部分扣除，导致统计上的应缴关税数额高于实际上的应缴关税数额。相关证据显示，甲公司在其出口贸易中共计支付佣金7万多美元（参见赵某家属提供的证据目录第一组证据及补充侦查案卷）。在扣除上述佣金后，甲公司采用上述方法涉嫌偷逃关税的数额不满25万元。而单位犯走私普通货物罪的数额标准是偷逃应缴税额25万元以上。因此，甲公司的上述行为不构成走私普通货物罪。

2. 甲公司与乙公司、丙公司签订货物出口合同后，乙公司、丙公司再与外商签订货物销售合同，甲公司以其与乙公司、丙公司签订的合同价格报关出口的行为不构成犯罪。

（1）乙公司和丙公司是依法成立的、具有独立法人资格，并依法独立经营的离岸公司。

首先，乙公司和丙公司是两家合法设立的离岸公司。当前，所有的国际大银行都承认离岸公司，为其设立银行账号及财务运作提供方便。乙公司和丙公司是依据中华人民共和国香港特别行政区的法律设立的两家离岸公司，其设立及存续完全是合法的。乙公司和丙公司在我国的许多银行（包括中信银行、中国银行、上海浦东银行）都设有离岸账户，并通过上述银行开展各类资金业务。可见，我国也是承认乙公司和丙公司这类离岸公司的合法地位的。

其次，乙公司和丙公司具有独立法人资格。赵某既是乙公司、丙公司的股东，同时也是甲公司的主要股东，但这并不能表明乙公司、丙公司是附属于甲公司的。从成立时间上看，乙公司、丙公司早于甲公司；乙公司、丙公司在香港特别行政区拥有专门的公司事务管理人员，并依照香港特别行政区相关法规缴纳各种税费；乙公司、丙公司在中国大陆具有独立的账户（详见赵某家属提供的证据目录第四组证据）。以上事实说明，乙公司和丙公司具有独立法人资格。

最后，乙公司和丙公司是独立经营的公司。在2007年国家对金属硅等开征出口税之前，乙公司、丙公司就已经独立开展转口贸易，即乙公司、丙公司作为买家，从国内的其他原料供应商处购买金属原料，再转卖给外商（详见赵某家属提供的证据目录第二组证据）；在2007年国家对金属硅等开征出口税之后，乙公司、丙公司也曾以其他公司为进货渠道开展转口贸易（详见赵某家属提供的证据目录第三组证据）。在上述贸易形式中是没有甲公司参与的，这说明乙公司和丙公司在经营上是独立的。

（2）缉私局将上述行为认定为构成走私普通货物罪的理由不能成立。

缉私局将上述行为认定为构成走私普通货物罪的理由有三：①甲公司与

乙公司或丙公司签订的出口合同是虚假的外贸合同。②甲公司报关出口的价格低于真实的成交价格。③乙公司、丙公司与外商交易获取的利润实际上为甲公司取得。

辩护人认为，上述三条理由都不成立。

1. 甲公司与乙公司、丙公司订立的外贸出口合同不是虚假合同。

首先，《起诉意见书》认为，甲公司与乙公司、丙公司订立的外贸出口合同是将"以乙公司、丙公司的名义与外商签订的合同的卖方修改为甲公司，买方修改为乙公司、丙公司，并修改合同的真实成立价格，制作甲公司与乙公司、丙公司之间虚假的外贸合同"（见《起诉意见书》第5页）。辩护人认为上述认定完全是错误的，甲公司从来没有"修改"制作"虚假"合同，而是基于贸易的需要制订合同。甲公司与乙公司、丙公司订立的合同在先，乙公司、丙公司与外商签订的合同在后，怎么可能前者是通过对后者的修改而制作的呢？此外，前后两份合同除了合同标的物及数量是相同的外，在付款方式、付款时间等许多条款上都不相同。这说明，前后两份合同是存在实质性区别的。其次，2007年国家对金属硅等开征出口税之前，甲公司与乙公司就采取过完全相同的贸易形式，即甲公司与乙公司签订出口合同，乙公司再与外商签订货物买卖合同。如果说2007年以后签订的合同是虚假合同，那么2007年以前签订的合同当然也是虚假的合同，但这种结论显然是很难让人接受的。

《起诉意见书》还指出"在实际的货物出口中，甲公司直接将货物出口至国外外商"（见《起诉意见书》第5页），由此认为甲公司与乙公司、丙公司之间不存在真实的交易。但这是对离岸公司的性质存在错误理解导致的。因为外贸实务中成立离岸公司的目的主要是从事转口贸易。不能因为乙公司和丙公司在本案中开展的是转口贸易，就认为甲公司与乙公司、丙公司之间不存在真实的交易。

2. 甲公司是以真实的成交价格报关出口。

首先，根据缉私局的指控，甲公司报关出口的价格低于乙公司、丙公司与外商的成交价格，所以构成走私。那么，为了不被当作走私处罚，甲公司报关出口的价格就只能和乙公司、丙公司与外商约定的合同价格完全相同。然而，乙公司、丙公司除了在设立及维持其存续过程中需要缴纳一定的税费，会产生经营成本外。更重要的是，两家公司在做每一次转口贸易时，都要向相关人员支付数额不菲的佣金。据统计：自2007年以来，乙公司、丙公司在以甲公司为原料供应商的转口贸易中,一共对外支付了 328 422.21 美元的佣金。如果要求乙公司、丙公司在购买甲公司的货物时其价格必须和它卖给外商的货物价格完全相同,则乙公司、丙公司不但不可能有盈利,就连维持也是不可能的。从它们成立的那一天起,就注定是要倒闭的。

其次,根据缉私局的逻辑,离岸公司在与其关联公司做转口贸易时,只要进口价低于出口价格,哪怕是每吨货物的价格只有 1 元的差价,也应当被认定为是虚假的价格,该关联公司以此价格报关出口的行为都是走私行为,只要数额累计到了法律规定的数额,都成立走私普通货物罪。但据辩护人所知,几乎没有哪家公司通过其离岸公司出口货物时报关价格会和外商实际购买价格完全一样。因为这样一来,成立离岸公司的意义将荡然无存。

最后,甲公司报关出口价(即它与乙公司、丙公司签订的合同价格)虽然低于乙公司、丙公司与外商签订的合同价格,但却高于甲公司采购价格的 25%,这说明甲公司的出口价格可以使其获得合理的利润,甲公司的出口行为是一种正常的商业行为。它是以真实的成交价格报关出口,而且这一报关价格是经过海关监管部门审批而未提出疑义的。

3. 甲公司没有获取非法利润。

缉私局认为,乙公司、丙公司在收取了外商的货款后,将其中一部分支付给甲公司,另一部分则通过个人银行卡结汇后,再由赵某和吴某转入甲公司账户,因此甲公司获取了非法利润。辩护人认为,甲公司没有获取非法利润。乙公司、丙公司在收到外商支付的货款再将其支付给甲公司后,所剩余的就是乙公司、丙公司从事转口贸易的利润。众所周知,公司的利润是要用来给股东分红的。但是,这笔外汇是存放在乙公司、丙公司的离岸账户上,我国是一个实行外汇管制的国家。作为乙公司、丙公司的股东,赵某无法直接从乙公司、丙公司的离岸账户上收取外汇,行使股东的分红权,所以只好通过个人银行卡结汇。可见,赵某通过将乙公司、丙公司的销售利润转入个人银行卡进行结汇实际上是股东行使分红权的行为。赵某是甲公司的股东和法定代表人,在甲公司需要资金进行经营的情况下,赵某将从乙公司、丙公司的销售利润中获得的个人分红,也即个人财产再投入甲公司的经营,实际上是股东的再投资行为。因此,甲公司没有获取乙公司、丙公司的销售利润。

4. 甲公司的行为没有违反我国刑法。

根据我国《刑法》第 153 条的规定,走私普通货物罪的构成要件是违反海关法规，逃避海关监管。本案中，甲公司与乙公司、丙公司签订合同出口货物，并且以双方签订的合同价格报关出口，其行为既没有违反海关法规（《起诉意见书》中没有指出甲公司的上述行为违反了哪一条海关法规），也没有逃避海关监管（所有的出口行为都在海关的监管之下），怎么能说是构成走私普通货物罪呢。

当然，辩护人不否认，甲公司通过离岸公司出口货物除了是为了结汇方便外，也有合法避税的意图。然而，合法避税行为与走私犯罪行为虽然在目的上都是为了减少缴纳税款，但两者之间存在根本区别。即前者不违反法律的规定，而后者不但违反了海关法，更触犯了刑法。因此，对于前者，法律通常是规定一些反避税措施加以防范；对于后者，则要采取法律制裁甚至刑罚惩罚来预防。例如，一些国际著名的跨国企业通常采用转移定价的方法来进行合法避税，即跨国公司在华子公司以高价从海外关联公司购买原材料，经过产品加工制造后，再以低价出售给海外关联公司，从而使跨国公司在华子公司出现亏损，而利润则被转移到了海外关联公司。这种避税方法和本案可谓是如出一辙，但对于上述行为我国司法机关并没有将其以偷税罪或走私罪论，而是由税务部门通过预约定价的反避税措施加以解决。同理，利用离岸公司开展转口贸易来进行避税的行为不违反法律，我国海关法也规定了价格磋商机制这种反避税措施，根本无需，也不应动用刑法。

"无行为则无犯罪"是众所周知的刑法格言。这一格言明确地告诉我们，刑法处罚的是行为，而不是思想或动机。我国《刑法》第3条亦规定："法律明文规定为犯罪行为的，依照法律定罪处刑；法律没有明文规定为犯罪行为的，不得定罪处刑。"此即"罪刑法定原则"。"罪刑法定原则"不允许对那些虽然有犯罪动机和目的但却没有实施刑法明文禁止的行为的人定罪。根据我国《刑法》第153条的规定，走私普通货物物品罪的构成要件是违反海关法规，逃避海关监管。本案中，甲公司与乙公司、丙公司签订合同出口货物，根本没有实施"违反海关法规，逃避海关监管"的行为，《起诉意见书》也没有指出甲公司的上述行为违反了哪一条海关法规，怎么能说是构成走私普通货物罪呢。相反，乙公司和丙公司都是依法成立并合法存续的离岸公司。由于离岸公司具有高度的保密性、减免税务负担、无外汇管制三大特点，目前许多国内外贸公司都通过注册离岸公司来开展对外贸易。乙公司和丙公司也是以开展对外贸易为目的注册成立的离岸公司。既然是离岸公司，它们就有权与任何一家国内、国外公司签订外贸合同，我国法律对此并不禁止。我们不否认，通过离岸出口货物除了是为了结汇方便外，也有减轻纳税数额的意图。然而，根据我国《刑法》第153条的规定，走私普通货物物品罪的构成要件是违反海关法规，逃避海关监管。本案中，赵某、吴某通过自己控制的离岸公司开展出口金属原材料业务的行为，与"违反海关法规，逃避海关监管"的规定在文义上并不相符，缉私局仅仅因为甲公司和赵某通有通过香港的两家离岸公司少缴关税的意图，就无视甲公司的行为并不违反法律这一客观事实，将其行为认定为是"违反海关法规，逃避海关监管"的行为，其实质是对"违反海关法规，逃避海关监管"之规定进行扩大解释。但是，由于扩大解释是对用语通常含义的扩张，这种扩张一旦超出了用语可能具有的含义、破坏了国民的预测可能性，就会被视为是类推解释。就本案而言，在普通人的理解中，"违反海关法规，逃避海关监管"的行为是无法包括"通过依法设立离岸公司进行转口贸易，且所有的出口都在海关的监管之下的行为"的，强行将之认定为是走私行为，会大大超出国民的预测可能性，侵害国民的自由，其实质就是类推定罪，这显然与"罪刑法定原则"相抵触。退一万步来说，即使认为这种行为会造成海关税收流失，存在较大的社会危害性，具有刑罚处罚之必要，也应该通过修改刑法的方法，在法律上将这种行为明文规定为犯罪。而不是在司法上通过类推定罪的方法，以违反罪刑法定原则为代价，来填补刑事立法的处罚漏洞。

综上所述，辩护人认为，《起诉意见书》对甲公司及赵某、吴某构成走私普通货物罪，偷逃关税220万元的指控不准确。本案中，甲公司与乙公司、丙公司签订货物出口合同后，乙公司、丙公司再与外商签订货物销售合同，甲公司以其与乙公司、丙公司签订的合同价格报关出口的行为不构成犯罪；由甲公司与外商签订出口价格较高的合同，报关时则以修改后的较低的出口价格报关出口的行为涉嫌走私，但其金额未满25万元，不构成走私普通货物罪。因此，建议检察机关对甲公司及赵某作不起诉处理。

以上法律意见，供贵院在审查起诉时充分考虑。

江西豫章律师事务所
胡东平　律　师
2011年10月10日

第二章
当然解释原理在刑事辩护中的运用

一、当然解释的基本问题

当然解释是指刑法规定虽未明示某一事项，但依规范目的及事物本性的当然道理，将该事项解释为包括在该规定的适用范围之内。与反对解释、体系解释、历史解释、比较解释和目的解释等需要将一些晦涩的刑法理论融入其中有所不同，当然解释依据通常的思维逻辑，采用普通人都能够理解、认同的道理，对刑法条文作出"理所当然"的解释，因此被广泛应用于刑事司法实务。

（一）当然解释的属性之争

对于当然解释的属性，存在"刑法解释理由说"和"刑法解释方法说"两种观点。前者认为："当然解释（当然推理），也是以刑法没有明文规定为前提的。亦即，在所面临的案件缺乏可以适用的法条时，通过参照各种事项，从既有的法条获得指针，对案件适用既有法条的一种解释。"[1]后者认为，当然解释是指刑法条文表面虽未明确规定，但实际上已被包含于法条的意义之中，依照当然解释的道理解释法条意义的方法。[2]可见，在前者看来，当然解释本身只是为某一法条的适用提供一定的根据，但当然解释的结论是否为刑法用语所包含，不是当然解释本身能够解决的问题。因此当然解释只是一种解释理由，有理由的结论并不一定符合罪刑法定原则。如果解释的结论不符合罪刑法定原则，则该结论不应当适用。在后者看来，当然解释针对的解

---

[1] 张明楷：《刑法学中的当然解释》，载《现代法学》2012年第4期，第4页。
[2] 参见陈兴良：《本体刑法学》，商务印书馆2001年版，第35页。

释事项刑法条文虽未明文规定,但已暗含于法条之中,因此解释的结论不会违反罪刑法定原则而应当适用。例如,根据我国《刑法》第263条的规定,冒充军警人员抢劫的适用十年以上有期徒刑的刑罚。如果真正的军警人员抢劫,由于其对法益的侵害相较于冒充军警人员抢劫还要严重,当然应当适用上述刑法的规定。在刑法解释理由说看来,这只是适用上述刑法规定的理由。因为《刑法》第263条没有规定真正的军警人员抢劫如何处罚,所以当司法实践中出现了真正的军警人员抢劫这种情形时,就没有可以适用的法条,就有必要考虑将"冒充军警"解释为包括"真正军警",以解决法条适用的问题。但是,如果认为"冒充军警"这一语词本身不能包含"真正军警",这种解释结论违反罪刑法定原则,则该解释结论就不应当被适用于具体的案件。在刑法解释方法说看来,当然解释针对的解释事项是刑法条文虽未明文规定,但已暗含于法条之中。如果认为"真正军警"可以暗含于"冒充军警"的法条之中,就可以采用当然解释这种方法。反之,如果认为"真正军警"不能暗含于"冒充军警"的法条之中,就不能采用当然解释这种方法。可见,就最终是否适用而言,刑法解释理由说和刑法解释方法说都认为应当经过"罪刑法定原则"的审查。差别在于前者认为当然解释与罪刑法定是一种递进关系,即在缺乏可适用法条的情形下,可以先进行当然解释,然后再用罪刑法定对解释的结论进行检验;后者认为当然解释中包含罪刑法定的要求,即能否进行当然解释取决于解释的结论是否违反了罪刑法定原则。

本书认为,刑法解释更多的是一种实践活动,是"在适用刑法时,作为认识主体的法官与作为认识客体的刑法文本与法律事实进行交流与对话的活动"。[1]换言之,刑法解释是为了解决司法实践中刑法条文的适用问题。因此根据刑法解释所得出的结论必须是能够直接适用于具体案件的,否则刑法解释的意义将大打折扣。以常见的扩张解释为例:"学者为适应社会情势变迁,多主张刑法于论理必要范围内,得用扩张解释,盖扩张解释为论理解释之一种,当法文含义过窄,不合立法本旨时,以论理方法扩张其适用范围,其所依据者为原来之立法精神,及一般之法理,自不可谓其有悖于罪刑法定之原则。"[2]可见,扩张解释本身就暗含了罪刑法定原则的要求。如果该扩张

---

[1] 吴丙新:《罪刑法定与刑法解释的冲突》,载《法学论坛》2001年第5期,第100页。
[2] 韩忠谟:《刑法原理》,中国政法大学出版社2002年版,第47页。

解释超出了国民的预测可能,进而违反罪刑法定,我们通常会认为这已经不能被称为扩张解释,而应当视其为是类推解释。就此而言,刑法解释方法说是妥当的。

(二) 当然解释的依据解析

当然解释是在刑法规范对待解释的事项没有"明确"规定的情况下适用的。[1]然而,既然刑法没有明确规定,为何可以得出并适用当然解释的结论?对此,我国刑法学界对于当然解释的依据存在不同的认识:有观点认为,当然解释是以当然之理为根据的,这里的当然之理是指依形式逻辑或者事物本性的当然道理。"所谓形式逻辑上的当然道理,是指从逻辑上讲,刑法规定所使用的概念当然包含被解释的概念,二者之间存在着种属关系。事物本性上的当然道理有两种情形:一是'入罪,则举轻以明重',二是'出罪,则举重以明轻'。"[2]另有观点认为,应当把"事物的本性"作为轻重相举据以判断的内在依据,而把"规范宗旨"作为当然解释的应用基础。[3]"之所以'能够'得出当然解释的结论,是基于事物的本性;之所以'应当'得出当然解释的结论,则是基于规范的宗旨。"[4]

本书认为,形式逻辑上的当然道理是指解释之概念与被解释之事项间存在种属关系或者递进关系,因此形式逻辑虽然是在进行刑法解释时应当遵守的规则,但却不是当然解释的根据。由形式逻辑推理得出的结论实际上并不需要借助于当然解释的方法。例如,我国《刑法》规定对犯罪时不满18周岁的人不适用死刑。如果认为形式逻辑也是当然解释的依据,则犯罪时不满18周岁的人不能判处死刑缓期二年执行就成了一个典型的当然解释。因为,刑法没有明确规定对犯罪时不满18周岁的人不能判处死刑缓期二年执行,而死缓与死刑又是种属关系,它是死刑中缓期执行的一种制度,死刑中包括死缓。但实际上,既然对犯罪时不满18周岁的人不能适用死刑,不能判处死缓便也是《刑法》第49条的应有之义。正因为死缓与死刑是种属关系,这种解释就不是轻重相举,该解释结论就不是根据事物本性的理所当然的道理得出的结

---

[1] 也有观点认为,当然解释的前提条件是刑法没有明文规定,但这种说法有违反罪刑法定原则之嫌,因此本书还是采纳刑法没有明确规定这一说法。
[2] 李希慧:《刑法解释论》,中国人民公安大学出版社1995年版,第116~117页。
[3] 参见郑永流:《法律方法阶梯》,北京大学出版社2008年版,第198页。
[4] 张明楷:《刑法学中的当然解释》,载《现代法学》2012年第4期,第7页。

论。该解释应当被视为一种文义解释，文义解释中包含了对种属关系的解释。反之，如果刑法规定对犯罪时不满18周岁的人不得适用死缓，进而得出对犯罪时不满18周岁的人不得适用死刑立即执行的结论，才是轻重相举的当然解释。

因此，当然解释的依据包括两个层面：

第一，事物本性上的当然道理。"事物的本性是指基于事情本身的内在要素，这一内在要求是在解决某个问题时令人非同意不可的、不可辩驳的力量。"[1]"从法律意义上说，'事物的本质'这一概念并不指派别之间争论的问题，而是指限制立法者任意颁布法律、解释法律的界限。诉诸事物的本质，就是转向一种与人的愿望无关的秩序，而且，意味着保证活生生的正义精神对法律字句的胜利。因此，'事物的本质'同样断言了自身的权利，是我们不得不予以尊重的东西。"[2]因此，事物本性上的当然道理可以成为当然解释的依据，且蕴含了在出罪时举重以明轻、在入罪时举轻以明重的当然道理。[3]

第二，刑法规范的目的。"任何法律均有其目的，解释法律不仅不能偏离其立法旨趣，且应以贯彻实现其立法旨趣为主要目标。立法旨趣，乃系个别规定或多数规定所欲实现的基本价值判断。个别规定立法旨趣，较为具体，而多数规定所整合的'全体立法旨趣'，则较为抽象。个别的立法旨趣为实现全体立法旨趣之手段，而形成一完整之规范目的。苟法律仅就个别立法旨趣而为规定，某一事实虽乏规范明文，惟衡诸该条立法旨趣，尤甚于法律已为规定事项，自更有适用余地。此时即应为当然解释。"[4]可见，当然解释在本质上是一种目的性的推论而不是演绎性的推论。有观点认为："规范目的并非当然解释的依据，当然解释倘若以规范目的为风向标，其也便难免会流于形式，从而汇入目的解释的范畴。"[5]但是，该观点不能成立。因为：一方面，法律和法治本身必然以法的宗旨或目的为取向，这是立法者意志和法律秩序统一性之独断论的必然要求，任何关于法律的解释、推理、创制、补充和判断都必须符合法的宗旨和法的目的，当然解释岂能逃脱其规制？另一方面，

---

[1] 郑永流：《法律方法阶梯》，北京大学出版社2008年版，第198页。
[2] 严平编选：《伽达默尔集》，邓安庆等译，上海远东出版社1997年版，第195~196页。
[3] 参见张明楷：《刑法分则的解释原理》，中国人民大学出版社2004年版，第26页。
[4] 杨仁寿：《法学方法论》，中国政法大学出版社1999年版，第121~122页。
[5] 李翔：《论我国刑法中的当然解释及其限度》，载《法学》2014年第5期，第141~142页。

所谓目的解释，无非突出法的宗旨和法的目的对于法律解释的统率意义，法的目的本身并不具备任何真正的方法论意涵，因此根本不可能存在所谓目的解释方法这样一种独立的法律解释方法。毋宁说，法的目的乃是所有法律解释方法都必须遵循的基本原则、衡量标准或解释基准。[1]可见，刑法规范的目的是当然解释的另一依据。

因此，在判断是否成立当然解释时，应当同时符合上述两个条件。例如，《刑法》第20条第3款规定："对正在进行行凶、杀人、抢劫、强奸、绑架以及其他严重危及人身安全的暴力犯罪，采取防卫行为，造成不法侵害人伤亡的，不属于防卫过当，不负刑事责任。"如果对正在进行行凶、杀人等严重危及人身安全的暴力犯罪，采取防卫行为，造成不法侵害人人身自由被剥夺的，是否防卫过当？首先，依据事物本性上的当然道理，如果"造成不法侵害人伤亡"这样严重后果都不属于防卫过当，则"造成不法侵害人人身自由被剥夺"这样更轻的后果就更不属于防卫过当。其次，《刑法》第20条第3款的立法目的，是为鼓励公民对严重危及人身安全的暴力犯罪展开防卫，所以该条款又被称为"特殊防卫权"，"造成不法侵害人人身自由被剥夺"不属于防卫过当这一解释结论也符合刑法规范的目的。因此，上述解释是刑法的当然解释。再如，《刑法》第238条规定的"非法拘禁他人或者以其他方法非法剥夺他人人身自由的，处三年以下有期徒刑、拘役、管制或者剥夺政治权利"中的"他人"是否包括14周岁以上的男性？如果将此解释为，从刑法的规定来看，非法拘禁罪对人身自由的侵犯明显轻于拐卖妇女、儿童罪，既然《刑法》第240条没有将拐卖14周岁以上的男性的行为规定为犯罪，那么非法拘禁14周岁以上的男性的行为也不应成立犯罪。该解释符合"举重以明轻"的事物本性，似乎可以被看作是一个当然解释。然而，刑法将拐卖14周岁以上的男性的行为排除在《刑法》第240条之外，是因为这种行为在司法实践中发生的可能性较小，不具有一般预防的需要，而不是因为该行为原本不值得处罚。可见，从刑法规范的保护目的来看，显然不能将非法拘禁14周岁以上的男性的行为排除在刑法的保护之外，上述解释结论不能成立。因此，将《刑法》第238条中的"他人"解释为不包括男性就不是当然解释。

---

[1] 参见魏治勋：《当然解释的思维机理及操作规则》，载《法商研究》2018年第3期，第109页。

二、当然解释的运行法则

（一）当然解释的操作步骤

在进行当然解释时，涉及以下几个概念：①待决事实，即需要对其进行解释并决定是否适用于某个法条的事实；②基本事实，即可以确定能够适用于某个法条的事实；③基本命题，即基本事实可适用的法条，待决事实是否能够适用该法条则还不确定。

当然解释的操作步骤包括以下三步：①对基本事实进行判断，得出该事实是否适用基本命题；②将待决事实与基本事实进行轻重明举的比较；③根据比较结果，"入罪时举轻以明重""出罪时举重以明轻"，最后确定待决事实是否适用基本命题。

例如，《刑法》第124条第1款与第2款分别规定："破坏广播电视设施、公用电信设施，危害公共安全的，处三年以上七年以下有期徒刑；造成严重后果的，处七年以上有期徒刑。""过失犯前款罪的，处三年以上七年以下有期徒刑；情节较轻的，处三年以下有期徒刑或者拘役。"单纯从文字表述与形式逻辑关系上理解上述两款的规定，似乎"过失损坏广播电视设施、公用电信设施尚未造成严重后果的行为"也可以成立犯罪。但这样的结论是否正确，需要通过当然解释的方法进行验证。我们将"过失损坏广播电视设施、公用电信设施尚未造成严重后果的行为"设定为待决事实。《刑法》第119条第1款和第2款分别规定："破坏交通工具、交通设施、电力设备、燃气设备、易燃易爆设备，造成严重后果的，处十年以上有期徒刑、无期徒刑或者死刑。""过失犯前款罪的，处三年以上七年以下有期徒刑；情节较轻的，处三年以下有期徒刑或者拘役。"我们将"过失损坏交通工具、过失损坏交通设施、过失损坏电力设备、过失损坏易燃易爆设备，未造成严重后果的行为"设定为基本事实。第一步，通过对基本事实进行判断，可以得出"过失损坏交通工具、过失损坏交通设施、过失损坏电力设备、过失损坏易燃易爆设备，造成严重后果的行为"才能适用《刑法》第119条第2款之规定，构成犯罪。反之，上述行为未造成严重后果的不构成犯罪。第二步，将待决事实与基本事实进行比较，根据《刑法》第116、117、118条之规定，破坏交通工具、交通设施、电力设备、燃气设备、易燃易爆设备，未造成严重后果的，处三年以上十年以下有期徒刑，而破坏广播电视设施、公用电信设施，未造成严重后果的,处三年以上七年以下有期徒刑,由此可知待决事实对法益的侵害是较基本事实更轻的。第三步,根据"入罪时举轻以明重""出罪时举重以明轻","过失损坏交通工具、过失损坏交通设施、过失损坏电力设备、过失损坏易燃易爆设备,未造成严重后果的行为"不构成犯罪,则比该行为更轻的"过失损坏广播电视设施、公用电信设施尚未造成严重后果的行为"更不构成犯罪。

(二) 当然解释的内在规则

对刑法条文进行当然解释时,应当遵循以下内在规则:

第一,当然解释只能针对同一性质的行为。即待决事实与基本命题中的基本事实的性质相同,在事物本质上没有差异。在刑法上特别要求两个事实侵害的法益相同,均存在责任。[1]

例如,根据我国《刑法》第238条的规定,非法拘禁使用暴力致人死亡的,以故意杀人罪定罪处罚,然则强奸妇女使用暴力致人死亡,能否以故意杀人罪定罪处罚?在此,非法拘禁使用暴力致人死亡是基本事实,强奸妇女使用暴力致人死亡是待决事实,《刑法》第238条之规定是基本命题。根据上述当然解释的操作步骤,由于待决事实(强奸)比基本事实(非法拘禁)的危害性更大,根据入罪时举轻以明重的当然解释原理,强奸妇女使用暴力致人死亡的,适用基本命题,亦应当以故意杀人罪定罪处罚。但这一结论是错误的。因为基本事实(非法拘禁行为)与待决事实(强奸行为)侵害的法益不同,是两种性质不同的行为,对于不同性质的行为不能采取当然解释的方法。根据我国《刑法》第236条之规定,强奸妇女使用暴力致人死亡的,应当以强奸罪从重处罚。

第二,当然解释不能超出国民的预测可能性。例如,我国《刑法》第133条之一规定了"危险驾驶罪",即在道路上驾驶机动车追逐竞驶,情节恶劣,或者在道路上醉酒驾驶机动车的行为。然则,醉酒驾驶飞机的行为能否以危险驾驶罪论?在此,醉酒驾驶飞机的行为是待决事实,醉酒驾驶机动车的行为是基本事实,《刑法》第133条之一的规定是基本命题。根据上述当然解释的操作步骤,由于待决事实(醉酒驾驶飞机的行为)对法益的侵害较基本事实(醉酒驾驶机动车的行为)而言更为严重,根据入罪时举轻以明重的当然解释原理,待决事实(醉酒驾驶飞机的行为)亦适用基本命题,应当以

---

[1] 张明楷:《刑法学中的当然解释》,载《现代法学》2012年第4期,第8页。

危险驾驶罪论。但将机动车解释为包括飞机，则大大超出了普通人的认识，会对国民的预测可能性造成破坏，这就不是当然解释而是类推解释，违反了罪刑法定原则的基本要求。再如，《刑法》第 17 条第 2 款规定："已满十四周岁不满十六周岁的人，犯故意杀人、故意伤害致人重伤或者死亡、强奸、抢劫、贩卖毒品、放火、投放危险物质罪的，应当负刑事责任。"这里的"抢劫"，一般认为是指《刑法》第 263 条规定的"抢劫罪"，即侵犯财产罪。但是如果一个 15 周岁的少年实施了一起抢劫枪支的行为，是否应当负刑事责任？在此，15 周岁少年抢劫枪支的行为是待决事实，15 周岁少年抢劫财物的行为是基本事实，《刑法》第 17 条第 2 款的规定是基本命题。根据上述当然解释的操作步骤，由于待决事实（抢劫枪支）对法益的侵害显然比基本事实（抢劫财物）更加严重，根据举轻以明重的解释原理，应该对该少年以抢劫罪追究刑事责任。但毕竟抢劫枪支不同于抢劫财物，这样的当然解释会不会违反国民的预测可能性呢？本书认为，虽然抢劫枪支的行为构成抢劫枪支罪，是属于危害公共安全的犯罪，但是枪支本身也是一种财物。按照相关司法解释，即使抢劫的是毒品、淫秽物品等违禁品也构成抢劫罪。因此，将《刑法》第 17 条第 2 款规定的"抢劫罪"理解为包括抢劫枪支的行为，不会破坏国民的预测可能性，符合当然解释的要求。

第三，当然解释的结论能为刑法用语所包含。一个行为如果没有达到法条的要求，当然不能适用该法条，但一个行为在符合法条要求的前提下超出了该法条的要求，也没有其他可适用的法条，则依然应适用该法条。[1] 例如，我国《刑法》第 329 条第 1 款规定："抢夺、窃取国家所有的档案的，处五年以下有期徒刑或者拘役。"此即抢夺、窃取国家档案罪。如果行为人是以暴力抢劫国家所有的档案，在刑法没有明确规定抢劫国家档案的行为构成犯罪的情形下，能否适用《刑法》第 329 条第 1 款的规定，以"抢夺、窃取国家档案罪"论？在此，抢劫国家档案的行为是待决事实，抢夺国家档案的行为是基本事实，《刑法》第 329 条第 1 款的规定是基本命题。根据上述当然解释的操作步骤，由于待决事实（抢劫国有档案）对法益的侵害显然要重于基本事实（抢夺国有档案），此时能否根据举轻以明重的原则，采取当然解释的方法，认为待决事实（抢劫国有档案）亦适用基本命题，从而对抢劫国家档案

---

[1] 张明楷：《刑法分则的解释原理》，中国人民大学出版社 2004 年版，第 26 页。

的行为以抢夺国家档案罪论？有观点认为："抢劫国有档案的行为，其虽然比抢夺、窃取国有档案的行为性质更为恶劣，但《刑法》第329条抢夺、窃取国有档案罪中并没有抢劫国有档案行为的落脚点，该行为并不包含在此条刑法规范的含义之中，依据罪刑法定原则，抢劫国家档案的行为不能认定为抢夺、窃取国有档案罪。"[1]根据这种观点，抢夺是一种公然夺取行为，而抢劫是采用暴力、胁迫等方法当场劫取的行为，无论是在法律上，还是在普通国民的认识中，这都是两种不同性质的行为，把抢劫国家档案的行为解释为构成抢夺国有档案罪，会破坏国民的预测可能性，进而违反罪刑法定原则。但是，上述主张不能成立。首先，不能把同一性质的行为理解为两种行为完全一样，否则就无需采用当然解释，而可以直接适用该刑法条文。当两个行为之间存在包容关系时，应当认为就是同一性质的行为。抢夺是公然夺取行为，抢劫是采用暴力威胁等方法进行的公然夺取，两者之间存在包容关系，是同一性质的行为。对于普通国民来说，将抢劫理解成一种公然夺取行为，也不会破坏国民的预测可能性。因此，将抢劫国家档案的行为以抢夺国有档案罪论符合"入罪时举轻以明重"的当然解释原理。

第四，当然解释的结论应当符合刑法规范的保护目的。在一般情形下，只要符合上述3条规则，就可以作出当然解释。但是，在特定情形中，当然解释的结论还应当符合刑法规范的保护目的。在根据当然解释中的"事物本性上的当然道理"对刑法规范进行扩张解释或者缩小解释时，所谓的"轻重相举"只是为了实现刑法规范的目的。如果"轻重相举"得出的结论与刑法规范的目的背道而驰，则该解释结论不得适用。例如，根据《刑法》第17条第2款的规定，已满14周岁不满16周岁的人犯抢劫罪的，应当负刑事责任。但是，当已满14周岁不满16周岁的人实施的是《刑法》第269条规定的准抢劫行为时，是否应当负刑事责任。对此，最高人民检察院和最高人民法院的态度截然相反。2003年4月18日《最高人民检察院关于相对刑事责任年龄的人承担刑事责任范围有关问题的答复》第2条指出："相对刑事责任年龄的人实施了刑法第二百六十九条规定的行为的，应当依照刑法第二百六十三条的规定，以抢劫罪追究刑事责任。但情节显著轻微，危害不大的，可根据刑法第十三条的规定，不予追究刑事责任。"其基本思路是：既然《刑法》第

---

[1] 李翔：《论我国刑法中的当然解释及其限度》，载《法学》2014年第5期，第145页。

17条第2款规定已满14周岁不满16周岁的人对抢劫罪承担刑事责任，《刑法》第269条规定，犯盗窃、诈骗、抢夺罪，为窝藏赃物、抗拒抓捕或者毁灭罪证而当场使用暴力或以暴力相威胁的，以抢劫罪论。据此，已满14周岁不满16周岁的人实施了上述准抢劫行为的，理所当然要承担抢劫罪的刑事责任。这显然是运用当然解释的方法得出的结论。但是，2006年1月11日《最高人民法院关于审理未成年人刑事案件具体应用法律若干问题的解释》却指出："已满14周岁不满16周岁的人盗窃、诈骗、抢夺他人财物，为窝藏赃物、抗拒抓捕或者毁灭罪证而当场使用暴力故意伤害致人重伤或者死亡，或者故意杀人的，应当分别以故意伤害罪或者故意杀人罪定罪处罚。"最高人民法院之所以作此规定，是因为《刑法》第17条第2款是以保护已满14周岁不满16周岁的未成年人为目的的。之所以规定了抢劫罪而没有规定盗窃、诈骗和抢夺等其他财产犯罪，是因为抢劫罪是以侵犯人身权利的方法来侵犯他人的财产，犯罪性质更加严重。准抢劫行为是在事后侵犯人身权利，该种行为从整体上来看，比普通抢劫对法益侵害的程度要小。正因如此，我们才将其称为"准抢劫"。因此，最高人民法院在适用《刑法》第17条第2款时，并没有将危害性小于普通抢劫的准抢劫行为当然解释为抢劫罪，正是基于该条款是以保护已满14周岁不满16周岁的未成年人为目的这一正当理由。

三、当然解释原理与刑事辩护

（一）当然解释对于刑事辩护的作用

定罪过程实际上是对逻辑学上的三段论的运用，对犯罪进行规定的刑法条文是大前提，待认定的行为是小前提，通过对两者进行是否符合性的比较得出结论。因此，刑事案件控辩双方的分歧主要存在于两种情形：一种是对大前提的理解是一致的，但是对小前提的认定则各持己见。例如，在合同诈骗案件中，双方都认为构成合同诈骗罪行为人主观上必须是以非法占有为目的，控方认为被告人携款潜逃的行为表明其具有非法占有的目的，辩方则认为被告人是为躲避仇人追杀才携款潜逃，因此不具有非法占有目的。对小前提的认识分歧虽然主要涉及的是刑事诉讼中的证据问题，但是在证据不充分或不直接的情形下，亦可采用当然解释的方法，证明辩方所主张的事实是客观存在。例如，检方指控被告人甲在A案中构成重大责任事故罪，因为其应当预见到该责任事故的发生；辩方没有直接证据证明被告人不具有预见可能性，但是，在另一起生效的刑事判决中已认定被告人甲在 B 案中不构成重大责任事故罪，因为其不可能预见到该责任事故的发生。而且，被告人甲在 B 案中的预见义务明显高于其在 A 案中的预见义务。根据当然解释的方法，可以认定被告人甲在 A 案中也不具有预见可能性。另一种是对小前提即案件事实本身没有异议，但是对大前提即对刑法条文存在不同的理解。例如，甲在因家中切菜时菜刀刀柄脱落，遂上五金店购买了一把新菜刀，回家路上见一妇女脖子上佩戴一金项链，临时起意乘其不备抢了就跑，被路人当场抓获。对于上述事实，控辩双方均无异议。但是，控方认为甲构成抢劫罪，理由是根据《刑法》第 267 条第 2 款的规定，携带凶器抢夺的，以抢劫罪定罪处罚。"凶器"是指足以杀伤他人的器物，菜刀是足以杀伤他人的器物，因此甲携带菜刀抢夺的行为是《刑法》第 267 条规定的"携带凶器抢夺"，应当以抢劫罪论。辩方则认为，《刑法》第 267 条中的"凶器"是指在性质上或用法上，足以杀伤他人的器物。性质上的凶器，是指枪支、管制刀具等本身用于杀伤他人的物品；用法上的凶器，是指从使用的方法来看，可能用于杀伤他人的物品。菜刀属于用法上的凶器，只有当被告人具有准备在犯罪时使用的意识时，才能将其认定为是凶器。本案中，甲购买菜刀是作为家庭厨具使用，而没有在犯罪时使用的意识，因此甲的行为不属于"携带凶器抢夺"，应当以抢夺罪论。

　　刑事案件的裁判结果主要取决于两个方面：一是对案件事实的认定；二是法律条文的适用。就案件事实的认定而言，主要依据的是证据，但是，虽说我国的刑事诉讼法对于刑事证据的要求非常严格，需要达到"排除一切合理怀疑"的程度。然而，在司法实践中，受"重打击犯罪，轻人权保障"的传统思想影响，法院对于控方指控被告人有罪或罪重的证据采信标准相对宽松，而对于证明被告人无罪或罪轻的证据采信标准相对严苛。此外，在我国现行的刑事司法制度下，辩方收集对被告人有利的证据较为困难，且有一定的刑事风险。在缺少直接证明被告人无罪或罪轻的证据的情形下，运用当然解释规则推导出对被告人有利的案件事实无疑是一种独辟蹊径的方法。就法律条文的适用而言：一方面，由于刑法条文本身具有的抽象性，因此司法机关需要通过对刑法条文进行解释才能将之适用于具体的案件。另一方面，"每一条刑法条文均须加以解释，始能适用于具体的刑事案件，即使是普通字义很清楚的法条文字或用语，有时亦须加以解释，因为有些字义清楚的文字或用语，在法律条文中，往往另有其他法律意义"。[1]例如，我国《刑法》第232条规定，"故意杀人的，处死刑、无期徒刑或者十年以上有期徒刑"，这里的"人"在刑法中就应当解释为除本人以外的自然人。因此，在对案件事实不存在争议的情形下，如何对刑法条文作出与控方相反的合理解释，是无罪辩护能否成立的关键。刑法的解释包括限制解释、扩张解释、补正解释、当然解释、反对解释、体系解释、历史解释、比较解释和目的解释等，在上述诸多解释方法中，当然解释对于刑事辩护具有特殊意义。因为，在刑事辩护中，辩护人的主要工作就是说服检察官或法官，使其认可被告人无罪或罪轻。在司法实践中，大部分的检察官或法官都是希望辩护人直接告诉他们根据刑法或相关司法解释的哪一条款可以得出被告人无罪或罪轻的结论，而对于根据晦涩的刑法理论进行的论证过程毫无兴趣。然而，事实上，很少有辩护人能够找到直接证明被告人无罪或罪轻的法条。因为如果真的存在这样的法条，不太可能被司法机关忽视而使案件进入相应程序。这样一来，辩护人就只有通过对法条进行解释来间接论证被告人无罪或罪轻的理由。因此，这一论证过程应当尽可能简洁、通俗，直抵人心。毕竟，检察官和法官都有大量的案件需要办理，如果不能在第一时间打动他们，辩护人可能就会失去说服他们的机会，当然解释正好能够担此重任。

如前所述，刑事辩护能否成功，主要取决于辩护人能否说服法官在案件事实及法律适用这两方面作出对被告人有利的认定，而在这两方面当然解释的方法都有用武之地。

（二）事实之辩中当然解释的运用

事实之辩中的当然解释的运用，是指刑事辩护中基于事物的当然道理对案件事实进行证明。当被告人主张存在对其有利的某个事实，但却没有直接证据能够证明时，可以采用当然解释的方法。在通常情况下，案件事实的认定是基于客观存在的证据，没有证据也就没有案件事实，这是证据裁判的基本规则。但是，在某些情况下，如果已发生的案件事实与待认定的案件事实之间基于事物的当然道理，可以推出待认定的案件事实客观上也是存在的，则可以此作为案件事实认定的证明方法。而且，由于是对案件事实的认定而不是对法律适用的认定，只需要依据事物的当然道理，而无需考虑刑法规范

---

[1] 林山田：《刑法通论》（上册），林山田自版第9版，第142页。

的保护目的。当然，对于案件事实采用当然解释的方法进行认定时，需要十分谨慎，避免发生事实认定的错误。例如，某甲在向某乙讨债的时候对着某乙大声辱骂，某乙在与某甲争论时用力推某甲，致某甲跌倒身受重伤。后检方指控某乙构成故意伤害罪，理由是某乙知道某甲年老体弱，也知道用力推某甲可能会导致某甲摔倒受伤，因此具有伤害的故意。辩护人则主张，两天前某甲向某乙讨债时，某甲甚至对某乙实施了殴打，某乙当时也用力推了某甲，但在某甲即将倒地时一把将某甲抓住，所以当时某甲没有倒地。可见，当时某乙没有伤害某甲的故意。既然在某甲对某乙实施殴打的情形下，某乙都没有伤害某甲的故意，则在某甲只是对某乙大声辱骂的情形下，某乙更没有伤害某甲的故意。在本案的辩护理由中，辩护人对被殴打时是否有伤害他人的故意与被辱骂时是否有伤害他人的故意进行对比，认为既然被殴打时都没有伤害他人的故意，那么被辱骂时更没有伤害他人的故意。这里采用的就是举重以明轻的当然解释方法，由此证明被告人在被辱骂时并没有伤害他人的故意。虽然有学者提出，"尽管这种当然推理在逻辑上能够成立，但其结论的可靠性则存在较大的疑问"，〔1〕但是本书认为，采用当然解释的方法对案件事实进行认定，由于缺少了对刑法规范的保护目的的考量，确实存在结论的可靠性方面的疑问。例如，在付某印涉嫌故意杀人罪一案的裁判说理中，法官对单纯碾压脚部的明知与碾压他人身体的明知进行对比，认为既然对单纯碾压脚部具有明知，那么对碾压他人身体更应具有明知。〔2〕这里采用的就是举轻以明重的当然解释方法，由此证明被告人对碾压他人身体应当具有明知。在上述当然解释中，法官列举了被告人驾驶涉案车辆已有数年，对车重明确认知等客观事实，因而该解释本身又具有一定的事实推定的性质。而当然解释与事实推定是不同的：当然解释是基于事物的当然道理所进行的一种解释活动，而事实推定则是基于事实关系所进行的一种证明活动，两者在得出结论的根据上有所不同。"对单纯碾压脚部具有明知"，并不能排除"对碾压他人身体不具有明知"的可能性，因为被告人在不同的场合、不同的心情下，其认知水平是会有变化的。因此，采用当然解释的方法对案件事实进行认定，

---

〔1〕 陈兴良：《刑法教义学中的当然推理》，载《环球法律评论》2024年第3期，第35页。

〔2〕 参见王星光：《刑事司法中举轻以明重的滥用与规制》，载《法律适用》2018年第24期，第69页。

确实存在结论的可靠性方面的疑问。但是，基于"存疑时有利于被告人"这一刑事诉讼法上的原则，本书认为，在基于"出罪时举重以明轻"的当然解释的方法对有利于被告人的案件事实进行认定时，应当得到肯定。在基于"入罪时举轻以明重"的当然解释的方法对不利于被告人的案件事实进行认定时，则应当予以否定。因此，采用当然解释的方法对案件事实进行认定只适用于刑事辩护及无罪或罪轻的刑事裁判，而不适用于刑事指控及有罪或罪重的刑事裁判。

（三）法律之辩中当然解释的运用

如前所述，当然解释蕴含了入罪时举轻以明重、出罪时举重以明轻的当然道理。因此，在刑事辩护中，当被告人的行为在相应的刑法条文中没有明确规定，但适用该刑法条文又对被告人更为有利时，辩护人可采用肯定举重以明轻的当然解释方法开展无罪或罪轻辩护。此外，当被告人的行为在相应的刑法条文中没有明确规定，但公诉人主张采用举轻以明重的当然解释方法对被告人作出不利的指控时，辩护人则可采用否定举轻以明重的当然解释方法开展无罪或罪轻辩护。具体来说：

（1）所谓肯定举重以明轻的当然解释方法，是指刑法条文未明确将被告人具有的某种情节作为出罪情节或罪轻情节加以规定，辩护人通过对刑法条文中已有规定的出罪情节或罪轻情节与被告人具有的某种情节在行为性质、对法益侵害的轻重等方面进行比较，最后根据"举重以明轻"的原理，得出被告人无罪或罪轻的结论。例如，被告人甲因职务侵占，数额较大而被提起公诉，甲有如下情节：在被提起公诉前如实供述自己罪行、真诚悔罪、积极退赃，避免、减少损害结果的发生，甲希望能够被免予刑事处罚。但是，《刑法》第271条"职务侵占罪"中并没有作出上述情节可以免予刑事处罚的规定，刑法总则也没有这样的规定。但是，《刑法》第383条规定："对犯贪污罪的，根据情节轻重，分别依照下列规定处罚：（一）贪污数额较大或者有其他较重情节的，处三年以下有期徒刑或者拘役，并处罚金。（二）贪污数额巨大或者有其他严重情节的，处三年以上十年以下有期徒刑，并处罚金或者没收财产。（三）贪污数额特别巨大或者有其他特别严重情节的，处十年以上有期徒刑或者无期徒刑，并处罚金或者没收财产；数额特别巨大，并使国家和人民利益遭受特别重大损失的，处无期徒刑或者死刑，并处没收财产。对多次贪污未经处理的，按照累计贪污数额处罚。犯第一款罪，在提起公诉前如实供述自己罪行、真诚悔罪、积极退赃，避免、减少损害结果的发生，有第一项规定情形的，可以从轻、减轻或者免除处罚；有第二项、第三项规定情形的，可以从轻处罚。犯第一款罪，有第三项规定情形被判处死刑缓期执行，人民法院根据犯罪情节等情况可以同时决定在其死刑缓期执行二年期满依法减为无期徒刑后，终身监禁，不得减刑、假释。"据此，辩护人可以主张，贪污罪与职务侵占罪都是利用职务便利将单位财物据为己有的犯罪，两者在行为性质上是相同的。但是，《刑法》第383条针对的是国家工作人员利用职务便利侵占国有财产的行为，《刑法》第271条针对的是非国家工作人员利用职务便利侵占非国有财产的行为，前者对法益的侵害显然重于后者，既然前一种行为在具有"提起公诉前如实供述自己罪行、真诚悔罪、积极退赃，避免、减少损害结果的发生"这一情节时都可以从轻、减轻或者免予刑事处罚，根据"举重以明轻"的原理，对于后一种行为理所应当也可以从轻、减轻或者免予刑事处罚。

再如，被告人乙系某私企员工，其利用职务便利挪用公司物品归个人使用。公诉机关以该物品具有可兑现价值为由，以等价的资金数额追究被告人乙挪用资金罪的刑事责任。乙希望辩护人为其作无罪辩护。对此，辩护人可以选择两种辩护思路。思路一：《刑法》第272规定的"挪用资金罪"要求挪用的对象物为资金，不包括物品，公诉机关将本案中的物品解释为资金，属于类推解释，违反罪刑法定原则。因此，被告人乙的行为不符合《刑法》第272条"挪用资金罪"的构成要件，不构成犯罪。公诉机关则会进行如下反驳：被告人乙方挪用的物品不是普通物品，而是具有可兑现价值的物品，其功能与资金类似，因此乙的行为侵害了企业对资金的占有权，对被告人乙以挪用资金罪论符合刑法规范的保护目的，不是类推解释，而是扩大解释，不违反罪刑法定原则。这样一来，由于没有具体的法律条文可以引用，控辩双方势必会在本案是类推解释还是扩大解释、这种解释是否超出语义的射程范围、是否超出国民行为预测可能、是否违反罪刑法定等问题上展开一场混战。最终的结果可能是大家各说各话，法官则听得昏昏欲睡，这样的辩护效果显然是对被告人不利的。思路二：运用肯定举重以明轻的当然解释方法，提出如下辩护理由。《最高人民检察院关于国家工作人员挪用非特定公物能否定罪的请示的批复》规定："刑法第384条规定的挪用公款罪中未包括挪用非特定公物归个人使用的行为，对该行为不以挪用公款罪论处。"挪用公款罪与挪用资金罪都是利用职务便利将单位资金挪归个人使用的犯罪，两者在行为性质上是相同的。虽然在挪用资金罪的相关法律规定及司法解释中未提及非国家工作人员挪用物品的行为如何定性，但在对廉洁性要求更高的国家工作人员挪用物品都不构成犯罪的情况下，根据出罪时举重以明轻的当然解释，对廉洁性要求更低的非国家工作人员定罪显然不当。采用这种辩护思路，避免了与公诉人进行空洞的说理，得出的结论既是公诉人难以反驳的，又是易于被法官接受。

（2）所谓否定举轻以明重的当然解释方法，是指刑法条文未将被告人具有的某种情节作为入罪情节或罪重情节加以规定，公诉人通过对刑法条文已有规定的入罪情节或罪重情节与被告人具有的某种情节在行为性质、对法益侵害的轻重等方面进行比较，最后根据"举轻以明重"的原理，得出被告人有罪或罪重的结论。此时，辩护人可以从行为性质、国民预测可能性、是否存在包容性以及刑法规范的保护目的等方面，将刑法规定的行为与被告人的行为之间进行比较，最后得出该案不适用于当然解释的结论，进而主张被告人无罪或罪轻。例如，被告人丙携带爆炸物抢劫他人财物。《刑法》第263条仅规定持枪抢劫是抢劫罪的加重情节，未规定携带爆炸物抢劫加重处罚。公诉人则主张虽然抢劫罪规定的8种加重情节中没有携带爆炸物抢劫这一规定，但该行为比持枪抢劫对法益的侵害更为严重，根据举轻以明重的当然解释原理，应当对被告人加重处罚。此时，辩护人可以从以下几个方面进行反驳：首先，枪支和爆炸物虽然都是可能危害公共安全的物品，但两者之间并不存在包容性，且在普通民众看来，这根本就是两种不同的物品，对携带爆炸物抢劫的行为加重处罚会破坏国民的预测可能性。其次，我国《刑法》规定了大量的枪支、弹药、爆炸物犯罪，有的犯罪将这三种物品都包括其中，有的只规定了枪支，而没有规定其他两类，这显然不能用立法者的疏忽来解释。例如，刑法中有非法生产、买卖、运输、储存枪支、弹药、爆炸物罪，但只有违规制造枪支罪，而没有违规制造弹药、爆炸物罪。究其原因，是后一种行为虽然对法益的侵害不亚于前一种行为，但发生的概率却比较小，一般预防的必要性不高，因此通过立法来进行法益保护的需求较低。相较于持枪抢劫来说，携带爆炸物抢劫亦是如此，即从刑法规范的保护目的来看，亦不应当将携带爆炸物抢劫的行为作为抢劫罪的加重情节来处罚。因此，公诉人所采取的所谓的当然解释不能成立，被告人某丙的抢劫行为不是抢劫罪的加重情节。再如，被告人丁以所谓的做游戏为幌子，诱骗邻居 15 岁的少年为其从事危重体力劳动。公诉机关认为，《刑法》第 244 条之一第 1 款规定："违反劳动管理法规，雇用未满十六周岁的未成年人从事超强度体力劳动的，或者从事高空、井下作业的，或者在爆炸性、易燃性、放射性、毒害性等危险环境下从事劳动，情节严重的，对直接责任人员，处三年以下有期徒刑或者拘役，并处罚金；情节特别严重的，处三年以上七年以下有期徒刑，并处罚金。"现代汉语中"雇用"的含义是，"出钱让人为自己做事"。[1] 在该案中，被告人丁单纯使未成年人为自己劳动而不"出钱"的，不是雇用。但是，与给付报酬让未成年人从事危重劳动相比，不给付报酬让未成年人从事危重劳动对法益的侵害更为严重。根据入罪时举轻以明重的当然解释的原理，对后者更应以犯罪论处。因此，被告人丁的行为已构成雇佣未成年人从事危重劳动罪。对此，辩护人可以反驳：在运用入罪时举轻以明重的当然解释的方法时，需要考虑刑法规范的保护目的。立法者在对《刑法》第 244 条之一作出规定时，之所以要求该罪的实行行为是"雇佣未成年从事危重劳动"，除了考虑到该行为对法益的侵害较为严重，还考虑到"雇佣未成年从事危重劳动"较为常见，一般预防的必要性较大。立法者未在《刑法》第 244 条之一中将"不给付报酬让未成年人从事危重劳动"规定为犯罪，不是立法的疏漏，而是因为这种行为虽然对法益的侵害更为严重，但由于在司法实践中罕见，一般预防的必要性很小，不值得动用刑法对法益进行保护。因此，从刑法规范的保护目的来看，对被告人丁的行为不能采用举轻以明重的当然解释的方法进行入罪。

附录：案例与辩护意见

1. 案例

被告人吴某某于 2011 年至 2013 年期间借款 520 万元给被害人王某某，利息为月息 5 分。2013 年 10 月左右的一天中午，吴某某为了催促王某某还钱，把王某某叫到其开办的公司签署调解协议书。王某某不同意签署调解协议书，吴某某就安排李某某看守王某某，一直到第二天早上 7 点多，王某某才离开

---

[1] 中国社会科学院语言研究所词典编辑室编：《现代汉语词典》，商务印书馆 2005 年版，第 494 页。

该公司。后检察机关以吴某某、李某某涉嫌非法拘禁罪提起公诉。一审判决认定，本案中，王某某被剥夺人身自由的时间超过12小时，根据《最高人民法院、最高人民检察院、公安部、司法部关于办理实施"软暴力"的刑事案件若干问题的意见》（以下称《软暴力案件意见》）的规定，"非法拘禁他人累计时间在十二小时以上的，应当以非法拘禁罪定罪处罚"。最终一审判决吴某某犯非法拘禁罪判处有期徒刑1年，李某某犯非法拘禁罪判处有期徒刑10个月。

被告人吴某某不服一审判决并提起上诉，认为一审判决适用法律错误。由于本案非法拘禁行为发生在2013年10月左右，《软暴力案件意见》则是于2019年4月9日实施，根据刑法"从旧兼从轻"的适用原则，《软暴力案件意见》不能适用于本案。本案中，王某某被剥夺人身自由的时间没有超过24个小时。根据《最高人民检察院关于人民检察院直接受理立案侦查案件立案标准的规定（试行）》（以下称《直接受理立案标准》）第3条第1款第1项、《最高人民检察院关于渎职侵权犯罪案件立案标准的规定》（以下称《渎职侵权立案标准》）第2条第1款第1项，"非法剥夺他人人身自由24小时以上的"才构成非法拘禁罪，本案被告人的非法拘禁时间不足24小时，不构成非法拘禁罪。

但是，二审裁定认为，依据《软暴力案件意见》第6条"非法拘禁他人累计时间在十二小时以上的，应当以非法拘禁罪定罪处罚"。该意见的正式实施时间为2019年4月1日。该意见实施之前，并没有相关的司法解释。《直接受理立案标准》和《渎职侵权立案标准》关于非法剥夺他人人身自由24小时以上的规定，适用国家机关工作人员利用职权非法拘禁的情形。本案中，吴某某指使李某某拘禁王某某的行为发生在2013年10月，吴某某、李某某并不是国家机关工作人员，故不能适用该规定。根据《最高人民法院、最高人民检察院关于适用刑事司法解释时间效力问题的规定》第2条的规定："对于司法解释实施前发生的行为，行为时没有相关司法解释，司法解释施行后尚未处理或者正在处理的案件，依照司法解释的规定办理。"原审法院依据《软暴力案件意见》的规定认定吴某某在王某某案中构成非法拘禁罪正确。据此，二审裁定驳回上诉，维持原判。

被告人吴某某不服二审裁定，遂提起刑事申诉。以下为被告人吴某某委托本书作者撰写的《刑事申诉状》。

2. 辩护意见

刑事申诉状

申诉人：吴某某、男、1970年6月6日出生，住：江西省广南县曼珠花园，身份证号：××××××××××××××××××，电话：××××××××××。

申诉人不服上饶市中级人民法院对吴某某犯非法拘禁罪一案作出的［2020］赣11刑终84号刑事判决书和广南县人民法院作出的［2019］赣1125刑初112号刑事判决书，特提出申诉。

申诉请求：

请求依法对上饶市中级人民法院作出的［2020］赣11刑终84号刑事判决书提起抗诉。

申诉所依据的法定情形：

依据《中华人民共和国刑事诉讼法》第253条第3项规定：

原判决、裁定适用法律确有错误的。

事实与理由：

二审裁定维持一审判决所适用的法律错误。

二审裁定认为：《最高人民法院、最高人民检察院、公安部、司法部关于办理实施"软暴力"的刑事案件若干问题的意见》第6条规定"非法拘禁他人累计时间在十二小时以上的，应当以非法拘禁罪定罪处罚"。该意见正式实施时间为2019年4月9日。该意见实施之前，并没有相关的司法解释。《最高人民检察院关于人民检察院直接受理立案侦查案件立案标准的规定（试行）》第3条第1款第1项关于"非法拘禁持续时间超过24小时的"和《最高人民检察院关于渎职侵权犯罪案件立案标准的规定》第2条第1款第1项关于"非法剥夺他人人身自由24小时以上"的规定，适用国家机关工作人员利用职权非法拘禁的情形。本案中，吴某某指使李某某拘禁王某某的行为发生在2013年10月，吴某某并不是国家机关工作人员，故不能适用该规定。根据《最高人民法院、最高人民检察院关于适用刑事司法解释时间效力问题的规定》第2条规定："对于司法解释实施前发生的行为，行为时没有相关司法解释，司法解释施行后尚未处理或者正在处理的案件，依照司法解释的规定办理。"原审法院依据《最高人民法院、最高人民检察院、公安部、司法部关于办理实施"软暴力"的刑事案件若干问题的意见》的规定认定吴某某在王某某案中构成非法拘禁罪正确，本院予以支持。辩护人的此项辩护意见，本院不予采纳。

申诉人认为，二审裁定的上述理由是不能成立的。

首先，二审裁定以吴某某不是国家机关工作人员，故不能适用《最高人民检察院关于人民检察院直接受理立案侦查案件立案标准的规定（试行）》和《最高人民检察院关于渎职侵权犯罪案件立案标准的规定》是错误的。因为虽然上述两个司法解释是适用于国家机关工作人员，但是在没有司法解释对于非国家机关工作人员犯非法拘禁罪的立案标准作出明确规定的情况下，根据刑法的当然解释原理，应当认为上述两个规定可以适用于非国家工作人员。所谓当然解释是指刑法规定虽未明示某一事项，但依规范目的及事物本性的当然道理，将该事项解释为包括在该规定的适用范围之内。当然解释的解释方法，蕴含了在出罪时举重以明轻、在入罪时举轻以明重的当然道理。对刑法条文进行当然解释时，应当遵循以下规则：第一，当然解释只能针对同一性质的行为。第二，当然解释不能超出国民的预测可能性。第三，当然解释的结论能为刑法用语所包含。第四、当然解释的结论应当符合刑法规范的保护目的。本案中，对非国家工作人员适用上述两个规定，完全符合"出罪时举重以明轻"的当然解释原理。即根据上述两个规定，国家机关工作人员利用职务非法拘禁他人未满24小时的行为（重行为）不构成非法拘禁罪，非国家工作人员未利用职务非法拘禁他人未满24小时的行为（轻行为）理所当然也不构成非法拘禁罪。在作出上述结论时，亦符合对刑法条文进行当然解释时应当遵循的4个规则：第一，国家机关工作人员利用职务非法拘禁他人未满24小时的行为和非国家机关工作人员未利用职务非法拘禁他人未满24小时的行为虽然存在主体不同，行为方式不同，但都是非法拘禁他人未满24小时的行为，即针对的是同一性质的行为。第二，不违反国民预测可能性是罪刑法定原则的要求，该原则是以保障人权为宗旨，其仅仅是禁止入罪时的类推解释（违反国民预测可能性），而不禁止出罪时的类推解释。本案中的解释结论是出罪，因此解释的结论不会违反国民预测可能性。第三，本案中的解释结论不是要将非国家机关工作人员解释为国家机关工作人员，而是将对国家机关工作人员适用的出罪事由解释为也适用于非国家机关工作人员，因此该结论能为刑法用语所包含。最后，"从严治吏"向来是我国刑法的基本要求，我国的很多刑法司法解释中都有国家工作人员犯某种罪，从重处罚的规定。例如《最高人民法院、最高人民检察院、公安部、司法部关于依法惩治性侵害未成年人犯罪的意见》第26条规定："对未成年人负有特殊职责的人员、与未成年人有共同家庭生活关系的人员、国家工作人员，实施组织、强迫、引诱、容留、介绍未成年人卖淫等性侵害犯罪的，更要依法从严惩处。"可见，最高人民检察院的上述两个规定中要求国家机关工作人员利用职务非法拘禁他人满24小时才构成非法拘禁罪，作出如此规定的目的显然不是为了对国家机关工作人员利用职务非法拘禁他人的行为进行有别于非国家机关工作人员的特殊保护。因此，对本案进行当然解释的结论符合刑法规范的保护目的。

其次，二审裁定适用《最高人民法院、最高人民检察院关于适用刑事司法解释时间效力问题的规定》第2条规定是错误的。因为该条规定适用的前提条件是，对于司法解释实施前发生的行为，行为时没有相关司法解释，司法解释施行后尚未处理或者正在处理的案件，依照司法解释的规定办理。所谓"行为时没有相关司法解释"，是指行为时既没有对此直接进行规定的相关司法解释，也没有通过刑法解释的方法可以适用该起刑事案件的相关司法解释。本案中通过当然解释可以适用最高检的两个规定，不属于"行为时没有相关司法解释"这一情形。

最后，截至目前，关于非法拘禁罪中拘禁时间的立案标准，只有最高人民检察院于1999年出台的《最高人民检察院关于人民检察院直接受理立案侦查案件立案标准的规定（试行）》第3条第1款第1项关于"非法拘禁持续时间超过24小时的"和《最高人民检察院关于渎职侵权犯罪案件立案标准的规定》第2条第1款第1项关于"非法剥夺他人人身自由24小时以上的"这两个规定。虽然上述条款是适用于国家机关工作人员利用职务实施的非法拘禁，但由于最高司法机关没有对非国家机关工作人员非法拘禁时间的立案标准出台专门的司法解释，司法实务中都是以上述两个规定中的24小时作为非国家机关工作人员构成非法拘禁罪的立案标准（参见［2014］冷刑初字第121号刑事判决书、［2018］冀1102刑初327号刑事判决书）。二审裁定以吴某某不是国家机关工作人员为由，认为不能适用上述两个规定的理解明显是错误的。照此理解，在2019年4月9日《最高人民法院、最高人民检察院、公安部、司法部关于办理实施"软暴力"的刑事案件若干问题的意见》生效以前，我国刑法中并没有非国家机关工作人员犯非法拘禁罪的时间标准的规定。根据"法无明文规定不为罪"的原则，2019 年 4 月 9 日以前非国家机关工作人员实施的非法拘禁行为，无论其拘禁时间有多长，都应当以无罪论处。司法实践中对那些非国家机关工作人员拘禁他人 24 小时构成非法拘禁罪的判决全部都要推翻，都应当以此为由改判无罪了。这显然是十分荒谬的。

因此，本案中对吴某某非法拘禁的行为不应当适用《最高人民法院、最高人民检察院、公安部、司法部关于办理实施"软暴力"的刑事案件若干问题的意见》，吴某某不构成非法拘禁罪。

综上所述，二审裁定适用法律错误，吴某某在非法限制王某某人身自由案中不构成非法拘禁罪。请检察机关查清事实，依法提起抗诉。

此致
上饶市人民检察院

申诉人：吴某某
2022 年 7 月 4 日

附：

1. ［2019］赣 1125 刑初 112 号刑事判决书
2. ［2020］赣 11 刑终 84 号刑事判决书

第三章

禁止重复评价原则在刑事辩护中的运用

一、禁止重复评价的刑法价值

汉语中的"评价"一词,是对人之善恶、事之曲直的一种价值判断。刑法语境中的评价,则应当理解为对具体行为的价值判断,是对犯罪行为的否定评价。"所谓评价,在一个犯罪事件审理的过程中,指的是对行为人之行为,宣告其构成犯罪而应接受处罚。换句话说,就是犯罪以及国家刑罚权的宣告。"[1]禁止重复评价原则一般是指禁止对同一犯罪事实在定罪量刑时进行反复考量。[2]虽然我国刑法没有将禁止重复评价与罪刑法定、罪责刑相适应等一同设定为刑法的基本原则,但无论是刑法理论界,还是刑事司法实务部门都认可禁止重复评价是定罪量刑中应当遵守的规则。究其原因:一方面是禁止重复评价本身就应当为所有法律所遵循,作为后盾之法的刑法更是如此。"因为严厉的刑罚对公平正义的遵守和破坏都表现出极端性,因而刑法对禁止重复评价尤其强调。"[3]另一方面,禁止重复评价原则作为一种法律方法,其本身具有的刑法价值亦是不可忽视。这主要表现在以下三个方面:

(一)禁止重复评价有利于实现司法资源的合理配置

禁止重复评价最早发源于罗马法的"一事不再理"。"一事不再理是指对于判决、裁定已发生法律效力的案件或者自诉人撤诉的案件,除法律另有规

---

[1] 黄荣坚:《刑法问题与利益思考》,中国人民大学出版社2009年版,第204页。
[2] 王明辉、唐煜枫:《论刑法中重复评价的本质及其禁止》,载《当代法学》2007年第3期,第11页。
[3] 聂慧苹:《禁止重复评价之刑法展开与贯彻》,载《中国刑事法杂志》2015年第3期,第48页。

定外，不得再行起诉或受理。"〔1〕此时禁止重复评价还只是诉讼法意义上的一项法律原则。后经几千年的发展和完善，禁止重复评价已经成为众多法律共同遵守的一项基本法律原则。例如，《俄罗斯宪法》第50条规定："任何人不得因同一次犯罪而两次被判刑。"《德国基本法》第130条规定："任何人不得因同一行为，受到普通刑法多次刑罚。"《意大利刑事诉讼法》第649条也有相关的规定。

各国法律对禁止重复评价作出上述规定，其中包含了对节约司法资源的考量。从司法资源的效益来看，国家的司法资源是一种较为稀缺的社会资源，国家应当尽量对司法资源进行合理配置，提高司法资源的效率，以实现效益最大化。〔2〕因此，在对犯罪行为进行刑法上的非难时，对其的评价应当凸显刑法的经济性，使司法资源获得效益最大化。对犯罪人的重复评价则与该要求背道而驰，造成司法资源的无谓浪费，禁止重复评价正好是司法资源合理配置的实现方式。

（二）禁止重复评价有利于实现刑法的人权保障机能

从刑法的机能来看，现代社会公认刑法的机能包括法益保护和人权保障。我国有学者提出，禁止重复评价是禁止双重处罚原则的一个方面，后者既是立法原则，也是司法原则，立法者不能对同一犯罪规定双重处罚，否则刑法就丧失了保障被告人权益的机能违反公平正义观念。〔3〕可见，禁止重复评价可以发挥限制处罚的作用，进而实现刑法的人权保障机能，这在刑事立法和刑事司法领域都有所体现。

我国现行刑法虽然没有对禁止重复评价作出明确规定。但是，作为一项立法原则，禁止重复评价的理念已贯穿于我国刑法的诸多具体规定。例如，我国《刑法》第10条规定："凡在中华人民共和国领域外犯罪，依照本法应当负刑事责任的，虽然经过外国审判，仍然可以依照本法追究，但是在外国已经受过刑罚处罚的，可以免除或者减轻处罚。"该规定被认为是对外国的刑事判决的一种消极承认，但即使是消极承认也体现了某种程度上对刑罚适用上的禁止重复评价的意旨。再如，我国《刑法》第329条第1款规定了"抢

---

〔1〕 陈兴良：《禁止重复评价研究》，载《现代法学》1994年第1期，第32页。
〔2〕 参见陈兴良：《当代中国刑法的新视界》，中国政法大学出版社1999年版，第387页。
〔3〕 参见张明楷：《刑法格言的展开》，法律出版社1999年版，第279页。

夺、窃取国有档案罪"，第2款规定了"擅自出卖、转让国有档案罪"，该条第3款规定"有前两款行为，同时又构成本法规定的其他犯罪的，依照处罚较重的规定定罪处罚"。依照该法第3款的规定，出现上述情形只能以一罪论而不得并罚，这就避免了对一个行为进行刑法上的重复评价。还如我国《刑法》第292条第2款规定："聚众斗殴，致人重伤、死亡的，依照本法第二百三十四条、第二百三十二条的规定定罪处罚。"依照该第2款规定，在聚众斗殴致人重伤、死亡的情形下，由于只有一个聚众斗殴行为，按照一罪处罚，这就防止了对一个行为进行重复评价。另外，《刑法》第233条"过失致人死亡罪"、第133条"交通肇事罪"均对致人死亡行为作出了表述，在交通肇事的场合，行为人违章驾驶致一人死亡，且负事故全部或主要责任的，既符合过失致人死亡罪的犯罪构成，又符合交通肇事罪的犯罪构成。过失致人死亡罪罪状的表述为"本法另有规定的，依照规定"，由此判断《刑法》第133条是特别法条、第233条是普通法条，上述情形应以交通肇事罪追究刑事责任，而不是数罪并罚。这又是禁止重复评价在我国刑事立法中的体现。可见，我国刑法通过具体的法律条文明令禁止对被告人的犯罪行为进行重复评价，从源头上避免了刑罚被滥用的可能，从而实现了刑法的人权保障机能。

就刑事司法而言：当前，我国刑事司法活动中犯罪人与司法机关的地位相对不平衡。例如，在"扫黑除恶"中，针对如何认定行为人是否构成组织、领导、参加黑社会性质的组织罪的问题，一些法院会将被告人与黑社会性质的组织共同实施的故意伤害、寻衅滋事等犯罪行为作为认定其构成参加黑社会性质的组织罪的依据，进而对被告人以参加黑社会性质的组织罪与故意伤害罪、寻衅滋事罪等进行数罪并罚。这样实际上就是将故意伤害、寻衅滋事等犯罪行为在刑法上作了两次评价。再如，在聚众斗殴犯罪中，由于出现了对方人员造成己方人员死亡的严重后果，部分法院为了严惩聚众斗殴犯罪，不但对造成己方人员死亡的对方人员以故意伤害罪或故意杀人罪论，还要求己方人员对死亡后果承担责任，加重对己方人员的刑罚。这明显是对造成己方人员死亡的行为在刑法上作了两次评价。上述做法都会导致刑罚权被滥用，侵害了被告人的合法权益。因此，只有让司法工作人员确立禁止重复评价的理念，才能够限制国家司法权的任意使用，平衡犯罪人和司法机关之间的不对等关系，从而发挥刑法人权保障之机能。

(三) 禁止重复评价有利于对刑法理论作出合理解释

关于一罪和数罪的区分标准，刑法理论主要有犯罪构成标准说、行为说、法益说、犯意说、综合标准等，我国刑法学界的通说是犯罪构成标准说。但在运用犯罪构成标准说时，却并不能解释有些罪数问题。例如，按照犯罪构成标准说，想象竞合犯、法规竞合犯、结果加重犯以及连续犯、牵连犯和吸收犯这些犯罪明明符合两个或者两个以上的犯罪构成，但却都按一罪处理。这时犯罪构成标准就会显得无能为力。对此，日本刑法学者认为，应该是基本上是基于构成要件所评价的次数，同时也要考虑到量刑上是否能够确保得出恰当的结论，以及作为诉讼法的处理是否恰当，判断区分标准中包含了禁止重复评价原则。[1]即需要运用禁止重复评价原则，才能解释清楚一罪和数罪的区分标准为什么采用犯罪构成标准说。

（1）关于实质的一罪。首先，关于想象竞合犯。想象竞合犯是指行为人基于数个不同的具体罪过，实施一个危害社会行为，而触犯两个以上异种罪名的犯罪形态。例如，甲朝乙开枪，却误将旁边的丙打死，甲的行为就成立想象竞合犯。就甲的犯罪行为而言，分别符合故意杀人罪（未遂）和过失致人死亡罪的犯罪构成，根据犯罪构成标准说理应构成两罪，但无论是刑法理论还是司法实践都按照故意杀人罪一罪来定罪处罚。其次，关于结果加重犯。结果加重犯是指实施基本犯罪构成要件的行为，由于发生了刑法规定的基本犯罪构成要件以外的加重结果，刑法对其规定加重法定刑的犯罪形态。例如，甲以伤害的故意砍了乙一刀，导致乙因失血过多而死亡，甲的行为就成立结果加重犯。甲的行为分别符合故意伤害罪和过失致人死亡罪的犯罪构成，根据犯罪构成标准说理应构成两罪，但无论是刑法理论还是司法实践都按照故意伤害罪（致人死亡）一罪来定罪处罚。对想象竞合犯和结果加重犯都是以一罪论的原因在于，在行为人只实施一个犯罪行为的情形下，从法律评价行为的角度来看，刑法也只能对其进行一次评价，如果对该行为按两个罪论，就是对一个犯罪行为评价了两次，就违反了禁止重复评价的原则。

（2）关于处断的一罪。首先，关于连续犯。连续犯是指行为人基于数个同一或者概括的故意，连续多次实施性质相同的犯罪行为，都触犯同一罪名

---

[1] 参见［日］野村稔：《刑法总论》，全理其、何力译，邓又天审校，法律出版社2001年版，第447~448页。

的犯罪形态。例如，甲为报复乙，决意杀害乙及其家人丙，甲于某日上午先将乙杀死，再于当日下午杀死丙，甲的行为就是一个典型的连续犯。对于甲而言，事实上，他杀害乙和杀害丙的行为构成两个独立的故意杀人罪，但为何要按一个故意杀人罪处理呢？这似乎无法用禁止重复评价来解释，因为甲方实施了两个故意杀人犯罪行为。本书认为，禁止重复评价原则中的同一犯罪行为应当被理解为包括"一个犯罪"和"同一种犯罪"。连续犯是"同一种犯罪"，亦不得对其重复评价，这在部分国家的刑法中亦有规定。如《德国刑法典》第52条规定："同一行为触犯数个刑法法规，或数个犯罪行为触犯同一刑法法规，只判处一个刑罚。"也有学者认为，连续行为之一部经有罪判决确定者，其余部分之行为虽相继发觉，依一事不再理之原则，侦查中应为不起诉部分，审判中应谕知免诉之判决。[1]其次，关于牵连犯。牵连犯是指行为人实施某种犯罪（即本罪），而方法行为或结果行为又触犯其他罪名（即他罪）的犯罪形态。例如，甲先盗窃枪支，然后用盗窃来的枪支抢劫银行，甲的行为就是一个牵连犯。对于甲而言，虽然其实施了盗窃枪支和抢劫银行两个独立的异种犯罪，但是这两个犯罪是基于一个共同犯罪目的（抢劫银行），只是其方法行为（盗窃枪支）又触犯了盗窃枪支罪的形态，目的行为与方法行为之间形成一种牵连关系，使得这两个行为共同构成了一个不可分割的整体，对这种整体性一般不得重复评价，因此对于甲的行为应当以抢劫罪一罪论处。但是，我国《刑法》也有对牵连犯数罪并罚的处罚原则。例如，我国《刑法》第198条第2款规定："有前款第四项、第五项所列行为，同时构成其他犯罪的，依照数罪并罚的规定处罚。"即行为人采用放火、杀人、伤害等方法骗取保险金的，应当以放火罪、杀人罪、伤害罪与保险诈骗罪进行数罪并罚。刑法的上述规定本书认为违背了禁止重复评价原则，应该将牵连犯一律按照一罪进行处罚。

（3）法规竞合问题。法条竞合是指一种犯罪行为因刑事立法对法条的错综规定，导致数个法条规定的犯罪构成要件在内容上发生重合或交叉，但仅适用其中某一法条而排斥了其法条的情形。法规竞合在我国刑法规范中大量存在，例如诈骗罪与金融诈骗罪，生产、销售伪劣产品罪与其他八种生产、

---

[1] 参见杨大器：《论"同一罪名"之认定与连续犯之适用》，载蔡墩铭主编：《刑法总则论文选辑》，五南图书出版有限公司1984年版，第742页。

销售伪劣商品罪都是典型的法规竞合关系。法规竞合的前提是刑法对一种犯罪行为使用数个法条对其进行评价,因此这是一种立法上对一个行为进行的重复评价。为了避免这样的重复评价,于是规定仅适用其中某一法条而排斥了其他法条,这就是典型的禁止重复评价原则的适用。

二、违反禁止重复评价的判断规则

刑法上的禁止重复评价,是指任何人不得因同一犯罪而受到两次以上刑法评价。这里的同一犯罪是指同一个犯罪构成事实。同一个犯罪构成事实包括主观构成事实和客观构成事实,对上述犯罪构成事实在刑法上都只能评价一次。因此,对于两次以上的刑事违法事实是不能进行重复评价的。例如,第一次盗窃5000元已经被以盗窃罪判处1年有期徒刑,刑满释放后又盗窃5000元,这时对其也只能以盗窃5000元定罪处罚,而不能累计按10 000元处罚,否则就是重复评价。在进行是否违反禁止重复评价的判断时,可以区分为普通判断规则和例外判断规则两个方面:

(一)违反禁止重复评价的一般判断规则

在普通判断规则中,根据该事实是违法事实还是犯罪事实,又包括对违法事实的判断规则与对犯罪事实的判断规则:

1. 对违法事实的判断规则,是指对于已被非刑事法律评价为违法的事实,能否在刑法上作再次的评价

例如,第一次盗窃1000元被处以治安拘留15天,第二次又盗窃1000元,能否累计按盗窃2000元(当地盗窃罪的立案标准为1500元)以盗窃罪定罪处罚?对此,理论界有肯定说和否定说两种观点。肯定说认为,由于这里的评价分别是由不同机关作出的,并且具有完全不同的性质,与刑法中禁止重复评价的原则并不矛盾,因而应予肯定。否定说则认为,根据"一事不再理"原则,相同机关作出的评价与不同机关作出的评价并不存在本质区别,因此上述做法违反了禁止重复评价原则。本书认为,如前所述,禁止重复评价原则是一项普遍的法律原则,适用于不同的部门法。因此,否定说是妥当的。然而,应当注意的是,刑法上的重复评价是指对同一个犯罪构成事实进行重复评价。因此,如果虽然针对的是同一件事,但如果在刑法上被评价为不同的犯罪构成事实,则不属于重复评价。例如,我国《刑法》第264条规定:"盗窃公私财物,数额较大的,或者多次盗窃、入户盗窃、携带凶器盗窃、扒

窃的，处三年以下有期徒刑、拘役或者管制，并处或者单处罚金；……"此处的"多次盗窃"，是指2年以内盗窃3次以上，即包括已经受到过治安处罚的盗窃。例如，某甲于2021年5月盗窃300元，被治安拘留5天，又于2022年6月和10月分别盗窃200元和400元，就属于"多次盗窃"，应当以盗窃罪论。从表面上看，上述"多次盗窃"的认定，对某甲2021年5月盗窃300元的行为进行了重复评价，即第一次是作治安处罚上的评价，第二次又对其作了刑事处罚上的评价。但是，由于第一次是对该盗窃行为对法益造成的侵害所作的评价，第二次则是对该盗窃行为所表现出的人身危险性所作的评价，即针对的是不同的违法犯罪构成事实分别进行的治安处罚法上的评价和刑法上的评价，因此不违反禁止重复评价原则。

实际上，我国刑法中存在大量的类似规定。例如，《刑法》第351条第1款规定："非法种植罂粟、大麻等毒品原植物的，一律强制铲除。有下列情形之一的，处五年以下有期徒刑、拘役或者管制，并处罚金：（一）种植罂粟五百株以上不满三千株或者其他毒品原植物数量较大的；（二）经公安机关处理后又种植的；（三）抗拒铲除的。"如果某乙非法种植罂粟150株被治安拘留10天（已经被治安处罚法评价）后，又非法种植罂粟200株，则构成非法种植毒品原植物罪（非法种植罂粟150株和非法种植罂粟200株均被刑法评价）。从表面上看，其非法种植罂粟150株的行为是被重复评价了，但实际上，由于第一次是对非法种植罂粟150株的行为对法益造成的侵害所作的评价，第二次则是对经公安机关处理后又种植这一行为所表现出的人身危险性所作的评价，即针对的是不同的违法犯罪构成事实分别进行的治安处罚法上的评价和刑法上的评价，因此不违反禁止重复评价原则。再如《刑法》第201条规定："纳税人采取欺骗、隐瞒手段进行虚假纳税申报或者不申报，逃避缴纳税款数额较大并且占应纳税额百分之十以上的，处三年以下有期徒刑或者拘役，并处罚金；数额巨大并且占应纳税额百分之三十以上的，处三年以上七年以下有期徒刑，并处罚金。扣缴义务人采取前款所列手段，不缴或者少缴已扣、已收税款，数额较大的，依照前款的规定处罚。对多次实施前两款行为，未经处理的，按照累计数额计算。有第一款行为，经税务机关依法下达追缴通知后，补缴应纳税款，缴纳滞纳金，已受行政处罚的，不予追究刑事责任；但是，五年内因逃避缴纳税款受过刑事处罚或者被税务机关给予二次以上行政处罚的除外。"根据该条规定，行为人虽有"逃避缴纳税款数额较大并且占应纳税额百分之十以上"之行为,但"经税务机关依法下达追缴通知后,补缴应纳税款,缴纳滞纳金,已受行政处罚的,不予追究刑事责任"。可是,如果行为人"五年内因逃避缴纳税款受过刑事处罚或者被税务机关给予二次以上行政处罚的",仍然应当追究刑事责任。从表面上看,"五年内因逃避缴纳税款受过刑事处罚或者被税务机关给予二次以上行政处罚的"行为似乎是被评价了两次,但前面是对逃税行为对法益造成的侵害所作的评价,后面则是对多次逃税行为所表现出的人身危险性所作的评价,即针对的是不同的违法犯罪构成事实分别进行的税法或刑法的评价,因此不违反禁止重复评价原则。

2. 对犯罪事实的判断规则,是指对于同一犯罪构成事实能否分别进行定罪的评价与量刑的评价

对此,我国刑法学界有三种不同观点:

(1) 否定说。该说认为,犯罪构成事实即是定罪情节,其不能再作为量刑情节在量刑时再次使用,否则就违反了禁止重复评价原则。因为"禁止重复评价是指在定罪量刑时禁止对同一犯罪构成事实予以二次或二次以上的法律评价"。"定罪情节与量刑情节具有各自的功能。作为禁止重复评价原则的重要体现,定罪情节不得在量刑时再次使用。定罪情节在确定某一行为是否构成犯罪的时候已经使用过一次,如果在量刑的时候再次使用这一情节就是重复评价,因而应予禁止。"[1]

(2) 肯定说。该说认为所有的定罪情节都必然可以在量刑中使用。"定罪情节不仅可以成为量刑情节,而且一切定罪情节都必然同时成为量刑情节。"理由是:第一,定罪与量刑是不可分离的。第二,把定罪情节作为量刑情节使用并不是所谓的"重复评价"。某一行为既被作为定罪情节,又被当作量刑情节是顺理成章的,因为定罪与量刑是刑事司法活动的两个前后相连的阶段,这两个阶段彼此相衔接,定罪是量刑的基础,影响定罪的一切因素无不影响量刑。因此,不能因为某一情节是定罪情节而在量刑时加以考虑,就说这是重复评价。[2]

---

[1] 陈兴良:《禁止重复评价研究》,载《现代法学》1994年第1期,第34~35页。
[2] 参见彭子衡、侯成成:《论禁止重复评价原则及其司法适用》,载《公安理论与实践(上海公安高等专科学校学报)》2007年第6期,第79页。

(3) 折衷说。该说认为:"任何一个犯罪事实都有自己的层次结构和因素结构,于是诸种情况可能在同一事物的不同层次上以不同的面貌和特征表现出来。""由于犯罪事实存在层次结构和因素结构,所以在不同层次上从不同方面作不同意义上的评价。"[1]因此,禁止重复评价原则并不是说同一事实在定罪、量刑中不可进行多次使用,而是指对同一犯罪事实禁止作同一层次、同一角度、同一侧面的重复评价,但可以进行不同层次、不同角度、不同侧面的多次评价。例如,犯罪主体的年龄为17周岁这一事实情况,在定罪时是从其已经达到法定年龄的角度使用的;而在量刑时作为从轻、减轻处罚的依据是从犯罪主体是未成年人的角度进行评价的。两次评价的角度不同,层次不一,因此不违反禁止重复评价原则。

本书认为,肯定说认为,所有的定罪情节都必然可以被作为量刑情节使用的观点值得商榷。例如,甲采用持刀威胁的方法,抢走了乙的财物。则对于"甲采用持刀威胁的方法,抢走了乙的财物"这一情节只能作为定罪情节使用,即该犯罪构成事实符合抢劫罪的构成要件。如果以甲使用了刀具为由主张对甲从重处罚,该情节就又被作为量刑情节使用,这就是重复评价了。折衷说表面上看似乎有一定的道理。但是,严格来说,并不存在"对同一犯罪事实在不同层次上从不同方面作不同意义上的评价"这种情形,而只存在"对同一犯罪事实的不同部分在不同层次上从不同方面作不同意义上的评价"。例如,某甲一年内实施了3次盗窃,每次盗窃1000元,折衷说对此表述为"对于一年内实施了3次盗窃,每次盗窃1000元这一犯罪事实,可以在犯罪金额(共3000元)这一层次上作定罪情节的评价,又可以在犯罪次数(3次)这一层次上作量刑情节的评价(一年3次盗窃表明人身危险性较大)"。但实际上,"一年内实施了三次盗窃,每次盗窃1000元"本身就可以被视为是"多次盗窃"和"盗窃数额较大"两个不同的犯罪事实,而分别被评价为量刑情节和定罪情节。至于折衷说所举的"犯罪主体的年龄为17周岁这一事实情况,在定罪时是从其已经达到法定年龄的角度使用的;而在量刑时作为从轻、减轻处罚的依据是从犯罪主体是未成年人的角度进行评价的"。也不是同一个犯罪事实,而是"达到法定刑事责任年龄"和"未成年人"两个不同的犯罪事实。因此,本书认为,肯定说是妥当的。

---

[1] 马克昌主编:《刑罚通论》(第2版),武汉大学出版社1999年版,第274~275页。

此外,《最高人民法院关于审理抢劫案件具体应用法律若干问题的解释》（以下称《审理抢劫案件解释》）第 1 条第 2 款规定:"对于入户盗窃,因被发现而当场使用暴力或者以暴力相威胁的行为,应当认定为入户抢劫。"有观点认为,根据《刑法》第 269 条的规定,转化型抢劫罪包含前行为、后行为与目的要素三个要件。前行为是行为人实施盗窃、诈骗或抢夺行为;后行为是行为人当场使用暴力或以暴力相威胁;目的要素是窝藏赃物、抗拒抓捕或毁灭罪证。转化型抢劫罪同普通抢劫罪一样,包含基本犯与加重犯。然而,司法解释将入户盗窃后,为了窝藏赃物、抗拒抓捕或者毁灭罪证,在户内当场使用暴力或者以暴力相威胁的行为认定为抢劫罪的加重犯,这有待商榷。该意见将"入户"被评价为定罪情节的同时,又被评价为量刑情节,违背禁止重复评价原则。理由是,从实然层面分析,将"入户"评价为转化型抢劫罪的加重情节是一种重复评价,违背禁止重复评价原则。按照司法解释的认定意见,"入户"被评价两次:一是"入户"是定罪情节,前行为发生在户内,"入户"是前行为的伴随状态;二是"入户"是量刑情节,行为人在户内实施后行为认定为抢劫罪的加重情节。我们应当看到,"入户"作为前行为的伴随状态已经被评价为定罪情节,虽然后行为也发生在户内,但这是对伴随状态的延续,没有必要再次评价为加重量刑情节。一方面,将"入户"评价为定罪情节,不存在前行为的"入户"和后行为"在户内"没有被评价的问题。另一方面,将其再次评价为量刑情节有违罪刑均衡原则。转化型抢劫罪与普通抢劫罪相比,前者是先取财后实施暴力或暴力威胁,后者相反,前者的取财手段比后者平和。"入户"转化型抢劫与"入户"抢劫相比,前者的社会危害性小于后者。因此,将前者与后者"同等对待"是有失公允,将"入户"同时评价为定罪、量刑情节超越了罪刑均衡原则的容忍限度。[1]本书认为,上述观点存在以下问题:

第一,该观点将"入户盗窃"评价为是转化型抢劫的定罪情节是对《审理抢劫案件解释》的误读。因为《审理抢劫案件解释》规定了"入户盗窃后当场使用暴力或者以暴力相威胁的行为,以入户抢劫论",这是将"入户盗窃后当场使用暴力或者以暴力相威胁的行为"整体评价为"入户抢劫"。根据

---

[1] 参见孙万怀、刘环宇:《论禁止重复评价的判断标准及其适用争议问题》,载《法治研究》2022 年第 2 期,第 159 页。

《审理抢劫案件解释》的上述规定,并不能得出"只有入户盗窃后当场使用暴力或者以暴力相威胁的行为,才成立抢劫罪,户外盗窃后当场使用暴力或者以暴力相威胁的行为,则不成立抢劫罪"的结论。对于我国《刑法》第269条转化型抢劫罪的成立条件,无论是在刑法理论还是在司法实务中,都认为该条规定的"犯盗窃、诈骗、抢夺罪"不能理解为前行为必须是已经构成"盗窃、诈骗、抢夺罪",而应当理解为前行为必须是"盗窃、诈骗、抢夺行为"。[1]因此,"入户盗窃"虽然是盗窃罪的定罪情节(在盗窃金额未达到较大的情形下,有入户盗窃行为即成立盗窃罪,户外盗窃则不成立盗窃罪),但"入户盗窃"并不是转化型抢劫罪的定罪情节(在盗窃金额未达到较大的情形下,有无"入户盗窃"行为不影响转化型抢劫罪的成立,即使是户外盗窃,但使用暴力或威胁情节严重,亦可成立转化型抢劫罪)。因此,《审理抢劫案件解释》只是将"入户盗窃"作为量刑情节(以入户抢劫论),并未将其同时作为定罪情节,并未违背禁止重复评价原则。

第二,转化型抢劫罪是一种拟制性法律规定。拟制性法律规定是将某种原本不同的行为按照相同的行为处理,即某种行为原本不符合刑法的相关规定,但在刑法明文规定的特殊条件下也必须按相关规定论处。"法律拟制虽然是将两种不同的行为赋予相同的法律效果,但之所以能够做出拟制规定,是因为这两种行为在法益侵害上没有明显区别,或者说二者对法益侵害程度大体相同。否则,法律拟制本身缺乏合理性,因而被解释为注意规定可能更为妥当。"[2]因此,所谓转化型抢劫罪与普通抢劫罪相比,前者是先取财后实施暴力或暴力威胁,后者则相反,前者的取财手段比后者平和;"入户"转化型抢劫与"入户"抢劫相比,前者的社会危害性小于后者,将前者与后者"同等对待"是有失公允的,这一论断是站不住脚的。在司法实务中,转化型抢劫罪在量刑上也是与普通抢劫罪同等处理的。例如,在本书作者代理的一起转化型抢劫案中,被告人在盗窃他人车辆内的财物时被受害人发现,为了抗拒抓捕,被告人持刀捅伤受害人后逃走,受害人因伤重不治身亡。在该案中,由于受害人家属不肯接受赔偿并出具刑事谅解书,被告人最终被判处死刑。

(二)违反禁止重复评价的例外判断规则

如前所述,禁止重复评价原则中蕴含了保障犯罪人的合法权益,防止司

---

[1] 王作富主编:《刑法分则实务研究》(第2版下册),中国方正出版社2003年版,第1222页。
[2] 张明楷:《刑法分则的解释原理》,中国人民大学出版社2004年版,第261页。

法机关滥用权力的旨趣。根据普通判断规则，只要认定为构成重复评价，即应当予以禁止，因为这些评价都是不利于被告人，禁止重复的评价，就能够保障犯罪人的合法权益。但是，如果某些评价对被告人是有利的，即使存在重复评价的问题，也不应当禁止。因为，"有利于被告"是刑事法治的基本理念，在诸多刑事法律中都有体现：包括刑事诉讼法中的"疑罪从无、疑罪从轻原则"，以及刑法中的"从旧兼从轻的刑法溯及力原则""入罪时禁止类推解释，出罪时允许类推解释"等。因此，在对是否违反"禁止重复评价原则"进行判断时，也应当遵守"有利于被告"这一刑事法治的基本理念。此外，将这些有利于行为人的情节单独评价，给予一定幅度的从宽，犯罪嫌疑人、被告人才更有获得感，[1]也有助于实现特殊预防与一般预防效果。因此，某一犯罪事实如果被两次以上评价为对被告人有利的不同犯罪情节时，不违反禁止重复评价原则，这属于"禁止重复评价原则"的例外判断规则。例如，甲乙两人共谋抢劫银行，二人商量好由甲进去持枪抢劫，由乙在银行门外望风。案发当日，甲持枪进入银行，乙在银行门口望风。但甲进入银行后忽然感到身体不适，于是放弃抢劫银行的企图与乙一起离开。在该案中，乙在门口望风这一行为，既可以被评价为抢劫罪的从犯，又可以被评价为抢劫罪的预备犯，由于这两个量刑情节都是对乙有利的，根据"有利于被告"这一刑事法治的基本理念，同时认定乙为从犯和预备犯也不违反"禁止重复评价原则"。

事实上，有利于被告时允许重复评价不但在法理上是成立的，也为我国司法实践所认可。例如，认罪认罚从宽制度是近年来我国大力推广的一项刑事司法制度。根据2019年《最高人民法院、最高人民检察院、公安部、国家安全部、司法部关于适用认罪认罚从宽制度的指导意见》（以下称2019年《指导意见》）的规定，"认罪"是指犯罪嫌疑人、被告人自愿如实供述自己的罪行，对指控的犯罪事实没有异议。"认罚"是指犯罪嫌疑人、被告人真诚悔罪，愿意接受处罚。"认罚"考察的重点是犯罪嫌疑人、被告人的悔罪态度和悔罪表现，应当结合退赃退赔、赔偿损失、赔礼道歉等因素来考量。应当看到，退赃退赔、赔偿损失是酌定从宽处罚情节，反映行为人的悔罪态度，是认罚的具体表现。由此可见，认罚中的"犯罪嫌疑人、被告人自愿如实供

---

[1] 参见苗生明、周颖：《认罪认罚从宽制度适用的基本问题——〈关于适用认罪认罚从宽制度的指导意见〉的理解和适用》，载《中国刑事法杂志》2019年第6期，第9页。

述自己的罪行"与自首、坦白等法定从宽量刑情节存在重复评价；"认罚"中的"退赃退赔、赔偿损失"又与"退赃退赔、赔偿损失"等酌定从宽量刑情节存在重复评价。虽然，根据2019年《指导意见》规定，对犯罪嫌疑人、被告人具有自首、坦白情节，同时认罪认罚的，认罪认罚与自首、坦白不作重复评价。2021年《最高人民法院、最高人民检察院关于常见犯罪的量刑指导意见（试行）》（以下称《量刑指导意见》）再次重申对认罪认罚与自首、坦白等量刑情节并存的处理意见，认罪认罚与自首、坦白、当庭自愿认罪、退赃退赔、赔偿谅解、刑事和解、羁押期间表现好等量刑情节不作重复评价。此外，最高人民检察院印发的《人民检察院办理认罪认罚案件开展量刑建议工作的指导意见》亦作出了类似表述。从以上司法解释的直接规定来看，似乎是禁止将上述有利于被告人的量刑情节作重复评价。然而，一方面，在司法实务中，无论是起诉书，还是判决书，都是将被告人所具有的认罪认罚情节与自首、坦白、退赃退赔、赔偿谅解、刑事和解等情节一并列举，这表明司法机关认为认罪认罚、自首、坦白等情节是可以同时评价的，否则在认定被告人具有认罪认罚情节的情形下，就不应当再认定其具有坦白、退赃退赔、赔偿谅解等情节。另一方面，2019年《指导意见》同时又规定，对犯罪嫌疑人、被告人具有自首、坦白情节，同时认罪认罚的，应当在法定刑幅度内给予相对更大的从宽幅度。"更大"当然是相比于认罪认罚、自首、坦白等情节独立出现且不并存的场合而言的，[1]"更大的从宽幅度"表明2019年《指导意见》虽然从形式上否定了认罪认罚、自首、坦白等情节可以同时评价，但在实质的处理结果上却肯定了上述情节可以同时评价。因此，有利于被告时允许重复评价已为我国司法实践所认可。

三、禁止重复评价原则与刑事辩护

如前所述，禁止重复评价原则有利于实现刑法的人权保障机能。因此，该原则在刑事辩护中大有用武之地。刑法中的禁止重复评价主要包括三方面的内容：禁止将此罪构成事实在认定彼罪时重复评价、禁止将定罪情节在量刑时重复评价、禁止将基本犯罪构成事实在量刑时重复评价。与此相对应，

---

〔1〕 参见孙万怀、刘环宇：《论禁止重复评价的判断标准及其适用争议问题》，载《法治研究》2022年第2期，第154页。

刑事辩护可以以控方存在将此罪构成事实在认定彼罪时重复评价为由,展开无罪辩护;以控方存在将定罪情节在量刑时重复评价或将基本犯罪构成事实在量刑时重复评价为由,展开罪轻辩护。

(一) 禁止重复评价原则在无罪辩护中的运用

我国刑法分则规定的每个犯罪都有其独自的犯罪构成要件,定罪只能依据该罪的犯罪构成要件,且不得将行为人实施的另一种犯罪行为直接解释为符合该罪的全部犯罪构成要件,否则就会违反禁止重复评价原则。

例如,我国《刑法》第 294 条是关于"组织、领导、参加黑社会性质组织罪"的规定。该罪的犯罪构成客观要件表现为行为人实施了组织、领导、参加黑社会性质的组织的行为,但不要求具体实施其他某种犯罪行为。如果组织、领导或者参加黑社会性质组织后,又实施了其他诸如杀人、伤害、聚众斗殴、寻衅滋事等犯罪行为,按照《刑法》第 294 条第 4 款的规定,应以该罪与其他所实施的具体犯罪进行数罪并罚。然而,司法实践中,公诉机关常常以被告人多次参与黑社会性质组织实施的杀人、伤害、聚众斗殴、寻衅滋事等犯罪行为为由,认定被告人的上述行为表明其已加入了黑社会性质组织,因此被告人的行为既构成参加黑社会性质组织罪,又构成杀人、伤害、聚众斗殴、寻衅滋事等犯罪,对被告人应当数罪并罚。

对此,辩护人可以作出如下反驳:这种做法实际上就是将被告人的上述杀人、伤害、聚众斗殴、寻衅滋事等犯罪行为在刑法上作了两次评价。一次是将其评价为杀人罪、伤害罪、聚众斗殴罪、寻衅滋事罪等犯罪;另一次是将上述犯罪行为评价为参加黑社会性质组织罪。这是典型的对同一犯罪事实在定罪时进行重复评价,违反了禁止重复评价原则,被告人不构成参加黑社会性质组织罪。因为要成立参加黑社会性质组织罪,就必须有参加黑社会性质组织的行为,包括行为人有加入该犯罪组织的意思表示,履行了相应的加入程序,获得了组织的允许,参与只有组织成员才能参加的相关活动(例如犯罪集团组织成员出国旅游、聚餐等)或其他能够表明其组织成员身份的证据(例如定期领取组织的报酬、津贴、抚恤金,与其他组织成员集体食宿等)。但在该案中,由于缺乏上述能够证明被告人参加黑社会性质组织的行为,如果仅仅以被告人多次参与该黑社会性质组织的杀人、伤害、聚众斗殴、寻衅滋事等犯罪来认定其实施了参加黑社会性质组织的行为,就是对该行为的重复评价,违反了禁止重复评价原则。

司法实践中还存在一种情形,即黑社会性质组织成立后被告人欲加入该黑社会性质组织,该组织的头目提出被告人必须实施完成某一特定犯罪行为如故意杀人,才能取得加入黑社会性质组织的资格,被告人于是实施了该故意杀人犯罪行为。于是,公诉机关认为被告人实施完成故意杀人后同时构成参加黑社会性质组织罪和故意杀人罪,应当对其进行并罚。公诉机关的上述主张乍一听似乎很有道理,令人难以反驳。但仔细分析,其实质上仍然是在对同一个犯罪事实进行重复评价。辩护人对于该主张可以作出如下回应:被告人为取得加入黑社会性质组织的资格而实施的故意杀人的行为不是参加黑社会性质组织的实行行为。因为,即使是完成了故意杀人行为就可取得加入黑社会性质组织的资格,也仍离不开被告人表示加入组织的意思,以及组织承诺、允许的行为,否则仍不可能加入该黑社会性质组织。例如,黑社会性质组织头目甲告诉想要加入该黑社会性质组织的乙,必须将丙杀死才能加入该黑社会性质组织。后来乙虽然将丙杀死,但因丙的反抗导致乙身残,乙心灰意冷地表示不想加入该黑社会性质组织了。因此,无论是被告人参与了黑社会性质组织的某些犯罪行为,还是为了加入该黑社会性质组织而实施了某些犯罪,均不能仅仅凭此就认定行为人同时构成参加黑社会性质组织罪。这时仍然需要通过对被告人是否有加入该犯罪组织的意思、是否履行了相应的加入程序、是否获得了组织的允许等加入行为的独立评价,来判断被告人是否构成参加黑社会性质组织罪。

(二) 禁止重复评价原则在罪轻辩护中的运用

1. 不得将定罪情节当成量刑情节使用

定罪情节是指对于成立犯罪具有决定影响的情节,量刑情节是指人民法院在对罪犯进行量刑时,据以处罚轻重或者免除处罚的各种情况。定罪情节能否同时被作为量刑情节使用?对此有肯定说与否定说两种观点:肯定说认为,定罪情节是一切影响定罪或与定罪关系密切的情节。包括免予追究刑事责任的情节、决定罪与非罪界限的情节、决定罪轻罪重的情节。[1]否定说则认为,定罪情节是指构成犯罪所必备的情节,是量刑的前提,它本身不影响量刑格的升降,但构成量刑格的最低起点。[2]本书认为,虽然定罪情节和量

---

[1] 参见赵炳寿主编:《刑法若干理论问题研究》,四川大学出版社 1992 年版,第 341 页。
[2] 参见邱兴隆、许章润:《刑罚学》,群众出版社 1988 年版,第 273 页。

刑情节都是用来说明行为的社会危害性的，但二者的功能存在明显的区别。肯定说将同一犯罪事实在定罪和量刑时分别进行评价，违反了禁止重复评价原则，因此否定说是恰当的。

然而，在司法实践中，部分司法工作人员容易忽视定罪情节和量刑情节在功能上的区别，而将定罪情节用于量刑之中。例如，在一起寻衅滋事案中，被告人甲于2015年6月因故意伤害罪被判处有期徒刑6年，2021年6月刑满释放。2023年3月，甲因伙同他人随意殴打被害人乙、致其轻微伤被刑事羁押并被提起公诉。《起诉书》指控被告人甲犯寻衅滋事罪的同时，认为对甲应当适用《刑法》第65条之规定，按累犯从重处罚。理由是：根据寻衅滋事罪的司法解释及司法解释性质文件，因故意杀人、故意伤害、抢劫、抢夺、敲诈勒索、寻衅滋事、聚众斗殴、妨害公务等违法犯罪曾受过刑事处罚，或者受到行政处罚后2年内，又实施随意殴打他人行为的，致一人轻微伤，属于情节恶劣，构成寻衅滋事罪。〔1〕由于被告人甲犯寻衅滋事罪的时间是在前罪（故意伤害罪）执行完毕5年内，因此又符合累犯的条件。该案中被告人甲的行为完全符合寻衅滋事罪的客观罪状，辩护人对于起诉书指控被告人甲犯寻衅滋事罪自然没有异议。同时，从形式上看，甲也符合累犯的条件，似乎没有什么辩护空间。但是，辩护人可以指出，由于该案中甲的前科已被作为寻衅滋事罪的入罪要素在定罪时作了一次评价，然后又将前科作为成立累犯的要素在量刑时作了第二次评价，这就是将定罪情节当成量刑情节使用，违反了禁止重复评价原则，因此《起诉书》认定被告人甲具有累犯情节是错误的。

再如，在一起交通肇事案中，被告人甲夜间驾驶机动车时因未注意到同向行走的路人乙，将乙撞倒致其重伤后逃离现场，乙在3小时后被人发现送往医院最终不治而亡，交警认定甲负事故全部责任。公诉机关以被告人犯交通肇事罪对其提起公诉，并认为被告人的行为符合《刑法》第133条规定的"交通运输肇事后逃逸或者有其他特别恶劣情节的，处三年以上七年以下有期徒刑"之规定，建议对被告人判处5年有期徒刑。公诉机关作出上述建议的理由是：首先，被告人甲交通肇事致一人死亡，符合交通肇事罪的基本犯罪

---

〔1〕 随意殴打他人型的寻衅滋事罪的普通构成要件为致一人以上轻伤。参见《办理寻衅滋事案件解释》第2条："随意殴打他人，破坏社会秩序，具有下列情形之一的，应当认定为刑法第二百九十三条第一款第一项规定的'情节恶劣'：（一）致一人以上轻伤或者二人以上轻微伤的；……"

构成；其次，被告人甲又有"逃逸"行为，应适用第二档法定刑。[1]对于公诉机关加重处罚的量刑建议，辩护人可提出如下反驳意见：首先，本案中，被告人甲因逃逸致被害人乙死亡，因此公诉机关在认定甲构成交通肇事罪时，已经对"逃逸"行为进行了一次评价，然后又认定其具有第二档法定刑规定的"交通运输肇事后逃逸的"，这相当于在量刑环节又对"逃逸"行为进行了一次评价，违反了禁止重复评价原则。其次，根据2000年《最高人民法院关于审理交通肇事刑事案件具体应用法律若干问题的解释》第3条的规定："'交通运输肇事后逃逸'，是指行为人具有本解释第二条第一款规定和第二款第（一）至（五）项规定的情形之一，在发生交通事故后，为逃避法律追究而逃跑的行为。"[2]该条是对交通肇事罪加重法定刑（交通运输肇事后逃逸）的解释，表明加重法定刑的适用以"逃逸"前的行为已符合交通肇事罪的基本犯为前提，这样规定是为了避免对"逃逸"行为在定罪和量刑时进行重复评价。最后，本案中，被告人甲逃逸致被害人乙死亡只能在定罪时进行评价，而不能在加重法定刑的认定中进行重复评价，对甲应当适用第一档3年以下之刑罚。

2. 不得在量刑时使用基本犯罪构成事实

我国刑法分则中每个犯罪的条文都是由罪状（即犯罪构成）和法定刑两部分构成的。其中，罪状都是按基本的犯罪构成模式进行规定，而修正的犯罪构成及其量刑原则由刑法总则加以规定。因此，刑法条文中的法定刑是指

---

[1] 根据我国《刑法》第133条以及《最高人民法院关于审理交通肇事刑事案件具体应用法律若干问题的解释》之规定，交通肇事罪包含三档法定刑，基本法定刑三年以下、第二档法定刑三至七年（逃逸或有其他特别恶劣情节）和第三档法定刑七年以上（逃逸致人死亡）。交通肇事罪的基本犯罪构成则包括三种情形：一是负事故全部或主要责任，致一人死亡、三人以上重伤或者无能赔偿数额在30万元以上；二是负事故同等责任，致三人以上死亡；三是致一人以上重伤，负事故全部或主要责任，并符合司法解释规定的特定情形。

[2] 《最高人民法院关于审理交通肇事刑事案件具体应用法律若干问题的解释》第2条规定："交通肇事具有下列情形之一的，处三年以下有期徒刑或者拘役：（一）死亡一人或者重伤三人以上，负事故全部或者主要责任的；（二）死亡三人以上，负事故同等责任的；（三）造成公共财产或者他人财产直接损失，负事故全部或者主要责任，无能力赔偿数额在三十万元以上的。交通肇事致一人以上重伤，负事故全部或者主要责任，并具有下列情形之一的，以交通肇事罪定罪处罚：（一）酒后、吸食毒品后驾驶机动车辆的；（二）无驾驶资格驾驶机动车辆的；（三）明知是安全装置不全或者安全机件失灵的机动车辆而驾驶的；（四）明知是无牌证或者已报废的机动车辆而驾驶的；（五）严重超载驾驶的；（六）为逃避法律追究逃离事故现场的。"

个罪在符合基本的犯罪构成情形下的法定刑。该法定刑比符合修正的犯罪构成情形下应当适用的刑罚更重。我国《刑法》第 26 条规定："组织、领导犯罪集团进行犯罪活动的或者在共同犯罪中起主要作用的，是主犯。三人以上为共同实施犯罪而组成的较为固定的犯罪组织，是犯罪集团。对组织、领导犯罪集团的首要分子，按照集团所犯的全部罪行处罚。对于第三款规定以外的主犯，应当按照其所参与的或者组织、指挥的全部犯罪处罚。"根据该条规定，主犯包括组织、领导犯罪集团进行犯罪活动的主犯和在共同犯罪中起主要作用的主犯这两种。但是，司法实践中，部分司法工作人员存在对主犯应当从重处罚的误区。之所以称之为是误区，是因为为主犯设置的法定刑本来就比从犯要重，再以其是主犯为由从重处罚，就是对主犯的重复评价。

例如，甲和乙谋议入室盗窃，由甲进入他人住宅实施具体的盗窃行为，乙则负责在外面望风。公诉机关据此认定甲在本案中系主犯，乙系从犯。由于盗窃金额较大，法定刑为 3 年以下有期徒刑。由于甲、乙均认罪认罚，公诉机关建议对甲判处有期徒刑 2 年，缓刑 3 年；对乙判处有期徒刑 1 年，缓刑 2 年。但一审判决认为在该起共同犯罪中，甲起主要作用，系主犯，本应对其从重处罚，因此不宜对其适用缓刑，于是对甲判处有期徒刑 2 年；对乙方判处有期徒刑 1 年，缓刑 2 年。对此，二审辩护人可以提出如下反驳意见：该一审判决是既将"在共同犯罪中起主要作用"作为"认定主犯的情节"，又将其作为"量刑情节"使用，违反了禁止重复评价原则。因为，严格来说，主犯的情节只是适用基本刑的情节，而不是一个量刑情节（即对于主犯并不存在从重处罚的问题），只有从犯情节和胁从犯情节才是量刑情节（对从犯和胁从犯应当从宽处罚）。本案中，一审判决先是以甲在共同盗窃犯罪中起主要作用为由，认定甲系主犯，该主犯情节已经评价过一次，再以其系共同盗窃的主犯为由，认定应从重处罚，对主犯情节在量刑时又评价了一次，这就违反了禁止重复评价原则。

附录：案例与辩护意见

1. 案例

林某于 2010 年在某县成立恒华沙石公司和隆兴厨具消毒公司，但都未办理工商登记。其中，恒华沙石公司的主要业务为向小区业主售卖装修用的沙子。为打击竞争对手，高价出售沙石，林某纠集同伙，对其他沙石出售者采取威胁、殴打的方式，不准其他沙石出售者在小区出售沙石。隆兴厨具消毒公司的主要业务为向餐饮店提供消毒碗筷，从中赚取利润。为扩大业务，林某要求部分餐饮店高价购买其公司提供的消毒碗筷，如果餐饮店拒绝购买，林某就纠集同伙到该餐饮店进行打砸、恐吓。被告人王某某系林某的同乡，经常被林某叫去开车把同伙送往作案现场。《起诉书》指控被告人王某某犯参加黑社会性质组织罪、寻衅滋事罪和故意毁坏财物罪，应当数罪并罚。

2. 辩护意见

王某某涉嫌参加黑社会性质组织、寻衅滋事、
故意毁坏财物等罪一审辩护词

审判长、审判员：

江西豫章律师事务所接受本案被告人王某某近亲属的委托，指派胡东平律师担任被告人王某某的一审辩护人。庭审前辩护人仔细查阅了案卷、会见了被告人、听取了公诉人的公诉意见。现结合案件事实及相关法律发表如下辩护意见：

一、《起诉书》指控王某某构成参加黑社会性质组织罪事实不清，证据不足，依法不能认定

《起诉书》指控被告人犯参加黑社会性质组织罪，构成参加黑社会性质组织罪，主观上要具有参加黑社会性质组织的故意，客观上要实施了参加黑社会性质组织的行为，但本案中被告人王某某显然都不符合：

（一）被告人王某某主观上没有参加黑社会性质组织的故意

林某等人组建的恒华沙石公司等组织能否被认定为是黑社会性质组织本身就存在很大疑问，即使是黑社会性质组织，王某某主观上也没有参加该组织的故意。王某某之所以与林某等人走得比较近，是由于他与林某等人是同村人，关系一直都比较好，且经常在一起玩。这一事实，被告人林某在庭审中也予以了说明，王某某并不是他的司机，也不是他的手下。王某某对于林某等人的行为并不是很清楚，而且也根本不知道林某等人的行为"涉黑"，虽然多次参与林某等人的活动，但都是出于朋友义气的帮忙行为，主观上绝没有主动参与的意思。

（二）被告人王某某客观上没有参加黑社会性质组织的行为

参加黑社会性质组织的行为，包括行为人表达加入该犯罪组织的意思，

履行了相应的加入程序，获得了组织的允许，参与只有组织成员才能参加的相关活动（例如犯罪集团组织成员出国旅游、聚餐等）或其他能够表明其组织成员身份的证据（例如定期领取组织的报酬、津贴、抚恤金，与其他组织成员集体食宿等）。但是，本案中上述情形对于王某某来说都不存在，而且他也没有从林某处拿到任何好处（比如按月发工资、代为缴纳话费等），对于林某的生意（砂石生意、餐具生意等），被告人王某某都没有参与过。

本案中，公诉人指控王某某构成参加黑社会性质组织罪的主要依据是王某某参与了几次寻衅滋事的行为，而这几次寻衅滋事又是林某等人组织领导的，所以公诉人就此认定王某某的行为成立参加黑社会性质组织罪。但在本案中，公诉机关只提供了被告人多次参与林某组织的寻衅滋事等犯罪活动的相关证据，没有提供能够证明被告人参加黑社会性质组织的行为的相关证据，如果仅仅以被告人多次参与该"涉黑"组织的相关犯罪来认定被告人实施了参加黑社会性质组织的行为，就是对该行为的重复评价，违反了刑法中的禁止重复评价原则。

因为，我国《刑法》分则规定的每个犯罪都有其独自的犯罪构成要件，定罪只能依据该罪的犯罪构成要件，且不得将行为人实施的另一种犯罪行为直接解释为符合该罪的全部犯罪构成要件，否则就会违反禁止重复评价原则。我国《刑法》第294条规定"组织、领导、参加黑社会性质组织罪"，该罪的犯罪构成客观要件表现为行为人实施了组织、领导、参加黑社会性质的组织的行为。因此，不得仅以行为人多次参与黑社会性质组织实施的故意伤害、寻衅滋事等犯罪行为，就认为行为人既构成参加黑社会性质组织罪，又构成故意伤害、寻衅滋事等犯罪，对其进行数罪并罚。因为这样做实际上就是对上述故意伤害、寻衅滋事等犯罪行为作了两次评价：一次是将其评价为故意伤害罪、寻衅滋事罪；另一次是将上述犯罪行为评价为参加黑社会性质组织罪。另外，根据我国刑法的规定，参加黑社会性质组织后又实施了杀人、伤害等相关犯罪应当以参加黑社会性质组织罪和故意杀人罪、故意伤害罪等数罪并罚。可见，参加黑社会性质组织罪惩罚的是参加这种行为，而不是参加该组织后又具体实施相关犯罪的行为。公诉人仅仅因王某某参与了林某等人组织领导的几次寻衅滋事行为，就认定王某某既构成参加黑社会性质组织罪，又构成寻衅滋事罪，是对一个行为进行了2次刑法上的评价，违反了刑法中的禁止重复评价原则。因此，不能认定王某某构成黑社会性质组织罪。

(三)《起诉书》列举被告人王某某的所有违法事实，都不能作为认定被告人王某某参加黑社会性质组织的依据

《起诉书》列举被告人王某某参与寻衅滋事 4 起，故意毁坏财物 1 起的事实，都不是参加黑社会性质组织的行为。

综合本案所有证据可知，4 起寻衅滋事行为中，有 1 起（被害人为胡某某的）是王某某根本没有参与的，其余 3 起，也都是出于朋友义气，临时帮忙开了一下车而已，至于打砸、威胁的事实则根本不存在。这一点，在多人的笔录（例如秋某在 2011 年 11 月 13 日的讯问笔录中、吴某 2012 年 2 月 17 日的讯问笔录，董某某 2012 年 2 月 22 日讯问笔录等）以及庭审中（秋某、吴某、董某某、游某等），都可以予以证实。而故意毁坏财物的行为，是由王某某个人与他人的邻里纠纷引起的，更谈不上所谓的黑社会性质行为了。

二、《起诉书》指控被告人王某某构成寻衅滋事罪的部分事实存在偏差，影响了案件的定罪量刑

(一)《起诉书》指控的"2010 年 11 月份的一天，……不久被告人王某某驾驶银灰色面包车和鲁某等三人赶到现场，手持砍刀，铁棍对三轮车进行打砸，并对胡某某进行人身威胁。……"的事实不成立

据被害人胡某某在 2011 年 6 月 15 日的询问笔录中的陈述：其只认识照片中的 4 号男子（鲁某），其余均不认识。而在当天的辨认笔录中，又称认识 2 号（王某某）和 4 号（鲁某），且认定 4 号是手持砍刀，用鱼叉叉破车胎的人。

首先，被害人胡某某的询问和辨认笔录之间存在着自相矛盾的情形，先是在询问笔录中指认只认识 4 号鲁某，而后立马在辨认笔录中称还认识 2 号王某某，一天作出两次不同的指认，显然是矛盾的。

其次，被害人胡某某的辨认违背了客观事实。多名被告人在笔录（邹某某在讯问笔录中称鲁某在 2010 年 7 至 8 月份就被开除了）中和庭审中（丁某、余某某）都可以证实：2010 年 9 月左右，鲁某是已经离开了公司，且没有再回来上班的。也就是说，鲁某是不可能在 2012 年 11 月份与王某某共同与被害人胡某某发生纠纷的。

最后，除了胡某某的不符合事实的指认外，没有其他第三人可以认定王某某出现并参与了此次事件。而根据庭审情况我们也可以知道，王某某本人确实是没有参与其中的。

因此,《起诉书》指控王某某参与此次寻衅滋事的证据不足,事实不能成立。

(二)《起诉书》指控"2010年8月24日中午,……林某指使秋某,……王某某等人,持榔头,铁棍到粗茶淡饭酒店进行打砸……"

而事实是,王某某并没有手持榔头等打砸粗茶淡饭酒店,王某某当时只是出于朋友义气,帮忙开车而已,并没有参与打砸。这一事实可从被告人秋某在2011年11月13日的讯问笔录中得到证实:"就这样我们去了六个人,除了王某某外都从车上拿出榔头、鱼叉、铁棍等物打砸粗茶淡饭饭店,……"在庭审中,秋某及吴某也再一次证实王某某没有进去打砸。而且该行为在案发后,经公安调解,双方已经达成了和解,并作出了赔偿。因此,不应当作为新的犯罪事实予以重新起诉。

(三)《起诉书》指控"2011年1月9日晚,……王某某,韦某等几十人冲到罗某家,意图报复。……"

而实际上,当时王某某根本就没有去罗某家,王某某只是将车停在外面的广场,坐在车上。该事实有证人万某在2010年2月20日的询问笔录中证实:"其中我认识的有游某、土匪、吴某、龟仔没有进去,只是站在戏台旁边。"有董某某在2012年2月22日的讯问笔录中证实:"2011年年初的一天,下午1点多钟,……我不认识罗某,所以我就跟在后面,土匪也开了一个车子去了,但他没下车,……"以及庭审中吴某、游某、韦某证实,王某某当时没进去。因此,不能认定被告人王某某直接参与了打砸罗某家。

根据上述,被告人王某某只参与了3起所谓寻衅滋事行为,且每次都只是帮忙开车,并没有参与打砸、威胁等活动,相对于其他参与人而言,王某某的行为所起到的是非常次要的作用,且上述寻衅滋事行为没有对人身和财物造成严重的后果。因此,虽然王某某参与了3起寻衅滋事,但其犯罪情节十分轻微。

三、《起诉书》指控被告人王某某构成故意毁损财物罪证据不足,不能予以认定

起诉书指控:"2009年12月26日、27日,被告人王某某伙同秋某、董某某等20余人,持鱼叉、铁棍、砍刀等凶器,先后两次对胡某岳母家进行打砸,……价格分别是4025元、6662元。"

首先,被告人王某某只参与了第一次事件,第二次事件王某某根本没有

参与。第二次只是秋某等人不认识胡某岳母家，叫王某某带路，由于事件是王某某引起的，所以王某某也就不好拒绝秋某，将秋某带到了胡某岳母家楼下，自己没有上去参与打砸，这一事实在庭审中也得到了秋某的证实。也就是说，第二次打砸事件王某某并没有参与，也就不应该对6662元的损失承担责任。

其次，对于第二次打砸行为，王某某主观上没有参与的故意，客观上也没有实施该行为。由于王某某在2009年12月26日已经对胡某的岳母家进行了打砸，其内心的愤怒和报复心理都得到了平复。所以，对于第二次的打砸行为，其主观上不存在故意，且客观上，也没有实施打砸的行为。

最后，该次事件的发生，胡某有过错在先。本案的起因是王某某说胡某的车不应该安装警报器，而胡某因此事先行追杀王某某，并将王某某的母亲杀伤而引起的，胡某具有明显过错在先。因此，在定罪量刑时应当给予充分考虑。

根据2008年6月25日《最高人民检察院、公安部关于公安机关管辖的刑事案件立案追诉标准的规定（一）》第33条的规定，造成公私财物损失5000元以上的才构成故意毁坏财物罪。而本案中，王某某只造成了4025元的损失，够不上立案标准，因此依法不能构成故意毁坏财物罪。

四、王某某具有法定的和酌定的从宽处罚情节

（一）帮助公安机关抓捕本案主要被告，具有立功情节

王某某归案后，积极配合公安机关抓获网上逃犯林某的行为，依据最高人民法院印发的《关于处理自首和立功若干具体问题的意见》第5条的规定，构成立功，应当依法从轻、减轻处罚。

（二）对所犯罪行供认不讳，具有坦白情节

被告人王某某归案后，对于自己所作出的全部事实，均供认不讳，在庭审中也都一一承认了自己的所有违法事实，认罪态度好。王某某理应构成坦白行为，依法应从轻处罚。公诉机关认为王某某认罪态度差，不予配合的说法不能成立。因为王某某本身就不是林某组织的成员。因此，对于很多事情确实不知情，也未参与，无法对公诉机关的所有讯问予以答复；而对于自己行为的辩解，也不能视为是认罪态度差，不坦白的表现。因为公诉机关的部分指控确实存在证据不足的情形，被告人的辩解属于法律规定的合法权利。因此，应当认定被告人王某某构成坦白，依法从轻处罚。

综上，被告人王某某的行为不构成参加黑社会性质组织罪，虽参与了几起寻衅滋事行为，但都是处于次要地位，起次要作用，未造成严重后果。其所犯的故意毁坏财物罪也是基于被害人有过错在先而实施的，且仅实施了一次，造成的损失不够追诉标准，不构成故意毁坏财物罪。鉴于被告人王某某的犯罪情节轻微，且有立功、坦白等从宽处罚情节，请法庭对其免除刑事处罚。

江西豫章律师事务所

律师：胡东平

2012 年 7 月 29 日

第四章
社会危害性理论在刑事辩护中的运用

一、社会危害性是否定罪之根据

我国《刑法》第13条规定:"一切危害国家主权、领土完整和安全,分裂国家、颠覆人民民主专政的政权和推翻社会主义制度,破坏社会秩序和经济秩序,侵犯国有财产或者劳动群众集体所有的财产,侵犯公民私人所有的财产,侵犯公民的人身权利、民主权利和其他权利,以及其他危害社会的行为,依照法律应当受刑罚处罚的,都是犯罪,但是情节显著轻微危害不大的,不认为是犯罪。"我国刑法理论通说一般将该条视为对犯罪概念所作的定义性规定——前段从正面界定了犯罪的内涵,后段的"但书"则从反面限定了犯罪的外延。[1] 理论界根据《刑法》第13条对犯罪的定义,归纳出了犯罪的三个基本特征:社会危害性、刑事违法性及应受刑罚惩罚性,并认为社会危害性是犯罪的本质特征。[2] 如果说社会危害性是犯罪的本质特征,由此带来的问题便是:社会危害性是不是定罪的根据?

(一) 对社会危害性系定罪根据的质疑

1997年修订《刑法》时,犯罪的定义基本上沿袭了1979年《刑法》第10条的规定。1979年《刑法》中的犯罪概念是模仿《苏联刑法典》的结果。1960年《苏俄刑法典》第7条规定:"凡刑事法律所规定的侵害苏维埃的社会制度、政治和经济体系,侵害社会主义所有制、侵害公民的人身权利和自由、政治权利和自由、劳动权利和自由、财产权利和自由及其他权利和自由

---

[1] 参见杨忠民、陈志军:《刑法第13条"但书"的出罪功能及司法适用研究》,载《中国人民公安大学学报(社会科学版)》2008年第5期,第70页。

[2] 近年来也有许多学者认为刑事违法性或应受刑罚惩罚性才是犯罪的本质特征。

的社会危害行为，都认为是犯罪。形式上虽然具有本法典分则规定的某种行为条件，但是由于显著轻微而对社会并没有危害性的作为或不作为，都不认为是犯罪。"这个犯罪概念被认为是犯罪的形式概念与实质概念相统一的典型立法例。根据该条规定，认定犯罪时应当同时考虑刑事法律的规定和社会危害性的大小，当刑事法律的规定与社会危害性的要求发生冲突时，应当依据社会危害性的要求来认定犯罪。我国1979年《刑法》中的犯罪概念也采用了形式概念与实质概念相统一的立法方式，而且还规定有类推制度。因此，按照当时的刑法，对于刑法有规定的行为认定犯罪时要同时考虑刑事违法性和社会危害性，类推定罪时则完全是根据社会危害性标准。这样，社会危害性是定罪根据成了理论界的共识。自1979年《刑法》制定以来，刑法学界学习借鉴外国刑法之风日盛，一些国家刑法中对犯罪采取形式概念的立法模式受到了我国许多学者的青睐，认为这有利于加强刑法的人权保障机能。但是，1997年修订《刑法》时，立法者一方面保留了犯罪的形式概念与实质概念相统一的立法方式，另一方面又取消了类推制度，明确规定了罪刑法定原则。这样一来，对于社会危害性是定罪根据的质疑之声纷至沓来，这些质疑主要集中在以下三个方面：

（1）社会危害性理论与刑法目的背道而驰。社会危害性是否为定罪根据，源自对刑法中的犯罪概念应当是形式概念还是实质概念的认识。刑法中的犯罪概念采取形式概念还是实质概念，体现了不同的刑法目的观。刑法目的是指为什么规定刑法，也就是刑法所欲达到的目的。在刑法目的观上，有两种截然不同的立场，即国权主义刑法与民权主义刑法。国权主义刑法的基本特征是，刑法所要限制的是国民的行为，而要保护的是国家利益。国权主义刑法倾向于在刑法中规定犯罪的实质概念，因为犯罪的实质要素（例如社会危害性）其判断权是由作为国家代表的司法机关行使的，这虽有利于保护国家利益但却容易导致司法权的滥用。民权主义刑法的基本特征则是以保护国民的利益为出发点而限制国家行为，其基本特征是当代刑法罪刑法定原则的核心。民权主义刑法会在刑法中规定犯罪的形式概念，因为犯罪的形式要素可以约束国家刑罚权。[1]我国《刑法》第3条规定了罪刑法定原则，该原则是

---

[1] 参见陈兴良：《社会危害性理论：进一步的批判性清理》，载《中国法学》2006年第4期，第10页。

以保障人权、限制国家刑罚权为目的的，因此我国刑法应当属于民权主义刑法。[1]民权主义刑法强调犯罪的形式概念而排斥诸如社会危害性等犯罪的实质要素。可见，社会危害性不能够影响对犯罪的认定。

（2）社会危害性决定刑事立法但不应当影响刑事司法。社会危害性是一种对社会状况的评估，而不是一个法律规范上的概念，是立法机关站在社会的立场上对犯罪的一种认识。司法机关则只能根据刑法规范一目了然地进行行为对照判断，而没有判断"社会危害性程度大小"的注意义务，如果要依据社会危害性来判定犯罪，便是对司法者的苛求。[2]因为，从立法层面上看，由于立法是一种规范的构造，而社会危害性是创设罪名的实体根据与基础，因此可以说是社会危害性决定刑事违法性。因为正是社会危害性回答了某一行为为什么被立法者规定为犯罪这一问题。但从司法层面上看，面对的是具有法律效力的规范和具体案件，因此某一行为是否具有刑事违法性就成了认定犯罪的根本标准。是刑事违法性而不是社会危害性回答了某一行为为什么被司法者认定为犯罪这一问题。[3]对于社会危害性在刑事司法中的地位，李海东博士明确指出："社会危害性并不具有基本的规范质量，更不具有规范性。它只是对犯罪的政治或社会定义的否定评价。这一评价当然不能说是错的，问题在于它不具有实体的刑法意义。"[4]

（3）社会危害性与罪刑法定原则相抵触。社会危害性标准是刑事类推适用的前提。类推违背了立法与司法分权的法制原则，为司法权僭越立法权、法官造法提供了根据。1997年修订的《刑法》第13条规定的犯罪定义中使用了"危害社会"字样突出了社会危害性，并用"危害不大"字样，强调了社会危害程度大小对罪与非罪的决定意义。这样就反映出了修订后的刑法基

---

[1] 基于我国《刑法》第2条以打击犯罪、保护人民为其主旨的刑法任务的规定，我们又似乎可以把我国刑法归于国权主义刑法，这是我国刑法规定存在价值上的冲突的表现。然而，由于刑法的基本原则是贯穿于整部刑法的原理和准则，在刑法基本原则和刑法任务的规定发生冲突的情况下，应当坚持刑法的基本原则。因此，尽管存在《刑法》第2条的规定，我们仍然把我国刑法归于民权主义刑法。

[2] 参见樊文：《罪刑法定与社会危害性的冲突——兼析新刑法第13条关于犯罪的概念》，载《法律科学（西北政法大学学报）》1998年第1期，第27页。

[3] 参见陈兴良：《社会危害性理论——一个反思性检讨》，载《法学研究》2000年第1期，第12页。

[4] 李海东：《刑法原理入门（犯罪论基础）》，法律出版社1998年版，第8页。

于犯罪的定义中,存在社会危害性标准。同时,该条明文确立了规范标准。在一个定义中同时使用了互相冲突、排斥的两个标准来界定犯罪,势必会影响罪刑法定原则在犯罪定义中的完全体现,使犯罪这个基本定义乃至整个刑法典的科学性受到影响。此外,社会危害性本身具有笼统、模糊、不确定性,其判断常常受到时间性和地域性的影响。[1]但是,罪刑法定原则却要求罪刑具有明确性,因为不明确的刑罚法规会破坏国民的预测可能性,使其常常对是否受处罚感到不安,于是不得不广泛地抑制自己的行为,出现刑罚以前的"萎缩的效果",并给司法机关留下广泛的裁量余地,造成恣意地、有差别地执行法律。[2]对此,李海东博士不无担心地指出:"如果要处罚一个行为,社会危害性说就可以在任何时候为此提供超越法律规范的根据,因为,社会危害性说不仅通过其'犯罪本质'的外衣为突破罪刑法定原则的刑罚处罚提供一种貌似具有刑法色彩的理论根据,而且也在实践中对于国家法治起着反作用。"[3]

(二) 对质疑社会危害性系定罪根据的反驳

对社会危害性理论的质疑和诘难,促使我们重新审视社会危害性在我国刑法中的作用及其正当性问题。但是,长期以来,被我国刑法学界奉若神明的社会危害性果然如同批判者所言,已经一无是处而只能将其一逐了之吗?

批评者认为,社会危害性是一种社会政治的评价,而不是一个法律规范上的概念,司法机关则只能根据刑法规范来判定犯罪,因此社会危害性不是定罪的根据。这种批评实际上涉及如何对待刑法解释的问题。基于防范罪刑擅断的需要,贝卡里亚强烈反对授予法官解释法律的权力。他指出:"'法律的精神需要探寻',再没有比这更危险的公理了,采纳这一公理,等于放弃了堤坝,让位于汹涌的歧见。"[4]然而,法律条文的抽象性、法律语言的模糊性与社会事实的具体性、复杂性之间的矛盾决定了法律是需要解释的。法律解释存在形式主义解释观和实质主义解释观的对立。形式主义解释观拘泥于法律的字面含义,强调尊重字面含义、注重从概念推导出结论;实质主义解释

---

[1] 参见樊文:《罪刑法定与社会危害性的冲突——兼析新刑法第13条关于犯罪的概念》,载《法律科学(西北政法大学学报)》1998年第1期,第27~28页。
[2] 参见张明楷:《外国刑法纲要》,清华大学出版社1999年版,第27~28页。
[3] 李海东:《刑法原理入门(犯罪论基础)》,法律出版社1998年版,第8页。
[4] [意]切萨雷·贝卡里亚:《论犯罪与刑罚》,黄风译,中国法制出版社2005年版,第16页。

规则注重探求法律规范的目的、意义，主张根据变化了的情势和目的的考量来探求法律规范的含义。[1]在刑法领域内，也存在形式的解释论和实质的解释论的对立。形式刑法解释论从罪刑法定原则出发，强调刑法的人权保障机能，主张应对构成要件进行形式的、字面含义的解释，法官在构成要件符合性的判断上只能是形式的、抽象的，排除法官实质的、价值的判断。实质刑法解释论主张从处罚的必要性和合理性出发，实质性地解释构成要件，构成要件的判断不可能是形式的、价值无涉的，而应从处罚的必要性和合理性的角度来判断某种行为是否符合构成要件。主张司法机关只能根据刑法规范来判定犯罪是持形式的解释论的立场；认为司法机关可以根据社会危害性来判定犯罪则是持实质的解释论的立场。我国刑法在犯罪的认定问题上必须采取实质的解释论的立场。这是因为，在大陆法系国家中，犯罪的本质（法益侵害性）被视为犯罪的成立条件之一（即违法性），构成要件符合性与违法性的关系就"类似于"形式的违法性与实质的违法性的关系，犯罪成立的条件容纳了对实质违法性的判断。但在我国，只在犯罪概念中包含了社会危害性（实质违法性）和刑事违法性（形式违法性）的内容，犯罪构成中则不存在对实质违法性的判断。由于我国刑法理论认为犯罪概念是犯罪构成的基础，犯罪构成是犯罪概念的具体化，因此犯罪构成就应当反映社会危害性（实质违法性），否则犯罪构成就不是犯罪概念的具体化了。[2]只有对犯罪构成进行实质性的解释，才能使实质违法性在犯罪的认定中发挥作用。而实质性解释的结果，实际上就是承认不但刑法规范是认定犯罪的根据，社会危害性也是认定犯罪的根据。

批评者还认为，社会危害性与罪刑法定原则相抵触。这种批评涉及犯罪的社会危害性与刑事违法性之间的关系问题。传统刑法理论认为，行为具有社会危害性与刑事违法性是犯罪的两大基本特征，社会危害性是犯罪的本质特征、刑事违法性是犯罪的法律特征。[3]但是，在存在社会危害性与刑事违法性不一致的情况下，例如行为具有严重的社会危害性但刑法对此种行为并无规定，如果社会危害性是犯罪的本质特征，是认定犯罪的根据，司法机关

---

[1] 参见［德］阿图尔·考夫曼、温弗里德·哈斯默尔主编：《当代法哲学和法律理论导论》，郑永流译，法律出版社2002年版，第58页。

[2] 参见张明楷：《刑法的基本立场》，中国法制出版社2002年版，第113~114页。

[3] 参见马克昌主编：《犯罪通论》（第3版），武汉大学出版社1999年版，第18~25页。

就会产生一种冲破罪刑法定原则而将之定罪的冲动。但是，本书认为，传统社会危害性理论虽然存在缺陷，但却没有到必须全盘推翻的地步。传统社会危害性理论的问题在于，没有将社会危害性与刑事违法性的关系作立法上和司法上的区分。社会危害性是犯罪的本质特征，刑事违法性是犯罪的法律特征是就立法而言的，即立法上之所以将某种行为规定为犯罪，是因为这种行为在本质上具有社会危害性，社会危害性与刑事违法性之间的关系表现为实质决定形式，即社会危害性决定刑事违法性。在司法上，犯罪仍然具有刑事违法性与社会危害性的特征，但已经不是形式与实质的关系，而是前提与补充的关系，即在认定犯罪时，行为是否具有刑事违法性是定罪的前提条件，只有对刑法有明确规定的行为，才能进一步考虑其行为的社会危害性程度，最后才能作出是否成立犯罪的判断。因为定罪即是判断被审理的行为与刑法分则所规定的某种犯罪是否具有一致性的认识过程。[1]判断的前提条件是存在被审理的行为而且刑法分则对该行为有规定。如果缺乏这一前提条件，例如行为虽然有社会危害性，但刑法分则对此没有规定（即缺少刑事违法性），则被审理的行为将失去判断标准，定罪活动无法进行下去，行为当然就不成立犯罪。可见，虽然在立法上是犯罪的实质特征决定形式特征，但在司法上，"实质与形式犯罪概念之间的决定与被决定关系刚好倒过来了"。[2]在司法上，刑事违法性与社会危害性的关系是决定与被决定的关系，刑事违法性是定罪的前提、社会危害性是定罪的补充，即只有在刑法对该种行为有规定的情况下才存在适用社会危害性标准对行为是否成立犯罪作出认定。即当某种行为符合刑法相关规范这个前提条件时，再采用社会危害性标准对其是否成立犯罪进行补充认定，如果该行为符合《刑法》第 13 条但书的规定"情节显著轻微危害不大的"，则认为该行为不构成犯罪。如果该行为不符合《刑法》第 13 条但书的规定，则构成犯罪。可见，社会危害性在犯罪的认定中实际上起到的是出罪的作用，而罪刑法定原则的主要机能是人权保障，两者之间没有冲突。"所以，在刑法典规定的犯罪圈之外，在罪刑法定原则之下，是不存在以社会危害性突破罪刑法定原则的问题的。"[3]

---

〔1〕 参见司法部法学教材编辑部编审，高铭暄、马克昌主编：《刑法学》（上编），中国法制出版社 1999 年版，第 353 页。
〔2〕 刘艳红：《社会危害性理论之辨正》，载《中国法学》2002 年第 2 期，第 174 页。
〔3〕 刘艳红：《社会危害性理论之辨正》，载《中国法学》2002 年第 2 期，第 175 页。

至于认为社会危害性本身具有笼统、模糊、不确定性，有违罪刑法定原则的明确性的批评，则涉及刑法规范的明确性与刑法解释的明确性的关系问题。因为明确性虽然是罪刑法定原则的内容和要求之一，"但是，既然刑法由语言表达，而法律的语言又永远不可能完善，因此，刑法典的不明确性就成为不可避免"。[1]有学者提出，在犯罪概念中，应当以法益侵害取代社会危害性，并认为法益侵害与社会危害性相比具有以下优越性：其一，规范性；其二，实体性；其三，专属性。[2]但是，法益这一概念同样也存在不确定的问题，"随着无形利益（精神的、人格的利益）不断出现，有形利益的形态会发生变化，虽然它们都应当得到刑法的保护，但是，当一种'利益'（中性词）是不是刑法上应该保护的法益、是此种法益还是彼种法益难以判断的时候，侵害或者威胁这种利益的行为达到何种程度才应当得到刑法的否定性评价，难以判定，刑法的社会功能就有捉襟见肘之虞。这是法益概念本身的事实性、客观性、确定性的不足之处，也是法益概念的涵括力有限所在"。[3]刑法规范所具有的抽象性、概括性与现实生活的多样性和人们认识的多元性决定了刑法在适用时需要刑法解释，通过解释克服刑法规范存在的模糊性和不确定性。对于刑法规范不可避免地存在着与明确性要求相冲突的现状，"日本最高裁判所所持的态度是，如果用解释的方式明确限定了法文的含义、内容，就不应再指责其不明确性"。[4]可见，社会危害性虽然具有笼统、模糊、不确定性，但可以通过确定的刑法解释予以克服，正如法益侵害也需要解释，因此将社会危害性作为认定犯罪的标准之一，不会引发对违法罪刑法定原则明确性要求的担忧。

二、社会危害性内容的构成要素

我国刑法中的"社会危害性"包括哪些要素？理论界主要有一要素说、二要素说和三要素说三种观点。

（一）一要素说之评析

一要素说认为，在判断行为的社会危害性时，只能考虑行为客观方面的

---

[1] 刘艳红：《社会危害性理论之辨正》，载《中国法学》2002年第2期，第175页。
[2] 参见陈兴良：《社会危害性理论——一个反思性检讨》，载《法学研究》2000年第1期，第15~16页。
[3] 周光权：《法治视野中的刑法客观主义》，清华大学出版社2002年版，第218~219页。
[4] 张明楷：《外国刑法纲要》，清华大学出版社1999年版，第28页。

内容，而不应考虑行为人的主观内容，否则就会使社会危害性的认定丧失统一标准，导致犯罪认定的任意化、主观化。[1]理由是，我国刑法理论的通说认为："行为的严重社会危害性是犯罪的本质特征，所谓行为的社会危害性，是指行为对我国社会主义初级阶段的社会关系造成实际危害或者现实威胁。"[2]既然社会危害性是指行为对刑法所保护的社会关系或者合法权益的"实际侵害或者现实威胁"，其判断的对象和基础就应当是行为所造成的实际损害或者现实威胁，行为人的主观要素当然不能被考虑在内，因为主观意思在没有转化为外部行为或者结果的时候，是不可能造成"实际损害或者现实威胁"的。在社会危害性的判断中加入行为人的主观意思，会导致相同的行为或者结果因行为人的主观意思不同而导致结论不同的后果。在司法实践中，常见的"没有中饱私囊的贪污行为或者将受贿所得用于扶贫的行为没有社会危害性，不能作为犯罪看待"的观点就是其体现。因为，没有中饱私囊或者没有用于挥霍，只能说是行为人的主观恶性较小、责任较轻，却不能抹杀贪污、受贿行为本身所具有的社会危害性。可见，如果将主观要素作为社会危害性的评价基础，便会产生颠倒黑白、模糊罪与非罪界限的效果。[3]

本书认为，一要素说存在的主要问题是，将行为的社会危害性与行为的危害结果混为一谈。我国刑法理论界对社会危害性概念的理解，存在"事实说"和"属性说"之争。"事实说"认为，社会危害性是指行为给社会造成不利后果的客观事实。"所谓行为的社会危害性，是指行为对我国社会主义初级阶段的社会关系造成实际危害或者现实威胁。"即是事实说的一种表述。"属性说"认为，社会危害性是指行为给社会带来一定不利后果的属性。常常表述为"是指行为对刑法所保护的社会关系造成或可能造成这样或那样损害的特性"。[4]有学者指出，从语义学来说，"属性说"是更为合理的。事实说的缺陷在于将"社会危害性"等同于"社会危害"。实际上，社会危害只是社

---

[1] 参见黎宏：《判断行为的社会危害性时不应考虑主观要素》，载《法商研究》2006年第1期，第99页。

[2] 司法部法学教材编辑部编审，高铭暄、马克昌主编：《刑法学》（上编），中国法制出版社1999年版，第73页。

[3] 参见黎宏：《判断行为的社会危害性时不应考虑主观要素》，载《法商研究》2006年第1期，第99页。

[4] 高铭暄主编：《新编中国刑法学》（上册），中国人民大学出版社1998年版，第66页。

会危害性的具体表现。[1]本书同意这一观点，并认为，事实说还存在更为严重的问题，就是容易将行为的社会危害性与行为的危害结果混为一谈。因为，我国刑法理论通说认为："所谓危害结果，是指危害行为对刑法所保护的社会关系所造成的实际损害和现实危险。"[2]如果对社会危害性采取事实说的概念，则看不出行为的社会危害性与行为的危害结果之间存在任何差别。采取属性说的概念，则可以将两者予以区分：行为的社会危害性是指该行为对刑法所保护的社会关系具有威胁或损害的属性，即行为本身包含着改变现存社会关系的性质、面貌的必然性和可能性，正因为它会引起客体向不利于社会发展方向的变化，所以刑法才禁止实施这种行为。危害行为的实施可能产生三种结果：完全改变客体的性质和面貌；部分改变客体的性质和面貌；对客体的性质和面貌没有任何改变危险。后者就是没有发生危害结果。[3]可见，持一要素说的观点，由于对社会危害性采取事实说的概念，因此偏离了社会危害性本来的词义，其所指的行为的社会危害性实际上是指行为的危害结果。对行为的危害结果进行判断，只需要考察因果关系，的确不需要介入主观要素。例如，过失杀人与故意杀人造成的危害结果都是完全相同的。但是，如果对社会危害性采取属性说的概念，认为社会危害性是行为本身包含着改变现存社会关系的性质、面貌的必然性和可能性，正是这种属性引起客体向不利于社会发展方向的变化，则对社会危害性的判断除了要考察客观要素外，还必须考察主观要素。例如，行为人仅有伪造假币的行为，还不能判断其行为的社会危害性。如果行为人的目的是要将假币作为电影道具使用，该行为就不存在改变现存社会关系（货币的信用）的性质、面貌的必然性和可能性，不会引起客体向不利于社会发展的方向变化，行为就不具有社会危害性。只有当行为人以使用为目的而伪造货币时，行为才存在改变现存社会关系（货币的信用）的性质、面貌的必然性和可能性，行为才具有社会危害性。因此，一要素在判断行为的社会危害性时，只考虑行为客观方面的内容，而不考虑行为人的主观内容，是不妥当的。

（二）二要素说之评析

二要素说认为，犯罪的社会危害性是指犯罪分子的行为给社会造成的客

---

[1] 参见刘科：《回顾与展望：社会危害性理论研究三十年》，载《河北法学》2008年第11期，第16页。

[2] 马克昌主编：《犯罪通论》（第3版），武汉大学出版社1999年版，第191页。

[3] 参见马克昌主编：《犯罪通论》（第3版），武汉大学出版社1999年版，第196页。

观危害和犯罪分子的主观危险性的统一。客观危害性和主观危险性是犯罪的社会危害性之基本内容。[1]理由是,社会危害性是指行为具有的对刑法所保护的社会关系造成损害的属性。尽管社会危害性首先表现为客观上的损害,但造成这些客观损害结果的行为是受到人的主观意识和意志支配的,是主观恶性的体现。因此,任何犯罪都是主观和客观的统一,作为犯罪本质特征的社会危害性当然也是主观和客观的统一。可见,在判断行为的社会危害性时不但要考虑客观方面的因素,还要考虑行为人主观方面的因素。[2]客观危害性主要通过犯罪行为对一定社会关系的侵犯,以及犯罪的方法、手段、结果、时间、地点等因素来表现;主观危险性主要通过犯罪的故意或过失,目的、动机、是否累犯、有无自首、一贯表现等因素来表现。[3]

本书认为,二要素说主张社会危害性是客观因素与主观因素的统一,其对社会危害性内容的揭示显然较一要素说更加全面,但却存在对表现社会危害性的主观因素表达不准确的问题。持二要素的学者将主观因素表达为"主观危险性",认为主观危险性即犯罪分子意识观念的反社会性和继续犯罪的可能性。但是,犯罪分子意识观念的反社会性和继续犯罪的可能性能否统归于"主观危险性"这一概念之下不无疑问。众所周知,大陆法系刑法理论在犯罪论上有客观主义和主观主义的立场分歧,我国刑法理论在定罪问题上则采取主客观相统一的原则。然而,此主观非彼主观。大陆法系中的主观是指根据行为人的反社会性格来认定犯罪,即依人身危险性定罪,此主观表现的是行为人的特征;我国刑法理论中的主观则是指犯罪构成要件中的主观方面,即故意、过失及目的等,彼主观表现的是行为的特征。因此,犯罪分子意识观念的反社会性(犯罪的主观方面)和继续犯罪的可能性(人身危险性)性质完全不同,无法共容于"主观危险性"这一概念之下。

(三)三要素说之提倡

三要素说认为,人身危险性应与客观危害和主观罪过一道被统一到犯罪社会危害性之中。理由是:首先,人身危险性这个概念在被提出之初便被用来描述犯罪人之于社会的危险关系,指的是犯罪人再次犯罪的可能性,它所表

---

[1] 参见高铭暄、马克昌主编:《刑法学》(第3版),北京大学出版社、高等教育出版社2007年版,第51页。

[2] 参见詹红星:《社会危害性理论研究的逻辑前提》,载《法学评论》2008年第4期,第67页。

[3] 参见王勇:《论犯罪的本质特征》,载《宁夏社会科学》1987年第5期,第80页。

现的是犯罪人主观上的反社会人格或危险倾向。既然人身危险性这一概念是表现犯罪人之于社会的危险关系即威胁状态，而犯罪的社会危害性又是指社会受犯罪侵害或威胁的状态，人身危险性当然就可以内含到犯罪的社会危害性之中。其次，人身危险性是刑事近代学派创立的概念，以为其预防犯罪、防卫社会的目的刑论服务。当人身危险性这一概念支撑起预防犯罪、防卫社会的目的刑论时，它自身便已经被犯罪的社会危害性说明了。最后，刑罚要有前瞻性，犯罪的社会危害性就要先有前瞻性。不然，预防之刑的配置便失去了事实根据。在此意义上，犯罪的社会危害性便会统一指向将来的人身危险性范畴。此时，将犯罪的社会危害性中的"危害"一词拆解为"危及"与"损害"未尝不可，而"危及"为人身危险性拓展了被犯罪社会危害性所内含的空间。[1]

　　本书赞成三要素说，但同时认为应当对三要素说进行补充。社会危害性在内容上应当包括客观危害、主观恶性及人身危险性三大内容。客观危害主要通过犯罪行为对一定社会关系的侵犯，以及犯罪的方法、手段、结果、时间、地点等因素来表现。主观恶性主要通过罪过、犯罪动机和目的、犯罪手段和对象、犯前表现和犯后态度等因素来表现。人身危险性主要通过犯罪人主观方面、犯前表现和犯后态度、犯罪人的一贯表现、犯罪人的个人气质、身心状况、受教育程度以及家庭环境等因素来表现。

　　人身危险性之所以能够成为社会危害性内容的一部分，除了三要素说所列举的理由外，还可以作以下几点补充：首先，根据《辞海》对危害一词的解释，危害有两种含义：①危险。《汉书·西域传上》："险阻危害，不可胜言。"②使受损害。《后汉书·孔融传》："怨毒渐积，志相危害，闻之怵然，中夜而起。"[2]可见，就危害本身的词义来说，是包括了危险和损害这两种意思的。这就为社会危害性一词中容纳人格危险性的内容预留了词义学上的空间。其次，行为的客观损害对社会产生的危害性是一种直接利益的减少，而透过行为反映出的行为人的人身危险性，对社会产生的危害性则表现为一种间接利益的减少。人身危险性反映的是对未来社会利益侵害可能性，不是对现有的社会利益造成直接损害，这也是有学者反对将人身危险性视为社会危

---

[1] 参见马荣春、韩丽欣：《论犯罪社会危害性评价机制的确立》，载《中国刑事法杂志》2007年第4期，第12页。

[2] 夏征农主编，徐复等编：《辞海·语辞分册》，上海辞书出版社2003年版，第389页。

害性的一个根本理由。然而，行为人人身危险性的存在使得社会防范犯罪以及纠正这种人身危险的成本增大，从而间接减少了现存的社会利益。可见，从造成社会利益绝对值减少的角度来看，行为的损害性和人身危险性的本质并无不同，二者都应当成为社会危害性的内容。

综上所述，社会危害性在内容上包括客观危害、主观恶性及人身危险性三大内容。悔罪表现反映的是社会危害性中的主观恶性，再犯罪的危险反映的是社会危害性中的人身危险性。至于犯罪情节，由于其本身也是一个综合性概念，很难说它反映的是社会危害性中的哪个内容。本书将在下一章对此进行分析。

三、社会危害性理论与刑事辩护

(一) 问题：社会危害性决定缓刑的适用吗？

社会危害性是定罪的根据，是否也是量刑的根据？从逻辑上说，如本书前文所述，社会危害性与刑事违法性是犯罪的两大基本特征。在立法层面，社会危害性决定刑事违法性，即实质决定形式。在司法层面，根据我国《刑法》第13条的规定，社会危害性与刑事违法性同为认定犯罪的两大标准，两者的关系为刑事违法性是前提、社会危害性是补充。既然社会危害性是认定犯罪的依据，刑事责任是犯罪的法律后果，而刑罚又是承担刑事责任的主要方式。因此，在对被告人决定刑罚时，当然要考虑其行为的社会危害性。从法律上看，我国《刑法》第61条规定："对于犯罪分子决定刑罚的时候，应当根据犯罪的事实、犯罪的性质、情节和对于社会的危害程度，依照本法的有关规定判处。"因此，社会危害性也是量刑的根据。虽然在司法实践中，法院在针对具体刑事案件的被告人量刑时，通常是根据被告人是否具有从轻、减轻、免除处罚或从重处罚等量刑情节，在法定刑的幅度内决定被告人的刑罚，法院一般不会直接以被告人的犯罪行为的社会危害较大或较小来决定具体的刑罚。但是，在某些情形下，法院也会直接根据犯罪行为的社会危害性来决定被告人的刑罚。例如，在决定是否适用缓刑时，法院就会以被告人的犯罪行为社会危害性较大为由，作出不适用缓刑的决定。[1]

---

[1] 参见景德镇市昌江区人民法院［2021］赣0202刑初11号刑事判决书、景德镇市中级人民法院［2022］赣02刑终42号刑事裁定书、南昌市青山湖区人民法院［2023］赣0111刑初120号刑事判决书、南昌市中级人民法院［2023］赣01刑终150号刑事裁定书。

然而，我国《刑法》第72条第1款规定："对于被判处拘役、三年以下有期徒刑的犯罪分子，同时符合下列条件的，可以宣告缓刑，对其中不满十八周岁的人、怀孕的妇女和已满七十五周岁的人，应当宣告缓刑：（一）犯罪情节较轻；（二）有悔罪表现；（三）没有再犯罪的危险；（四）宣告缓刑对所居住社区没有重大不良影响。"可见，是否宣告缓刑主要看被告的犯罪情节、悔罪表现、再犯罪的危险以及对所居住社区的影响等因素，刑法并未将社会危害性因素明确作为宣告缓刑的考虑因素。那为什么司法实践中部分法院会将社会危害性较大作为不适用缓刑的理由？这是因为法院一旦认定被告人的犯罪行为社会危害性较大，通常就会认为被告人不符合犯罪情节较轻、有悔罪表现、没有再犯罪的危险等缓刑适用条件，进而作出不适用缓刑的决定。然而，无论是在刑法规范中，还是在刑法理论上，"社会危害性"与"犯罪情节""悔罪表现""再犯罪的危险"都是不同的概念，由被告人行为的"社会危害性"较大直接得出被告人不符合犯罪情节较轻、有悔罪表现、没有再犯罪的危险等缓刑适用条件这一结论显然是不妥当的。但是，由于"社会危害性"概念的确存在笼统、模糊、不确定性的特点，这也导致辩护人在面对法院直接以社会危害性较大为由作出不适用缓刑的决定时，明知有问题，但却难以反驳。

（二）分析：厘清社会危害性与情节的关系

如何破解上述问题？本书认为，"社会危害性"是认定犯罪和适用刑罚的根据，认定犯罪和适用刑罚的根据当然必须是具体、清晰、明确的。因此，我们有必要对社会危害性这一概念中包含哪些内容进行分析才能厘清"社会危害性"与"犯罪情节""悔罪表现""再犯罪的危险"等概念之间的关系。

如前所述，社会危害性是一个综合性概念，在内容上包括客观危害、主观恶性及人身危险性三大内容。与此类似，我国刑法中还存在另一个综合性概念，即"情节"。行为的社会危害性是定罪量刑的依据，而"情节"也常常对定罪量刑产生影响。由此带来的问题是，犯罪的社会危害性是不是等同于犯罪的情节？这直接关系刑事辩护的方向选择。例如，我国刑法分则中存在大量的要求行为达到"情节严重"或"情节恶劣"才构成犯罪的规定。如果认为犯罪的社会危害性等同于犯罪的情节，而公诉人又出具了证明被告人行为的社会危害性较大的证据，辩护人就无需再就被告人的行为是否属于"情节严重"或"情节恶劣"与公诉人进行纠缠，而应当果断地另辟蹊径，从其他方向展开辩护。反之，如果认为犯罪的社会危害性不同于犯罪的情节，则辩护人可以指出，虽然公诉人出具了被告人行为的社会危害性较大的证据，但并不能因此得出其行为"情节严重"或"情节恶劣"的结论，进而坚持作无罪辩护。再如，我国《刑法》第72条规定缓刑应当符合以下条件：①被判处拘役、三年以下有期徒刑；②犯罪情节较轻；③有悔罪表现；④没有再犯罪的危险；⑤宣告缓刑对所居住社区没有重大不良影响。在公诉人的量刑建议为拘役、三年以下有期徒刑，但不同意给缓刑，并且有证据证明被告人行为的社会危害性较大的情形下：如果认为犯罪的社会危害性等同于犯罪的情节，辩护人就不应当作要求适用缓刑的辩护，而应当作在量刑建议以下量刑的罪轻辩护。因为行为的社会危害性较大，就表明其不符合"犯罪情节较轻"这一缓刑适用条件，此时再作缓刑辩护只能是无效辩护。反之，如果认为犯罪的社会危害性不同于犯罪的情节，则在上述情形下，辩护人可以一方面反驳公诉人以被告人行为的社会危害性较大为由要求给予实刑的做法与我国《刑法》第72条的规定不符，另一方面可以通过举证证明被告人确实属于犯罪情节较轻，符合适用缓刑之规定。

本书认为，在社会危害性与我国刑法中的情节的关系问题上，应当区分刑法总则和刑法分则而有所不同：

（1）刑法分则中的"情节"与行为的社会危害性完全相同，在内容上包括客观危害、主观恶性及人身危险性三大内容。理由如下：

刑法分则中的"情节"包括定罪情节和量刑情节两种，定罪情节即是以具备刑法分则规定的"情节严重"或"情节恶劣"作为成立条件的犯罪，该类犯罪又被称为"情节犯"。"情节犯"中的"情节"决定罪与非罪，"情节严重"或者"情节恶劣"是基本犯罪构成的必备要件。[1]量刑情节即是以具备刑法分则规定的"情节较轻""情节严重"或"情节特别严重"作为减轻或加重法定刑的量刑依据。刑法分则中的"情节"是一种概括性、综合性的定罪或量刑情节。这种概括性、综合性的定罪或量刑情节包含哪些因素？对此，学术界观点不一。本书认为，要明确情节犯中的情节包含哪些因素，必须以刑法中的社会危害性这一概念为基础。因为，社会危害性是犯罪的本质

---

[1] 参见叶高峰、史卫忠：《情节犯的反思及其立法完善》，载《法学评论》1997年第2期，第30页。

特征，任何决定犯罪成立及刑罚的适用的因素都必须是社会危害性的表现，如果该因素不能反映行为的社会危害性，对于定罪量刑便没有任何意义，也不可能成为刑法分则中的定罪或量刑"情节"。因此，情节必须能表现行为的社会危害性。换言之，刑法分则中的"情节"与行为的社会危害性完全相同，在内容上包括客观危害、主观恶性及人身危险性三大内容。

（2）刑法总则中的"情节"一般是指除去"危害结果"的表现犯罪行为的社会危害性的诸要素的总和。理由如下：

第一，《刑法》第13条中的"情节"不包括"危害结果"。我国《刑法》第13条规定："一切危害……以及其他危害社会的行为，依照法律应当受刑罚处罚的，都是犯罪，但是情节显著轻微危害不大的，不认为是犯罪。"这里的"但是情节显著轻微危害不大的，不认为是犯罪"又被称为《刑法》第13条的但书规定。对于但书中的"情节显著轻微危害不大"应当如何理解呢？

一般认为，《刑法》第13条的但书是对犯罪概念所作的补充规定。《刑法》第13条的前半段是关于犯罪概念的正面规定，即告诉我们什么是犯罪。但书则是从反面，即什么不是犯罪来揭示犯罪的概念和特征。前半段的规定说明犯罪的本质特征在于行为具有严重的社会危害性，但书是要告诉我们什么不是犯罪，当然也只能通过对社会危害性的表述来说明这一点。因此，"情节显著轻微危害不大"是对行为的社会危害性的另类表达，即"情节显著轻微危害不大"的行为由于社会危害性没有达到犯罪的程度，所以才不被认为是犯罪。从汉语的语词关系来看，情节显著轻微与危害不大之间显然不是一种修饰关系，而是一种并列关系。也就是说，只有同时具备情节显著轻微、危害不大两个条件才不认为是犯罪。这样，行为的社会危害性就包含了情节显著轻微与危害不大这两方面内容的判断。因此，要了解"情节显著轻微"之内涵，必须先明确"危害不大"的意思。

我国有学者认为，这里的"危害"是包括主观与客观的综合指标。其中主观包括罪过、主观恶性、人身危险性；客观包括行为及其危害结果等。本书认为，这种观点值得商榷。我国《刑法》中的"危害"主要有两种含义，当表述为"危害社会"或"危害社会的行为"时，指的是作为犯罪本质特征的行为的社会危害性，例如《刑法》第13、30、71、81条。当表述为"危害社会的结果"时，指的是犯罪客观方面的危害后果，即对刑法所保护的社会关系造成的损害或威胁，例如《刑法》第14、15、18条。如果认为这里的

"危害"是包括主观与客观的综合指标，显然是将其作为社会危害性来理解。但这样一来，仅"危害不大"就足以说明行为不是犯罪，前面再规定"情节显著轻微"就毫无意义了。因此，应当将这里的危害理解为作为犯罪客观方面的危害后果。

既然"情节显著轻微危害不大"表现的是行为的社会危害性，而危害又指的是行为的危害后果。如前文所述，社会危害性在内容上包括客观危害性、主观恶性及人身危险性，因此情节显著轻微中的情节就应当是指社会危害性中除危害后果以外的表现行为的客观危害、主观恶性及人身危险性的因素。

第二，《刑法》第61条中的"情节"不包括"危害结果"。我国《刑法》第61条规定："对于犯罪分子决定刑罚的时候，应当根据犯罪的事实、犯罪的性质、情节和对于社会的危害程度，依照本法的有关规定判处。"

如前所述，刑罚的根据是行为的社会危害性程度。因此，我国《刑法》第61条实际上是关于对犯罪行为的社会危害性如何认定的规定。其中，"根据犯罪的事实"强调的是认定犯罪行为的社会危害性必须依据诉讼法意义上的证据反映出来的案件事实；"犯罪的性质、情节和对于社会的危害程度"则是实体法上认定犯罪行为的社会危害性的具体组成内容。"对于社会的危害程度"中的"危害"应当被理解为作为犯罪客观方面的危害后果，而不能等同于"社会危害性"本身，否则该法条将"犯罪的性质、情节和对于社会的危害程度"并列起来作为量刑的根据就没有任何意义了。"犯罪的性质"指的是犯罪行为侵害的法益的类型，对于犯罪行为的社会危害性具有较大的影响。"情节"则是"社会危害性"内容中除去"危害后果""侵害法益的类型"以外的能够表现行为的社会危害性的要素，包括行为的方法、手段、时间、地点，行为人的动机、目的、一贯表现等。

第三，《刑法》第72条中的"情节"不包括"危害结果"。我国《刑法》第72条第1款规定："对于被判处拘役、三年以下有期徒刑的犯罪分子，同时符合下列条件的，可以宣告缓刑，对其中不满十八周岁的人、怀孕的妇女和已满七十五周岁的人，应当宣告缓刑：（一）犯罪情节较轻；（二）有悔罪表现；（三）没有再犯罪的危险；（四）宣告缓刑对所居住社区没有重大不良影响。"

这里的"被判处拘役、三年以下有期徒刑"指的是宣告刑。如前所述，对犯罪分子判处刑罚时的依据是犯罪行为的社会危害性程度。可见，在决定宣告刑时，是综合考虑了"行为的客观危害、行为人的主观恶性及人身危险性"等因素。但是，在决定宣告缓刑时，又要符合"犯罪情节较轻""有悔罪表现""没有再犯罪的危险"等条件。因此，宣告缓刑需符合的条件总和必然不等于表现"社会危害性"要素的总和。因为，在对犯罪分子判处3年以下有期徒刑或拘役时依据的就是犯罪行为的社会危害性程度，如果认为宣告缓刑需符合的条件总和等于表现"社会危害性"要素的总和，无异于是说对判处3年以下有期徒刑或拘役的犯罪分子都应当适用缓刑。在宣告缓刑需符合的条件中，"有悔罪表现"指的是行为人的主观恶性较小，"没有再犯罪的危险"指的是行为人的人身危险性较小。因此，这里的"犯罪情节"表现的就是行为的方法、手段、时间、地点，行为人的动机、目的等综合性因素。值得一提的是，该"犯罪情节"不包括行为造成的危害后果。因为如果"犯罪情节"包括行为造成的危害后果，则犯罪情节较轻、有悔罪表现、没有再犯罪的危险这些要素的总和就等于"行为的社会危害性"了。

（三）结论：社会危害性不能决定缓刑的适用

"社会危害性"是一个综合性概念，"社会危害性"在内容上包括"客观危害""主观恶性"及"人身危险性"三大内容。刑法总则中的"情节"则是不包括"危害结果"在内的综合性概念。因此也就存在虽然犯罪情节较轻、人身危险性较小，但由于犯罪行为造成的危害结果较严重，而被综合评价为行为的"社会危害性较大"的情形。在涉及缓刑适用的刑事案件中，由于缓刑只适用于宣告刑为3年以下有期徒刑、拘役的被告人，在决定该宣告刑时主要依据的是犯罪行为的"社会危害性"，因而当宣告刑为3年以下有期徒刑、拘役时，即使公诉机关认为犯罪行为的"社会危害性较大"，也不得仅仅以此为由认为不适用缓刑。因为即使是犯罪行为的"社会危害性较大"，也完全存在被告人"犯罪情节较轻""有悔罪表现""没有再犯罪的危险"的可能。这时，辩护人一方面要指出公诉机关将"社会危害性"与"犯罪情节较轻""有悔罪表现""没有再犯罪的危险"混为一谈的谬误，另一方面应当尽可能地提交能够证明被告人具有"犯罪情节较轻""有悔罪表现""没有再犯罪的危险"的相关证据，以争取法院对被告人适用缓刑。

附录：案例与辩护意见

1. 案例

2020年5月，王某某、康某某经过商议，决定一起合作利用"调皮支付"系统连接"话费充值平台"和"大富翁"棋牌APP等非法网络赌博平台，将赌客充值的赌资与正规话费的充值通过技术手段实现以赌资充话费，然后话费充值代理商将话费截留后，通过在"调皮支付"系统上开设的账户将话费支付给王某某，王某某一方再将这些话费支付给"代打公司"，由"代打公司"将话费资金支付至网络赌博平台，为网络赌博平台打通了资金结算通道。被告人朱某、孙某、邓某某作为上述话费充值代理公司的主要负责人，明知王某某专门从事的是信息网络犯罪活动，仍然以公司的名义与王某某签订大量的话费充值协议，为王某某提供大量话费充值订单，通过赚取下游客户和上游供货商之间的差价从中谋取非法利益。2020年8月，朱某被公安机关抓获，邓某某、孙某投案自首。经公安机关查明，朱某、孙某、邓某某的充值代理公司共计为王某某"跑"了1.3亿元左右的话费订单，非法获利121万元，其中朱某、邓某某各自分走15万元，孙某分走10万元，其余仍在公司账上。案发后，朱某、邓某某、孙某各自退缴部分违法所得且自愿认罪认罚。检察机关以上述三人犯帮助信息网络犯罪活动罪起诉到法院，并分别给予朱某有期徒刑3年缓刑4年，邓某某、孙某有期徒刑2年缓刑3年，三人各自并处罚金人民币40万元的量刑建议。后经一审法院建议检察机关变更量刑建议为朱某2年6个月，邓某某、孙某1年10个月，罚金不变，但未告知上述三人。一审判决认为，虽然被告人朱某、邓某某、孙某有法定和酌定从轻的量刑情节，但三人涉案的话费订单金额巨大，违法所得金额也巨大，为网络赌博的赌资洗白提供的帮助作用很关键，社会危害性较大，在综合全案案情并参考相关类案判决后认为，被告人朱某、邓某某、孙某不宜宣告适用缓刑。最终判处上述三人实刑并各自处罚金40万元。三人不服一审判决，分别提起上诉。

2. 辩护意见

孙某涉嫌帮助信息网络犯罪活动罪

二审辩护词

景德镇市中级人民法院：

江西豫章律师事务所接受上诉人孙某家属的委托，指派胡东平律师担任贵院审理的涉嫌帮助信息网络犯罪活动罪的被告人孙某的辩护人。接受指派后，我仔细地阅读了所有的案卷材料，并通过会见孙某了解了案件情况。现就孙某涉嫌帮信罪一案发表如下辩护意见，供法院审理时参考：

一、一审中公诉机关在未告知孙某并听取其意见的情况下径直调整量刑建议，严重违反了法律程序

在本案审查起诉阶段，景德镇市昌江区人民检察院（以下称"公诉机关"）鉴于孙某自愿认罪认罚，在起诉书中对孙某的量刑建议为建议判处有期徒刑2年、缓刑3年。景德镇市昌江区人民法院（以下称"一审法院"）于2021年2月5日按照认罪认罚程序对本案进行了开庭审理，并决定案件待评议后宣判。后一审法院于2021年12月8日向公诉机关发函（［2021］赣0202刑初11号），以案涉话费订单金额巨大、孙某违法所得金额巨大、社会危害性较大为由，认为对孙某不宜适用非监禁刑，并请公诉机关充分考虑上述意见，决定是否调整量刑建议。公诉机关于2021年12月10日向一审法院发送《量刑建议调整书》（景昌检一部量建调［2021］Z26号），该文书所载内容为：考虑到一审法院来函建议调整，将孙某的量刑建议调整为建议判处有期徒刑1年10个月。后一审法院于2021年12月21日作出刑事判决书（［2021］赣0202刑初11号），对孙某判处有期徒刑1年10个月，并处罚金40万元。《宣判笔录》显示：一审法院于2022年1月7日当场向孙某宣读了一审判决。宣判后，孙某对判决提出6点意见，其中第四点意见为"公诉机关调整主刑量刑时，未收到通知"。

《人民检察院办理认罪认罚案件开展量刑建议工作的指导意见》第33条第1款和第2款规定："开庭审理前或者休庭期间调整量刑建议的，应当重新听取被告人及其辩护人或者值班律师的意见。庭审中调整量刑建议，被告人及其辩护人没有异议的，人民检察院可以当庭调整量刑建议并记录在案。当庭无法达成一致或者调整量刑建议需要履行相应报告、决定程序的，可以建议法庭休庭，按照本意见第二十四条、第二十五条的规定组织听取意见，履行相应程序后决定是否调整。"但本案一审从开庭审理到宣判前，公诉机关并未告知孙某调整量刑建议，直至一审法院向孙某宣读一审判决，孙某才得知对其判处的刑罚从公诉机关提出量刑建议的有期徒刑2年、缓刑3年改为了有期徒刑1年10个月。上述公诉机关未告知孙某调整量刑建议并听取其意见，而由一审法院径直作出判决，严重违反法律程序。

二、一审法院判决适用法律错误，认定孙某不宜适用缓刑的理由无法成立

首先，一审判决认为本案案涉话费订单金额巨大、孙某违法所得金额巨

大，因此社会危害性较大的主张不能成立。虽然孙某的涉案金额及违法所得金额巨大，但孙某涉嫌的是帮助信息网络犯罪活动罪，该罪的法定最高刑只有3年有期徒刑，也即无论孙某涉案金额与非法获利金额多大，对其最高处刑也只是有期徒刑3年，因而一审法院认为孙某的行为社会危害性较大的主张无法成立。因为我国刑法是根据犯罪行为的社会危害性来配置相应的法定刑的。例如，盗窃罪数额巨大的标准是3万至10万元，相应的法定刑为3年以上10年以下。盗窃20万元就犯罪金额而言，显然远远低于本案的金额，但能够说本案中孙某的犯罪行为社会危害性要高于盗窃20万元的行为吗？

其次，即使认为孙某的行为社会危害性较大，这也不是不适用缓刑的理由。因为，根据我国《刑法》第72条第1款规定："对于被判处拘役、三年以下有期徒刑的犯罪分子，同时符合下列条件的，可以宣告缓刑，对其中不满十八周岁的人、怀孕的妇女和已满七十五周岁的人，应当宣告缓刑：（一）犯罪情节较轻；（二）有悔罪表现；（三）没有再犯罪的危险；（四）宣告缓刑对所居住社区没有重大不良影响。"这里的"被判处拘役、三年以下有期徒刑"指的是宣告刑。对犯罪分子判处刑罚时的依据是犯罪行为的社会危害性程度，而行为的社会危害性则包括"行为的客观危害、行为人的主观恶性及人身危险性"等因素。可见，本案中检察机关在对孙某的量刑建议为2年有期徒刑的宣告刑时，综合考虑了"行为的客观危害、行为人的主观恶性及人身危险性"等因素。但是，在决定宣告缓刑时，又要符合"犯罪情节较轻""有悔罪表现""没有再犯罪的危险"等条件。因此，宣告缓刑需符合的条件总和必然不等于表现"社会危害性"要素的总和。因为，检察机关在对孙某的量刑建议为2年有期徒刑时依据的就是犯罪行为的社会危害性程度，如果认为宣告缓刑需符合的条件总和等于表现"社会危害性"要素的总和，则可以直接认定对孙某应当适用缓刑。在宣告缓刑需符合的条件中，"有悔罪表现"指的是行为人的主观恶性较小，"没有再犯罪的危险"指的是行为人的人身危险性较小。因此，这里的"犯罪情节"表现的就是行为的方法、手段、时间、地点，行为人的动机、目的等综合性因素。该"犯罪情节"不包括行为造成的危害后果。因为如果"犯罪情节"包括行为造成的危害后果，则犯罪情节较轻、有悔罪表现、没有再犯罪的危险这些要素的总和就等于"行为的社会危害性"了。

因此，"社会危害性"是一个在内容上包括"客观危害""主观恶性"及"人身危险性"三大内容的综合性概念。"犯罪情节"则是不包括"危害结果"在内的综合性概念。这样就存在虽然犯罪情节较轻、人身危险性较小，但由于犯罪行为造成的危害结果较严重，而被综合评价为行为的"社会危害性较大"的情形。本案中，即使一审判决认为孙某犯罪行为的"社会危害性较大"，也仅仅是因为其犯罪所涉及的金额巨大，即行为造成的危害结果较严重，但一审法院没有任何证据证明孙某不符合"犯罪情节较轻""有悔罪表现""没有再犯罪的危险"这些缓刑适用条件。这明显是将"社会危害性"与"犯罪情节较轻""有悔罪表现""没有再犯罪的危险"混为一谈，人为地改变了刑法明文规定的缓刑适用条件。

再次，《刑法》第61条规定："对于犯罪分子决定刑罚的时候，应当根据犯罪的事实、犯罪的性质、情节和对于社会的危害程度，依照本法的有关规定判处。"可见，刑期的长短主要取决于行为的社会危害性。根据《刑法》第72条规定，对于被判处拘役、3年以下有期徒刑的犯罪分子，根据犯罪分子的犯罪情节和悔罪表现，适用缓刑确实不致再危害社会的，可以宣告缓刑。即是否适用缓刑主要取决于被告人的人身危险性。一审法院在无证据证明孙某具有较大人身危险性的情况下，直接以所谓的"孙某的行为社会危害性较大"为由，对其作出不宜适用缓刑的认定，这是对缓刑适用条件的错误运用。此外，若真如一审认定的孙某的行为社会危害性较大，一审法院建议调整量刑建议时，调整后的量刑建议应高于公诉机关最初提出的2年有期徒刑，而不是将其刑期降低2个月。这种以降低刑期来取消缓刑适用的做法明显违反了社会危害性决定刑期，人身危险性决定缓刑的适用这一基本刑罚适用规则。

最后，刑事判决应当是公平正义的。公平正义要求"同样的事情同样对待，不同的事情不同对待"。本案中，被告人朱某只有坦白情节而无自首情节（即缺少自动投案），而孙某则有自首情节。显然，孙某的人身危险性要小于朱某的人身危险性，如果对朱某适用实刑，则对孙某应当适用缓刑，这样才能体现"不同的事情不同的对待"。但一审判决却对朱某和孙某都适用了实刑，这明显是"不同的事情同样的对待"，违反了公平正义之原则。

三、孙某符合适用缓刑的条件

首先，《刑法》第287条之二对"帮助信息网络犯罪活动罪"规定的刑罚为3年以下有期徒刑或者拘役，并处或者单处罚金。孙某涉嫌该罪，符合适用缓刑所规定的刑罚幅度要求。此外，孙某的犯罪情节较轻，自愿认罪认罚，具有悔罪表现，且没有再犯罪的危险。

其次，在对孙某采取取保候审时，孙某居住地的司法行政部门出具了《调查评估意见书》与《调查评估表》，上述调查评估文书给出的评估意见为孙某对其居住社区影响较小，居委会同意接受孙某进行社区矫正。

再次，公诉机关在未告知并听取孙某意见情况下调整量刑建议，违反法律程序，不具备法律效力。相反，孙某在本案审查起诉阶段签署的《认罪认罚具结书》合乎法律程序，具有法律效力。

最后，参酌近期的同类案件判决（下附判决文书），在被告人具备自首、退还违法所得、认罪认罚等情形下，法院通常会适用缓刑。本案中，孙某在共同犯罪中作用较小，成立自首，主动退还违法所得，自愿认罪认罚，且系初犯，参酌上述情节对其理应适用缓刑。

综上，本案一审中，公诉机关在未告知孙某并听取其意见的情况下径直调整量刑建议，严重违反法律程序。本案属于共同犯罪，孙某在其中的作用较小，此次其属于初犯，过往无任何违法犯罪记录，在本案中具有自首情节，自愿认罪认罚，配合办案机关退赃，并协助追缴数鸿公司账上的非法资金。上述孙某的犯罪行为与案发后表现体现出其社会危害程度和人身危险性较小，但一审法院未充分考虑上述孙某具备的上述情节，对其判处有期徒刑1年10个月实刑而没有适用缓刑，未能做到罪刑相适应。

鉴于一审中存在公诉机关违反法定程序调整量刑建议、一审法院判决适用法律错误及量刑不当等情形，恳请二审法院采纳辩护人的上述辩护意见，能够依法改判对孙某适用缓刑，或者发回原审法院重新审判。

江西豫章律师事务所
律师　胡东平
2022年3月23日

第二编

违法理论编

第五章

法益保护原则在刑事辩护中的运用

一、法益保护是刑法的基本原则

（一）关于犯罪本质的探讨

所谓法益，是指"法律所保护的利益"。法益一词源于对犯罪本质的探讨。大陆法系国家对犯罪本质的理解，早期的通说是权利侵害说，该学说由德国刑法学家费尔巴哈在借鉴康德的权利侵害理论和贝卡里亚的社会危害思想的基础上提出。康德认为，权利是"任何人的有意识行为，按照一条普遍的自由法则，确实能够和他人的有意识的行为相协调"的全部条件，"任何人妨碍我完成这个行为，或者妨碍我保持这种状况，他就是侵犯了我"。[1]贝卡利亚基于社会契约论认为，刑罚权是社会成员出让的"一份份最少量自由的结晶"[2]，他提出"衡量犯罪的真正标尺，即犯罪对社会的危害"[3]，并进一步将社会危害行为区分为直接毁伤社会或社会代表、侵犯公民个人安全、侵害公共利益等犯罪。[4]费尔巴哈在上述权利侵害理论、社会危害性思想的基础上，提出犯罪是"与他人权利相悖的行为"，"权利的维护是刑法的当然目的"等关于犯罪的本质在于"权利侵害"的主张，并根据受害权利主体的不同将犯罪分为针对国家权利的犯罪、针对私人权利的犯罪。[5]根据权利侵

---

[1] 参见[德]康德：《法的形而上学原理——权利的科学》，沈叔平译，林荣远校，商务印书馆1991年版，第40~41页。

[2] [意]切萨雷·贝卡里亚：《论犯罪与刑罚》，黄风译，中国法制出版社2005年版，第11页。

[3] [意]切萨雷·贝卡里亚：《论犯罪与刑罚》，黄风译，中国法制出版社2005年版，第82页。

[4] 参见[意]切萨雷·贝卡里亚：《论犯罪与刑罚》，黄风译，中国法制出版社2005年版，第85页。

[5] 参见[德]安塞尔姆·里特尔·冯·费尔巴哈：《德国刑法教科书》（第14版），徐久生译，中国方正出版社2010年版，第34~36页。

害说：国家的刑罚权只能被适用于对自由权利的侵犯，这样将刑罚权的适用范围从神权秩序限定于世俗利益，因为神权秩序中并不存在自由权利，亵渎神灵等所谓违背神的诫命、损害宗教秩序的行为都不是犯罪。权利侵害说为反封建刑法提供了十分有力的理论武器，成了欧洲大陆启蒙刑法思想的重要内容。[1]

纵观整个刑法历史，费尔巴哈的权利侵害说的进步性是不言而喻的，却也存在一定局限性。从表面上看，以权利侵害说来解释侵犯个人权利的犯罪（例如故意杀人罪、故意伤害罪、强奸罪、盗窃罪等）似乎没有什么问题；以权利侵害说来解释侵犯国家权利的犯罪（例如内乱罪、外患罪等）也勉强说得过去。毕竟，根据社会契约论，国家权利是公民个人权利通过让渡的方式集合而成的，其本质上可以还原成个人权利。但是，一方面，严格来说，权利本身是不会被侵害或减损的。当我们说盗窃侵害了财产权，故意伤害侵害了人身权时，实际上财产权、人身权等仍然完好无损，只是权利上的内容（如金钱、身体等）被侵害，所以权利侵害这种提法本身便存在一定问题。另一方面，权利侵害说确实也无法为诸如扰乱宗教和平与宗教仪式这一类的宗教犯罪以及通奸、非自然性交等道德犯罪的立法理由提供正当性依据。由于维持当时的社会发展仍属必要，这些犯罪普遍存在于欧洲各国的刑法之中。虽然费尔巴哈认为这些行为或侵犯了"国家权利"（国家内部的公共和平）或侵犯了配偶权利、直系长辈权威等，但这种解释与权利侵害说的原理完全背道而驰，因为在这一类犯罪中实际上并没有个人的或国家的权利受到侵害，自然就无法用权利侵害说来进行解释。

权利侵害说的局限引发了对犯罪本质的探讨，法益侵害说、义务违反说和规范违反说陆续登场。义务违反说是德国纳粹时代施卡富斯因提出的主张。该观点产生于当时德国国家主义盛行的背景之下，认为犯罪是对国家、社会共同体的危害。因此，犯罪的本质不是对法益的侵害，而是对义务的违反。[2] "义务违反的观念，乍见把握了所有犯罪的共通性质，但是，它过于模糊，与法益侵害的观念相比，缺乏具体性，不能充分发挥作为认识个罪的具体性质

---

[1] 参见冀洋：《法益保护原则：立法批判功能的证伪》，载《政治与法律》2019年第10期，第107页。

[2] 参见马克昌：《比较刑法原理——外国刑法学总论》，武汉大学出版社2002年版，第91页。

的机能。"[1]随着德国纳粹政权的倒台，该学说也为人们所抛弃。规范违反说为日本学者小野清一郎在德国学者迈耶依据的文化规范论的基础上发展而来。该说认为："刑法只将严重侵犯个人之间的伦理规范，而国家又不能放任的重大反道义行为作为犯罪予以处罚。"[2]但是，一方面，社会伦理并非刑法保护的对象，另一方面，基于现代社会人们的价值观多元化，刑法也不会将所有的违反社会伦理的行为都规定为犯罪。因此，规范违反说也受到了学者的批评。

（二）法益侵害说之提倡

权利侵害说、义务违反说和规范违反说都无法对全部的犯罪作出合理的解释，法益侵害说成了刑法理论的通说。法益，即法所保护的利益。法益这一概念有以下两个特点：

首先，法益是一种与权利既有一定联系，但又有所区别的利益。所谓利益，是指在一定的社会形式中满足社会成员生存、发展需要的客体对象。[3]"权利的基本要素首先是利益，利益既是权利的基础和根本内容，又是权利的目标指向，是人们享受权利要达到的目的（以及起始动机）之所在。"[4]即权利的内容实质上都是能够满足权利主体生存、发展需要的利益。因此，所有的权利都是利益。但是，两者并不是完全等同，利益的外延明显要比权利更加宽泛。例如，货币的公共信用显然是一种利益，但我们很难说它是国家或者其他什么部门的权力。再如，健全的性风俗或性秩序也是一种利益，但也不能说它是谁的权利。

其次，某种利益只有经过法的价值或理念的评价才能成为法所保护的利益，即法益。"法益侵害是以刑法评价为前提的，具有规范性。某种行为未经刑法评价，就不存在法益侵害的问题。"[5]某种利益，在未经法的评价或承认之前，尽管它能满足社会成员生存、发展需要，但不能由此直接推导出其是法所保护的利益。只有当从（刑）法的立场认定其为值得保护的利益时，此

---

[1] [日]大塚仁：《犯罪论的基本问题》，冯军译，中国政法大学出版社1993年版，第6~7页。
[2] [日]中山研一：《刑法的基本思想》，姜伟、毕英达译，李平校，国际文化出版公司1988年版，第47页。
[3] 张明楷：《法益初论》，中国政法大学出版社2000年版，第169页。
[4] 吕世伦、文正邦主编：《法哲学论》，中国人民大学出版社1999年版，第544页。
[5] 陈兴良：《社会危害性理论——一个反思性检讨》，载《法学研究》2000年第1期，第14页。

法益才具有法秩序所承认的价值性质。即立法者评价为值得刑法保护，并通过行为规范（犯罪构成要件）之设置从侵害行为中获得保护的法益。至于立法者为何要基于（刑）法的立场针对该利益进行"法的评价"，则需要从宪法论、政策论、社会契约论、风险社会理论等多视角进行探讨。〔1〕

由于法益在概念上比权利具有更强的包容性，又介入了法的价值评价，因此用法益侵害说来说明犯罪的本质更具合理性。例如，对于伪证罪和受贿罪的立法理由，如果用权利侵害说来解释，就很难说它们侵害了何种权利。但是基于法益侵害说的立场，前者侵害的是司法机关的公正性，后者侵害的是公职人员职务的廉洁性，这些都是法所保护的利益。虽然有人对法益侵害说提出批评，认为法益概念由于内涵不清，"不能清楚地区辨什么应该是刑法上保护的对象"，"在这种情况下，要讨论犯罪构成要件的正当性问题就欠缺客观的标准，只能借由主观的、片面的论述堆砌恣意地肯定或否定保护对象的资格。到最后形成的结论，充其量只能反映出论述者个人所持的特定价值立场"。例如，对于没有被害人的犯罪或自己是被害人的犯罪，由于缺乏法益，按法益侵害说本来不构成犯罪。但刑法对上述两类犯罪又作出了规定，于是持法益侵害说观点的人又认为：上述两类行为如果侵害了社会法益，仍然应当作为犯罪处理。比如说，我国刑法中的聚众淫乱罪，其侵害的就是健全的性风俗或性秩序这一社会法益。但是，如果把健全的性风俗或性秩序看作是社会法益，则法益侵害说与规范违反说没有任何区别，因为根据规范违反说，我国刑法之所以规定聚众淫乱罪，就是因为这种行为违反了健全的性风俗或性秩序这一类伦理规范。但是，就本书来看，即使涉及社会法益，法益侵害说也仍然具有优势。因为，社会法益并不能等同于伦理规范：一方面，伦理规范的范围过于宽泛，采取规范违反说就容易发生过度干涉个人自由的结果。法益是一种利益，社会法益是与人们密切相关的社会生活利益，某种行为只有当它侵害到了他人的社会生活利益时，才能将其视为是犯罪。例如，"一夜情"是一种违反伦理道德的行为，但这种行为并没有侵犯他人的生活利益，就不能将其当作犯罪处理。因此，采用社会法益概念不会产生过度干涉个人自由的后果。另一方面，伦理规范的标准具有多样性。有伦理学者指出："我

〔1〕 参见郑军男：《论数据权益的刑法保护——民刑交错视角下的法益保护论探讨》，载《交大法学》2023年第6期，第7~8页。

们无法根据道德的诸标志来给道德这一术语下一个简明扼要的定义或对其加以分析，因为道德的意义太多，标志或标准也太多，以至于我们无法把众多的判断、行为归纳进道德之内。"[1]我们现在处于一个多元的价值观并存的社会之中，在伦理道德上不可能有统一的标准。例如，对于安乐死，有人认为不论基于何种动机剥夺他人生命都是违反伦理道德的；有人认为安乐死可以解除患者的痛苦因此不违反伦理道德。社会法益由于介入了"与人们密切相关的社会生活利益"的判断，因此标准更加明确。对于安乐死，由于其容易阻碍医学进步、诱发刑事犯罪，因此被认为会侵害人们的社会生活利益，因此在我国仍然被认为是一种犯罪行为。

（三）法益保护原则之确立

犯罪是刑法规定的行为，刑法为什么要将一定的行为规定为犯罪？基于法益侵害说，是因为该行为侵害或威胁了刑法所保护的利益，即法益。这就表明，刑法是保护法益的。虽然我国刑法没有将"法益保护"明确作为刑法的一项基本原则写入刑法，但有不少刑法学者都将"法益保护"视为刑法的基本原则。一方面，犯罪的本质是侵犯法益、刑法的目的是保护法益，这已成为刑法理论的通说。我国《刑法》第13条将犯罪定义为"危害社会的行为"，也表明我国刑法亦是认为犯罪的本质是侵犯法益。另一方面，根据《刑法》第2条的规定，我国刑法的任务是保卫国家安全，人民民主专政的政权和社会主义制度，保护公私财产，公民的人身、民主等权利，维护社会、经济秩序；刑法分则是根据被侵害法益的类型来对犯罪进行分类的，这也表明我国刑法的基本任务是保护法益。因此，法益保护已成为刑法的一项基本原则，贯穿于全部的刑事立法和刑事司法。就刑事立法而言，立法者总是将那些侵害了法益的行为规定为犯罪。就刑事司法而言，司法者亦是以行为是否侵害了法益作为判定是否构成犯罪的标准。

二、法益保护在刑法中的展开

（一）刑事立法必须以法益保护为指导

刑法是对犯罪、刑事责任及刑罚的规定。我国当下的刑事立法凸显为活

---

[1] [美]汤姆·L. 彼彻姆：《哲学的伦理学》，雷克勤等译，中国社会科学出版社1990年版，第24页。

跃的犯罪化趋势："我国刑事立法层官员也毫不讳言地指出，当今我国刑法的犯罪化趋势已占据了绝对主导，刑法立法活动已成为我国立法活动中最积极、最活跃的一个方面。"[1]从目前中国刑法犯罪圈的现状看，我国现阶段还是应进行一定程度的犯罪化，从而严密刑事法网，以"适应社会变革引起的犯罪趋势"。[2]虽然刑法学界关于犯罪化的问题仍有分歧，但"总体而言，我国学界对犯罪化持绝对反对立场的人极少，主要表现为'稳健犯罪化'和'大规模犯罪化'之间的对立"。[3]然而，刑法的处罚范围应当具有合理性，这是一个不争的道理。[4]首先，犯罪的主要法律后果是刑罚，而刑罚是以剥夺主体的权益为内容的，包括一个人的生命、自由、名誉等。刑法又是普遍适用的规范，因此刑法的处罚范围不能过于宽泛，导致较多人的利益被剥夺。其次，犯罪是危害社会的行为，如果刑法的处罚范围过窄，则意味着众多危害社会的行为不会受到刑罚处罚，这也与刑法的目的不符合。因此，任何国家的刑事立法都追求刑法处罚范围的合理性。但是，依据什么标准来确定刑法的处罚范围呢？目前主要有两种标准：一是德日刑法的法益保护原则；二是英美刑法的危害原则以及我国和苏联刑法中的（严重）社会危害性原则。而起源于苏联刑法的（严重）社会危害性原则，在我国学界饱受诟病和质疑，甚至被认为"在实践中对于国家法治起着反作用"。[5]因为，一方面，社会危害性这一概念过于抽象，另一方面，根据我国传统刑法理论，社会危害性是包含主客观因素的概念，依据社会危害性来划定犯罪圈会导致处罚范围过大的后果。因此，应当以法益保护原则作为刑事立法的指导。由于法益是值得法律保护的生活利益，这一概念既具体，又客观，可以将刑法的处罚控制在一个合理的范围内。

例如，我国1979年《刑法》之所以规定"流氓罪"，就是认为只要是"流氓行为"（包括与多名女青年以恋爱的名义自愿发生性行为）就具有严重的社会危害性，就应当受到刑法的处罚，但这样刑事处罚的范围就过大了。根据法益保护原则，前述所谓的"流氓行为"并不会对法益造成侵害，不值

---

[1] 刘艳红：《我国应该停止犯罪化的刑事立法》，载《法学》2011年第11期，第109页。
[2] 姜敏：《刑法修正案犯罪化及限制》，中国法制出版社2015年版，第5页。
[3] 时延安：《犯罪化与惩罚体系的完善》，载《中国社会科学》2018年第10期，第104页。
[4] 参见张明楷：《法益初论》，中国政法大学出版社2000年版，第199页。
[5] 李海东：《刑法原理入门（犯罪论基础）》，法律出版社1998年版，第8页。

得动用刑法来保护，因此 1997 年《刑法》就取消了流氓罪，只将部分对法益具有侵害性的行为，单独规定为聚众斗殴、寻衅滋事、侮辱、猥亵妇女等犯罪。这样一来，刑法的处罚范围就较为合理。

虽然刑法只保护侵害法益的行为，但并非所有侵害法益的行为都应当受到刑法的保护。法益这一概念本身就表明，法益不仅受刑法保护，还受其他法律共同保护。在与其他法律的关系上，刑法具有补充性之特征，即对于侵害法益之行为，应当优先考虑运用其他法律提供保护。只有当其他法律不足以保护受到侵害的法益时，才能考虑动用刑法进行制裁。"刑法不应以所有之违法行为作为对象，而应仅以有刑罚之必要者始有其适用之原则。""因此，刑法应仅止于做为防止犯罪之最后手段（此即刑法之补充性）。"[1]因为在现代社会中，人与人之间的交往日益频繁，交往中相互的侵犯有时不可避免，为了维持人类社会的发展，需要相互容忍某种程度的彼此侵犯。如果所有的侵犯都禁止，反而会阻碍个人的自由活动。基于此，近现代国家并非对所有不法行为均加以刑罚处罚，事实上只是对部分不法行为科处刑罚，从而使刑罚成为保护法益的最后手段。能够不使用刑罚而以其他手段也可以达到保护法益目的时，则务必放弃刑罚。例如，我国《刑法》第 13 条后半段之规定"但是情节显著轻微危害不大的，不认为是犯罪"，该规定被刑法学界称为"但书"。"但书"针对的就是那些可以由其他法律提供保护，因此不值得用刑法来保护的法益侵害行为。再如，我国刑法分则中存在大量的数额犯、情节犯，当侵害法益的行为没有达到数额较大或情节严重、情节恶劣时，由其他法律保护即可，不需要动用刑法。

（二）刑事司法必须以法益保护原则为指导

1. 关于罪与非罪的认定

犯罪的本质在于对法益的侵害，因此刑法以保护法益为己任。在司法实践中，某个行为是否构成某种犯罪，当然要看该行为是否符合该罪的构成要件。然而，法律条文本身具有抽象性和概括性，犯罪构成要件必须经过司法人员的解释才能被适用于具体的犯罪行为。法益保护原则是刑事立法的指导，即立法者是将具有法益侵害性的行为设定为犯罪的。因此，司法人员在认定某一行为是否构成犯罪时，也应当以法益保护原则为指导，对犯罪的构成要

---

[1] 陈子平：《刑法总论》（上册），元照图书出版有限公司 2005 年版，第 11 页。

件进行解释，进而判断某一行为是否构成某种犯罪。

例如，我国《刑法》第243条规定了"诬告陷害罪"，但是如果是经过被诬告者同意的诬告，以及诬告的对象实际上"查无此人"，是否构成诬告陷害罪？这里就有必要对"诬告陷害罪"的行为对象进行解释了。这种解释必须借助于对"诬告陷害罪"的保护法益的理解才能进行。关于"诬告陷害罪"的保护法益，有三种观点：第一种观点认为是人身权利。按照该种观点，"诬告陷害罪"的行为对象不包括上述两类人，因为在这两种情形下不会侵害他人的人身权利，上述两种行为不构成诬告陷害罪。第二种观点认为是司法机关的正常活动。按照该种观点，"诬告陷害罪"的行为对象包括上述两类人，因为对任何人的诬告陷害都会破坏司法机关的正常活动，上述两种行为构成诬告陷害罪。第三种观点认为是人身权利或司法机关的正常活动。按照该种观点，"诬告陷害罪"的行为对象包括上述两类人，因为这两种情形下虽然不会侵害他人的人身权利，但会破坏司法机关的正常活动，上述两种行为构成诬告陷害罪。我国《刑法》将"诬告陷害罪"置于《刑法》分则第四章"侵犯公民人身权利、民主权利罪"而非第六章第二节的"妨碍司法罪"之中，说明刑法规定该罪是为了保护公民的人身权利而不是司法机关的正常活动。虽然有人主张"诬告陷害罪"的保护法益是复合法益，即包括人身权利和司法机关的正常活动，但复合法益不同于择一法益，上述两种情形无论如何也不会侵犯公民的人身权利，因此不构成"诬告陷害罪"。

再如，我国《刑法》第170条规定了"伪造货币罪"，但是如果仿造100元人民币式样制作面额为200元的假币，或者是伪造美元，是否构成"伪造货币罪"？这里就有必要对"伪造货币罪"的行为对象进行解释了。这种解释必须借助于对"伪造货币罪"的保护法益的理解。关于"伪造货币罪"的保护法益，有两种观点：第一种观点认为是货币的公共信用。按该种观点，仿造100元人民币式样制作面额为200元的假币的行为不构成犯罪，因为这种情形不会侵害货币的公共信用；伪造美元的行为则构成犯罪，因为这种情形已经侵害了货币（美元）的公共信用。第二种观点认为是国家的货币发行权，按该种观点，仿造100元人民币式样制作面额为200元的假币的行为构成犯罪，因为这种情形侵害了国家的货币发行权；伪造美元的行为则不构成犯罪，因为我国刑法并不保护外国的货币发行权，这种情形不会侵害国家的货币发行权。由于我国刑法将"伪造货币罪"置于刑法分则第三章第四节"破坏金融管理秩序罪"之中，说明刑法规定该罪是为了保护金融管理秩序，即金融管理秩序是伪造货币罪的保护法益。侵犯货币的公共信用和侵犯国家的货币发行权的行为都是对金融管理秩序的破坏。因此，仿造100元人民币式样制作面额为200元的假币，或者是伪造美元的行为都构成"伪造货币罪"。

2. 关于此罪与彼罪的认定

我国刑法分则中有些犯罪，无论是从罪名来看还是从罪状来看，都很类似，或者存在交叉，或者存在包容。这就导致在司法实践中区分此罪与彼罪变得十分困难。法益保护原则是刑事立法的指导，即立法者将侵害不同法益的行为设定为不同的犯罪，因此，司法人员在认定某一行为构成此罪还是彼罪时，也应当以法益保护原则为指导，对个罪的构成要件进行解释，进而判断某一行为是构成此罪还是彼罪。

例如，我国《刑法》在第224条和第266条分别规定了"合同诈骗罪"与"诈骗罪"。[1]从表面上看，这两个罪的区别是泾渭分明的：普通诈骗罪采用的是一般的虚构事实或隐瞒真相的方法；而合同诈骗罪则是采用特定的方法，即利用签订、履行合同来骗取合同一方当事人的财物。因此，有人主张，行为人是否利用签订、履行合同来骗取财物应是区分两罪的关键。然而，《刑法》并未规定普通诈骗罪的行为人只能采用合同以外的方法，这一主张就存在以下问题：第一，"签订履行合同"是否包括口头及其他形式的合同？根据《民法典》的规定，当事人订立合同的方式既可以采用书面形式，也可以采用口头形式及其他形式。例如案例一，甲在大街上将一玩具手机当真手机高价卖给乙，从形式上看，甲乙之间存在一个口头合同，那甲的行为是否可以被视为利用签订履行合同骗取财物而定合同诈骗罪？但在司法实践中，甲的行为却是以普通诈骗罪论。第二，如果把签订、履行合同理解为必须是书面合同，那么根据《民法典》第490条第2款之规定"法律、行政法规规定或者当事人约定合同应当采用书面形式订立，当事人未采用书面形式但一方已经履行主要义务，对方接受的，该合同成立"。例如案例二，甲公司与乙公司商定购买乙公司货物，双方还未签订合同，因该货物为市场稀缺，甲公司催促乙公司先交货。甲公司在付款后才发现乙公司交来的是批废品，此时乙公司的主要人员已携款逃跑。在该案中，乙公司的行为已构成犯罪，但应定

---

[1] 为与合同诈骗罪相区别，本书以下称"诈骗罪"为"普通诈骗罪"。

为何罪呢？如果将签订、履行合同中的合同理解为书面合同，那么由于双方不存在书面合同，就不能定为合同诈骗罪。如定为普通诈骗罪，则因为犯罪主体为单位，所以不符合普通诈骗罪的构成条件。此外，随着人们法律意识的提高，越来越多的人在日常生活中习惯订立书面合同来确立双方的权利义务。例如案例三，甲将一赝品当作古董卖给乙，双方可能会签有书面合同，也可能只是一个口头协议。难道法律会仅仅根据双方有无书面合同而对性质完全相同的行为作出不同处理吗？本书认为，如何区分普通诈骗罪与合同诈骗罪，仍然应当是从两个罪的保护法益入手。普通诈骗罪被规定在刑法分则第四章"侵犯财产罪"中，该罪的保护法益是财产权；合同诈骗罪被规定在刑法分则第三章第八节"扰乱市场秩序罪"中，该罪的保护法益是市场经济秩序。因此，普通诈骗罪就是一种侵犯财产权的行为，而合同诈骗罪则是一种侵犯市场经济秩序的行为，这两种行为的根本区别就在于形式上是普通的民事行为，还是商事行为。"商事"是营利性主体所从事的一切营利性营业活动和事业之总称。[1]因为商事行为是一种营利性营业活动，只有这种行为才可能对市场经济秩序造成破坏，普通的民事行为最多只能对财产权造成侵害，而不能侵犯市场经济秩序。在案例一中，甲的行为不是营利性营业活动，从形式上看只是一种普通的民事行为，即使双方存在口头合同，该行为也不会对市场经济秩序造成侵害，甲的行为只侵犯了乙的财产权，应当以普通诈骗罪论处。在案例二中，甲公司与乙公司的货物买卖行为是一种营利性营业活动，虽然没有签订合同，该行为也会对市场经济秩序造成侵害，应当以合同诈骗罪论。在案例三中，如果甲乙都是做古董生意的，则甲乙之间的古董买卖行为是一种营利性营业活动，无论是否签订合同，该行为都会对市场经济秩序造成侵害，应当以合同诈骗罪论；如果甲乙都不是做古董生意的，或者甲是乙不是，则甲乙之间的古董买卖行为在形式上就是一种普通的民事行为，无论是否签订合同，该行为都不会对市场经济秩序造成侵害，甲的行为只侵犯了乙的财产权，应当以普通诈骗罪论。

再如，我国《刑法》在第237条第1款和第246条分别规定了"侮辱妇女罪"与"侮辱罪"，当犯罪对象是妇女时，这两个罪应如何区分？有观点认为："侮辱罪针对的是特定的妇女，而强制猥亵、侮辱妇女罪的对象具有不特

---

[1] 赵万一：《商法基本问题研究》，法律出版社2002年版，第47页。

定性、随意性，行为人往往并不认识被侮辱的妇女。"[1]理由是，"侮辱妇女罪"是从1979年《刑法》第160条的"流氓罪"中分解出来的，即原流氓罪中包含的流氓行为中有一种是侮辱妇女行为，因此侮辱妇女罪的犯罪构成要件与流氓罪中的侮辱妇女完全相同。根据《最高人民法院、最高人民检察院关于当前办理流氓案件中具体应用法律的若干问题的解答》（以下称《办理流氓案件解答》），"侮辱妇女"的行为包括以下情形："1. 追逐、堵截妇女造成恶劣影响，或者结伙、持械追逐、堵截妇女的；2. 在公共场所多次偷剪妇女的发辫、衣服，向妇女身上泼洒腐蚀物、涂抹污物，或者在侮辱妇女时造成轻伤的；3. 在公共场所故意向妇女显露生殖器或者用生殖器顶擦妇女身体，屡教不改的；4. 用淫秽行为或暴力、胁迫的手段，侮辱、猥亵妇女多人，或人数虽少，后果严重的，以及在公共场所公开猥亵妇女引起公愤的。"由于流氓罪属于妨害社会管理秩序罪，该罪侵犯的法益是公共秩序，故其中侮辱妇女的对象常常也是不特定的。[2]本书认为，现行刑法将侮辱妇女罪置于《刑法》分则第四章"侵犯公民人身权利、民主权利罪"中，这就表明该罪的保护法益已不再是社会公共秩序，而是公民的人身权利中的妇女的性的不可侵犯权，因此认为"侮辱妇女罪针对的对象是不特定的"这一观点难以成立，此为其一。其二，由于侮辱妇女罪的保护法益是妇女的性的不可侵犯权，而侮辱罪的保护法益则是公民的人格权、名誉权，因此《办理流氓案件解答》列举的4种行为并不都能够被以侮辱妇女罪论。具体而言：①"追逐、堵截妇女造成恶劣影响，或者结伙、持械追逐、堵截妇女的"，该种行为侵害的是社会公共秩序，而不是妇女的性的不可侵犯权，不成立侮辱妇女罪，如果情节严重，可以以寻衅滋事罪论。②"在公共场所多次偷剪妇女的发辫、衣服，向妇女身上泼洒腐蚀物、涂抹污物，或者在侮辱妇女时造成轻伤的"，该种行为侵害的是妇女的人格权，而不是妇女的性的不可侵犯权，不成立侮辱妇女罪，如果情节严重，可以侮辱罪论。③"在公共场所故意向妇女显露生殖器或者用生殖器顶擦妇女身体，屡教不改的"。前一种行为是一种公然猥亵行为，不具有强制性，不会侵犯妇女的性的不可侵犯权，由于我国刑法没有规

---

[1] 欧阳涛、魏克家、刘仁文主编：《易混淆罪与非罪、罪与罪的界限》，中国人民公安大学出版社1999年版，第208页。

[2] 参见高铭暄主编：《中国刑法学》，中国人民大学出版社1989年版，第561页。

定"公然猥亵罪",该行为不构成犯罪。如果行为人在显露生殖器时以暴力、胁迫等方法强迫妇女观看,则该行为侵犯了妇女的性的不可侵犯权,应当以侮辱妇女罪论;后一种行为虽然会侵犯妇女的性的不可侵犯权,但应当视为是一种强制猥亵行为,应当以强制猥亵罪论。④"用淫秽行为或暴力、胁迫的手段,侮辱、猥亵妇女多人,或人数虽少,后果严重的,以及在公共场所公开猥亵妇女引起公愤的",这种行为一般都会侵犯妇女的性的不可侵犯权,应当根据行为特点,分别以强制猥亵罪和侮辱妇女罪论处。

3. 关于量刑

在司法实践中,法益保护不但是定罪时应当遵循的原则,也是量刑的指导原则。《量刑指导意见》第1条"量刑的指导原则"规定:"(一)量刑应当以事实为根据,以法律为准绳,根据犯罪的事实、性质、情节和对于社会的危害程度,决定判处的刑罚。(二)量刑既要考虑被告人所犯罪行的轻重,又要考虑被告人应负刑事责任的大小,做到罪责刑相适应,实现惩罚和预防犯罪的目的。(三)量刑应当贯彻宽严相济的刑事政策,做到该宽则宽,当严则严,宽严相济,罚当其罪,确保裁判政治效果、法律效果和社会效果的统一。(四)量刑要客观、全面把握不同时期不同地区的经济社会发展和治安形势的变化,确保刑法任务的实现;对于同一地区同一时期案情相似的案件,所判处的刑罚应当基本均衡。"《量刑指导意见》第1条第1、2项关于"根据犯罪的事实、性质、情节和对于社会的危害程度,决定判处的刑罚""量刑既要考虑被告人所犯罪行的轻重"等规定,都蕴含了量刑时应当考虑犯罪行为对法益的侵害程度的旨趣。然而,我国关于经济犯罪的部分司法解释,在关于量刑的规定上,对自然人经济犯罪和单位经济犯罪适用不同的标准,被学者批评违反了刑法的法益保护原则。例如,2010年《最高人民法院关于审理非法集资刑事案件具体应用法律若干问题的解释》(以下称《审理非法集资案件解释》)第3条规定:"非法吸收或者变相吸收公众存款,具有下列情形之一的,应当依法追究刑事责任:(一)个人非法吸收或者变相吸收公众存款,数额在20万元以上的,单位非法吸收或者变相吸收公众存款,数额在100万元以上的;(二)个人非法吸收或者变相吸收公众存款对象30人以上的,单位非法吸收或者变相吸收公众存款对象150人以上的;(三)个人非法吸收或者变相吸收公众存款,给存款人造成直接经济损失数额在10万元以上的,单位非法吸收或者变相吸收公众存款,给存款人造成直接经济损失数额在50万元以上的；（四）造成恶劣社会影响或者其他严重后果的。具有下列情形之一的，属于刑法第一百七十六条规定的'数额巨大或者有其他严重情节'：（一）个人非法吸收或者变相吸收公众存款，数额在 100 万元以上的，单位非法吸收或者变相吸收公众存款，数额在 500 万元以上的；（二）个人非法吸收或者变相吸收公众存款对象 100 人以上的，单位非法吸收或者变相吸收公众存款对象 500 人以上的；（三）个人非法吸收或者变相吸收公众存款，给存款人造成直接经济损失数额在 50 万元以上的，单位非法吸收或者变相吸收公众存款，给存款人造成直接经济损失数额在 250 万元以上的；（四）造成特别恶劣社会影响或者其他特别严重后果的。非法吸收或者变相吸收公众存款的数额，以行为人所吸收的资金全额计算。案发前后已归还的数额，可以作为量刑情节酌情考虑。非法吸收或者变相吸收公众存款，主要用于正常的生产经营活动，能够及时清退所吸收资金，可以免予刑事处罚；情节显著轻微的，不作为犯罪处理。"根据《审理非法集资案件解释》，在非法吸收公众存款犯罪中，自然人和单位对于"数额"及"情节"的认定标准是不同的，单位一般是自然人的 5 倍。然而，在同犯非法吸收公众存款犯罪的情形下，如果吸收的金额相同或吸收的对象人数相同，其对法益造成的侵害也是相同的，不会因为犯罪主体是自然人或单位而有所不同。因此，《审理非法集资案件解释》的上述规定明显违反了法益保护原则。值得称赞的是，最高人民法院显然是认识到了这一点，在 2022 年对《审理非法集资案件解释》进行修改时，在有关"数额"及"情节"的规定上，不再区分自然人和单位，而是适用相同的标准。这表明，司法实践中法益保护原则在量刑领域得到了贯彻。

三、法益保护原则与刑事辩护

（一）针对实行行为的辩护

在司法实践中认定某一行为是否构成某种犯罪采取的是三段论的推理过程：大前提是某罪的犯罪构成要件；小前提是待认定的行为。司法机关会对小前提与大前提进行比对，如果小前提符合大前提，则结论是构成该罪；如果不符合，则结论是不构成该罪。因此，对犯罪构成要件的理解是否正确是定罪准确的前提条件。对犯罪构成要件的理解则应当以该罪的保护法益为指导，而不能仅仅根据法条的字面含义来解释犯罪构成要件。

例如，《刑法》第 232 条规定："故意杀人的，处死刑、无期徒刑或者十年以上有期徒刑；情节较轻的，处三年以上十年以下有期徒刑。"故意杀人一词在文义上指的是"故意剥夺他人生命的行为"，如果仅仅根据字面含义来解释故意杀人罪的犯罪构成要件，就会把基于剥夺他人生命的故意而实施的行为都认定为构成故意杀人罪。例如，甲为报复乙，购买机票送乙去国外旅游，实际上是希望乙死于空难。倘若果然发生空难致乙死亡，根据上述观点就会得出甲构成故意杀人罪的结论。即使没有发生空难，也会认为甲构成故意杀人罪（未遂）。但这样的结论显然是令人难以接受的。究其原因，问题出在对故意杀人罪的犯罪构成要件的解释上。如前所述，对犯罪构成要件的解释不能仅仅根据法条的字面含义，而是应当以该罪的保护法益为指导。故意杀人罪的保护法益是他人的生命权，因此杀人行为必须是那些对他人的生命权造成侵害或威胁的行为。送他人乘坐飞机的行为显然不会对他人的生命权造成侵害或威胁，因此该行为不符合故意杀人罪的构成要件，无论是否发生空难，甲都不构成犯罪。

值得一提的是，当公诉人指控被告人所实施的实行行为构成犯罪，而辩护人主张被指控的"实行行为"未对该罪保护的法益造成侵害或威胁，因而被告人的行为不构成犯罪时，对于法益的侵害或威胁应当采取纯粹的客观判断方法，而不应当介入行为人的主观因素。"行为的法益侵害性"这一概念虽然与我国传统刑法理论中的"行为的社会危害性"相近，但两者之间还是存在很大差别的。由于"行为的社会危害性"这一概念是用来说明犯罪的本质特征的，即具有社会危害性的行为就是犯罪，因此"社会危害性"中包括了行为的法益侵害性、行为的故意或过失，甚至行为人的人身危险性等内容，是一个综合了主客观因素的概念。但是，"行为的法益侵害性"仅仅用来说明犯罪行为在客观上是对保护法益造成侵害或威胁，不应介入主观因素的考虑。

（二）针对非实行行为的辩护

当公诉人指控被告人所实施的诸如预备行为、帮助行为等非实行行为构成犯罪，而辩护人主张被指控的"非实行行为"未对该罪的保护的法益造成侵害或威胁，因而被告人的行为不构成犯罪时，对于法益的侵害或威胁，则应当采取"客观+主观"的判断标准。因为实行行为是立刻、直接对法益造成侵害或者威胁的，所以只需要作客观判断即可。但预备行为是将要发展成为实行行为、帮助行为是通过作用于实行行为才对法益造成侵害或者威胁的，因此只有结合行为人的主观方面，才能判断上述非实行行为是否对法益造成侵害或威胁。在司法实践中，在公诉人指控被告人所实施的犯罪行为是某种犯罪的预备行为或帮助行为的情形下，辩护人可以从法益侵害入手，结合案件客观证据，通过论证被指控的"预备行为"或"帮助行为"对于刑法所保护的法益而言不具有侵害或威胁，来为被告人作无罪辩护。

关于预备行为，我国《刑法》第22条第1款规定："为了犯罪，准备工具、制造条件的，是犯罪预备。"即预备行为包括两类：一类是准备工具，另一类是制造条件。准备工具是指为实行犯罪而制造、购买、寻找、使用犯罪工具的行为。[1]这类行为认定起来并不困难。制造条件是指除准备工具以外的一切为实行犯罪而制造条件的预备行为。包括：①制造实行犯罪的客观条件，如调查犯罪现场与被害人行踪、出发前往犯罪现场或守候被害人的到来、诱骗被害人前往犯罪现场、排除实行犯罪的障碍等。②制造实行犯罪的主观条件，如商议犯罪的实行计划等。除上述列举的这几类较为典型的"制造条件"的预备行为外，凡是为实行犯罪制造条件的行为（例如为共同犯罪寻找犯罪同伙、为实施犯罪学习犯罪技能、为进行特定犯罪而筹措资金等）都是犯罪预备行为，无法一一列举。由于对于什么是"为了犯罪，创造条件的行为"，刑法和相关司法解释都没有作出明确规定，这就给予了司法机关很大的认定空间。在司法实践中，只要是被告人主观上具有犯罪的故意，客观上实施了与犯罪有关联的某种行为，司法机关都可能将其认定为"为了犯罪，创造条件的行为"。对此，辩护人似乎也没有更好的办法反驳。因为预备行为与实行行为不同，实行行为是被刑法类型化了的犯罪行为，相对来说较容易认定。但预备行为则因无法进行类型化而难以被认定。本书认为，依据刑法的法益保护原则，犯罪是对法益的侵害，只有对法益造成侵害或威胁的行为才值得动用刑法来保护。犯罪预备既然是犯罪，该行为当然也必须是对法益造成侵害或威胁，即只有该预备行为的发展必然或者极有可能造成重大法益或者大量法益的侵害时，[2]才能被视为是犯罪预备。

因此，在刑事辩护中，当被告人的行为被指控为构成某类犯罪的预备且辩护人又意欲作无罪辩护时，辩护人应当依据法益保护原则，首先对该罪的犯罪构成要件作出实质性的解释（大前提），然后论证被告人实施的是不会对

---

[1] 马克昌主编：《犯罪通论》（第3版），武汉大学出版社1999年版，第417页。
[2] 张明楷：《刑法学》（第4版），法律出版社2011年版，第313页。

该罪的保护法益造成侵害或威胁的行为（小前提），最终得出被告人无罪的结论。例如，甲因爱慕女邻居乙，一日晚间爬上乙家院墙外的大树上向屋内的乙窥探，当晚风雨大作，甲在树上待了四五个小时，第二日凌晨被人发现报警抓获。后甲供述，其在窥探乙时，确有产生过强行与乙发生性关系的想法，但一直犹豫未能下决心。后检察机关以甲涉嫌强奸罪（预备）对其提起公诉。我国刑法将犯罪预备规定为"为了犯罪，准备工具、创造条件的行为，是犯罪预备"。本案中，检察机关显然是认为甲躲在树上窥探的行为属于"为了强奸而创造条件"。在上述案例中，辩护人可通过对甲的行为没有对强奸罪的保护法益造成侵害或威胁，来论证甲的行为不构成强奸罪（预备）。具体来说，强奸罪的保护法益是妇女的性的自主决定权，即妇女按照自己的意志决定性行为的权利。因此，强奸行为必须是行为人采用暴力、胁迫或其他的方法，违反妇女意愿与其发生性行为的行为。强奸罪的预备必须具备以下两个条件：在客观方面，该预备行为的发展必然或者极有可能造成妇女的性的自主决定权受到侵害或威胁；在主观方面，行为的犯罪故意确定，确实将实行某一特定犯罪。本案中，如果甲一开始就以强奸的意图爬到乙家院墙外的大树上窥探乙，则该行为发展下去极有可能造成妇女的性的自主决定权受到侵害或威胁。例如，甲经过窥探发现乙独自在家，他就可能翻墙而入实施强奸。因此，该行为属于为了强奸而创造条件，构成强奸罪的预备。但是，在本案中，甲起初是因为爱慕乙而爬到乙家院墙外的大树上窥探乙，此时甲方并没有强奸乙的意图，该行为的发展不可能造成妇女的性的自主决定权受到侵害或威胁。后来在窥探过程中虽然产生过强行与乙发生性关系的想法，但一直犹豫未能下决心，因此该行为的发展并不必然或者极有可能造成妇女的性的自主决定权受到侵害或威胁。由此可见，本案中，甲的行为不成立强奸罪的预备。

（三）帮助行为的辩护思路

帮助行为是指使正犯者的行为更为容易的行为。帮助行为既可以是有形的，也可以是无形的。前者是指提供犯罪工具、场所等物质帮助行为，后者是指提供建议、鼓励犯意等精神上的帮助行为。之所以处罚帮助行为，是因为帮助行为促进了法益侵害，因此要求帮助行为与正犯的行为结果之间必须具有因果关系。

关于帮助犯的成立范围，司法实践中比较难以认定的是行为人实施了一种外表无害的中立行为（日常生活行为），但这种行为客观上帮助了实行犯，对此能否以帮助犯论?[1]例如：①出租车司机 A 明知甲要前往某地实施杀人行为仍然将其运往该地；②五金店的店员 B 明知乙将螺丝刀用于盗窃仍向乙出售螺丝刀；③丙在撬他人保险箱时口干舌燥，C 递给丙一瓶矿泉水，使丙得以继续撬保险箱。对于上述行为是否成立帮助犯，有以下几种观点：第一种为肯定说，即认为 ABC 均成立帮助犯；第二种为否定说，即认为 ABC 均不成立帮助犯；第三种为业务行为否定说，即认为 AB 不成立帮助犯，因为 AB 实施的是业务行为，C 成立帮助犯，因为 C 实施的是非业务行为；第四种为综合考虑说，即认为应当通过综合考虑正犯行为的紧迫性、帮助者对法益的保护义务、行为对法益侵害所起的作用大小以及行为人对正犯行为的确实性的认识等要素得出妥当结论。本书认为，肯定说实际上是主张只要事实上为正犯的行为提供了帮助，则无论该帮助行为本身的性质如何，都以帮助犯论，会导致处罚范围过于宽泛；否定说则实际上是将该帮助行为与正犯行为分开来进行独立考察，因该行为本身不会对法益造成侵害或威胁（无害），于是认为不构成帮助犯。但在判断帮助行为时是不能与正犯相脱离的，因此否定说也是成问题的。业务行为否定说试图以该帮助行为是否为业务行为来确立帮助犯成立的标准，但该说解释不了在该帮助行为同样对法益造成侵害的情形下，为何业务行为就不值得处罚。例如，出租车司机张某收取 200 元车费将凶手送入犯罪现场与自驾车主李某收取 200 元车费将凶手送入犯罪现场究竟有何本质区别？虽然说在刑法理论上中立帮助行为不罚，但中立帮助行为的本质特征在于中立性，（出租车司机送犯罪分子去犯罪现场）该类行为在客观上为犯罪行为提供了帮助，但是行为人对他人利用其所提供的技术实施犯罪不具有明确认识，且技术提供者对所有人提供无差别的技术支持，行为人不具有为违法犯罪活动提供帮助的主观故意，这是中立技术行为得以出罪的主要原因。但是，在上述案件中，出租车司机 A 明知甲要前往某地实施杀人行为仍然将其运往该地，即 A 具有服务于他人犯罪活动的主观目的，又因其行为客观上为犯罪活动提供了物理上的帮助，因此 A 的行为就是具有可罚性的犯罪行为。可见，业务行为否定说也难以成立。综合考虑说主张根据帮助行为对法益的侵害情况来综合认定，符合以法益保护来认定犯罪的指导原则，是可取的。

---

[1] 张明楷：《刑法学》（第 4 版），法律出版社 2011 年版，第 385 页。

因此，在刑事辩护中，对于以上三起案例可以按以下方式展开辩护。在案例一中，辩护人应当强调以下几个因素：第一，A运送甲的时间距离甲计划的杀人时间还有五六个小时，该帮助行为不会给被害人的生命法益造成紧迫性危险；如果甲是在追杀被害人的时候要求A提供帮助，则该帮助行为会给被害人的生命法益造成紧迫性危险。第二，现场离甲出发地距离并不远，当时甲本可以骑单车前往现场，但考虑到犯罪后骑单车不容易脱身而单车遗留现场又容易暴露身份，遂决定打出租车前往现场。可见，A运送甲的行为对被害人的生命法益被侵害所起的作用并不大。如果现场离甲出发地距离较为遥远，甲考虑到骑单车前往现场会消耗大量体力，面对较强壮的被害人，杀人计划可能难以得逞，遂决定打出租车前往现场。这样A运送甲的行为对被害人的生命法益被侵害所起的作用就比较大。第三，A只是一个出租车司机，其对被害人的生命法益并不负有特别的保护义务。综合以上因素，根据法益保护原则，A的行为对被害人的生命法益造成的侵害远未达到值得运用刑罚处罚的地步，A的行为不构成杀人罪的帮助犯。在案例二中，辩护人可强调当时距离乙盗窃的时间尚远，法益侵害尚不具备紧迫性；乙本来可以使用家中的老虎钳，但考虑到用螺丝刀对所窃物品造成损害较小才向B购买螺丝刀，该出售螺丝刀的行业对财产法益被侵害所起的作用不大；B只是一个店员，其对被害人的财产法益并不负有特别的保护义务。综合以上因素，根据法益保护原则，B的行为对被害人的财产法益造成的侵害远未达到值得运用刑罚处罚的地步，B的行为不构成盗窃罪的帮助犯。在案例三中，辩护人可强调当时丙所撬的保险箱并不需要高超的技术，虽然当时丙口干舌燥，但只要坚持一下便仍然可以完成，C递给丙矿泉水对财产法益被侵害所起的作用不大；C不是保安或保管员，其对被害人的财产法益并不负有特别的保护义务。综合以上因素，根据法益保护原则，C的行为对被害人的财产法益造成的侵害远未达到值得运用刑罚处罚的地步，C的行为不构成盗窃罪的帮助犯。

附录：案例与辩护意见

1. 案例

2015年，被告人秋某某承包了盛泰公司开发的维也纳花园二期工程，是该工程的施工方。当时，该工程的部分工地还未完成全部拆迁工作，部分住户因对拆迁补偿不满意，不同意拆迁。2015 年案发的前一天下午，开发商盛泰公司总经理罗某某打电话给秋某某，叫他到盛泰公司营销中心韦某某办公室开会。参会人员包括开发商方面的人员李某、码头（外号）以及另一个施工方涂某某等人，会议决定于第二天开展拆迁工作。在会议上，罗某某说第二天要挖断拆迁户附近老年公寓北面唯一的道路，公司已经安排陈某组织 30 人协助强挖，让村民不方便进出，逼迫拆迁户签订拆迁协议。随后，李某安排秋某某为陈某组织的人员发放安全帽，秋某某表示同意。第二天上午，秋某某用小车载了 30 个安全帽抵达拆迁现场，并将安全帽交付给开发商。随后，开发商召集了二三十名戴着安全帽的社会闲杂人员对工地上还有人居住的房屋进行了强拆，强拆过程中与房屋内的住户发生了冲突，导致其中 3 名住户受伤。秋某某本人并没有参与拆迁。案发后，包括秋某某和涂某某以及 3 名开发商方面的人员在内的 5 人被公安机关刑事拘留，涉嫌罪名为寻衅滋事罪。后检察机关以涉嫌寻衅滋事罪对上述 5 人提起公诉。

2. 辩护意见

秋某某涉嫌寻衅滋事案一审辩护词

审判长、审判员：

江西豫章律师事务所接受被告人秋某某亲属委托，并征得其本人同意，指派胡东平律师担任秋某某的辩护人。现根据相关法律规定，结合本案事实，发表如下辩护意见：

1. 本案不应定性为"寻衅滋事罪"

本案不符合《最高人民法院、最高人民检察院关于办理寻衅滋事刑事案件适用法律若干问题的解释》（以下称《办理寻衅滋事案件解释》）中关于寻衅滋事罪的规定，不应当定性为寻衅滋事罪。

《办理寻衅滋事案件解释》第 1 条对如何认定寻衅滋事作出了明确规定："行为人为寻求刺激、发泄情绪、逞强耍横等，无事生非，实施刑法第二百九十三条规定的行为的，应当认定为'寻衅滋事'。

"行为人因日常生活中的偶发矛盾纠纷，借故生非，实施刑法第二百九十三条规定的行为的，应当认定为'寻衅滋事'，但矛盾系由被害人故意引发或者被害人对矛盾激化负有主要责任的除外。

"行为人因婚恋、家庭、邻里、债务等纠纷，实施殴打、辱骂、恐吓他人或者损毁、占用他人财物等行为的，一般不认定为'寻衅滋事'，但经有关部门批评制止或者处理处罚后，继续实施前列行为，破坏社会秩序的除外。"

可见，《办理寻衅滋事案件解释》将寻衅滋事罪分为三种类型，即"无事生非型"（第 1 款）、"小题大做型"（第 2 款）和"屡教不改型"（第 3 款）。但本案中显然不存在上述三种情况：

（1）本案不是"无事生非型"的寻衅滋事。所谓无事生非，是指行为人出于寻求刺激、发泄情绪、逞强耍横等动机而没有原因地找麻烦。

本案是由开发商盛泰公司对老年公寓北面的道路进行开挖引起的。因此，盛泰公司是否有权对该道路进行开挖，是认定本案是否属于"无事生非"的关键。案卷材料显示，涉案地块的原房屋产权人为文某某，其与南昌市青云谱区房屋拆迁代办处在 2012 年即签订了《拆迁协议》。《拆迁协议》约定，文某某必须在 2014 年 6 月 21 日之前自行将房屋拆除，逾期南昌市青云谱区房屋拆迁代办处将按有关法律法规强制拆除。2014 年 7 月 18 日，文某某领取了 26.13 万元的拆迁补偿款。然而，文某某在签订《拆迁协议》并领取了拆迁补偿款后，却在《拆迁协议》之外向政府提出再给她一块地进行安置，在政府没有满足他们无理要求的情况下，文某某拒绝搬迁，违法占据拆迁房屋达 5 年之久。2014 年，盛泰公司通过合法的竞拍程序买下涉案地块，获得了对该地块进行开发施工的权利。此间，因文某某违法占据拆迁房屋并多次非法阻挠开发商施工，导致开发项目迟迟不能动工，各方损失日渐增多。

在各方压力之下，盛泰公司于 2015 年 1 月 19 日召集各被告人开会，决定于第二天对老年公寓北面的道路进行开挖，以迫使文某某履行《拆迁协议》中约定的搬迁义务。同时，鉴于文某某等人曾多次暴力阻挠施工，造成施工方的财产损失。为防止这种现象再次发生，盛泰公司安排民工头戴安全帽去施工现场制止暴力阻工行为。

由此可见，盛泰公司对老年公寓北面的道路进行开挖的行为在当时是迫于无奈。反观本案被害人，签订《拆迁协议》并领取了拆迁补偿款后又提出无理要求对抗政府；多次暴力阻挠施工拒绝履行搬迁义务严重违反协议；案发当日将煤气罐搬出来阻止道路开挖危害公共安全。正是搬出煤气罐这一高度危险行为最终激化了双方的矛盾，将本来可能是和平制止阻工的行为演变成一场互殴。

综上所述，本案中盛泰公司是合法取得土地。其开挖道路的行为事出有因,且是无奈之举;被害人一方则存在拒不履行搬迁协议的严重违约行为和搬出煤气罐这一高度危险行为。因此,本案显然不是"无事生非型"的寻衅滋事。

(2) 本案不是"小题大做型"的寻衅滋事。

这类寻衅滋事是在日常生活中偶发矛盾纠纷,如与他人无意碰撞后即小题大做、借题发挥,实施随意殴打他人或者任意毁损他人财物等行为,这明显不属于解决纠纷的合理方式,明显超出了解决纠纷的合理限度,尽管事出有因,也可认为是借故寻衅,破坏社会秩序,应当认定为"寻衅滋事"。

但是,在本案中,如前所述,盛泰公司是合法取得土地,之所以作出开挖道路的决定,是因为被害人签订《拆迁协议》并领取了拆迁补偿款后又提出无理要求对抗政府并多次暴力阻挠施工拒绝履行搬迁义务严重违反协议。由此可见,盛泰公司对老年公寓北面的道路进行开挖的行为在当时是迫于无奈。而且,该行为并非强拆房屋,不会对被拆迁人造成人身安全方面的危害。安排民工去施工现场也不是为了将被拆迁人强行驱赶,而是为了制止暴力阻工行为,否则就不会是发放安全帽而是发放器械了。因此,本案也不属于"小题大做型"的寻衅滋事。

(3) 本案不是"屡教不改型"的寻衅滋事。

第3款规定的"屡教不改型"的寻衅滋事,必须具备两个条件:一是"行为人因婚恋、家庭、邻里、债务等纠纷,实施殴打、辱骂、恐吓他人或者损毁、占用他人财物等行为的";二是"经有关部门批评制止或者处理处罚后,继续实施前列行为"。本案中,盛泰公司与被害人之间既不存在婚恋、家庭、邻里、债务等纠纷,也不存在经有关部门批评制止或者处理处罚后,继续实施前列行为的情形。因此,本案也不属于"屡教不改型"的寻衅滋事。

综上,本案不属于任何一种类型的寻衅滋事。因此,秋某某的行为不构成寻衅滋事罪。

2. 秋某某的行为不是寻衅滋事罪的帮助犯

如前所述,本案不符合《办理寻衅滋事案件解释》关于寻衅滋事罪的规定,不应当被定性为寻衅滋事罪。退一万步来说,即使认为本案开发商的强拆行为构成寻衅滋事罪,秋某某的行为也不是寻衅滋事罪的帮助犯,理由如下:

本案是由开发商盛泰公司强拆涉案地块引发的纠纷。秋某某是涉案地块的承建商，房屋拆迁是开发商的事，与秋某某本来是没有任何关系的，秋某某也无意参与拆迁工作。秋某某虽然参加了强拆的前一天（即 2015 年 1 月 19 日）由罗某某、李某等人组织召集的会议。但作为承建商，开发商召集他开会，他当然是要参加的。在会议上，罗某某说第二天要挖断老年公寓北面唯一的道路，公司已经安排陈某组织 30 人协助强挖，让村民不方便进出，逼迫对方拆迁。随后，何某安排秋某某为陈某组织的人员购买安全帽，秋某某表示同意，并在第二天前往拆迁现场提供了安全帽。但不能将秋某某的上述行为认定为参与犯罪。

首先，开发商强拆在房地产开发中较为常见，实践中强拆虽然可能引发刑事犯罪，但这要看强拆是否引起了其他严重后果。因此，不能将强拆行为等同于犯罪行为，也不能因为强拆造成了严重后果，就将参与了强拆工作的人一律认定为构成犯罪，而无视参与人的主观认知及客观作用。

《起诉书》是将秋某某与罗某某、李某等其他被告人作为共同犯罪人提起公诉。既然是共同犯罪人，就必须有共同的故意，即秋某某必须与其他共同犯罪人之间有犯意的联络。本案中，虽然在 2015 年案发的前一天下午，秋某某参与了会议，但该会议只是布置第二天强拆的事，强拆本身在法律上不构成犯罪，除非罗某某在会上说如果有人阻止强拆就格杀勿论之类的话。后来李某要求秋某某准备二三十个安全帽，但根据相关施工规范，凡是进入工地的人都必须佩戴安全帽，如果是开展拆迁房屋工作就更有佩戴安全帽的必要了。所以，作为承建商的秋某某因此答应开发商并实际提供了安全帽也是很自然的，不能将秋某某答应提供安全帽视为共同的犯罪故意。可见，本案中，秋某某与开发商之间并不存在为实施犯罪而进行的意思联络，即双方之间不存在共同故意，秋某某主观上不具有犯罪的故意，此其一。

其次，由于秋某某并没有实施任何寻衅滋事的实行行为，《起诉书》显然是将他提供安全帽的行为视为寻衅滋事的帮助行为。刑法之所以处罚帮助犯，是因为帮助行为促进了法益侵害。因此，帮助行为与实行犯的行为结果之间必须具有因果关系，这就要求帮助行为给实行犯以物理的影响或者心理的影响。前者是指提供犯罪工具、犯罪场所等物质性的帮助行为，后者是指精神上的帮助行为，例如提供建议、强化犯意等。本案中，秋某某提供安全帽的行为显然是物质影响而不是心理影响。但帮助行为给实行犯以物理的影响是指提供犯罪工具、犯罪场所等物质性的帮助行为。本案中的安全帽显然不是犯罪工具，提供安全帽这一行为本身也不会对刑法保护的法益（公共秩序）造成侵害。检察机关之所以将提供安全帽的行为认定为拆迁的帮助行为，是认为由于佩戴了安全帽以后，在与他人发生肢体冲突时能够获得身体的保护，这样会使得拆迁人员更加有恃无恐地对被拆迁人行使暴力并造成伤害结果，从而起到了间接的帮助作用。但这种理由不能成立。因为本案中秋某某提供安全帽的行为实际上是一种外表无害的中立行为（日常生活行为），这种行为即使客观上帮助了实行犯，也不是必然成立帮助犯。因为犯罪是对法益的侵害或威胁，刑法则是保护法益的。一个行为是否构成犯罪，要看该行为是否对法益造成侵害或威胁，是否值得刑法保护。对于无害的中立行为（日常生活行为）是否成立帮助犯的问题，亦应当根据法益保护原则予以认定。即应当通过综合考虑正犯行为的法益侵害紧迫性、帮助者对法益的保护义务、帮助行为对法益侵害所起的作用大小以及行为人对正犯行为的确实性的认识等要素进行综合考虑，才能得出妥当结论。结合本案。首先，秋某某在第二天上午向开发商提供安全帽后，开发商纠集的社会闲杂人员才陆续抵达现场，然后开发商组织人员分发安全帽，再就如何具体强拆以及发生冲突如何处理向相关人员进行讲话，然后由施工人员开着挖土机对路面进行挖掘，在施工被拆迁地居民阻止后，上述社会闲杂人员才冲上去与其发生肢体冲突。此时距离秋某某提供安全帽给开发商已经过去了两三个小时。可见，该帮助行为不会给寻衅滋事罪保护的社会秩序法益造成紧迫性危险；如果秋某某是在上述社会闲杂人员与当地居民发生肢体冲突时在现场派发安全帽，则该帮助行为才会给被寻衅滋事罪保护的社会秩序法益造成紧迫性危险。其次，开发商之所以要求秋某某提供安全帽给这些社会闲杂人员，不是为了将来发生肢体冲突时可以起到防护作用。因为当时留守在拆迁现场的都是一些老人和妇女，且人数很少，这些社会闲杂人员不但人数众多，而且身强体壮，即使不佩戴安全帽，也不会受到伤害。佩戴安全帽的目的是表明他们是施工人员，来拆迁现场是进行施工而不是来寻衅滋事。可见，秋某某提供安全帽的行为对寻衅滋事罪保护的社会秩序法益被侵害所起的作用并不大。如果开发商是因为发现住房居民准备发棍棒等器械防止强拆，为了防止打起来以后他们召集的人员出现受伤情况影响拆迁进度，而让秋某某提供安全帽，则该行为对寻衅滋事罪保护的社会秩序法益被侵害所起的作用就比较大。再次，秋某某只是该房地产开发项目的施工方，其对寻衅滋事罪保护的社会秩序法益并不负有特别的保护义务。最后，2015年案发的前一天下午，开发商打电话给秋某某，叫他到营销中心韦某某办公室。但等他到达韦某某办公室时，开发商方面的人员李某、码头（外号）以及另一个施工方独某某等人已经将第二天拆迁的事商量完了。后来，李某要秋某某准备二三十个安全帽，但并没有告诉秋某某第二天准备如何拆迁。根据相关施工规范，凡是进入工地的人都必须佩戴安全帽，如果是开展拆迁房屋工作就更有佩戴安全帽的必要了。因此，秋某某对于第二天发生的打架斗殴事件并没有确实性的认识。综合以上因素，根据法益保护原则，秋某某的行为对寻衅滋事罪保护的社会秩序法益造成的侵害远未达到值得运用刑罚处罚的地步，秋某某的行为不构成寻衅滋事罪的帮助犯。

此外，对于帮助行为的认定，只能限于对实行行为起到直接帮助的行为，而不应包括起到间接帮助的行为，否则刑法的处罚范围将漫无边际。例如，早点铺的老板知道他人准备吃饱饭就去打架，仍然将早点卖给他人；服装店的老板知道他人买了球鞋是为了更快地赶赴现场，仍然将球鞋卖给他人。按照上述观点，早点铺的老板和服装店的老板都成立帮助犯，如此一来，势必造成人人自危，公民的自由将受到严重的束缚。因此，本案中虽然秋某某知道第二天强拆的事而提供安全帽，其也不成立帮助犯。

综上，成立帮助犯必须主观上具有犯意联络，客观上实施了直接的帮助行为，并且这两个条件必须同时具备。本案中，秋某某主观上不具有共同犯罪的故意，客观上提供安全帽的行为也不是一种直接的帮助行为。因此，秋某某不成立帮助犯，不构成寻衅滋事罪。

以上辩护意见，敬请采纳！

辩护人：
2015 年 11 月 23 日

第六章

客观归责理论在刑事辩护中的运用

一、传统刑法因果关系理论之检讨

因果关系的认定对于刑事辩护的重要性是不言而喻的。就故意犯罪来说，如果能够证明被告人的行为与危害结果之间不存在刑法上的因果关系，则至少能够为被告人争取到犯罪未遂的从宽处罚情节；就过失犯罪来说，由于我国刑法奉行的是"一切过失犯都是结果犯"的原则，即只有当过失行为造成了法定的损害结果时才成立过失犯罪，因此，在过失犯的场合，如果能够证明被告人的行为与危害结果之间不存在刑法上的因果关系，则可以直接认定被告人的行为不构成犯罪。但是，无论是我国刑法条文还是最高人民法院、最高人民检察院的司法解释，对于如何认定刑法上的因果关系都没有作出规定。这样一来，在具体的刑事案件中认定被告人的行为与危害结果之间是否存在刑法上的因果关系就只能依靠相关的刑法理论了。

我国传统刑法理论认为："原因与结果是哲学上的一对范畴。在辩证唯物主义因果论看来，引起一定现象发生的现象是原因，被一定现象引起的现象是结果。这种现象与现象之间的引起与被引起的联系，就是因果关系。"[1]可见，我国传统刑法理论是将哲学上的因果关系移植到刑法之中，认为刑法上的因果关系是指人的危害行为合乎规律性地引起某种危害结果的内在联系，并产生了必然因果关系说和偶然因果关系说这两种因果关系理论。

(一) 必然因果关系说及评价

必然因果关系说认为，当危害行为中包含危害结果产生的根据，并合乎

---

[1] 高铭暄、马克昌主编：《刑法学》（第9版），北京大学出版社、高等教育出版社2019年版，第77页。

规律地产生了危害结果时,危害行为与危害结果之间就是必然因果关系,只有这种必然的因果关系才是刑法上的因果关系。在必然因果关系说看来,因果关系具有以下特征:①作为原因的危害行为中存在着使危害结果发生的客观根据,即危害行为具有使得危害结果发生的现实可能性,这是因果关系成立的必要前提;②具有使得危害结果发生的现实可能性的危害行为合乎规律地引起了危害结果的发生,如果在此过程中偶然介入其他因素,由该偶然因素合乎规律地引起危害结果,则危害行为与危害结果之间就没有因果关系;③因果关系的必然性是一定条件下的必然性,离开了一定条件,就不会发生危害结果或者产生不同的结果。即因果关系的必然性是受到一定条件制约下的必然性,在认定危害行为与危害结果之间是否具有因果关系时,不能脱离当时的具体条件孤立地进行考察。

必然因果关系说试图将哲学上的因果关系理论直接引入刑法,但却存在判断标准不明确的问题。在进行必然因果关系的判断时,首先面临的问题就是,我们很难判断危害行为是否包含着结果产生的根据,也很难判断危害行为是否合乎规律地导致危害结果发生,因为很多规律并没有被我们认识和掌握。例如,某地新建了一座化工厂后,附近村子的村民患肺病的死亡率升高了3倍,虽然在化工厂排出的废气中检出了有害成分,但在医学上、药理学上不能证明该有害成分会导致人患肺病死亡。在该案中就无法判断化工厂排放废气的行为中是否包含导致村民患肺病的死亡率升高了3倍的客观根据,也无法判断化工厂排放废气的行为中是否合乎规律地导致村民患肺病的死亡率升高了3倍。其次,必然因果关系说的具体操作性不强。如果坚持必然的因果关系的判断基准,那将意味着对"合乎规律"的证明标准有所提高,在具体的案件中,就需要通过"大量的、复杂的、严密的证据环节才能确认"。[1] 这要耗费大量的司法资源,在司法实践中难以落实。

(二) 偶然因果关系说及评析

偶然因果关系说认为,当危害行为本身并不包含产生危害结果的客观根据,但在其发展过程中,偶然介入其他因素,由介入的因素合乎规律地引起危害结果发生时,危害行为与危害结果之间就是偶然因果关系,介入因素与危害结果之间则是必然因果关系。与必然因果关系说只认可必然因果关系为

---

[1] 付立忠:《环境刑法学》,中国方正出版社2001年版,第626页。

刑法上的因果关系不同的是，偶然因果关系说认为必然因果关系与偶然因果关系都是刑法上的因果关系，只不过必然因果关系影响定罪，而偶然因果关系通常影响量刑。例如，甲男拦路强奸乙女，乙假装同意，趁机将正在脱衣的甲推倒逃跑，甲紧追不舍，乙慌乱中冲上马路，被一辆正常行驶的卡车撞倒身亡。在必然因果关系说看来，甲的强奸行为中并不包含导致乙被撞死的客观根据，乙的死亡是偶然介入的其他因素导致的，因此甲的行为与乙的死亡之间没有必然性，两者之间不具有刑法上的因果关系，甲对乙的死亡不承担刑事责任。偶然因果关系说则认为，甲的行为与乙的死亡之间具有偶然联系，存在偶然因果关系，偶然因果关系也是刑法上的因果关系，因此甲对乙的死亡应承担刑事责任。[1]

偶然因果关系说认为，必然因果关系与偶然因果关系都是刑法上的因果关系。但是，该说认为，危害行为发展过程中偶然介入其他因素，由该偶然因素合乎规律地引起危害结果，则危害行为与危害结果之间存在偶然因果关系。于是，如何区分条件关系和偶然因果关系又成了一个大问题。例如，甲以杀人的故意在乙的食物中投放足以致死的毒药，乙中毒后被人送往医院抢救，以当时的情况来看本可以将乙救活，但由于值班医生丙擅离职守，延误了抢救时机，致使乙中毒死亡。在该案中，控方会主张甲的投毒杀人行为本身包含着造成乙中毒死亡的客观根据，但在此过程中，偶然介入了值班医生丙擅离职守，延误了抢救时机这一因素，最后由此合乎规律地引起了乙中毒死亡，因此甲的投毒杀人行为和乙的中毒死亡结果之间存在偶然的因果关系，甲应当承担故意杀人既遂的刑事责任。辩方则会主张正是丙擅离职守，延误了抢救时机才导致了乙死亡的结果，甲的投毒行为只是乙中毒死亡的条件，即如果没有甲的投毒行为，就不会有乙中毒死亡的结果发生。因此，甲的投毒杀人行为和乙的中毒死亡结果之间不具有刑法因果关系，甲只应当承担故意杀人未遂的刑事责任。可见，偶然因果关系说在扩大刑法因果关系的范围的同时，却解决不了以下问题："偶然因果关系"与条件说中的"条件关系"是一回事吗？如果说二者完全相同，又何必使用"偶然因果关系"这个概念，

---

[1] 偶然因果关系说认为，偶然因果关系只能影响量刑，因此在该案中应当对甲以强奸罪从重处罚。

直接使用"条件"一词不是更好？[1]如果是一回事，是不是相当于承认所有的"条件"都是刑法上的原因？[2]如果不是一回事，又该如何区分"偶然因果关系"与"条件关系"？对于上述问题，"偶然因果关系"论者都没有认真给予回答。[3]

（三）刑法因果关系之功能：归因与归责

无论是必然因果关系说，还是偶然因果关系说，实际上都是直接将哲学上的因果关系理论移植到刑法学之中。但是，哲学与法学是不同的学科，其研究因果关系的目的显然也是不同的。对于哲学研究而言，客观存在的因果规律制约着人们的日常活动，任何人无论从事何种工作，都不能脱离因果规律的制约。因此，能否正确认识和把握客观的因果规律是人类活动成败的关键。人类越是广泛、深刻地揭示和认识客观的因果规律，就越能自觉地计划自己的行动，从而在改造自然、改造社会中获得更大的自由。因此，研究哲学上的因果关系就是为了使人们在实践中能够由原因推知结果，从而作出科学的、准确的预见。由结果追溯原因，找到事物存在和发展的根源，从而根据实践的需要创设或消除某些原因，以便追求或避免某些结果的出现。[4]用一句话来概括，研究哲学上的因果关系就是为了发现因果规律、利用因果规律。这种研究目的决定了哲学上的因果关系的研究重点是事物之间合乎规律的普遍性联系，关注的原因也主要是那些对事物的发生、发展起着决定性作用的因素，而不合乎规律、偶然存在的因素则不是研究的重点。

刑法学上研究因果关系的目的则不是发现危害行为与危害结果之间存在的因果规律，更不是运用这种因果规律。[5]刑法学上的研究几乎都是围绕着是否应当追究刑事责任以及如何追究刑事责任这两个问题展开的。因此，危害行为与危害结果之间的因果规律只有当其能够为是否追究行为人的刑事责任提供客观基础时才是有意义的。刑法学上研究因果关系所具有的这一独特

---

〔1〕 毕竟，在偶然因果关系说提出之前就存在条件说，并且条件说到现在仍然是一种主要学说。

〔2〕 这种观点几乎从条件说提出之时就没有人赞同。

〔3〕 参见赵秉志主编：《犯罪总论问题探索》，法律出版社2003年版，第356页。

〔4〕 参见吴建国：《唯物辩证法对偶范畴论》，江苏人民出版社1986年版，第73~79页。

〔5〕 有观点认为，发现危害行为和危害结果之间的因果规律，并运用该因果规律对于预防犯罪具有现实意义，但即便如此，这种研究也是属于犯罪学中的因果关系的研究领域。参见赵秉志主编：《犯罪总论问题探索》，法律出版社2003年版，第359页。

目的决定了其与哲学上的因果关系的研究对象有着明显的区别。即它不在意危害行为与危害结果之间是否合乎规律、是否具有普遍联系，而只关注危害行为对于危害结果的发生是否发挥作用，进而对危害结果的发生负有责任。因为，危害行为与危害结果之间是否合乎规律、是否具有普遍联系，与是否应当为此行为而承担刑事责任之间没有关系。例如，我国《刑法》第 129 条规定："依法配备公务用枪的人员，丢失枪支不及时报告，造成严重后果的，处三年以下有期徒刑或者拘役。"此即丢失枪支不报罪，该罪在客观方面表现为丢失枪支不及时报告，造成严重后果的行为。如果依法配备枪支的民警在原始森林中丢失枪支没有及时报告，后该枪支被犯罪分子捡到用来抢劫杀人，按必然因果关系说和偶然因果关系说，由于枪支丢失在原始森林，一般不会被人捡到进而造成严重后果，即民警"丢失枪支不及时报告"之行为，与"造成严重后果"之间并不存在合乎规律的普遍联系，即不存在哲学上的因果关系。但是，依据我国《刑法》第 129 条之规定，只要"丢失枪支不及时报告，造成严重后果"就应当追究刑事责任。[1] 上述案件中民警具有"丢失枪支不及时报告"之行为，对"造成严重后果"起到了作用，该民警对此应负有责任，即两者之间存在刑法上的因果关系。

由于探寻危害行为与危害结果之间的因果联系是为追究行为人的刑事责任提供客观基础，因此刑法上的因果关系实际上包括两个层次的关系判断：首先是事实上的因果关系，即危害行为与危害结果之间存在事实上的引起与被引起的关系。这种引起与被引起的关系，实际上就是危害行为对危害结果的发生起到了积极的作用。至于这种作用的程度如何，不影响事实上的因果关系的成立。例如，原因包括直接原因和间接原因，直接原因通常对危害结果产生的作用更大，间接原因通常对危害结果产生的作用较小，但并不能因此就否认间接原因是原因。例如，根据我国《刑法》第 257 条之规定，暴力干涉他人婚姻自由致使被害人死亡的，处二年以上七年以下有期徒刑。第 260 条规定，虐待家庭成员致使被害人重伤、死亡的，处二年以上七年以下有期徒刑。上述法条中的"致使被害人死亡"显然包括直接造成被害人死亡，以及引起被害人自杀等情况，对于后者来说，暴力干涉婚姻自由的行为和虐待

---

[1] 至于行为人可能因为主观上没有过错而无需承担刑事责任，则是属于主观责任的问题，与刑法上的因果关系问题无关。

行为就是致使被害人死亡的间接原因，对危害结果所起的作用较小，但上述行为与被害人死亡之间仍然成立事实上的因果关系。

其次是评价上的因果关系。刑法上的因果关系首先是事实关系，但事实关系还不够。因为，刑法上的因果关系是为追究行为人的刑事责任提供客观基础，而刑事责任是基于报应或预防的需要。因而，哪些行为能够满足报应或预防的需要，被追究刑事责任，都不可避免地要根据立法者的主观意志来决定，这种意志决定则要通过刑法的相关规定来体现。这其中就包括了对因果关系的要求。这种经过立法机关的挑选，并规定在刑法之中的因果关系，就必然具有评价的性质。[1]我国刑法的某些条文对这种评价上的因果关系作出了规定，例如刑法条文中表述为"致使被害人死亡的""造成严重后果的""致使公私财产、国家利益遭受重大损失的"，这里表述的不仅仅是一种事实的因果关系，更是经过立法者的价值评判后，从存在事实的因果关系的行为中挑选出来的负有责任的行为。我国刑法中还有一些条文虽然没有规定，但这种评价上的因果关系已被蕴含于其他要件的规定之中。"有些刑法条文并没有对因果关系作出明确规定，这就需要根据立法精神和实践经验来确定法律所要求的因果关系。"[2]例如，故意杀人罪的刑罚最为严厉，刑事责任极为重大，因而要求危害行为必须对危害结果起到重要作用，杀人行为就应当被评价为与死亡结果存在直接因果关系的行为。玩忽职守罪的法定刑非常低，且要求造成严重后果才构成犯罪，因此某种行为对危害结果的发生即使仅起到间接作用，也可以要求行为人对此负责。于是，玩忽职守行为只要与严重结果之间存在间接因果关系即可。

综上所述，哲学上的因果关系是一种事实上的因果关系，且存在判断标准模糊的问题。刑法上的因果关系是用来解决被告人是否应当承担刑事责任以及如何承担刑事责任的问题，包括事实上的因果关系和评价上的因果关系两个层次。将哲学上的因果关系直接移植到刑法之中，容易"水土不服"。更何况，在司法实务中，刑法上的因果关系作为认定被告人刑事责任的要件，需要一个明确的判断标准，但这恰恰是必然因果关系说和偶然因果关系说难以提供的。

---

[1] 参见赵秉志主编：《犯罪总论问题探索》，法律出版社2003年版，第369页。
[2] 陈兴良、曲新久：《案例刑法教程》（上卷），中国政法大学出版社1994年版，第98页。

二、客观归责理论之提倡

(一) 客观归责理论的定位

如何认定因果关系？我国部分刑法学者将目光投向了外国刑法理论上的因果关系说。当前国外关于因果关系的理论主要包括条件说、原因说、相当因果关系说等。条件说认为，在行为与结果之间，只要存在"没有前者就没有后者"这种条件关系，就应认为存在刑法上的因果关系。条件说为因果关系的判断提出了明确的判断标准，但将所有的条件都认定为刑法上的因果关系，则会导致处罚的范围过大。虽然条件说又辅之以各种判断条件的规则，但仍然无法完全解决上述问题。原因说主张从结果发生的条件中，以某种规则为标准挑选其中应当作为原因的条件，只有这种原因与结果之间才存在因果关系。但是，从对结果起作用的众多条件中挑选出一个条件作为原因，不仅极为困难，而且是不现实的。相当因果关系说是指根据一般人社会生活上的经验，在通常情况下，某种行为产生某种结果被认为是相当的场合，就应认定该行为与该结果具有因果关系的学说。相当因果关系说的特色是以行为时的一般人的认识来判断行为与结果之间是否具有相当性，这虽然有利于限定刑法上的因果关系，但是在判断的标准之上混入了主观的判断因素，导致了在客观的判断范畴之中融入了主观的因素，丧失了阶层性判断的价值。[1] 由于条件说、原因说和相当因果关系说都存在这样或那样的缺陷，一种新的理论应运而生，即客观归责理论。"客观归责，是相对于主观归责而言的，指在客观结果对于主体的一定行为的可归属性。"[2] 该理论将因果关系与归责问题相区别，因果关系以条件说为前提，在与结果有条件关系的行为中，只有当行为制造了不被允许的危险，而且该危险是在符合构成要件的结果中实现（或在构成要件的保护范围内实现）时才能将该结果归责于行为。然而，该理论从诞生之日起便一直饱受争议。例如，该理论究竟是关于故意问题，还是关于因果关系理论，或者是关于归责的理论，抑或是一种新的行为理论，并不明确。[3]

---

[1] 参见 [日] 大塚仁：《刑法概说（总论）》（第3版），冯军译，中国人民大学出版社2003年版，第164页。

[2] 陈兴良：《从归因到归责：客观归责理论研究》，载《法学研究》2006年第2期，第70~86页。

[3] 参见许玉秀：《当代刑法思潮》，中国民主法制出版社2005年版，第231页。

虽然该理论的创立者认为客观归责是一种归责理论而不是一种因果关系理论，但讨论行为与结果之间是否存在刑法意义上的因果关系的目的，最终也是要解决行为人是否应当对结果承担刑事责任。许玉秀教授在评价客观归责理论时曾经指出，客观归责只要证明行为的"危险性"即为已足，从这一点来看，客观归责不尽然是限制构成要件适用范围的要素，表面上判断客观构成要件合致性，多增加了一道手续。实际上，透过这个要素把原先需要切实证明的因果流程予以简化，透过"危险"的概念，使得证明更加容易。[1] 刘艳红教授则认为，客观归责理论是以因果关系理论为基础的，实质上它就是一种因果关系理论。因为它和相当因果关系说一样，以条件说为前提，并且通过对构成要件性因果关系的否定得出相关结论。它对于风险关联的承认、对于风险不法与风险结果之间关系的判断以及最终结论，与因果关系理论是一致的！[2] 本书赞同上述观点，客观归责理论实际上就是一种因果关系理论。

（二）客观归责理论的下位规则

（1）制造法所不允许的危险。即只有行为制造了不被允许的危险，才可能将结果归责于行为。该规则下又有以下四个下位规则：①行为没有制造危险时排除归责。例如，甲希望乙死于空难，于是为乙购买机票送其出国旅游，后来乙真的死于空难。按照条件说，没有甲的行为就不会有乙的死亡结果发生，两者之间具有条件关系，但甲的行为并没有制造危险，因此不能将该死亡结果归咎于甲的行为。②行为制造的是法所允许的危险时排除归责。例如，甲在没有违反交通规则的情形下驾驶机动车，将突然横穿马路的乙撞死。虽然甲驾驶机动车的行为制造了危险，但只要遵守交通规则，就应当认为其制造的是法所允许的风险，因此也不能将乙的死亡归责于甲的行为。③行为降低了风险时排除归责。即行为人实施行为时损害法益的风险已然存在，行为人并不希望造成法所不允许的风险，而是采取措施降低已经存在的风险，以减少对更大法益的损害结果的发生。[3] 例如，空中掉下一块砖头即将落在乙的头上，会导致乙方头部受重伤，甲推了乙一下，砖头落在乙的肩膀上致其

---

[1] 参见许玉秀：《主观与客观之间——主观理论与客观归责》，法律出版社2008年版，第243页。

[2] 参见刘艳红：《实质犯罪论》，中国人民大学出版社2014年版，第155页。

[3] 参见周光权：《行为无价值论与客观归责理论》，载《清华法学》2015年第1期，第134页。

受轻伤。由于甲的行为是降低了已经存在的风险,应当认为其没有制造法所不容许的风险,因此不应当将乙受轻伤的结果归责于甲的行为。④假定的因果流程中不能排除归责。所谓假定的因果流程,是指即使行为人不实施制造法所不容许的风险的行为,该法益也仍然会受到另一同类风险行为侵害,进而造成法益损害结果。[1]假定的因果流程中不能排除归责,因为这与降低风险行为不同,虽然二者都制造了风险,但前者制造风险的行为是违法行为,而后者则是为了更好地保护较大法益。可见,在假定的因果流程中,行为不是基于法益的比较而实施,因此行为人所制造的风险是不被法所允许的风险。[2]例如,死刑犯乙即将被执行死刑时,被害人家属甲抢先开枪将乙打死,就不能因为即使甲不开枪,乙也会被执行死刑,从而认为甲没有制造法所不允许的风险。

(2)实现法所不允许的危险。即在结果中实现了由行为所制造的不被允许的风险。该规则下又有以下四个下位规则:①危险没有现实化时不能归责。行为已经制造了法所不容许的危险,如果法益侵害的结果是由行为以外的其他介入因素造成的,则危险没有现实化,不具有可归责性,对于行为人应当以未遂犯论。例如,甲以杀人的故意将乙砍伤,乙在医院救治时死于火灾。在此,砍杀的危险并没有现实化,故不能客观归责,对于甲只能以故意杀人未遂论。但是,在因果关系流程错误的情形下,则可以归责。例如,甲意欲枪杀乙,乙中枪落水死亡,甲以为乙死于枪弹,但实际上乙系溺水身亡。在该类案例中,行为人制造了风险,且风险的实现符合行为的一般规律,因而不能排除对行为人的归责,对甲应当以故意杀人既遂论。②行为没有实现不被允许的危险时不得归责。在行为人因其未履行法定义务而造成损害结果的情形下,如果履行了该义务但损害结果客观上仍不可避免,则对行为人不得归责。日本的刑法理论将这种情形表述为缺乏结果回避可能性,又被称为缺乏条件关系。[3]例如,护士在给病人打点滴前没有按照规定做皮试,导致病

---

[1] 参见车浩:《假定因果关系、结果避免可能性与客观归责》,载《法学研究》2009年第5期,第146~148页。

[2] 参见庄劲:《客观归责理论的危机与突围——风险变形、合法替代行为与假设的因果关系》,载《清华法学》2015年第3期,第80~84页。

[3] 参见张明楷:《也谈客观归责理论 兼与周光权、刘艳红教授商榷》,载《中外法学》2013年第2期,第317页。

人因药物过敏而死亡。但事后发现，由于病人是特异体质，即使做了皮试也发现不了其药物过敏。因此，不能将病人的死亡归责于护士的行为。③行为没有引起注意规范的保护目的所包含的结果时不得归责。例如，德国法律规定夜间骑行自行车必须打开车灯。甲乙二人在夜间骑行时都没有开车灯，二人一前一后相距仅两三米。乙因为没有发现在前面骑行的甲在加速时撞到甲的自行车后轮而摔倒致重伤。在该案中，甲骑车不开车灯的行为违反了交通法规，极易引发交通事故，制造了法所不允许的风险。但是，夜间骑行自行车必须打开车灯的法律规定，是为了防止骑车人本人因看不清路况而发生意外，而不是为了防止后面的人发生事故。因此，乙重伤不在"夜间骑行自行车必须开车灯"这一注意规范的保护目的之内，甲的行为没有实现法所不允许的风险，故排除客观归责。④合法的替代行为和风险升高理论。该理论认为，当违反注意规范的行为增加了现实的风险时，尽管该风险不能被证实是导致法益损害结果发生的直接风险，也不得排除归责。风险升高理论与缺乏结果回避可能性的相同之处在于：即使实施合法行为，也不能避免法益损害结果发生。区别在于：在缺乏结果回避可能性的案件中，无论行为人采取何种行为，都无法阻止先前风险的实现，对于法益损害结果的发生，行为人所制造的风险根本就没有影响力。[1]但是，在风险升高理论当中，行为人的行为不但对于危害结果具有影响力，而且所制造的风险提升了法益损害结果发生的可能性。

（3）结果没有超出构成要件的保护范围。当具体犯罪的构成要件有特定的保护范围，如果所发生的结果不包括在构成要件的保护范围之内，就不能将结果归责于行为。在此，应当将"注意规范的保护目的"与"构成要件的保护范围相区别：第一，性质不同。前者不含刑法的保护目的，是指非刑法的法律规范的保护目的。例如，《道路交通安全法》的保护目的是保障交通秩序的有序进行，防范交通事故的发生，《食品安全法》的保护目的是规范食品生产者、经营者生产、销售合格的食品等。后者所谓的保护范围则专指刑事立法通过对个罪的构成要件的规定而设置的保护范围。例如，我国《刑法》第234条即表明"故意伤害罪"的构成要件的保护范围是"他人的身体"。第

---

[1] 参见周光权：《风险升高理论与存疑有利于被告原则——兼论"赵达文交通肇事案"的定性》，载《法学》2018年第8期，第152页。

二,对象不同。前者是用于评价行为,即超出"注意规范的保护目的"时,该行为没有"实现法所不容许的风险",因此不得归责;后者是用于评价结果,即超出"构成要件的保护范围"时,虽然该行为"实现了法所不容许的风险",但结果不受刑法保护,因此不得归责。该规则下又有以下三个下位规则:①参与他人的自损行为不得归责。刑法的目的是保护法益,归责的前提是法益受到侵害。被害人自损行为表明其已放弃了《刑法》对其自身法益的保护,因而可以排除归责。[1]例如,甲将毒品交付给吸毒者乙,乙虽知道注射毒品存在危险,但还是因注射毒品而死亡。在该案中,就不能将乙的死亡归责于甲。②同意他人的危害行为不得归责。在被害人认识到他人行为对其法益的危险性,却同意他人实施给自己造成危险的行为时,不能将由此产生的结果归责于行为人。这种行为与参与他人的自损行为不同,后者只能是单纯的参与行为,而不能是直接造成法益受损的加害行为,即行为人没有实施制造风险的行为。在同意他人的危害行为的案件当中,能够被归责的情形在于加害人所制造的风险大于承诺人所能承诺的法益,也即已经制造了法所不容许的风险。[2]例如,虽然司机明确告知乘客,因天气恶劣,山路行驶不安全,不建议出行,但乘客仍然执意要求司机驾车搭载其前往目的地,司机在运送乘客途中遭遇山体滑坡,导致乘客身受重伤。由于乘客明知有危险并接受了危险,因此不能将其受重伤的结果归责于司机。③损害结果属于第三人责任范围时不得归责。行为人制造风险的行为尚未造成法益损害的结果发生,由具有特殊责任的第三人接管了该风险,并在此后发生了法益损害的结果,在第三人接管的责任范围内不得对行为人归责。这是因为,基于风险接管人职业的特殊性,其此时负有将风险减小甚至排除的义务。[3]例如,甲因违章驾驶机动车被交警乙拦下,乙为查处甲的违章行为让甲将机动车停靠路边,甲在停车时遭遇后方车辆追尾的交通事故,这时就不能将事故归责于甲。

---

[1] 张明楷:《也谈客观归责理论 兼与周光权、刘艳红教授商榷》,载《中外法学》2013年第2期,第318~319页。

[2] 参见孙运梁:《客观归责理论的引入与因果关系的功能回归》,载《现代法学》2013年第1期,第36~37页。

[3] 参见劳东燕:《风险分配与刑法归责:因果关系理论的反思》,载《政法论坛》2010年第6期,第96~97页。

(三) 客观归责理论的评价

客观归责理论对于归责的基准进行了梳理和归纳，形成了较为明确的判断标准，因此受到德国刑法理论界及日本部分学者的青睐。但是，亦有学者提出，客观归责理论本身也存在一定的问题，即客观归责提出的归责基准，有很大一部分只是对三阶层理论的其他领域的部分结论的重复和归纳。表现在以下两个方面：①客观归责理论是在没有对实行行为的范围与性质进行限定的前提下展开讨论的，因此将一些不是刑法意义上的危害行为纳入到刑法上的因果关系中来进行判断，这完全没有必要。例如，在劝人乘飞机的案件中，可将该行为视为不具备法益侵害性的行为，而直接认定为不构成犯罪。②刑法上的因果关系的判断本来是属于构成要件符合性的判断，但客观归责理论却将被害人承诺、承诺的推定等属于违法性的判断以及结果回避可能性、认识错误、过失论等属于责任的判断的内容纳入其中展开讨论，会导致阶层的混乱。由客观归责理论解决的问题，实际上都可以通过实行行为、被害人承诺、承诺的推定、结果回避可能性、认识错误、过失论等理论来解决。因此，客观归责理论会导致一些重要问题在三阶层体系中被重复判断。

本书认为，虽然在客观归责理论体系的判断之下存在上述问题，对行为的危险性的判断也未达到自然科学意义上的标准，但是与其他因果关系理论相比，这种理论最大的特色是提出了检验实行行为的标准，即对从一种危险的实现和结果的造成中推导出一个制造法所反对的风险的行为、构成要件行为的概念。这样就必然会使行为的判断由形式判断转向实质判断，因此该种判断是一种具体的判断而非抽象的判断。[1]这样，客观归责理论就为那些了解实际情况而进一步实施犯罪的行为人提供了明确的处理思路，在这点上，务必说比其他的理论学说更具优势。[2]

三、客观归责理论与刑事辩护

(一) 客观归责的刑辩价值

在因果关系的判断上，我国传统刑法理论主张必然因果关系说和偶然因

---

[1] 参见周光权：《客观归责理论的方法论意义兼与刘艳红教授商榷》，载《中外法学》2012年第2期，第225~249页。

[2] 参见徐海东：《客观归责理论与污染环境罪因果关系的判断》，载《广西社会科学》2020年第3期，第110页。

果关系说，这两种学说也为司法实务部门所接受。但是，如前所述，这两种学说只考虑了归因，而没有考虑归责，不能够完全解决是否追究刑事责任的问题。此外，即便是归因，这两种学说也没有提供一个对刑法上的因果关系如何认定的明确标准，亦会将辩护人置于一个很不利的局面。道理很简单，标准越不明确，司法人员自由裁量的空间就越大。近年来，随着理论界对必然因果关系说和偶然因果关系说的批判，以及对国外因果关系理论的介绍，条件说逐渐为部分司法办案机关所采用。一方面，条件说采取"没有前者就没有后者"这样简单明了的判断规则，既易于操作，又与普通人的认识相吻合。另一方面，条件说可以扩大处罚范围，这也契合了我国当前"重刑主义"的司法现实。但是，"存在的未必就是合理的"，条件说虽然迎合了司法现实，但却降低了对刑事司法人员的专业水准要求，也有违人权保障的刑法理念。客观归责理论则与包括条件说在内的传统因果关系理论存在明显不同。因果关系是一个事实之有无问题，它所要解决的是行为与结果之间的客观联系，其属于一种经验的、事实的评价。客观归责是在条件关系得以确认的前提下所作的规范判断，即在确定了某一行为是造成某一结果的原因后，再按照规范的观点来检验结果是否要归责于此一行为，是对结果发生这本"账"能否算到被告人头上的判断。可以说，因果关系是初步的事实判断，但法律人不能仅仅停留在"眼见为实"的层面，还要有规范思考，这样刑事司法人员与其他刑法"门外汉"的差别才能显现出来。[1]因此，虽然当前我国司法实务中采用客观归责理论进行刑事裁判的案件较为少见，但是客观归责理论对于刑事司法实务而言仍然具有很强的指导意义。特别是在行为具有一定危险性且造成了危害后果，但该行为明显降低了法益侵害风险的场合下，如果采用传统因果关系理论，就会得出该行为仍然具有违法性的不合理结论，这时就需要借鉴客观归责理论的处理模式了。例如，甲明知自己工厂排放的废水中含有某种危害物质，但是其为了节约成本，仍向附近的河里直接排放废水。实际上，河里因为其他工厂排放过污水而存在某些污染物质。但该两种污染物质混合在一起产生了一种对河水进行净化的物质，河水也因此变得更加清澈了（但河水仍然受到了污染）。对上述情形，根据传统因果关系理论，无论

---

[1] 周光权：《客观归责论与实务上的规范判断》，载《国家检察官学院学报》2020年第1期，第10页。

是必然因果关系说还是条件说，都会认为甲的行为与河水受到了污染之间存在因果关系，这样就会得出甲的行为构成重大环境污染事故罪，但这样的结论让人难以接受。从客观归责的角度来看，甲的行为降低了法益侵害风险，没有制造法所不允许的风险，即便有结果发生，从规范判断的角度来看，也不能归责于行为人，该行为不具有违法性，甲不构成犯罪。

可见，客观归责理论通过确立一系列的明确规则来进行归责，这就解决了必然因果关系说和偶然因果关系说存在的判断标准不明确的问题；客观归责理论本身是以条件说为前提的，采取事实判断与规范判断并行的"双重判断"模式，又克服了条件说容易导致处罚范围过宽的缺陷，发挥了处罚限定功能，这也为刑事辩护提供了其他因果关系理论所不具有的辩护空间。更为重要的是，在进行归责判断时所依据的三个标准：制造法所不允许的危险、实现法所不允许的危险、结果没有超出构成要件的保护范围，都与刑法规范紧密联系在一起。即客观归责的判断必须通过对相关刑法规范的分析展开，这比抽象地谈论"危害行为是否具有使得危害结果发生的现实可能性"以及"实行行为到底是条件还是原因"更容易对司法官员的自由裁量权进行限制，也更容易为法官所接受。令人欣喜的是，近年来，我国已出现了运用客观归责理论的思维和术语去分析结果的归责和客观构成要件的符合性的刑事判决书，即北京市海淀区人民法院［2018］京0108刑初1789号刑事判决书。该判决书被称为"一份依照客观归责理论作出的刑事判决书"。[1]这表明，客观归责理论在我国已经从纯粹的刑法理论研究走向了司法实务操作层面，这对于刑事辩护来说无疑是一种利好。

（二）下位规则的刑辩运用

1. 被告人没有制造法所不允许的危险

在司法实务中，在发生危害结果的场合，只要行为与危害结果之间存在事实上的因果联系且行为人对危害结果具有过错，司法机关通常就会认为行为人构成犯罪。这种情形在过失犯及中立的帮助行为的场合下表现得尤为突出。这时采取传统的刑法因果关系理论进行辩护几乎不会有任何效果，运用客观归责理论的下位规则，则可以在刑事辩护中发挥限定处罚的作用。

---

［1］ 参见孙运梁：《客观归责论在我国的本土化：立场选择与规则适用》，载《法学》2019年第5期，第184页。

（1）关于过失犯。

例如，甲到乙家盗窃财物被发现，甲拔腿就跑，乙穷追不舍抓住了甲的衣袖，因为下雨路滑，甲摔倒后颅内出血死亡。在该案中，公诉人认为，乙穷追不舍抓住甲衣袖的行为，与甲摔倒后颅内出血死亡的结果之间存在刑法上的因果关系，且乙应当知道在下雨路滑的状况下强抓甲的衣袖可能会造成甲的人身伤害，其对甲的死亡主观上存在过失，因此应当以过失致人死亡罪追究乙的刑事责任。如果辩护人依据传统刑法理论为乙作无罪辩护，只能以乙不能预见其行为会造成甲的死亡结果发生，本案应当适用《刑法》第16条"意外事件"条款作为辩护理由。但是，这种针对主观方面的辩护由于举证困难，很难被法官采纳。这时，辩护人可以指出，本案中虽然甲的死亡与乙的行为有关，但这只是满足了归因的要求，要乙承担刑事责任还必须归责。依据客观归责理论，要将甲的死亡结果算到乙的头上，就必须认为乙穷追不舍抓住甲衣袖的行为制造了法所不允许的风险。但是，根据"行为制造了法所不允许的风险"的下位规则，如果"行为制造的是法所允许的危险时排除归责"。因为根据我国刑事诉讼法的规定，任何人都有扭送罪犯的权利，乙作为被害人追赶小偷致使其滑倒的行为，虽然制造了风险，但其并未制造法所不容许的风险，因此乙的行为不构成犯罪。

（2）关于中立的帮助行为。

例如，李某一直欠刘某若干借款。刘某在杀人后苦于没有路费逃窜，便至李某家中告知了杀人的事实，并索要欠款，后李某无奈将欠款还上，刘某得到钱款后迅速逃跑。关于此案，公诉人认为，从客观方面来看，李某的还款与刘某的逃跑之间具有刑法上的因果关系，从主观上看刘某已经明确告知了李某自己杀人的犯罪事实，李某仍然予以还款，具有故意，因此李某系"明知是犯罪的人而为其提供财物，帮助其逃匿"，应当以窝藏罪追究刑事责任。如果辩护人依据传统刑法理论为李某作无罪辩护，既无法切断行为与结果之间的因果链条，也不能否认李某主观上具有故意（至少是间接故意），无罪辩护必然陷入窘境。可是，如果依据客观归责理论，要将刘某的逃跑结果算到李某的头上，就必须认为李某的还款行为制造了法所不允许的风险。对此，辩护人可以主张，虽然客观上李某的行为制造了有助于刘某逃匿的危险，但是刘某与李某事先存在正当的债权债务关系，从民法上来说，犯罪人的合法债权也是受法律保护的，李某履行民事义务的行为就属于法秩序必须接受的行为，因为按照法秩序统一性的原理，一个合法的民事行为不可能同时又是刑事违法行为。根据"行为制造了法所不允许的风险"的下位规则，"行为制造的是法所允许的危险时排除归责"。本案中，被告人李某的还款行为是一个合法的民事行为，其制造的是法所允许的风险，李某的行为不构成窝藏罪。

2. 被告人没有实现法所不允许的危险

在司法实务中，有的案件行为人实施了制造风险的行为，也发生了危害结果，从形式上看，该行为与结果之间也存在引起与被引起的关系，但要求被告人对该结果承担责任却并不合理。这时，如果要使被告人与该结果进行切割，传统的刑法因果关系理论显然就无能为力了，运用客观归责论来否定结果的归属则是必要的。例如，被告人王某因怀疑妻子刘某出轨李某而持刀伤害李某导致其死亡。刑事技术鉴定的结论为："李某因被单刃锐器刺击腹部致小肠及肠系膜破裂、胰腺破裂、脾动脉断离，失血死亡，同时认定送检的王某使用的单刃尖刀能够形成李某尸体上的创口。"公诉机关据此认为，王某对李某的伤害达到了形成致命伤的程度，应当对李某以故意伤害致人死亡追究刑事责任。辩护人则提出，从医学上说，小肠及肠系膜破裂、胰腺破裂、脾动脉断离，不会立即引起死亡。本案存在一个特殊情节，即被害人李某在被捅伤以后，自行驾车离开现场，此后连续发生 3 次与其他车辆碰撞的交通事故，这 3 次撞击可能会扩大已有伤口的出血量，进而导致其"失血"死亡。因此，刀伤与车辆连续撞击都是造成李某失血死亡的原因。本案的因果关系具有复杂性，属于一果多因，与被害人纯粹因为刀伤"失血"死亡的情形不同，因此不能要求被告人王某承担伤害致死的责任。针对辩护人的上述辩护理由，公诉人则可以主张，按照我国传统刑法理论，在一果多因的情形下，需要区分主要原因和次要原因来认定刑事责任。被害人李某受伤后离开现场是正常人的通常举止，其后来连续导致了 3 起交通事故，也是由其之前遭受王某伤害后陷入意识模糊和控制力下降的状态所致。因此，本案中刀伤是被害人"失血"死亡的主要原因，被告人王某仍然应当承担故意伤害致人死亡的刑事责任。可见，依据传统因果关系理论进行刑事辩护在本案中是难有建树的。但是，如果引入客观归责理论，辩护人可以主张，行为已经制造了法所不容许的危险是归责的必要前提，如果法益侵害的结果是由行为以外的其他介入因素造成的，则危险没有现实化，不具有可归责性。本案中，刀伤客观存在，刀伤会引发出血，这是事实，即被告人王某的行为已制造了法所不允许的风险。但是，后续的3起撞击事故可能会加快失血进程，从而引起"失血死亡"，这也是本案的具体事实，即存在法益侵害的结果是由于行为以外的其他介入因素造成的可能。在本案中，无法判断"失血死亡"中的失血是由王某之前的伤害行为直接导致，还是由车祸后诱发或扩大出血量导致。因此，按照"存疑有利于被告"的原则，在不能排除法益侵害的结果是由行为以外的其他介入因素造成的情形下，不能认定被告人王某的行为实现了法所不容许的风险，无法要求其对李某的死亡结果负责，只能对王某以故意伤害（致人重伤）罪论。

3. 被告人造成的结果没有超出构成要件的保护范围

在司法实务中，某些司法工作人员受条件说的影响，当某个危害结果和被告人的行为之间存在一定联系时，如果行为与结果之间又符合条件说的判断规则"无A则无B"，就会倾向于要求被告人对该危害结果承担责任，但这可能会导致处罚范围过大。此时，如果还拘泥于传统因果关系理论开展刑事辩护将很难获得法官的认可，而运用客观归责理论则可起到拨云见日的效果。例如，在山东考生徐某玉被诈骗致死一案中，2016年8月19日，山东临沂市高三毕业生徐某玉，被以发放助学金名义的电信诈骗犯骗走了9900元学费。徐某玉在向当地派出所报警后昏厥，抢救两天后不治身亡。事发后，陈某辉等7名嫌疑人均已归案。法院经审理查明：2015年11月至2016年8月，被告人陈某辉等人交叉结伙，通过网络购买学生信息和公民购房信息，在全国多地租赁房屋作为诈骗场所，冒充教育局、财政局、房产局的工作人员，以发放贫困学生助学金、购房补贴为名，以高考学生为主要诈骗对象，拨打诈骗电话，骗取他人钱款。拨打诈骗电话累计2.3万余次，骗取他人钱款共计人民币56万余元，并造成被害人徐某玉死亡。2017年7月19日，徐某玉因电信诈骗致死一案在山东省临沂市中级人民法院一审宣判。主犯陈某辉一审因犯诈骗罪、非法获取公民个人信息罪被判无期徒刑，没收个人全部财产。其他6名被告人分别被判处15年到3年不等的有期徒刑并处罚金。[1]就本案的诈骗金额而言，上述被告人的量刑明显畸重。临沂市中级人民法院的负责人对此解释为，相关证据证实徐某玉平时身体状况良好，高考体检没有发现

---

[1] 参见山东省临沂市中级人民法院［2017］鲁13刑初26号刑事判决书。

其他疾病或遗传病史。案发当天下午,徐某玉被骗后,回到家中一直哭泣,情绪低落。当晚到当地派出所报案后在回家途中突然不省人事,失去呼吸和心跳,经抢救无效死亡。公安机关出具的徐某玉死亡原因分析意见书及出庭的鉴定人均认为,徐某玉在被骗后出现忧伤、焦虑、情绪压抑等不良精神和心理因素的情况下,可能会发生心源性休克而直接导致死亡,也可能引起潜在的极为罕见的心脏病发作,进而导致死亡。[1]可见,本案中,法院是基于徐某玉的死亡结果与被告人的诈骗行为之间存在因果关系,因此被告人应当对徐某玉的死亡承担责任,才对被告人处以重刑。如果被告人以量刑畸重为由上诉,辩护人就必须跳出传统刑法因果关系理论的思维。因为按照传统刑法因果关系理论,辩护人只能提出本案中徐某玉的死亡结果只是诈骗行为的间接结果而不是直接结果,但在传统刑法因果关系理论中,本来就是直接结果影响定罪、间接结果影响量刑。这样辩护人将不得不撇开因果关系,转而以被告人对徐某玉的死亡既无故意也无过失为由要求改判。但主观罪过本来就很难说得清,诈骗罪也不存在结果加重犯的问题,这样的辩护很难发挥作用。这时应当采用客观归责理论的第 3 条规则展开辩护,即诈骗罪是只侵犯财产法益的犯罪,即立法者设立该罪的规范保护目的是保护公私财产权,公民的人身权利不在该罪构成要件的保护范围之内。本案中,被告人的诈骗行为虽然造成了徐某玉的死亡,但由于该结果不在构成要件的保护范围之内,因此不能将该结果算到被告人头上,量刑过重应予改判。

附录:案例与辩护意见

1. 案例

唐某系南昌市某区招办主任,在 2012 年高招报名工作中,因审核不严,导致 30 名不符合本地报名条件的外地考生在该区报名参加高考。高考当日,上述外地考生中有 6 名考生本人没有到场参加高考,而是由"高考中介"组织替考人员持考生本人身份证混入考场替考。案发后,唐某等 4 人被控涉嫌"玩忽职守罪",起诉书认定唐某等 4 人的失职行为造成 30 名不符合本地报名条件的外地考生在该区报名参加高考以及"6 人替考"等严重后果。一审法

---

[1] 参见《"徐玉玉案"宣判主犯获无期徒刑》,载 https://www.rmzxw.com.cn/c/2017-07-20/1667447.shtml,最后访问日期:2025 年 2 月 13 日。

院以玩忽职守罪判处唐某拘役 5 个月，缓刑 5 个月。唐某不服一审判决，提起上诉。

2. 辩护意见

唐某涉嫌玩忽职守罪二审辩护词

尊敬的审判长、人民陪审员：

江西豫章律师事务所接受被告人唐某委托，指派胡东平律师担任唐某玩忽职守案二审的辩护人参与诉讼。辩护人通过查阅卷宗并会见被告人，了解了基本案情，现结合相关法律规定，依据事实和法律发表辩护意见如下：

一审判决认定，上诉人唐某等 4 人工作严重不负责，导致 30 名不符合高考考生资格的外省籍考生顺利在南昌市某区高校招生考试委员会办公室报名并获得考生资格，进而发生南昌市科技学校初中部高考考点 6 名考生替考事件，在社会上造成了极为恶劣的影响。

一审判决正是根据对以上事实的认定，以犯玩忽职守罪判处上诉人唐某拘役 5 个月，缓刑 5 个月。对于本案被告人唐某成立玩忽职守罪，辩护人没有异议。但认为针对一审判决对本案部分事实的认定存在错误，与相关案件相比量刑过重。

一、南昌市科技学校发生的替考事件不是由唐某等人的失职行为造成的，两者之间没有刑法上的因果关系，不应当作为本案定罪量刑的依据

玩忽职守罪，是指国家机关工作人员严重不负责任，不履行职责或不正确履行职责，致使公共财产、国家和人民利益遭受重大损失的行为。国家机关工作人员是否有严重不负责任、不履行职责或不正确履行职责的行为，关键是看其行为是否符合法律或相应规章制度的要求。而法律或相应的规章制度之所以对国家机关工作人员的行为作出规范，目的就是避免公共财产、国家和人民利益遭受重大损失。

以本案为例，根据相关文件要求，南昌市各县区高招办在 2015 年的高招工作中需要严格履行的职责主要有两项：一是到现场进行信息采集；二是对考生的报名资格进行审核。要求到现场进行信息采集的目的是防止替考事件发生，因为如果不进行现场信息采集，就有可能会让替考人员利用其相片办理准考证，进而使用该准考证进行替考；要求对考生的报名资格进行审核，目的是防止不符合条件的高考考生报考。相关高招文件非常清楚地说明了这

一点。例如，《江西省2015年普通高考考务规定和管理的相关材料》第2页规定："基础信息采集：各报名点用身份证阅读机直接读取考生第二代居民身份证上的考生身份证信息（包含姓名、性别、民族、出生年月、身份证号码等），并用数码相机现场采集考生的照片（非现场采集考生的照片不得使用）。"（见案卷三第72页）第5页规定："在采集应届考生照片信息时，班主任必须在场，负责核对每位考生的真实身份，要在源头上杜绝替考行为。"（见案卷三第73页）要求到现场进行信息采集的目的是防止替考事件发生。《江西省2015年普通高考考务规定和管理的相关材料》第9页规定："要落实报名资格审查责任制，按照谁审查、谁签字、谁负责的原则，将报名资格审查责任明确到岗，落实到人……凡不符合报名条件的考生，一律不得违规报名，从源头上落实四严防，即严防高中非应届毕业生在校生报考；严防各类高等学校在校生报考；严防民族成份作假；严防高考移民。"（见案卷三第75页）《在全省2014年普通高考报名工作会上的工作要求》第1.3条明确提出："抽调精通业务、政策水平高、责任心强的同志参与高考报名协调工作，各级招考办要指定专人严格审查考生的报名资格，防止不符合条件的考生报名。"要求对考生的报名资格进行审核，目的是防止不符合条件的高考考生报考。

此外，江西省考试院《关于严格核查普通高考考生报名资格的通知》（赣考院普〔2014〕27号）第5条规定："各县区招考办要将民办中学持外省身份证报名的考生（特别是2014年内将户籍转到我省的考生）单独建立名单库，不仅要认真核查其报名资格和报名信息，还应列为高考考场上重点查验身份（三对照）群体，严防替考行为。"可见，即使对考生的报名资格和报名信息进行认真审查，也不能防止替考行为。真正能够防止替考的，是在高考考场上对考生身份的查验（三对照）。原因很简单，即使报名资格合格，考生仍然能够通过伪造身份证或冒名等方式进行替考，因此对报名资格审查只能防止不符合条件的考生报名，而不能防止替考行为。

玩忽职守罪是过失犯罪，其构成要件主要有三个：一是行为人有严重不负责任、不履行职责或不正确履行职责的行为；二是要有公共财产、国家和人民利益遭受重大损失的结果；三是行为人的失职行为与重大损失的结果之间具有刑法上的因果关系。刑法上的因果关系是以危害行为与危害结果之间存在"没有前者就没有后者"这样的条件关系为前提的，但是条件关系不等于因果关系。成立因果关系要求危害行为引起了注意规范的保护目的所包含的危害结果。如果危害行为虽然引起了危害结果，但该结果不为注意规范的保护目的所包含，则该危害行为只是该危害结果发生的条件，而不是原因，两者之间不具有刑法上的因果关系。例如，相关道路交通法规严禁车辆超载，目的是防止因超载导致车辆失去控制而引发交通事故。如果有人驾车超载行驶，在路过一个红绿灯路口时，因为刹不住车而与前面等红灯的另一车辆发生追尾交通事故，造成重大人员伤亡。在这一事故中，行为人违反严禁车辆超载的交通法规，也发生了严禁车辆超载的交通法规所希望避免的交通事故，因此该行为人的违章行为与交通事故结果之间存在刑法上的因果关系，从而构成交通肇事罪。再如，南昌市为了防止道路拥堵，制定了车辆根据号牌限号出行的规定。如果某人在限号那天开车出行，结果在一路口正常等红绿灯时被后面的车辆追尾，发生重大交通事故。根据"没有前者就没有后者"的条件关系认定规则，如果该人当天遵守限号规定不出行，就不会在路口等红绿灯，也就不会发生追尾事故。但是，这只是说明该人违反限号规定出行与交通事故的发生之间存在条件关系，条件不等于刑法上的原因，否则就会扩大处罚范围。在此，我们还要考虑南昌市制定车辆根据号牌限号出行的规定的目的，不是防止交通事故发生，而是防止道路拥堵。即违反限号出行规定的行为虽然引起了交通事故，但是该起交通事故发生这一结果不能为限号出行的规定这一规范的保护目的所包含，该行为仅仅是交通事故发生的条件，而不是原因。两者之间不存在刑法上的因果关系。

在玩忽职守罪中，相关规章制度对于应当如何履行职责有明确规定，只要履行了职责，一般就可以避免相对应的危害结果出现。因此，如果行为人没有按规章制度的要求履行职责，由此发生了该规章制度意图避免的危害结果，我们就可以说行为与结果之间具有刑法上的因果关系。具体到本案，相关高招文件要求对考生资格进行审查，目的是防止不符合报考条件的外籍考生在江西报考。本案中的被告人唐某没有完全履行对考生资格进行审查的职责，发生了30名不符合报考条件的外地考生在南昌参加高考这一后果。由于这一后果本身是要求对考生资格进行审查的高招文件所要防止的结果，因此被告人唐某没有完全履行对考生资格进行审查的职责，与发生了30名不符合报考条件的外地考生在南昌参加高考这一后果之间存在刑法上的因果关系。

但是，一审判决除了认定30名不符合报考条件的外地考生在南昌参加高考这一后果是由被告人唐某的失职行为造成的,还将发生在南昌市科技学校初中部高考考点 6 名考生替考事件也认定为是由被告人唐某的行为造成的,即认为两者之间存在刑法上的因果关系。本辩护人认为,一审判决的上述认定是错误的。一审判决的逻辑推理是这样的:如果被告人唐某履行了对考生资格审查的义务,本案中 30 名不符合报考条件的外地考生就不能取得在南昌本地参加高考的资格,这些人如果不能取得在南昌参加高考的资格,就根本不存在替考的可能。这种推理表面上似乎是成立的,但这明显是将刑法中的条件当成了刑法中的原因,其结论必然是错误的。如前所述,"没有前者就没有后者"只是判断行为与结果之间是否存在条件关系的标准,条件关系是因果关系的前提,但不等于因果关系。以前述因限行日等红灯发生追尾交通事故为例,如果按照一审判决的逻辑,该人违反限号规定出行与交通事故的发生之间就存在刑法上的因果关系,这样该人就需要承担交通肇事罪的刑事责任。但是,这种结论显然是荒谬的,因为即使是没有任何法律常识的人也不会认为在该案中行为人需要承担事故责任。之所以会得出这一荒谬的结论,是因为把条件当成了刑法上的原因,进而扩大了处罚范围。在本案中,被告人唐某没有履行对考生资格进行审核的义务,但高招文件要求高招人员对考生资格进行审核不是为了防止替考,而是为了防止不符合报考条件的外地考生在江西报考。"替考事件"不是"高招人员对考生资格进行严格审核"这一注意规范保护目的所包含的结果。换言之,被告人唐某的失职行为没有引起注意规范保护目的所包含的结果,其失职行为仅仅是替考事件发生的条件,而不是刑法上的原因。

综上所述,被告人唐某虽有不正确履行对考生资格进行审核的义务之行为,且发生了南昌市科技学校替考事件,但高招文件要求考生资格进行审核是为了防止不符合条件的外地考生在江西报考,而不是为了防止替考。因此,被告人未对考生资格进行审查只是替考事件发生的条件,而不是原因,两者之间没有刑法上的因果关系,不应当作为本案定罪量刑的依据。

二、被告人唐某的失职行为没有在社会上造成极为恶劣的影响

一审判决认定被告人唐某等人的失职行为在社会上造成极为恶劣的影响,我们认为与事实不符。在刑事审判中,刑事判决书所认定的任何一项事实,都不应当是审判人员的主观推测或认识,而是必须有相应的客观证据予以证明,否则就不应当对此予以认定。以发生在南昌市安义县的"高考替考事件"

为例,该案发生后,中央电视台、《人民日报》《江西(省)日报》《南昌(市)日报》等中央、省、市各大新闻媒体陆续以江西(省)发生高考替考事件为内容进行了持续性报道,引发了公众广泛关注。一审中,公诉机关安义县人民检察院出具了《人民日报》《江西(省)日报》《南昌(市)日报》等媒体对"江西省6.7高考替考事件"的相关报道等证据(见南昌市中级人民法院刑事裁定书[2016]赣01刑终35号)。因此,该案的一审、二审判决书都认定被告人龚某某、全某某的失职行为造成了恶劣社会影响,我们认为判决书对此事实的认定是有证据支撑的,符合客观实情。然而,在本案中,被告人唐某在发现第一起替考事件后,迅速采取相应措施,整个过程处置得当,将不良影响限制在了最小范围内。最后,不管是30名不符合高考考生资格的外省籍考生顺利获得考生资格,还是发生南昌市科技学校考点6名考生替考事件,都没有见诸媒体,或在社会上引发热议。在一审判决中,我们也看不到公诉机关的提供任何证据证明上述事件在社会上造成了极为恶劣的影响。因此,一审判决认定"被告人唐某等人工作严重不负责,在社会上造成极为恶劣的影响",更多是审判人员的主观臆想,是没有任何事实根据的。

三、一审判决与类似案件的判决相比,既存在相同的情况作不同处理的问题,又存在不同的情况作相同处理的问题,这有违公平、公正的司法审判原则

普通民众往往是从具体案件的判决中感受司法是否公平、公正的。而衡量的标准就是相同的事情能否得到相同的处理。因此,只有相同的情况作相同的处理、不同的情况作不同的处理才能体现司法的公平、公正,任何相同的情况作不同处理或不同的情况作相同处理的情况都是有违司法公平、公正的。本案与发生在安义的"江西省6·7高考替考事件"相比较,就存在相同的情况作不同处理的问题。例如,本案被告人唐某和安义案被告人全某某都是主持工作的高招办副主任,失职的主要表现都是在安排布置具体办事的工作人员的工作时出了差错。在"江西省6·7高考替考事件"中,被告人全某某是第二被告,具体办事人龚某某是第一被告。但在本案中,被告人唐某是第一被告,具体办事人何某等人是第二、第三、第四被告。这构成相同的情况作不同处理。本案与发生在安义的"江西省6·7高考替考事件"相比较,也存在不同的情况作相同处理的问题。两起案件在很多方面都存在重大不同:

从行为上看，本案被告人唐某只有一个失职行为，即没有对相关考生的报考资格进行审核，而"江西省6·7高考替考事件"被告人有两个失职行为，除了没有对相关考生的报考资格进行审核，更严重的是，没有对相关考生进行现场信息采集。从结果上看，本案被告人唐某只造成不符合报考资格的外地考生在南昌参加高考这一个危害结果；而"江西省6·7高考替考事件"的被告人的行为则造成了以下三个结果：一是造成不符合江西省2015年高考报考资格要求的118名学生成功报名并取得高考资格。辩护人想提请合议庭注意的是："江西省6·7高考替考事件"的这一结果比被告人唐某涉及的案件更为严重，除了人数更多（118：30）外，两案造成的后果性质也不一样。唐某等人造成的只是不符合报考资格的外地考生在南昌参加高考，即这30名考生本身是具有高考报名资格的，只是不具有在江西（省）报考的资格；而"江西省6·7高考替考事件"的考生是根本就不具有参加高考的报名资格（或按规定不能填报本科或本兼专类别）。显然，后者造成的结果在性质上更为严重。二是导致替考事件发生。如前所述，高招文件要求高招办进行现场信息采集，目的就是防范替考事件发生。而"江西省6·7高考替考事件"中被告人将信息采集委托给学校办理，导致替考组织者直接用替考人员的照片代替考生现场信息采集，将替考人员的相片印在准考证上，进而发生替考事件。可见，"江西省6·7高考替考事件"中被告人未进行现场信息采集这一失职行为与替考事件的发生具有刑法上的因果关系。因此，替考事件发生系"江西省6·7高考替考事件"中被告人的失职行为导致的。三是"江西省6·7高考替考事件"中被告人的失职行为造成了恶劣的社会影响。值得注意的是，虽然在"江西省6·7高考替考事件"中，中央电视台、《人民日报》《江西（省）日报》《南昌（市）日报》等媒体持续进行了报道，引发了公众热议，但一审、二审判决也仅仅认为"造成恶劣的社会影响"。在被告人唐某涉及的案件中，没有任何媒体对此进行报道，一审判决却认定"在社会上造成极为恶劣的影响"，这种认定显然存在很大问题。通过两个案件的比较，我们发现两案无论是从行为来看还是从结果来看，都存在重大区别。即"江西省6·7高考替考事件"被告人的失职行为比本案被告人唐某要严重，造成的后果也更多、更恶劣。但从一审判决结果来看，本案第一被告人唐某与"江西省6·7高考替考事件"第一被告人龚某某所受刑罚却差不多，这是典型的不同的情况受到相同处理，有违司法公平、公正的要求。

综上所述，南昌市科技学校发生的替考事件不是唐某等人的失职行为造成的，两者之间没有刑法上的因果关系，不应当作为本案定罪量刑的依据。被告人唐某的失职行为没有在社会上造成极为恶劣的影响。一审判决与类似案件的判决相比，存在相同的情况作不同处理以及不同的情况作相同处理的问题，对被告人唐某的量刑过重，有违公平、公正的司法审判原则。请合议庭在查清本案全部事实的基础上，本着实事求是的原则，依法改判被告人免除刑事处罚。

辩护人：胡东平
江西豫章律师事务所律师
2016 年 6 月 25 日

第七章

被害人承诺理论在刑事辩护中的运用

一、被害人承诺的出罪功能

(一) 被害人承诺的法律性质

被害人承诺,是指被害人根据自己的意思,对于其可以处分的法益,许诺行为人加以侵害的意思表示。[1]关于被害人承诺虽然有"如有承诺不为不法行为"这一罗马法的原则,但是在现代刑法上它是不是阻却违法性事由却存在争论。法国学者基本上是否定被害人承诺是阻却违法性事由的。理由是现代刑法的根本目的不是保护私人利益,只是通过维持社会秩序来保护私人利益。因此,即使有被害人的同意,如果危害社会秩序,仍然构成犯罪并且应当受到惩罚。当然,在例外情况下,由于有被害人同意,基于特殊原因可以使犯罪消灭并不受处罚。德、日刑法理论通说认为,它是阻却违法性事由,理由是刑法的任务是保护优越的利益,当权益享有人放弃刑法的保护且不会对他人或者公共利益发生影响时,刑法的保护就没有必要,从法秩序的立场看这种行为就不违法。因此,被害人承诺即使刑法没有规定,也能在一定限度内阻却违法性,成为一种超法规的正当事由。[2]韩国刑法理论通说则主张,应当把被害人承诺分为阻却犯罪构成该当性的谅解和阻却违法性的承诺。但是,近年来,在韩国也有认为应当把被害人承诺均看作是阻却犯罪构成的事

---

[1] 参见周光权:《刑法总论》(第3版),中国人民大学出版社2016年版,第219页。
[2] 参见马克昌:《比较刑法原理——外国刑法学总论》,武汉大学出版社2002年版,第408~409页。

由，无需区分谅解和承诺的见解。[1]我国亦有学者主张，被害人承诺属于构成要件阻却事由。因为刑法的根本任务在于保护法益，法益包含了权利人依其自身意愿，自主地对其所享有的法益客体进行支配和使用的自由。权利人承诺允许行为人对其法益客体进行侵害是权利人对其自身法益进行支配和使用的外在表现，其并不违反权利人的自主意志，从而欠缺法益侵害性。因此，经被害人承诺的行为不能被视为符合构成要件的实行行为。[2]

本书认为，根据刑法的相关规定，我们可以将被害人同意归纳为以下四种类型：

第一种是刑法在犯罪的成立上不考虑有无被害人同意的犯罪，在这种类型中，被害人同意对是否成立犯罪没有影响，即被害人同意既不阻却犯罪构成，亦不阻却违法性。例如，我国《刑法》第236条第2款中的奸淫幼女型强奸罪、第236条之一的"负有照护职责人员性侵犯罪"、第237条第2款的"猥亵儿童罪"。在上述情形中，即使被害人同意被性侵、猥亵，也成立上述犯罪。我国《刑法》第240条的"拐卖妇女、儿童罪"，第262条中的"拐骗儿童罪"，也是如此。

第二种是刑法中规定只有在违反被害人的意思时才能实现犯罪构成的犯罪，在这种类型中，只要被害人同意他人对其法益的侵害，就不符合犯罪构成要件，即阻却犯罪构成本身。本书将这种被害人同意称为"被害人允诺"。我国刑法分则中为保护个人自由和财产的犯罪大多属于这种情况。例如，强奸罪或者强制猥亵他人罪，如果妇女同意奸淫或他人同意猥亵，就不能认为是强奸或者强制猥亵；非法侵入住宅罪要求违反居住者的意思入侵，因此经居住权人同意进入住宅就不能说是非法侵入；盗窃罪是以窃取他人财物才能成立，如果他人同意拿走财物就不能说是窃取。

第三种是刑法在犯罪构成的性质上不要求违反被害人的意思，在得到被害人同意的情形中，仍然符合犯罪构成，但在这种类型中，由于被害人同意放弃刑法对其法益的保护，因此阻却违法性。本书将这种被害人同意称为"被害人承诺"。例如，我国《刑法》第243条的"诬告陷害罪"，只要求捏

---

[1] 参见［韩］李在祥：《韩国刑法总论》，［韩］韩相敦译，中国人民大学出版社2005年版，第234页。

[2] 参见王钢：《被害人承诺的体系定位》，载《比较法研究》2019年第4期，第29页。

造事实诬告陷害他人,因此即使是经被害人同意的诬告陷害,也符合该罪的犯罪构成,但被害人的同意导致其人身自由权不受刑法保护,因此阻却违法性;《刑法》第 246 条的"诽谤罪",只要求捏造事实诽谤他人,因此即使是经被害人同意的诽谤,也符合该罪的犯罪构成,但被害人的同意导致其名誉权不受刑法保护,因此阻却违法性。

第四种是刑法将被害人同意作为犯罪构成的要件加以规定,只有在这种类型中,具备被害人同意的行为才符合该罪的犯罪构成,成立该罪。在此被害人同意既不阻却犯罪构成,也不阻却违法性,而是作为减轻违法性事由。《日本刑法典》第 202 条中的"同意杀人罪"、第 213 条中的"同意堕胎罪"就是这种情况。我国刑法中不存在将被害人同意作为犯罪构成的要件加以规定的犯罪,但在得到被害人同意的场合,量刑上一般都会获得从宽的处理。

可见,在上述四种类型中,只有第二、三种才是阻却犯罪成立意义上的被害人承诺。韩国学者将被害人同意区分为谅解和承诺,认为分别属于阻却犯罪构成事由和阻却违法性事由,该观点原则上是成立的,但是用"谅解"一词来表达经被害人同意的阻却犯罪构成事由却并不合适。因为在汉语中,"谅解"通常是一种事后的意思表示,事后的同意是不能阻却犯罪构成。法国学者认为被害人承诺只有在例外情况下不受处罚,德、日学者认为被害人承诺是阻却违法性事由,以及我国部分学者认为被害人承诺是阻却构成要件事由的观点,都不够全面。因此,本书认为,被害人承诺在法律性质上包括阻却犯罪构成事由和阻却违法性事由两种类型。

(二) 犯罪论体系的出罪机制比较

犯罪论体系,是指分析犯罪的一般成立要件,并且使之系统化的理论体系。大陆法系国家刑法理论采取的是三阶层说,即当行为符合某罪的构成要件,并且具有违法性和有责性时,该行为即构成犯罪;英美法系国家采取的是双层模式,即以犯罪本体要件为第一层次,责任充足条件为第二层次,以正(符合犯罪本体要件)反(排除合法辩护)两方面相结合的方式认定犯罪。[1]我国刑法理论则采取的是犯罪构成四要件说,即当行为符合某罪的犯罪客体、犯罪客观方面、犯罪主体和犯罪主观方面时,该行为即构成犯罪。我国的犯罪构成四要件说与大陆法系的三阶层说、英美法系的双层模式存在以下两点

---

〔1〕 储槐植:《美国刑法》(第 3 版),北京大学出版社 2005 年版,第 36 页。

不同：一是犯罪构成四要件说在认定犯罪时各要素之间是一种并列关系，三阶层说和双层模式的各要素之间则是一种递进关系；二是犯罪构成四要件说在认定犯罪时只有入罪机制而无出罪机制，三阶层说和双层模式在认定犯罪时则既有入罪机制也有出罪机制。例如，三阶层说中构成要件符合性是入罪机制，违法性中的违法阻却事由，以及有责性中的无期待可能性则是出罪机制；双层模式中犯罪本体要件是入罪机制，但责任充足条件中的可宽恕情由（警察圈套）则是出罪机制。因此，有学者认为，相比于国外的三阶层说和双层模式，我国的犯罪构成四要件说更有利于打击犯罪但不利于权利保护。这也是近些年来部分刑法学者提倡摒弃传统的犯罪构成四要件说而改为采用三阶层说的一个重要原因。2009 年的司法考试指南用书中更有编者直接采用三阶层说，引起轩然大波，以至于刑法学者欧阳雄惊呼这是对中国传统犯罪构成要件理论实施了"变性手术"。[1] 但是，与学术界的纷纷扰扰不同的是，司法实务界的人士可能对此并不关心。因为对于司法实务来说，最重要的是如何引用刑法及相关司法解释的规定。犯罪构成四要件说虽然没有违法阻却事由这类出罪机制，但我国《刑法》第 20 条（正当防卫）和第 21 条（紧急避险）等对正当行为的规定不是说明我们也有出罪机制吗？

当然，我们必须承认，虽然我国的传统刑法理论与大陆法系国家刑法理论存在很大不同，但是彼此的刑法规范却大致相似。然而，在认定行为是否构成犯罪的过程中，刑法规范是需要在一定的定罪思维模式的指引下才能够被适用的。因此，即使在刑法规范大致相同的情形下，采用不同的定罪思维模式，仍然可能得出不同的结论。在采用犯罪构成四要件说认定犯罪时，一般认为，只要行为人的行为符合犯罪构成的四大要件，原则上就已经构成犯罪了，"犯罪构成是认定犯罪的唯一标准"也是我国传统刑法理论的金科玉律。只是传统刑法理论又认为，在某些情况下，行为虽然在形式上符合犯罪构成要件，但实质上是既不具备社会危害性，也不具备刑事违法性的正当行为，这样就可以排除行为的犯罪性质，从而得出无罪的结论。由此可见，我们的出罪机制是在犯罪构成四要件说之外发挥作用，其与犯罪构成四要件说之间是一种原则和例外的关系。在经过犯罪构成四要件的判断之后，司法工

---

[1] 参见《中国刑法学"被变性"引争议 司法部展开调查》，载 http://www.law-lib.com/sk/sikao_view.asp?id=26664，最后访问日期：2025 年 1 月 30 日。

作人员已经基本上认定被告人的行为构成犯罪，只不过为防止将正当行为当成犯罪，才需要做进一步的检验。这样的定罪模式容易导致司法工作人员在有罪推定的思维下对正当行为的认定产生轻视，毕竟其发挥的是"例外"的作用。这也是为什么我国司法实践中只要是防卫中造成不法侵害人重伤死亡的，防卫行为被认为是正当防卫的比例微乎其微，以至于《刑法》第20条常常被称为"写在纸上的法律"。但是，在三阶层说中，构成要件符合性和违法性、有责性是犯罪成立的三大要件，即使行为符合构成要件，但未经违法性判断，未查明是否具有违法阻却事由前，还不能得出行为成立犯罪的结论，甚至不能进入下一步——有责任的判断。这样一来，司法工作人员在认定违法阻却事由时就会保持足够的谨慎和重视。这两种定罪思维模式的区别不仅在司法实务中有所体现，也反映到了我们的刑法教科书当中。虽然我国传统刑法理论认为，被害人承诺在特定条件下排除行为人之行为的社会危害性，具有阻却犯罪成立的效力，[1]基于被害人承诺或自愿的损害属于刑法中的正当行为。[2]然而，我国传统刑法教科书在"正当行为"一章中通常只详细讲述刑法有明文规定的"正当防卫"和"紧急避险"这两类正当行为，而对于刑法没有明文规定的"正当业务行为""自救行为""被害人承诺""义务冲突""法令行为"等却只作简单介绍。这也进一步影响到了司法实践中上述正当行为发挥出罪作用。

（三）被害人承诺之于我国刑法的意义

在上述刑法没有明文规定的正当行为中，"被害人承诺"更容易被司法工作人员所忽视。因为对于"正当业务行为""自救行为""义务冲突""法令行为"这些行为来说，司法工作人员即使不是把它们当作"正当行为"来出罪，也很有可能会把这些行为当成不符合犯罪构成要件的行为直接排除定罪的可能。例如，执行死刑这类的法令行为，由于不符合故意杀人罪的客观要件"实施了非法剥夺他人生命的行为"和主观要件"具有非法剥夺他人生命的故意"，可以直接认为不是犯罪。但是，"被害人承诺"则不然，在犯罪构成要件本身不能将其除罪的情形下，该出罪事由很容易被司法机关忽视。

---

[1] 参见马克昌主编：《犯罪通论》（第3版），武汉大学出版社1999年版，第827页。

[2] 参见高铭暄、马克昌主编：《刑法学》（第8版），北京大学出版社、高等教育出版社2017年版，第128页。

例如，甲是某娱乐报记者，乙是某过气明星，后来甲为了提高报纸的阅读量编造了乙有绯闻的新闻稿件准备刊登，乙知道后找到甲，告之所谓"绯闻"不属实要甲撤稿。甲不愿意放弃，于是劝乙说大众对这类"桃色"新闻最是感兴趣，该稿件刊登出来后可以大大提升乙的人气。乙认为甲说得有理，就不再要求甲撤稿。乙的"桃色"新闻刊登出来后果然引起轰动。但与此同时，有个著名导演本来准备邀请乙出任一部电影的主角，因乙的"绯闻"转而任用新人。乙得知后非常后悔，因而抑郁并发展成精神病。乙的家属遂提起刑事自诉，要求追究甲诽谤罪的刑事责任。根据犯罪构成四要件说，诽谤罪侵犯的客体是他人的人格尊严和名誉权、客观方面表现为捏造并散布虚假的事实、主观方面为故意，并且要求行为人有损害他人人格、名誉的目的。因此，甲的行为完全符合诽谤罪的犯罪构成要件。但如果以诽谤罪追究甲的刑事责任，则令人难以接受。因为甲是得到乙的同意后才对其进行诽谤的，乙的同意表明其已放弃了刑法对其名誉的保护，且甲的行为并没有对他人或公共利益造成侵害，对甲不值得动用刑罚。此时，如果不运用"被害人承诺"理论对甲的行为进行出罪，是很难作出一个令人信服的妥善处理的。可见，被害人承诺之于我国刑法，具有避免不当刑罚、保障人权的重大意义。

二、被害人承诺的成立条件

被害人承诺之所以阻却犯罪，是因为法律尊重个人对某些法益的自我决定权，被害人许诺或同意行为人侵害其法益表明其放弃了该法益，既然如此，法律就没有必要予以保护，该行为就不应被视为侵害了法益，因而不成立犯罪。有学者认为，只有在以违反被害人意志为前提的犯罪中，被害人的承诺才可能阻却违法，如非法侵入住宅罪、故意毁坏财物罪等。[1]本书认为，在上述犯罪中，"违反被害人意志"是该类犯罪的构成要件，因此被害人同意实际上阻却的是犯罪构成。只有在不以"违反被害人意志"作为犯罪构成的犯罪中，由于一定的法益（例如身体健康、人身自由、名誉或者个人信息）与处分权人的意思无关而作为社会生活利益受到保护，被害人承诺才有可能成为阻却违法性事由。但无论是阻却犯罪构成，还是阻却违法性，经承诺的行为都不是法益侵害行为，因此上述两种类型的被害人承诺的成立条件并无不

---

[1] 参见张明楷：《刑法学》（第4版），法律出版社2011年版，第217页。

同，即都必须符合以下列条件：

(一) 承诺人对被侵害的法益具有可处分性

如前所述，被害人承诺阻却违法性的根据在于法律尊重个人对其法益的自我决定权。自我决定意味着对自身事务的管理和自我管辖，他人的合法权利则是自我决定权的边界，任何人的自我决定权都不得损害他人权益或公共利益。被害人所能承诺放弃的法益也必然局限于其个人能够依法支配的权益。任何对他人利益或者超个人的集体法益的擅自处分都超出了权利人自治的范畴，自然不可能构成有效的承诺。[1]因此，首先，对于国家、公共利益以及他人利益承诺人无权处分，被害人承诺无效。其次，即使承诺侵害的是承诺人本人的某些法益，其处分权也受到限制。通常认为，当被害人承诺放弃的自身法益非常重要且难以恢复时，更有必要确保被害人自我决定的自主性和真实性。"人死不能复生"，因此，法律没有赋予被害人将自身生命交予他人处置的自由，禁止被害人以同意他人杀害自己的方式结束生命。例如，《刑法》第232条规定的"故意杀人罪"，经被害人承诺杀害被害人的，仍然成立故意杀人罪；《刑法》第234条之一规定的"组织出卖人体器官罪"，即使出卖人真实承诺出卖其器官，也不影响组织出卖人体器官罪成立。这是因为，在被害人同意他人杀死自己的场合中，是他人支配、控制着直接杀害并导致被害人死亡的进程，如果被害人在此过程中忽然萌发了求生的念头，由于此时生命已不在其掌控之下，可能最终还是会失去生命，这样便无法确保死亡结果完全是被害人真实意思的体现。这就是自杀不构成犯罪，而得承诺的杀人却构成犯罪的原因。

这里有个问题值得讨论，即当某个犯罪侵害的是复合法益，其中既包括承诺人可处分的个人利益，也包括其无权处分的国家、公共利益时，如果行为人经被害人承诺而实施该种犯罪，能否阻却犯罪？本书认为，这要根据该罪侵害的主要法益是否为承诺人可处分来确定。例如，我国《刑法》第243条规定有"诬告陷害罪"，如果甲经乙承诺而对其进行诬告陷害，则该行为既侵害了乙的人身自由，也侵害了国家的司法秩序。但是，诬告陷害罪属于《刑法》分则第四章规定的"侵犯公民人身权利、民主权利罪"的犯罪，应

---

[1] 参见王钢：《被害人自治视阈下的承诺有效性——兼论三角关系中的判断》，载《政法论丛》2019年第5期，第59页。

当认为该罪侵害的主要法益是公民的人身权利。由于乙有权承诺甲对其人身自由进行侵害,因此甲的行为不构成诬告陷害罪。再如,我国《刑法》第305条规定有"伪证罪",如果甲经乙承诺而在乙涉嫌犯罪的刑事案件中作伪证,导致乙被错误判刑入狱,则该行为既侵害了乙的人身自由,也侵害了国家的司法秩序。由于伪证罪属于刑法分则第六章规定的"妨碍社会管理秩序罪"第二节"妨碍司法罪"中的犯罪,因此应当认为该罪侵害的主要法益是国家的司法秩序。由于乙无权承诺甲对国家的司法秩序进行侵害,因此甲的行为构成伪证罪。

(二) 承诺人必须对承诺的事项具有理解能力

个人对其法益的自我决定权,以个人对相应的事项具有理解能力为前提。因此,只有当被害人对其承诺的事项能够认识和判断相应的法益处分之后果和意义时,该承诺才为有效。关于被害人对于承诺的事项是否具有理解能力,则需要根据被害人自我决定权的宗旨进行合理认定。首先,不能将被害人具有相应的民事行为能力作为认定其对承诺的事项是否具有理解能力的前提条件。因为,被害人承诺理论不是为了保障交易关系的稳定性,而是为了尊重个人的自我决定权,只要被害人事实能够认识和判断相应的法益处分之后果和意义,就应当肯定其对承诺的事项具有理解能力。民事行为能力的有无至多只是在个案中判断被害人是否具有相应自我管理和自治能力的参考依据,而非决定性标准。[1]例如,富二代中学生甲(13周岁)见乙有辆很酷的自行车,遂提出想借过来骑着玩。乙表示这是自己花600元刚买来的新车,不同意借,但可以用甲方的手表(价值1万元)交换。甲遂以其手表与乙的自行车进行交换。该案中,甲因为是限制民事行为能力人,对该重大财产的处分不具有民事能力,在民法上该财产处分行为无效。但是,甲知道自己的手表价值1万元,也知道乙的自行车价值只有600元,即甲事实上能够认识和判断其对财产法益处分之后果和意义,因此应当认为其对承诺的事项具有理解能力,甲的行为在刑法上成立被害人承诺,乙的行为不构成财产犯罪。其次,也不能因为被害人具有刑事责任能力,就肯定其对承诺的事项具有理解能力。这是因为,对承诺事项的理解能力是被害人认识和判断具体案件中法益处分

---

[1] 车浩:《论刑法上的被害人同意能力》,载《法律科学(西北政法大学学报)》2008年第6期,第116页。

之后果和意义能力的体现，对于该种能力应当进行个别判断。被害人的刑事责任能力则旨在解决被害人是否需要为其侵犯他人法益的行为承担刑事责任的问题，对于该种能力只能进行整体判断。两者之间的关系可以表述为：刑事责任能力可以影响承诺事项的理解能力，但不能决定承诺事项的理解能力。因此，不具有刑事责任能力的人通常也不具有决定承诺事项的理解能力。例如，即使先得到幼女的同意才与其发生性行为，也不影响强奸罪的成立。在此，幼女没有刑事责任能力，而刑事责任能力是一种对其实施的危害社会的行为的辩护和控制的整体能力，缺乏这种能力，幼女对性行为当然也不具有理解能力，该承诺无效。反之，具有刑事责任能力的人也未必具有决定承诺事项的理解能力。例如，甲乙是好朋友，甲发现乙家有一把破椅子是件古董，但乙对此并不知晓，甲有些嫉妒乙，于是跟乙说自己最近压力比较大，自己喜欢用摔打家具的方法减压，问乙能否让他摔打这把破椅子，乙想反正这把破椅子也不值钱，就同意了。在此，乙虽然具有刑事责任能力，但这仅限于对一般的危害行为的辨别和控制能力。在该案中，由于乙不知道这把椅子是古董，因此其对该财产法益的处分并不具有实际的认识和判断能力，即乙不具有决定承诺事项的理解能力。

此外，由于被害人承诺是放弃法益保护，甘愿其法益受到侵害。而法益侵害往往表现为一种结果。因此，只有在承诺人对承诺会引起法益的结果有认识时，才能认为其自愿放弃法益的保护。如果承诺人仅仅承诺行为，但没有承诺该行为造成的法益侵害结果，则不能认为承诺生效。例如，关于拳击比赛，最初的刑法理论通常是用被害人承诺来解释该行为不构成故意伤害罪。但是，这样的解释是有问题的，因为拳击比赛的选手只是承诺了对方的伤害行为，并没有承诺给自己造成的伤害结果，否则比赛中选手们就不会尽力躲避对方的击打了。因而拳击比赛中并不存在被害人承诺，所以现在刑法理论通常是用正当业务行为作为拳击比赛的违法阻却事由。

（三）承诺人必须基于其真实意志作出承诺

承诺人在被欺骗或被胁迫下作出的承诺不阻却犯罪。值得讨论的是基于错误认识而作出的承诺的效力。对此有两种观点：重大错误说认为，如果被害人没有陷入错误就不会作出承诺，该承诺就无效。法益关系错误说认为，如果受骗而对所放弃的法益的性质、范围或危险性发生错误认识，该承诺无效；如果仅仅是承诺动机的错误，则承诺有效。例如，甲对女下属乙说只要发生性行为就提拔她,但发生性行为后甲并没有提拔乙。按照重大错误说,乙是错误地认为会得到提拔才同意与甲发生性行为的,所以该承诺无效,甲构成强奸罪;根据法益关系错误说,乙对于和甲发生性行为本身没有错误认识,只是承诺的动机错误,该承诺有效,甲不构成强奸罪。对于重大错误说,有学者认为,该说是以被害人倘若知悉事实真相就不会同意处分法益作为其判断构造,这在事实上是完全以被害人主观意思为基准的,将影响其是否处分或交付财物这一内心决定的基础事项全部纳入判断中,由此极易导致诈骗等罪中被害人处分法益的同意全部归于无效,从而将处罚范围拓展得极为宽泛。[1]本书同意该观点,并认为重大错误说也会导致除诈骗犯罪以外的场合处罚范围过大的问题。按照此说,凡是采取欺骗的方法(例如谎称要与对方结婚)与女方发生性行为,都构成强奸罪,这显然是不妥当的。对于法益关系错误说,有观点认为,该说以被害人的错误与法益是否有关联性进行判断,所确定的承诺有效以及由此能够阻却违法的范围较广,定罪范围相对也就较小。[2]本书认为,法益关系错误说存在处罚范围过于限缩的问题。例如,甲为摆脱女友乙,欺骗乙说父母反对两人交往,不如一起自杀殉情,在乙服毒后甲却并未自杀。按照此说,乙虽然受骗,但是其对所放弃的是生命法益并未发生错误认识,该承诺有效,甲不构成故意杀人罪。但这样的处理是难以让人接受的。因此,本书主张以重大错误说为基础的折衷说,即如果被害人没有陷入错误就不会作出承诺,该承诺就无效。但因动机错误而作出的承诺有效。在此,应当注意动机错误不同于目的错误,动机是实施行为的内心起因,而目的是实施行为所希望取得的结果。因此,目的更多是与承诺人所要放弃的法益直接相关的。例如,在发生性行为就提拔的案例中,被害人的动机是获得提拔,这与强奸罪的保护法益无关,因此是动机错误,所以被告人不构成强奸罪;在被骗殉情自杀的案例中,被害人错误地认为自杀是在殉情,但殉情只是一种对生命法益的放弃形式,因此是目的错误,被告人构成故意杀人罪。再如,甲欺骗乙向遭受雪灾的地区捐款,但却将乙的捐款据为己有。在本案中,被害人错误地以为自己的钱被捐给了灾民,但是捐钱也是一种对

---

[1] 参见付立庆:《被害人因受骗而同意的法律效果》,载《法学研究》2016年第2期,第156页。
[2] 参见周光权:《被害人受欺骗的承诺与法益处分目的错误——结合检例第140号等案例的研究》,载《中国刑事法杂志》2022年第2期,第22页。

财产法益的处置方式,因此是目的错误,甲的行为构成诈骗罪。

(四)承诺人必须在行为前或行为时作出承诺

有效的承诺必须在行为前或行为时作出。因为被害人承诺之所以能阻却犯罪,是因为法律尊重个人对某些法益的自我决定权,即承诺在本质上是被害人对法益的自我决定权的行使。在此,就需要保障被害人撤回承诺的权利,这也是法益的自我决定权的一部分。在事后承诺的情形中,由于法益侵害的结果已发生,该行为不是对承诺的撤回,因此也就不能视为是对法益的自我决定权的行使,该承诺自然是无效的。根据《最高人民法院、最高人民检察院、公安部关于当前办理强奸案件中具体应用法律的若干问题的解答》的规定,第一次性交违背妇女意志,但女方并未告发,而后又"多次自愿"与该男子性交的,对该男子一般不宜以强奸罪论处。但是,这一规定是存在问题的,因为该司法解释开启了事后承诺阻却犯罪之先河,容易诱使一些性侵案件中男方产生先"霸王硬上弓"再想办法善后的想法。

(五)必须存在现实的承诺

这里存在两个问题需要讨论。第一,如果被害人并未作出承诺,但行为人错误地以为存在承诺该如何处理?本书认为,由于不存在现实的承诺,因此不能阻却构成要件和违法性,对行为人的刑事责任应该通过有责性的判断来解决。即如果行为人应当认识到被害人并未作出承诺却错误地以为存在承诺,对于该法益侵害行为刑法又规定有过失犯罪的,对行为人可以以过失犯罪论;如果行为人无法预见到被害人并未作出承诺却错误地以为存在承诺,则以意外事件论。第二,如果被害人内心具有承诺的意思,是否需要向行为人作出意思表示?对此,有意思方向说和意思表示说之争。前者认为,只要被害人具有承诺意思,即使没有表示于外部,也是有效的承诺[1];后者认为,承诺的意思必须通过语言、举动等方式明示或默示地向外界表示出来方为有效,仅仅存在于被害人内心而不为外界所知的承诺无效。[2]

本书认为,意思表示说实际上是将被害人承诺视为民事法律行为,但是,正如前文所述,将承诺能力理解为民事行为能力是不妥当的,因而将被害人承诺视同民事法律行为的观点亦不正确。意思方向说则得到了多数持结果无

---

[1] 参见张明楷:《刑法学》(第4版),法律出版社2011年版,第219页。
[2] 参见周光权:《刑法总论》(第3版),中国人民大学出版社2016年版,第221页。

价值论的学者的支持。[1]本书亦赞成意思方向说。被害人具有承诺意思，但在没有表示于外部的情形下，虽然行为人因为不知情而具有犯罪的意图，但由于当时并不存在需要保护的法益，因此应当认为行为人的行为并没有对法益造成侵害，亦即不会发生法益侵害的结果，基于结果无价值，该行为不具有违法性。例如，甲男冒充乙女的丈夫想与乙女发生性行为，乙女发现对方是甲男，但由于乙女对甲男有好感，遂没有挑破，两人于是发生了性行为。该案中，不能因为甲男有强奸的故意就认为甲男构成强奸罪，因为乙女虽然没有将承诺向甲男进行表示，但甲男的行为并没有侵犯乙女的性的不可侵犯权。

三、被害人承诺理论与刑事辩护

(一) 刑辩之困境：超法规的正当行为

被害人承诺理论对于刑事辩护，特别是无罪辩护的作用是毋庸置疑的。然而，由于被害人承诺包括阻却犯罪构成的承诺和阻却违法性的承诺两种类型：在辩护人以案件中存在阻却犯罪构成的承诺为由进行辩护时，只需要论证被害人的行为符合被害人承诺成立的5个条件，就可以得出被告人的行为没有违反被害人的意思，因此其行为不符合被指控的犯罪的犯罪构成，被告人无罪的结论。但是，在辩护人以案件中存在阻却违法性的承诺为由进行辩护时，由于我国刑法只规定了正当防卫和紧急避险这两种正当行为（阻却违法性事由），没有规定被害人承诺，在刑法没有明文规定的情形下，要说服法官以被害人承诺为由判决被告人无罪的难度非常大。因为我国的刑事司法现实是，无罪判决率非常低，而且多数无罪判决都是因为证据方面存在问题。如果在不否认公诉机关认定的事实的基础上，期望通过法律适用来做无罪辩护，除非辩护人能够提供刑法的明文规定，否则辩护意见通常不会被法官采纳。

另一方面，从刑法理论上看，被害人承诺与正当防卫、紧急避险等正当行为也存在一定的差异性。因为不论是在我国还是在大陆法系国家的刑法理论中，通常都是从"利益权衡"的角度论证违法阻却违法事由的根据。例如，在正当防卫的场合，是在保护受到不法行为侵害的权益和避免损害不法侵害

---

[1] 参见［日］山口厚：《刑法总论》（第3版），付立庆译，中国人民大学出版社2018年版，第167页。

人的权益之间进行利益权衡，在紧急避险的场合，是在保全（受益人）合法权益和损害（被害人）合法权益之间进行利益权衡，在正当业务的场合，是在正当业务形成的权益和被害人的合法权益之间进行利益权衡。可见，违法阻却事由意义上的利益权衡原则上是指不同权利主体之间的利益相互发生冲突，其是一种典型的"外在利益冲突"。就权衡标准而言，违法阻却事由意义上的利益权衡也应当以社会一般价值观念为准，其是一种"外在利益权衡"。[1]但是，如果用利益权衡来论证被害人承诺阻却违法性的原因，则是因为被害人承诺虽然导致被害人利益在某种程度上受到损害，但该损害与被害人的自由决定权相比，后者更为重要。[2]"对公民的个人自由的不受妨碍地行使的尊重和保护，其价值远远大于对基于被害人承诺而实施的行为所侵害的法益的价值。"[3]然而，被害人承诺中的利益权衡是指被害人受到损害的权益和被害人的自由决定权之间的权衡，这显然是一种"内在利益冲突"和"内在利益权衡"。更何况，在个别案件中，被害人可能是单纯因为该利益无关紧要而承诺将之放弃，而不是希望通过放弃该利益以换取其他更为重要的利益，此时连所谓的"内部利益权衡"也不存在。可见，由于被害人承诺在性质上与正当防卫、紧急避险这一类刑法明文规定的违法阻却事由存在差异，因此将其作为违法阻却事由（正当行为）开展刑事辩护存在一定困难。

本书认为，要解决这个问题，就需要对刑法中的法益的相关理论进行重新诠释。

（二）刑辩脱困方案一：自主支配法益说

法益的概念在大陆法系刑法理论中主要存在事实状态法益说和自主支配法益说。事实状态法益主要从保护相应的人和物的价值或状态的角度来定义法益，将法益理解为相应的对象物或客体得以保全和存续的客观状态，侧重于从事实性的、静态的角度对法益概念加以构建。[4]根据事实状态法益，故意伤害罪所保护的法益是他人身体（机能）的完整性（状态），在医生征得病人同意为其实施截肢手术的场合，由于该行为破坏了病人身体的完整性

---

[1] 参见王钢：《被害人承诺的体系定位》，载《比较法研究》2019年第4期，第39页。

[2] 参见肖敏：《被害人承诺探究——民权刑法视域中的利益衡量》，载《政治与法律》2007年第4期，第119~120页。

[3] 张亚军：《被害人承诺新论》，载《中国刑事法杂志》2005年第4期，第36页。

[4] 参见王钢：《被害人承诺的体系定位》，载《比较法研究》2019年第4期，第33页。

（状态），即使该行为成功挽救了病人的生命，也仍然是一个侵害法益的行为，属于故意伤害行为。再如，故意毁坏财物罪所保护的法益是权利人财产的完好（状态），在行为人获得权利人同意之后砸毁权利人财物的场合，由于该行为破坏了权利人财产的完好（状态），因此是一个侵害法益的行为，属于毁坏财物行为。

自主支配法益说主要从保护权利人对其所享有的对象和客体的支配关系角度来定义法益，将法益理解为权利人对相应对象和客体进行支配和使用的自由，从而确保权利人可以根据自身的意愿，自主地决定对相应对象和客体加以利用，以满足其自身的利益诉求和目的设定。[1]根据自主支配法益说，故意伤害罪所保护的法益是权利人对自己身体（机能）的完整性进行支配和使用的自由。在医生征得病人的同意为其实施截肢手术的场合，由于该行为是病人对自己身体（机能）的完整性进行支配和使用的一种方式，该行为不是一个侵害法益的行为，因此不是故意伤害行为。再如，故意毁坏财物罪所保护的法益是权利人对其财产进行支配和使用的自由，在行为人获得权利人同意之后砸毁权利人财物的场合，由于该行为是权利人对其财产进行支配和使用的一种方式，即使造成了财产毁坏，也不是一个侵害法益的行为，不是毁坏财物行为。

本书认为，事实状态法益说存在以下缺陷：首先，将法益理解为相应的对象物或客体得以保全和存续的客观状态，是对刑法目的的曲解。因为法律是调整人与人之间关系的，要求刑法单纯地保护对象物的存续状态是绝无可能的。例如，刑法保护财产法益，其实并不是在保护财产的完好状态。因为，任何财产都会因为正常使用或其他原因而发生损耗或丢失，无法保全财产的完好状态，最终出现报废或腐烂的结果。刑法作为法律规范，当然不可能确保财产永远处于这种完好状态。刑法只能通过禁止行为人对他人的财产法益进行不当侵害，从而保障财产权利人对其财产进行支配和使用的自由。认为财产法益就是保护财产的完好状态，相当于赋予了刑法禁止财产发生损耗或丢失的功能，这是异想天开的。

其次，法益是指法律保护的利益，利益是指人类用来满足自身欲望的一系列物质、精神产品。可见，利益与欲望的满足相关联，而欲望又和人的意志

---

[1] 参见王钢：《被害人承诺的体系定位》，载《比较法研究》2019年第4期，第35页。

联系在一起。因此，在界定刑法中具体的法益时，就不能只考虑对象物的客观状态，也应当重视权利人的意志在法益构建中的价值。例如，当我们说到刑法中的人身自由法益时，如果仅仅将其视为人的身体没有处于被羁押或限制这种客观状态，对于权利人来说是没有意义的，只有以权利人具有身体移动的意愿，或者至少以其能够形成身体移动的意志为前提，再来谈刑法保护权利人的身体不会处于被羁押或限制这种客观状态，这样法益概念的构建才是有意义的。否则，离开权利人具有身体移动的意愿这个前提，刑法保护身体不会处于被羁押或限制这种客观状态就失去了意义。再如，刑法保护财产法益，如果我们将其视为刑法只保护财产自身的完好状态，这对于权利人来说同样没有意义。因为只有以权利人对该财产具有占有、使用、收益、处分的意志为前提，再来谈刑法保护财产的完好状态，这样法益概念的构建，才是有意义的，即刑法保护财产的完好状态，正是为了实现权利人对该财产占有、使用、收益、处分的意志。

最后，将法益理解为一种与权利人的主观意志无关的对象物或客体纯粹的客观状态，意味着任何人（包括权利人）对这种客观状态都不得损害，否则就是对刑法保护的法益的侵害。但这样一来，当权利人实施自损行为时，就是侵害法益的行为，自然也是符合构成要件的行为，就可能构成犯罪。但这与刑法的规定及民众的认识相抵触，于是就不得不通过违法阻却事由来排除该行为的犯罪性。但在传统的刑法理论中，违法阻却事由并不包括自损行为。当然，也可以将自损行为等同于是被害人承诺来阻却违法，即此时被害人与被告人是同一人，自己承诺自己。然而，这在其他普通的自损行为中或许勉强说得过去。例如，在被告人毁坏自己财物的场合，先是认定该行为侵害了刑法保护的财产法益（因为刑法是保护财产的完好状态），继而认为该行为符合故意毁坏财物罪的构成要件，最好认为存在被害人承诺（被害人同意毁坏其财物）这一违法阻却事由，得出该行为不构成犯罪的结论。但是，如果遇上自杀这一类的自损行为，就无法以被害人承诺来阻却违法，因为无论是刑法理论通说，还是刑事司法实践，生命法益都是不得承诺放弃的。这样一来，在自杀未遂的场合，就需要以故意杀人罪的未遂来追究自杀者的刑事责任，这显然是荒谬的。

因此，本书赞成自主支配法益说。即法益在实质上是刑法所保护的，权利人对相应对象和客体进行支配和使用的自由。我国有学者指出："刑法之所以将某种利益作为法益加以保护，主要是因为其是个人自己决定或者说自我实现（人格发展和完成）所必不可少的前提，是实现该种目标的必要条件。"[1]换言之，刑法保护财产权，表面上看是保护财产的完好状态，但实际上是为了保护权利人对该财产的占有、使用、收益和处分意志的实现，因为一旦财产出现毁损，权利人就无法实现对该财产的占有、使用、收益和处分意志。因此，在对法益概念构建时应当考虑权利人自由支配和使用法益客体的意志自由。

（三）刑辩脱困方案二：意志前提说

如何理解权利人的意志自由，对于被害人承诺的成立至关重要。理论界存在以下三种观点：

（1）现实自由说。该说认为，法益概念中的被害人意志自由是指侵害行为发生时被害人现实的真实意志。本书认为，现实自由说的缺陷是很明显的：①在司法实践中很难证明侵害发生时被害人的真实意志。②有时候被害人可能对自己的法益缺乏明确的认知，采取现实自由说容易造成处罚漏洞。例如，权利人的手表被遗忘在家中的地下室，但他以为遗失在外面了，某日家中进了小偷将手表盗走。根据现实自由说，由于权利人并没有支配和使用手表的现实意思，小偷的行为就没有侵害其财产法益，不构成盗窃罪。③当被害人的现实意志与通常的社会观念不一致时，采取现实自由说又会导致不合理的处罚。例如，大学生甲的衣服不慎被钉子刮破了，他觉得这样的衣服穿出去显得很酷，就刻意不去缝补。同寝室的乙以为甲不会缝补，所以趁甲不在寝室时帮他把衣服补好了。根据现实自由说，由于甲方具有支配和使用破衣服的现实意思，乙方的行为反而导致他无法实现该意志，乙方的行为构成毁坏财物罪。

（2）潜在自由说。该说认为，法益概念中的被害人意志自由是指被害人可能会决定对相应法益客体加以支配和使用的潜在意志。在该说看来，权利人支配和占有法益表明其随时可能对该法益客体加以利用，但行为人的侵害行为会导致权利人无法实现其对法益加以支配和使用的潜在意志，这是对权利人意志自由的侵犯，也是对法益的侵害。本书认为，潜在意志说的最大问题在于：对于意思不健全者（诸如精神病人、植物人以及婴幼儿）难以提供

---

[1] 黎宏：《被害人承诺问题研究》，载《法学研究》2007年第1期，第88页。

刑法保护。由于这些人无法形成支配和使用法益客体的意志，依据潜在意志说，侵犯这些人的法益客体，就不能被认为是对法益的侵害，就不构成犯罪，但本来这些"弱者"是更应当得到刑法保护的，这样的结论令人无法接受。有观点认为，意思不健全者的潜在意志可以通过被害人的监护人的意志来表现，因为在法律认可的监护权的范围内，监护人对于相应法益客体的支配意思可以被视为精神病人、植物人和婴幼儿本人的支配意思。行为人的侵害行为违反了监护人的潜在意志，从而侵犯了被害人的自主决定权。这样行为人的行为仍然构成对他人意志自由的侵犯。[1] 但是，这样的见解仍然无法解决以下两个问题：一是在上述特殊人群没有监护人的情形下，刑法如何实现对他们的保护的问题。相关的民事法律对于特殊人群没有监护人时应当如何确定监护人有明确规定。例如，我国《民法典》第27条第2款规定："未成年人的父母已经死亡或者没有监护能力的，由下列有监护能力的人按顺序担任监护人：（一）祖父母、外祖父母；（二）兄、姐；（三）其他愿意担任监护人的个人或者组织，但必须经过未成年人住所地的居民委员会、村民委员会或者民政部门同意。"第31条第1款规定："对监护人的确定有争议的，由被监护人住所地的居民委员会、村民委员会或者民政部门指定监护人，有关当事人对指定不服的，可以向人民法院申请指定监护人；有关当事人也可以直接向人民法院申请指定监护人。"由于对监护人的确定有争议的，需要通过人民法院经过较为复杂的法律程序最终才能确定监护人。这样一来，在行为人对特殊人群的法益客体进行侵害时，监护人很可能还未确定，又从何谈起对监护人潜在意志的侵害？二是出于保护被监护人合法权益的考虑，民事法律对监护人的权限有着严格的限制。我国《民法典》第35条第1款规定："监护人应当按照最有利于被监护人的原则履行监护职责。监护人除为维护被监护人利益外，不得处分被监护人的财产。"监护人所作出的"被害人承诺"，放弃的是被监护人的利益。例如，在财产犯罪场合，监护人对行为人毁损被监护人的财产表示同意。但由于该承诺违反了《民法典》第35条第1款之规定，司法实践中监护人是不太可能会作出这种承诺的，因为这样的承诺会令监护人在民法上承担对被监护人的民事赔偿责任。如此一来，所谓"意思不健全者的潜在意志可以通过被害人的监护人的意志来表现"，从而成立被害人

---

[1] 参见王钢：《被害人承诺的体系定位》，载《比较法研究》2019年第4期，第37页。

承诺的情形是非常有限的，潜在意志说对于司法实践的意义也就不大了。

（3）自由前提说。该说认为，刑法保护法益客体的客观状态不是为了保护客观对象本身，而是将之作为权利人进行可能的自主决定的前提条件和关联对象加以保护。因为刑法只有对法益客体进行保护，才能使其完整地处于权利人的支配和控制之下，进而保证权利人有机会在现在或将来利用法益客体实现自我发展。犯罪行为表面上侵害的是法益客体，实际侵害的是权利人原本可以通过支配和使用该法益客体而实现的自主意志，因为犯罪行为损害了权利人凭借法益客体实现个人意志的外在条件和自我实现的机会，该行为因而具有法益侵害性。至于行为当时权利人是否具有现实支配和使用法益客体的意思，以及是否具有形成支配和使用法益客体的意思的潜在可能，都与这种权利人凭借法益客体实现个人意志的外在条件和自我实现的机会无关。例如，当甲偷走乙存放在保险柜里的5000元钱时，我们不能说因为乙在当时并没有使用该5000元的现实意思（现实意志说），或者说乙因为有很多钱，将来也不会有使用该5000元的潜在想法（潜在意志说），就认为甲的行为没有对乙的财产法益造成侵害。而是应当认为，甲的行为使得乙失去了使用该5000元钱实现自己想法的机会和可能（意志前提说），由此甲的行为对乙的财产具有法益侵害性。

本书赞成意志前提说。首先，该说可以用来解释被害人承诺为何能够排除犯罪成立的效力。依该说，刑法通过保护法益客体的客观状态，来保障权利人的自主决定的外在条件。至于权利人如何具体地利用这些外在条件，则属于其自主决定的范畴，法律并不加以干涉。在具体的案件中，被害人同意行为人损害其利益，实际就是权利人对其法益客体进行现实的支配和使用的一种方式。这样权利人就实现了刑法通过保护法益客体所保障的意志自由，因此也就不存在对被害人的法益侵害，从而排除了犯罪的成立。

其次，该说不存在现实自由说的缺陷。①根据意志前提说，侵害权利人的法益客体就侵害了权利人原本可以通过支配和使用该法益客体而实现的自主意志，该行为就具有法益侵害性，这样就避免了司法实践中难以证明的权利人意志问题。②当被害人对自己的法益缺乏明确的认知时，采取意志前提说不会造成处罚漏洞。例如，在小偷偷走权利人以为遗失了的手表的案件中，由于手表被偷走，该行为仍然侵害了权利人原本可以通过支配和使用该手表而实现的自主意志，该行为对权利人的财产法益具有侵害性，构成盗窃罪。

③当被害人的现实意志与通常的社会观念不一致时，采取意志前提说也不会导致不合理的处罚。例如，在乙自作主张帮甲缝补其故意不缝补的衣服的案件中。根据意志前提说，乙的行为虽然更改了甲的衣服的物理外观，但并未因此造成衣物实际价值的减损，也未限制甲借此实现自我发展的可能性，反而是扩张了甲用于自我实现的外在条件，乙的行为对甲的财产法益不具有侵害性，不构成毁坏财物罪。

最后，该说可以弥补潜在自由说的不足。根据意志前提说，刑法对法益客体进行保护，以保证权利人有机会在现在或将来利用法益客体实现自我发展。一方面，对于意思不健全者中的幼童而言，其将来必然会成长为意思健全者；对于精神病人而言，其将来也有治愈的可能；即使是当前看来几乎没有苏醒可能的植物人，未来医学的进步也可能使其苏醒。另一方面，这些人还有可能通过其监护人来利用法益客体实现自我发展。因此，只要刑法保护的法益客体不被破坏，这些人便都具有自主地利用外在的法益客体实现人格自由发展的机会。但是，如果行为人对其所享有的法益客体进行破坏，就会剥夺他们将来自我发展与自我实现的机会与可能性，这样就会对其法益造成侵害，从而构成犯罪。

综上所述，在将被害人承诺作为犯罪阻却事由运用于刑事辩护时，应当分三步走：第一步，通过各种证据对案件事实进行剖析，论证该案具备被害人承诺成立的全部条件。第二步，鉴于被害人承诺在法律性质上与刑法明文规定的正当行为存在明显区别，在辩护时应当先对刑法中法益的相关理论进行重新诠释：首先，在关于法益概念的问题上，摒弃事实状态法益说，而采取自主支配法益说；其次，在关于权利人意志自由的理解上，指出现实意志说和潜在意志说之不足，论证意志前提说的正当性；第三步，指出该案中，由于被害人同意被告人对其法益客体进行破坏，实际上就是被害人对其法益客体进行现实的支配和使用的一种方式。这样被害人就实现了刑法通过保护法益客体所保障的意志自由，因此该案也就不存在对被害人的法益侵害。由于该案中被害人的法益没有受到侵害，即被告人的行为不是刑法上的危害行为而是一种正当行为，因此被告人不构成犯罪。

附录：案例与辩护意见

1. 案例

被告人王某某以经营民间借贷为业。2013年被告人王某某到公安机关报案，称曾某某、谭某某采用欺骗的手段向他借款，现在借款到期拒不还款，请求公安机关以合同诈骗罪追究曾某某、谭某某的刑事责任。公安机关接到报案后，对曾某某、谭某某进行立案侦查并采取刑事拘留措施。公安机关在侦办上述案件的过程中，发现被告人王某某涉嫌诬告陷害，在对其进行立案侦查后移送检察院审查起诉。检察院以被告人王某某犯诬告陷害罪向法院提起公诉，指控的具体犯罪事实如下：

2010年曾某某、谭某某因准备开家4S店，向王某某提出借款100万元（月息3分）。双方签订完借款合同（该借款合同以王某某司机汪某某的名义签订）后，曾某某、谭某某催促王某某赶紧打钱，王某某则拿出一份工程承包合同要求曾某某、谭某某签字（合同发包方为广南市大地建筑有限公司，承包方为曾某某、谭某某），并表示如果曾某某、谭某某不在工程承包合同上签字，他就不会打钱。为尽快拿到借款，曾某某、谭某某明知这是一份虚假的工程承包合同，仍然在合同上签字，并取得100万元借款。后因曾某某、谭某某未按借款合同归还本息，王某某遂指使汪某某拿着借条和工程承包合同，到公安机关控告曾某某、谭某某以虚假的工程承包合同诈骗210万元（本金100万元、利息110万元）。公安机关以合同诈骗案立案侦查并对曾某某、谭某某采取刑事拘留措施。

2. 辩护意见

王某某涉嫌诬告陷害罪一审辩护词

审判长、人民陪审员：

江西豫章律师事务所受本案被告人王某某家属的委托，并经他本人同意，指派胡东平律师担任本案被告人王某某涉嫌诬告陷害罪的一审辩护律师。现依据事实与法律，就本案提出如下辩护意见，望合议庭采纳。

《起诉书》指控王某某指使汪某某向公安机关报案曾某某、谭某某诈骗的行为构成诬告陷害罪。辩护人认为，该指控不能成立。

《起诉书》认定："王某某在借钱给曾某某、谭某某的过程中要求他们签虚假的工程承包合同，在上述债务人不能还款时，指使汪某某持虚假的工程承包合同去公安机关控告借款人诈骗。"对于《起诉书》认定的上述事实辩护人不持异议，但认为王某某的该行为不构成诬告陷害罪。

虽然，从形式上看，被告人王某某的行为似乎符合诬告陷害罪的犯罪构成，但是，本案中存在被害人承诺的情形，被害人承诺是指被害人根据自己的意思，对于其可以处分的法益，许诺行为人加以侵害的意思表示。根据刑法理论，被害人承诺的存在可以排除行为的违法性。因此，被告人王某某不构成诬告陷害罪。具体理由如下：

1. 本案有一个特殊之处，即借款人在签订虚假的工程承包合同时是自愿签订的（为了能够顺利借到钱），而且对于签订虚假的工程承包合同可能会面临的后果也是明知的。例如，曾某某笔录显示："问：签订合同的时候是否受到威胁？答：没有。"（卷24第11页）谭某某的笔录显示："问：你既然与广南市大地建筑有限公司土石方工程合同没有任何关系，你为什么要在借款合同上写明？答：我想借王某某的钱，王某某叫我这么写，我当时也没有考虑那么多就按照他的意思写上去了。"（卷26第25页）"王某某要你签这份合同的目的是什么？答：王某某逼我签完这份合同，我签了字之后，王某某就可以拿这份合同到公安机关去说当初是因为我有合同在身，才借钱给我的，告我合同诈骗。"由此可见，上述借款人是在知道签订虚假的工程承包合同后，如果到期不能还款，会被王某某以诈骗罪诬告陷害的情形下，为了能够顺利地借到钱，而自愿签订虚假的工程承包合同。

2. 成立被害人承诺必须符合以下五个条件：①承诺人对于被侵害的法益具有可处分性；②承诺人必须对承诺的事项具有理解能力；③承诺人必须基于其真实意志作出承诺；④承诺人必须在行为前或行为时作出承诺；⑤必须存在现实的承诺。本案中，借款人签订虚假的工程承包合同的行为完全符合上述五个条件：

第一，上述借款人对于本案中他们被侵害的法益，即人身自由权具有可处分性。一般认为，有两类法益承诺人是不具有处分权的：一是对国家、公共利益以及他人利益承诺人无权处分；二是即使承诺侵害的是承诺人本人的某些法益，例如生命权、重大的身体健康权等，其处分权也受到限制。本案中，被告人被指控的罪名是诬告陷害罪，该罪侵害的法益是公民的人身权利中的人身自由权。本案中的借款人对其人身自由权依法享有处分权。庭审中公诉人提出,诬告陷害罪除了侵害公民的人身自由权,同时还侵害了国家的司法秩序,对于国家的司法秩序借款人没有处分权,因此本案不成立被害人承诺。辩护人认为,即使诬告陷害罪同时也侵害了国家的司法秩序,但是该罪属于《刑法》分则第四章规定的"侵犯公民人身权利、民主权利罪"的犯罪,因此诬告陷害罪侵害的主要法益仍然是人身自由权。本案中借款人有权通过承诺的方式放弃法律对其人身自由的保护。

第二,本案中,借款人对于其承诺的事项,即被剥夺人身自由具有完全的理解能力。本案中,借款人都是精神正常的成年人。他们在被要求签订虚假的工程承包合同时,对于这些工程承包合同是虚假的这一事实是完全知情的,也知道自己正在做的事是签订虚假的工程承包合同。更重要的是,借款人也能理解签订虚假的工程承包合同的法律后果,即将来有可能会被以合同诈骗罪追究刑事责任,从而被剥夺人身自由。借款人谭某某的笔录可以证明这一点。其笔录显示:"问:王某某要你签这份合同的目的是什么?答:王某某逼我签完这份合同,我签了字之后,王某某就可以拿这份合同到公安机关去说当初是因为我有合同在身,才借钱给我的,告我合同诈骗。"可见,借款人知道,签订虚假的工程承包合同的后果就是将来可能被认定为合同诈骗,从而被剥夺人身自由。

第三,本案中,借款人是基于其真实意志签订虚假的工程承包合同,进而承诺放弃法律对其人身自由的保护。公诉人在庭审时提出,本案中,借款人是在被告人王某某的逼迫下不得已签订虚假的工程承包合同的,因为借款人不可能心甘情愿地去签订这种明显对自己有损害的虚假合同。辩护人认为,该主张不能成立。首先,本案证据证明被告人王某某没有逼迫借款人签订虚假的工程承包合同。例如,曾某某笔录显示:"问:签订合同的时候是否受到威胁?答:没有。"(卷24第11页)谭某某的笔录显示:"问:你既然与广南市大地建筑有限公司土石方工程合同没有任何关系,你为什么要在合同上写明?答:我想王某某的钱,王某某叫我这么写,我当时也没有考虑那么多就按照他的意思写上去了。"其次,本案中借款人之所以明知这种虚假合同对自己有损害还去签订,是因为如果不签订虚假合同,就借不到钱。因此,签订虚假合同与借款之间实际上是一种交易条件。但是,是否向被告人借钱,借款人是有自主选择权的,为了避免签订虚假合同给自己带来的损害,借款人可以决定不向被告人借款。反之,如果借款人到期无法还款,在被告人要求其还钱时被要求签订虚假的工程承包合同,则可以认为是被逼迫,因为此时借款人是没有自主选择权的。可见,本案中,借款人都是基于其真实意志签订虚假的工程承包合同,进而承诺放弃法律对其人身自由的保护。

第四,本案中,借款人签订虚假的工程承包合同,进而承诺放弃法律对其人身自由的保护时间是在被告人向公安机关告发之前。本案中,借款人是在借款时就签订虚假的工程承包合同,就已经放弃了法律对其人身自由的保护。及至被告人向公安机关告发时,由于当时并不存在应当受到保护的人身自由权,因此被告人的行为不构成诬告陷害罪。反之,如果在被告人向公安机关告发之后,借款人才签订虚假的工程承包合同,该行为则不能排除犯罪性。

第五,本案中借款人放弃其人身自由的承诺是客观存在的。谭某某说:"我签了字之后,王某某就可以拿这份合同到公安机关去说当初是因为我有合同在身,才借钱给我的,告我合同诈骗。"由此可见,在借款人内心中是存在放弃其人身自由的承诺的。庭审中,公诉人提出,承诺的意思必须以语言、举动等方式向行为人表示出来才成立,本案中借款人并没有向被告人表示其愿意承受诬告陷害的后果。辩护人认为,上述主张不能成立。关于被害人内心具有承诺的意思,是否需要向行为人作出意思表示?理论上有意思方向说和意思表示说两种观点。意思方向说认为,只要被害人具有承诺意思,即使没有表示于外部,也是有效的承诺。意思表示说认为,承诺的意思必须以语言、举动等方式向行为人表示出来。辩护人认为,即使按照意思表示说,本案也成立被害人承诺。因为意思表示包括明示形式和默示形式。默示形式与明示形式相对,是指不依赖语言或文字等明示形式,而通过某种事实即可推知行为人的意思表示而成立的行为形式。行为人虽然并没有作出明示的意思表示,但根据法律的规定,可以认定行为人的某种客观事实状态就是表达同意进行某种活动的意思。在本案中,借款人明知签订虚假的工程承包合同的法律后果,不但签订了,而且还接受了借款,据此可以推知借款人同意放弃其人身自由权的法律保护,因此本案中借款人承诺的意思已经通过其行为举动向被告人表示出来。

综上所述,本案完全符合被害人承诺成立的条件,因此借款人通过签订虚假的工程承包合同来借款的行为构成被害人承诺。

3. 犯罪是对法律保护的利益(即法益)的侵害,刑法之所以将某种利益作为法益加以保护，是因为其是个人自己决定或者说自我实现（人格发展和完成）所必不可少的前提，是实现该种目标的必要条件。因此，法益在实质上是刑法所保护的，权利人对相应对象和客体进行支配和使用的自由。刑法保护法益客体的客观状态不是为了保护客观对象本身，而是将之作为权利人进行可能的自主决定的前提条件和关联对象加以保护。在被害人同意被告人对其法益客体进行侵害的情形中，实际上就是被害人对其法益客体进行现实的支配和使用的一种方式。这样被害人就实现了刑法通过保护法益客体所保障的意志自由。本案中，由于存在被害人承诺，即借款人自愿签订了虚假的工程承包合同，也就意味着其同意被告人对其人身自由进行侵害，这是被害人对其人身自由权进行的一种现实的支配和使用。因此，本案中也就不存在对借款人的人身自由权进行侵害的问题，被告人王某某的行为不构成犯罪。

综上所述，《起诉书》在被告人对曾某某、谭某某的诬告陷害案中，未认定本案存在被害人承诺这一事实。王某某的行为不构成诬告陷害罪，请合议庭查清事实，依法判决。

以上辩护意见，敬请合议庭采纳。

辩护人：胡东平
2020年2月6日

第八章

不真正身份犯理论在刑事辩护中的运用

一、不真正身份犯的定义纷争

（一）不真正身份犯的学说

身份犯，是指是以特殊身份作为主体构成要件或者是刑罚之加重减轻根据的犯罪。身份犯包括真正身份犯（纯正身份犯）和不真正身份犯（不纯正身份犯）。对于什么是真正身份犯，刑法理论界几乎没有异议地认为，是指以特殊身份作为某种犯罪构成要件要素的犯罪，如果行为人不具有特殊身份，就不构成该种犯罪。例如，报复陷害罪要求行为人必须是国家机关工作人员；刑讯逼供罪要求行为人必须是司法工作人员；保险诈骗罪要求行为人必须是投保人、被保险人、受益人等。与真正身份犯不同的是，对于何谓不真正身份犯，则存在较大分歧，主要有以下几种观点：

第一种观点认为：不真正身份犯是指特殊身份不影响定罪但影响量刑的犯罪，在这种情况下，如果行为人不具有特殊身份，犯罪也成立；如果行为人具有这种身份，则刑罚的科处就比不具有这种身份的人要重或轻一些，但构成的犯罪性质并无二致。[1] 这是我国刑法理论的传统观点，认为不真正身份犯具有两个特点：一是没有独立罪名；二是身份只影响量刑不影响定罪。例如，《刑法》第 243 条第 2 款规定，国家机关工作人员犯前款罪（诬告陷害罪）的，从重处罚，就是不真正身份犯。因为诬告陷害罪的主体是一般主体，即任何年满 16 周岁、具备刑事责任能力的自然人都可构成该罪。但是，如果行为人具备国家机关工作人员身份，依照《刑法》第 243 条第 2 款的规定：①仍

---

[1] 参见陈兴良：《共同犯罪论》，中国社会科学出版社 1992 年版，第 367~368 页。

然构成诬告陷害罪（没有独立罪名）；②应从重处罚（身份只影响量刑不影响定罪）。本书将该种观点称为"同罪异罚说"。

第二种观点认为，不真正身份犯是指刑法一般没有限制犯罪的主体但由具有一定的身份者实施时规定较重或较轻刑罚的情况。[1]这种观点为日本刑法学者所主张。该观点认为不真正身份犯具有三个特点：一是该犯罪行为本来没有身份限制；二是当具备该身份的人实施该犯罪行为时构成另一种犯罪；三是影响量刑。例如，《日本刑法典》中的"保护责任者遗弃罪"，遗弃行为对行为主体本来是没有身份限制的，任何人实施遗弃行为都构成遗弃罪。但是，当行为人具备保护责任者这一特殊身份而实施遗弃行为时，另外成立保护责任者遗弃罪，且该罪的刑罚较普通遗弃罪更重。再如，《日本刑法典》中的"杀害尊亲属罪"，故意杀人行为对行为主体本来是没有身份限制的，任何人实施故意杀人行为都构成故意杀人罪。但是，当行为人具备亲属这一特殊身份而实施杀害尊亲属行为时，另外成立杀害尊亲属罪，且该罪的刑罚较普通故意杀人罪更重。本书将该种观点称为"异罪异罚说"。

第三种观点认为，不真正身份犯不仅指代传统观点所言的身份仅影响刑罚轻重的犯罪，还包括身份影响犯罪的性质同时影响刑罚轻重的情形。[2]这种观点认为，不真正身份犯成立的关键在于特殊身份的存在是否会影响刑罚的轻重，而无论该身份的存在是否影响犯罪的性质。即使有身份者实施该犯罪行为成立另一种犯罪，只要有身份者所犯之罪的法定刑较无身份者所犯之罪的法定刑为重，就成立不真正身份犯。例如，根据我国《刑法》第252条和第253条之规定，同样是私自开拆、隐匿、毁弃他人邮件、电报，无身份者构成侵犯通信自由罪，处1年以下有期徒刑或者拘役。具有邮电工作人员身份者构成私自开拆、隐匿、毁弃他人邮件、电报罪，处2年以下有期徒刑或者拘役。再如，根据我国《刑法》第127条和第438条之规定，同样是盗窃、抢夺枪支、弹药、爆炸物的行为，无身份者构成"盗窃、抢夺枪支、弹药、爆炸物、危险物质罪"，处3年以上10年以下有期徒刑；情节严重的，处10年以上有期徒刑、无期徒刑或者死刑；具有军人身份者构成"盗窃、抢夺武器装备、军用物资罪"，处5年以下有期徒刑或者拘役；情节严重的，处

---

[1] [日]野村稔：《刑法总论》，全理其、何力译，邓又天审校，法律出版社2001年版，第94页。
[2] 马克昌主编：《犯罪通论》（第3版），武汉大学出版社1999年版，第589~592页。

5年以上10年以下有期徒刑；情节特别严重的，处10年以上有期徒刑、无期徒刑或者死刑。根据以上法律规定，同样的行为，同样构成犯罪，但身份会影响到犯罪性质的认定及刑罚的轻重。本书将该种观点称为"异罚说"。

第四种观点认为，应从构成要件上把握身份犯，并认为应以有身份者与无身份者共同犯罪时可能涉及的罪名为一个还是两个为标准，只能涉及身份犯一个罪名的为纯正身份犯，可能涉及两个罪名的为不纯正身份犯。[1]这种观点是从共同犯罪的视角去把握纯正身份犯与不纯正身份犯，当有身份者的行为对无身份者行为的性质造成影响时，为纯正身份犯，当有身份者的行为对无身份者行为的性质不造成影响时，为不纯正身份犯。例如，我国《刑法》第236条中的"强奸罪"的主体必须具有男性身份，当女性教唆男性强奸其他妇女时，由于各共同犯罪人只涉及强奸罪一个罪名，强奸罪就是纯正身份犯。我国《刑法》第264条中的"盗窃罪"对主体身份没有要求，第383条中的"贪污罪"则要求主体必须具有国家工作人员身份，当非国家工作人员与国家工作人员共同利用后者职权便利实施盗窃国家财产时，由于非国家工作人员可能成立盗窃罪，国家工作人员可能成立贪污罪，因此贪污罪就是不纯正身份犯。本书将该种观点称为"共犯说"。

（二）学说观点之评析

如何评判上述4种观点？本书认为，"共犯说"并不符合我国刑事立法和司法实践。"共犯说"的处理原则源于《日本刑法典》第65条第2款，也就是日本学者所普遍倡导的不真正身份或责任身份起个别作用的结论。但是，《日本刑法典》与我国《刑法》中的身份犯在立法模式及类型化区分方面均存在根本性差异。根据《日本刑法典》第65条第2款的规定，因特殊身份而加重或者减轻处罚时，对无身份者处以通常的刑罚。[2]例如，当保护责任者与普通人共同实施遗弃行为时，保护责任者构成保护责任者遗弃罪，普通人则构成普通遗弃罪，并且保护责任者遗弃罪的刑罚重于普通遗弃罪。然而，日本刑法中的不纯正身份是一种责任身份，与此对应的我国刑法中的不纯正身份则基本属于违法身份。两者的区别在于：《日本刑法典》规定的遗弃罪与保护责任者遗弃罪的实行行为完全相同，后者的实行行为也是一种单纯的遗

---

[1] 参见阎二鹏：《共犯与身份》，中国检察出版社2007年版，第71~73页。
[2] 参见张凌、于秀峰编译：《日本刑法及特别刑法总览》，人民法院出版社2017年版，第20页。

弃，而不需要利用保护责任者的特殊身份来实施。《日本刑法典》对于此类犯罪仅仅因为有无特别身份分别设立身份犯与普通犯罪，而且此种立法模式在《日本刑法典》中大量存在。但是，我国《刑法》所涉及的身份犯与普通犯罪除了在行为主体方面存在差别外，在实行行为方面同样存在差异。以贪污罪与盗窃罪为例，两罪不但行为主体不同，前者为国家工作人员，后者为一般主体。具体的实行行为也不同，贪污罪的实行行为虽然也包括窃取型贪污，但要求利用国家工作人员职务上的便利窃取，但盗窃罪则无此要求。此外，在司法实践中，处理有身份者与无身份者共同犯罪的案件时，都是以一个罪名论，而不会以两个罪名来处理。因此，就我国当前的刑事立法与司法实践而言，不宜采取"共犯说"。

"异罪异罚说"是大陆法系国家关于不纯正身份犯定义的一种学说，在本书看来，"异罪异罚说"与我国传统的"同罪异罚说"并无本质区别，因为"异罪"与"同罪"只是因立法的不同而导致认定罪名不同，但在处理结果上是一致的，即都是"异罚"。《日本刑法典》中的"杀害尊亲属罪"是日本的不纯正身份犯，但如果按照我国的立法习惯，在故意杀人罪中加上一个条款"故意杀害尊亲属的，从重处罚"就成了我国刑法中的不纯正身份犯。反之，我国《刑法》第243条第2款的原规定是，"国家机关工作人员犯前款罪的，从重处罚"，但是如果将第243条第2款规定为"国家机关工作人员捏造事实诬告陷害他人，意图使他人受刑事追究，情节严重的，处五年以下有期徒刑、拘役或者管制；造成严重后果的，处五年以上有期徒刑"，则我国《刑法》第243条第2款就成了《日本刑法典》中的不纯正身份犯。至于批评我国传统的"同罪异罚说"的几点理由，在本书看来亦是不成立的。

批评理由一：有学者认为，通说将量刑身份犯界定为不纯正身份犯违背了身份犯的基本原理。身份犯与常人犯的划分依据在于身份是不是构成要件要素、是否影响犯罪的成立。如果身份仅能影响量刑而对犯罪成立毫无影响，当然应属于常人犯。通说在定义身份犯这个上位概念时就已经发生了偏差，在此基础上所界定的不纯正身份犯自然就是错上加错。[1]然而，刑法中的"犯"一般指某种行为，该行为一般是指具备某种特定的犯罪构成要件的犯罪

---

[1] 吴振兴、林铤:《论不纯正身份犯及其共犯问题》，载《广西大学学报（哲学社会科学版）》2011年第4期，第74页。

行为，例如数额犯、多次犯、情节犯。但是也可能是指具备某种特定的量刑情节的犯罪行为。例如，初犯、累犯、激情犯等。因此，身份犯与常人犯的划分依据并不仅限于身份是不是构成要件要素、是否影响犯罪的成立，也包括身份是不是量刑情节，是否影响量刑。即常人犯是指不具有影响定罪量刑情节身份的犯罪。据此，将身份是犯罪构成要件的犯罪称为纯正身份犯，将身份只是量刑情节的犯罪称为不纯正身份犯，并不违反身份犯的基本原理。

批评理由二：有学者认为，在我国有身份者单独实施不纯正身份犯罪，罪名同一，有身份者加功（协力）与非身份者亦不改变罪名，但量刑不可能以从犯处理。相反，却应当从重，无论有身份者在共犯中的行为形式和作用，概莫能外。[1]例如，普通公民甲对丙实施诬告陷害，国家机关工作人员乙为甲的诬告陷害行为提供帮助，根据我国传统的"同罪异罚说"，甲乙均构成诬告陷害罪，但乙具有国家机关工作人员身份，是不纯正身份犯，对乙应当从重处罚。即对乙的处罚应重于甲。然而，我国《刑法》第27条规定："在共同犯罪中起次要或者辅助作用的，是从犯。对于从犯，应当从轻、减轻处罚或者免除处罚。"乙在本案中系从犯，甲是主犯，则对乙的处罚应重于甲。这样，根据我国传统的"同罪异罚说"得出的结论就与刑法规定相矛盾了。本书认为，这种批评，实际上犯了以偏概全的错误。因为《刑法》第243条第2款规定"国家工作人员犯前款罪的，从重处罚"。这里的"从重处罚"是指对于单独犯罪而言，即在单独犯诬告陷害罪的情形下，对国家工作人员的处罚要重于非国家工作人员。但是，在国家工作人员乙帮助非国家工作人员甲诬告陷害的情形下，则应当综合考虑乙所具有的从宽情节（从犯）和从严情节（不纯正身份犯），决定最终的刑罚。对乙的刑罚可能轻于、等于甚至重于甲，但无论出现哪种情况，都是对量刑情节综合考量的结果，并不存在批评者所称的传统的"同罪异罚说"得出的结论就与刑法规定相矛盾的情形。

至于"异罚说"，虽然认为不纯正身份犯包括了"同罪异罚说"和"异罪异罚说"这两种情形，看似大而全，但两种学说却是发源于不同的刑事立法。"异罪异罚说"源自大陆法系国家和地区的刑事精细立法，一些性质相同的犯罪仅因主体身份的不同而设置不同的罪名，例如保护责任者遗弃罪就是

---

[1] 参见马克昌、莫洪宪主编：《中日共同犯罪比较研究》，武汉大学出版社2003年版，第124~125页。

从遗弃罪中分离出来的,如果实施了遗弃罪行为,本来应当构成遗弃罪,但如果行为人具备保护责任者的身份,则成立保护责任者遗弃罪并适用更重的刑罚。"同罪异罚说"源自我国较为粗疏的刑事立法,一般不会因为主体身份不同而将性质相同的犯罪单独设置不同的罪名,而是在同一法条中对特殊身份者规定加减刑罚。像大陆法系国家和地区的刑法那样,对性质相同的犯罪仅因主体身份的不同而设置不同的罪名的情况在我国刑法中极为少见。虽然说我国《刑法》中确实存在诸如第253条(私自开拆、隐匿、毁弃他人邮件、电报罪)和第438条(盗窃、抢夺武器装备、军用物资罪)这样因具备身份而构成其他犯罪并加重刑罚的情形,但第253条中的行为人需要利用身份实施犯罪,第438条中的犯罪对象的范围则要大于无身份者实施的犯罪,这与日本刑法中不真正身份犯与无身份者构成的犯罪除了主体身份外,其他的构成要件完全一致的情形并不相同。正因如此,我国有学者断言,大陆法系刑法理论中的不纯正身份犯在我国刑法中根本就不存在。[1]

(三)本书观点:同罪异罚说

虽然本书作者十分赞成对外国刑法理论的借鉴,但"同罪异罚说"和"异罪异罚说"源自不同的刑事立法体系,在各自的刑法体系中皆有其存在的合理性。如果仅仅因为"异罪异罚说"已是大陆法系国家和地区较为成熟的一种刑法理论,对于解决上述国家和地区的刑事司法实践也起到了很好的理论指导作用,就不顾各自刑事立法的土壤存在差异这一现实而强行移植,这样会犯南橘北枳的错误。因此,本书仍然赞成"同罪异罚说",即不真正身份犯是指特殊身份不影响定罪但影响量刑的犯罪,在这种情况下,如果行为人不具有特殊身份,犯罪也成立;如果行为人具有这种身份,则刑罚的科处就比不具有这种身份的人要重或轻一些,但构成的犯罪性质并无二致。

二、不真正身份犯的认定标准

(一)认定的前提:身份犯本质之探讨

在身份犯中,是否具备特殊身份对于罪与非罪、此罪与彼罪以及刑罚的轻重均有直接影响,因此身份犯是刑法理论界与实务界都十分关注的重要犯罪类型。为此,德日等大陆法系国家大都在刑法总则中对身份犯作出规定。

---

[1] 参见高铭暄、赵秉志主编:《犯罪总论比较研究》,北京大学出版社2008年版,第235页。

例如,《德国刑法典》第 14 条（为他人而行为）规定:"（1）以下列身份而为代理行为的,如果某一法律规定以特定之个人身份、关系或情况（特定之个人特征）为可罚性之基础,但代理人不具备此等特征而被代理人具备时,则代理人的行为仍适用该法。"《日本刑法典》第 65 条第 2 款规定:"因身份而特别加重或者减轻刑罚时,对于没有身份的人,处通常的刑罚。"我国《刑法》总则中没有设立对身份犯的一般性规定,仅在《刑法》分则及相关司法解释中确立了对身份犯的处理原则。刑事立法的不足,自然容易造成刑事司法的争议。例如,我国《刑法》第 260 条规定"虐待家庭成员,情节恶劣的,处二年以下有期徒刑、拘役或者管制"。因此,虐待罪是身份犯,其主体应当为家庭成员,这一点是没有疑问的。但是,对于家庭成员这一特殊身份应如何认定？司法实践中曾出现过将同居情侣的虐待行为以虐待罪论的判例[1],引起了该判决是否违反罪刑法定原则的质疑。[2]这其中就涉及对身份犯的主体特殊身份认定的标准问题。在《刑法》总则缺乏一般性规定,《刑法》分则和相关司法解释又没有明确规定的情形下,借助刑法理论来确定身份犯的主体特殊身份认定的标准可以说是唯一正途了。

司法实践中,"不真正身份犯"的认定首先面对的是主体特殊身份的认定标准。身份的认定标准的确立,又取决于对身份犯的本质采取何种立场。当前,对于身份犯的本质问题,主要存在以下几种学说:

（1）义务违反说。该说认为,身份犯的本质在于特殊身份者对其所负有的特定义务的违反,即身份犯的不法就在于对特定义务的违反。义务违反说得到我国部分刑法学者的支持。有学者认为,义务违反说可以用于解释身份犯的性质,在这个意义上真正身份犯就是义务犯。根据义务犯的基本理论,只有具有某种义务的人才能够实施身份犯的实行行为。[3]另有学者主张,真正身份犯的实质不法就在于义务违反。[4]例如,我国《刑法》第 236 条之一规定的"负有照护职责人员性侵罪",就是行为人对其所负有的特定义务"对

---

[1] 参见《牟林翰虐待罪案》,载 https://www.chinacourt.org/article/detail/2024/01/id/7748916.shtml,最后访问日期:2024 年 1 月 31 日。

[2] 参见王沛然:《我国身份犯问题研究》,吉林大学 2023 年博士学位论文,第 2 页。

[3] 参见陈兴良、周光权:《刑法学的现代展开Ⅰ》（第 2 版）,中国人民大学出版社 2015 年版,第 342 页。

[4] 参见林维:《真正身份犯之共犯问题展开——实行行为决定论的贯彻》,载《法学家》2013 年第 6 期。

已满十四周岁不满十六周岁的未成年女性负有监护、收养、看护、教育、医疗等特殊职责"的违反而构成的犯罪。再如,我国《刑法》第 165 条规定的"非法经营同类营业罪",就是行为人对其所负有的特定义务(国有公司、企业的董事、经理对国有公司所负有忠实义务)的违反而构成的犯罪。

(2)法益侵害说。该说认为,身份犯的本质源于特殊身份者对特殊法益的侵害性。即身份犯的不法是由身份与实行行为等构成要素直接决定的。我国有学者指出,根据身份犯违法性的实质是法益侵害的观点,如果行为人不具有身份犯所要求的特定身份,事实上身份犯的特殊法益也不可能受到侵害,因此法益侵害可以作为犯罪成立的根据。[1]还有学者认为,真正身份犯所保护法益的特定性决定了只有特殊身份者才能对其进行侵害,但是在不真正身份犯中,之所以有身份者的行为比无身份者的行为受到更重的处罚,根本原因即在于有身份者对法益侵害的危险更大。[2]例如,我国《刑法》第 236 条规定的"强奸罪",该罪的行为主体必须是男性,因为只有男性才能实施奸淫妇女的行为,从而对强奸罪的保护法益(即妇女的性的不可侵犯权)造成侵害,女性则无法实施强奸罪的实行行为。我国《刑法》第 385 条规定的"受贿罪",该罪的行为主体必须是国家工作人员,因为只有国家工作人员才能利用职务便利,索取或收受他人财物,为他人谋取利益,进而对受贿罪的保护法益(即国家工作人员职务的廉洁性)造成侵害。非国家工作人员则无法实施受贿罪的实行行为。此外,我国《刑法》第 243 条第 2 款规定"国家工作人员犯前款罪的,从重处罚"就是因为相对于普通人而言,国家工作人员这一身份会使得其对他人的诬告陷害更容易实施,对诬告陷害罪的保护法益,公民的人身自由的侵害危险更大,因此对国家工作人员的处罚要重于普通人。

(3)综合说。该说认为,就身份犯的本质而言,其既是侵害法益的行为,同时也具备了义务违反的特定要素。综合说主张,犯罪是对法益的侵害,法益侵害说作为刑法理论通说应当予以肯定。但在一定情况下,只有具有特定义务的人的行为才能被刑法规范赋予较重的刑罚评价。该观点主要为部分日本学者所主张。日本学者曾根威彦认为,违反行为规范进而造成法益侵害的

---

[1] 参见马克昌:《比较刑法原理——外国刑法学总论》,武汉大学出版社 2002 年版,第 149 页。
[2] 参见阎二鹏:《身份犯本质刍议》,载《当代法学》2007 年第 5 期,第 37 页。

行为才是犯罪,其对行为的规范违反性和法益侵害性同时进行评价,[1]这实际上就是综合说的理论根据。日本学者野村稔教授进一步指出,在有些场合下,只有具有一定义务的人的行为才能被刑法规范作出无价值的判断,或者作出责任较重的判断。此时,犯罪实体既是侵害或危害生活利益的行为,同时又加上了义务违反的要素。[2]持该观点的日本学者以日本刑法之规定对此进行说明:保护者遗弃罪与单纯的遗弃罪都对他人的生命法益造成侵害,仅就法益侵害而言,并无差别。但是,由于前者违反了作为保护者所应承担的保护义务,因此刑法规定该行为构成保护者遗弃罪并处以较单纯的遗弃罪更重的刑罚。[3]

(二)认定的标准:法益侵害

1. 法益侵害说之提倡

本书认为,对于身份犯的本质应采取的立场,离不开对犯罪的本质的理解。身份犯只是犯罪的一种类型,因此对犯罪的本质的理解必然决定对身份犯本质的认识。如果认为犯罪的本质在于法益侵害,然后又认为身份犯的本质是义务违反,这在逻辑上是混乱的。因此,本书将通过对犯罪的本质的相关学说进行分析,来探讨身份犯的本质。

关于犯罪的本质,刑法理论中有权利侵害说、法益侵害说、义务违反说、规范违反说和综合说等。权利侵害说认为,犯罪的本质是对由法所赋予的权利的侵害。但是,该说不能解释,为何有些并不侵害权利的行为仍然被刑法规定为犯罪。例如,我国《刑法》第301条规定的"聚众淫乱罪"就没有侵害权利。法益侵害说认为,犯罪的本质是对法所保护的生活利益的侵害或者威胁。法益侵害说现在是理论通说,但仍有人质疑法益侵害说并不能说明为何刑法要规定伪证罪。义务违反说认为,犯罪的本质在于义务的违反。但是,与法益侵害的观念相比,义务过于模糊,缺乏具体性,不利于权利的保护。规范违反说认为,犯罪的本质在于对社会伦理规范的违反。但由于现代社会中价值观日趋多样化,刑法并没有将违反社会伦理规范的行为都规定为犯罪。

---

[1] 参见[日]曾根威彦:《刑法学基础》,黎宏译,法律出版社2005年版,第85页。

[2] 参见[日]野村稔:《刑法总论》,全理其、何力译,邓又天审校,法律出版社2001年版,第81~82页。

[3] 参见[日]野村稔:《刑法总论》,全理其、何力译,邓又天审校,法律出版社2001年版,第94页。

综合说认为，犯罪的本质是包含了对法益的侵害、威胁，同时也是对一定的法的义务的违反。但是，该说用于解释义务犯尚可，并不适合全部的犯罪。例如，故意杀人罪就很难说其是对何种义务的违反。

上述5种关于犯罪本质的学说都存在一定的不足，但相对而言，法益侵害说更可取。因为法益这一概念不但明确、具体，还具有较强的包容性，可以通过将法益区分为"个人法益""社会法益"和"国家法益"的方式将全部的犯罪囊括进来，这也是该学说成为通说的重要原因。

2. 身份犯的立法理由：法益侵害

本书主张，在身份犯的本质问题上，亦应采取法益侵害说，而且在本书看来，在某些情形下，法益侵害说较之义务违反说更能解释身份犯的立法理由。例如，对于《刑法》第400条规定的"私放在押人员罪"，从义务违反说的立场，是行为人对其特有的看管或护送在押人员义务的违反；从法益侵害说的立场，则是行为人利用其特殊的身份对国家的羁押机能进行侵害，即无论采取法益侵害说还是采取义务违反说都能对该罪进行说明。但是，对于《刑法》第236条规定的"强奸罪"，从法益侵害说的立场，是行为人利用其男性的自然身份对妇女的性的不可侵害权进行侵害；从义务违反说的立场，就只能将该罪的立法理由解释为"是行为人对男性特有的不得强奸妇女的义务违反"。但这种解释十分牵强，因为法律上并没有这样一种针对男性的特别义务，所谓的"男性特有的不得强奸妇女的义务违反"实际上就是对社会伦理规范的违反，实际上就是在重复"规范违反说"的主张，并没体现出义务违反说的特色。综合说虽然自称是兼采了"法益侵害说"和"义务违反说"，但是只适用于说明部分身份犯，例如《日本刑法典》中的保护者遗弃罪。但是对于一般的身份犯，则没有必要采用综合说。法益侵害说则可以用于解释全部的身份犯，例如关于保护者遗弃罪的立法原因，就在于行为人的特殊身份使得其不但对被害人的生命法益造成侵害，还对这种保护关系造成侵害，因此构成较单纯遗弃罪更重的保护者遗弃罪。

3. 身份的判断标准：法益侵害

由于本书在身份犯的本质问题上采取的是"法益侵害说"，因此在对特殊身份是否具备进行判断时，就应当看行为人是否因为具备某种身份而使得刑法保护的法益受到侵害。例如，在诬告陷害案件中，"假国家工作人员"能否以"国家工作人员"论？这里的"假国家工作人员"不是指冒充国家工作人员进行招摇撞骗的人,而是指本来不具有国家工作人员资质的人,采取非法手段骗取有关组织的信任,被任命为正式国家工作人员的人。即取得国家工作人员身份形式合法、实质非法。根据义务违反说,该国家工作人员的职务是通过骗取有关组织的信任而非法取得的,不能认为其利用该身份诬告陷害他人的行为是对国家工作人员的法定义务的违反,否则无异于承认其所骗取的国家工作人员的身份是合法的。即对诬告陷害案件中的"假国家工作人员"不以"国家工作人员"论,该行为不能适用《刑法》第243条第2款之规定,对其以"诬告陷害罪"从重处罚。但这明显不合理,因为在一般人看来,"假国家工作人员"诬告陷害,其行为的社会危害性并不比"真国家工作人员"小,甚至可能要重于后者。

采取"法益侵害说"则不会发生上述合法不合理的情形。根据"法益侵害说","假国家工作人员"的身份尽管是行为人通过采取欺骗手段得来,但却通过了组织的正式任命,受理报案的司法机关对此并不知晓,因此拥有该身份的人对他人进行诬告陷害,必然会导致其诬告陷害行为对被害人的人身自由法益的侵害较普通人的诬告陷害更加容易实现,即行为人拥有该身份而实施的诬告陷害行为对诬告陷害罪的保护法益侵害更加严重。因此,在诬告陷害案件中"假国家工作人员"应当以"国家工作人员"论。显然,采取"法益侵害说"对不真正身份犯的特殊身份作出的判断的结果较之采取"义务违反说"更加合理。

三、不真正身份犯理论与刑事辩护

(一)"是否利用身份"问题

我国在司法实践中长期以来一直存在"重定罪而轻量刑"的思想,即只有定罪不准确才是错案,才会被追究责任,量刑重一些或轻一些则无关紧要。因此,只影响量刑而不影响定罪的"不真正身份犯"就更少被关注。但是,一方面,囿于我国"无罪判决率极低"这一司法现实,罪轻辩护实际上是刑事辩护的主战场,因此运用"不真正身份犯"理论为被告人开展的罪轻辩护较之以"真正身份犯"理论为被告人进行的无罪辩护更具有现实意义。另一方面,"真正身份犯"的认定只涉及主体特殊身份认定的标准,而不涉及主体是否利用其特殊身份的问题。这是因为,从我国的刑事立法来看,"真正身份犯"包括两种类型:一种是在具备特殊身份的同时,还必须利用该特殊身份才能构成的"真正身份犯"。例如,在受贿罪中,行为人不但必须具有国家工作人员的特殊身份,还必须利用该特殊身份(利用职务便利)收受贿赂,才构成受贿罪。如果没有利用该特殊身份(没有利用职务便利),自然不成立受贿罪。(例如行为人隐瞒其国家工作人员身份,自称是领导的亲戚,能够帮请托人办事,收受请托人的财物,应当以诈骗罪论)。另一种是必须具备特殊身份,但实施该类犯罪行为时无需利用也不可能利用该特殊身份就能构成的"真正身份犯"。例如,在脱逃罪中,行为人必须具有在押人员这一特殊身份,行为人无需利用也不可能利用该种特殊身份实施脱逃,只要行为人有脱逃行为,就构成脱逃罪。这样,在对"真正身份犯"进行认定时,就无需考虑行为人是否利用该特殊身份这一要素。

但"不真正身份犯"的认定除了涉及主体特殊身份认定的标准,还涉及主体是否利用其身份的问题。因为,我国现行刑法对"不真正身份犯"存在两种立法模式:一种是单要素模式,即只对特殊身份作出规定。例如,《刑法》第243条第2款规定:"国家机关工作人员犯前款罪的,从重处罚。"根据该规定,国家工作人员实施诬告陷害行为时,应当从重处罚。而且,从刑法条文上看,从重处罚的前提除了要求行为人是国家工作人员外,并未要求行为人实施诬告陷害时利用了其国家工作人员的身份。另一种是双要素模式。例如,《刑法》第238条第4款规定:"国家机关工作人员利用职权犯前三款罪的,依照前三款的规定从重处罚。"《刑法》第245条第2款规定:"司法工作人员滥用职权,犯前款罪的,从重处罚。"从上述刑法条文表述为"利用职权""滥用职权"来看,显然都是利用了其国家工作人员的身份。因此,依据罪刑法定原则,在双要素模式下的"不真正身份犯"的成立必须以行为人利用其特殊身份实施犯罪为前提,在单要素模式中则只要求行为人具备特殊身份即可,不要求行为人利用其特殊身份实施犯罪。

(二)"不需利用身份说"之批判

在单要素模式下,由于刑法没有明确规定行为主体需要利用身份实施犯罪,因此无论在刑法理论上,还是在司法实践中,"不需利用身份说"都得到了大部分人的支持。

刑法理论上,有观点认为,"不真正身份犯"是否需要利用其特殊身份,取决于对"不真正身份犯"中"身份"的性质的认定,即该"身份"到底是违法身份还是责任身份?一般认为,身份属于行为的违法性要素的为违法身份，身份属于责任要素的则为责任身份。不纯正身份犯的身份是一种责任身份，其特征在于实施犯罪时不需利用身份的便利，规定这种犯罪的原因在于有身份者行为的主客观方面虽然与普通犯罪相同，但由于刑法对其比对一般人更加期待着避免犯罪，在其违背刑法的期待而实施该行为时，体现出更大的主观恶性，从而决定了其具有更为严重的社会危害性。[1]

本书认为，"不真正身份犯"在性质上是责任身份犯的观点并不可取。责任身份说用来解释日本刑法中的"保护责任者遗弃罪"或"杀害尊亲属罪"等日本刑法理论中的"不纯正身份犯"或许还有一定的道理，因为无论是遗弃还是杀人，都不需要利用身份的便利，因此，日本刑法中的"不真正身份犯"确实可以被看作是一种责任身份。然而，我国刑法对于"不真正身份犯"存在单要素模式和双要素模式两种规定方式，而双要素模式中刑法明确规定行为人必须利用其特殊身份实施犯罪才成立"不真正身份犯"，在此情形下仍然认为我国刑法中的"不真正身份犯"是责任身份就有些不合时宜了。

在司法实践中，有人认为，我国刑法中的多数"不真正身份犯"都要求行为人具有"国家机关工作人员""司法工作人员"等特殊身份，这是因为这类人实施犯罪会损害国家机关或司法机关的形象，所以其社会危害性较普通人实施相同犯罪要大得多，因此刑法规定对其从重处罚。因此，对于此类"不真正身份犯"不需要主体利用其身份实施犯罪。

对于这种观点本书不敢苟同。首先，"国家机关工作人员""司法工作人员"所实施的一切犯罪都会损害国家机关或司法机关的形象，但我国刑法却只将部分犯罪（例如"诬告陷害罪""非法拘禁罪""非法搜查罪""非法侵入住宅罪"）规定为"不真正身份犯"，而没有将其他犯罪（例如"盗窃罪""诈骗罪""抢夺罪"）等规定为"不真正身份犯"。其次，我国刑法也有部分"不真正身份犯"不要求行为人具有"国家机关工作人员""司法工作人员"等身份，而是要求行为人具有其他特殊身份。例如，《刑法》第361条第2款规定："前款所列单位的主要负责人，犯前款罪的，从重处罚。"旅馆业、饮食服务业、文化娱乐业、出租汽车业等单位的主要负责人实施的上述犯罪，显然不会损害国家机关或司法机关的形象，但刑法仍然将其规定为"不真正身份犯"。

---

[1] 参见马克昌：《比较刑法原理——外国刑法学总论》，武汉大学出版社2002年版，第150页。

(三)"利用身份说":刑辩空间之拓展

本书认为,单要素模式中是否要求行为人利用其特殊身份实施犯罪这一问题的解决,还是要回到对身份犯的本质的理解上。从理论上来说,关于身份犯的本质存在"义务违反说"和"法益侵害说"这两种基本学说。对于"不真正身份犯"的成立是否要求行为人利用特殊身份这一要素,依据不同的学说,就会得出不同的结论。以我国《刑法》第243条第2款国家工作人员犯诬告陷害罪的,从重处罚的规定为例,如果采取义务违反说,则由于国家工作人员并不特别负有不得诬告陷害他人之义务,因此只要是具有国家工作人员身份的人对他人进行诬告陷害,即使在实施诬告陷害时没有利用其国家工作人员身份,也应当从重处罚。如果采取法益侵害说,则会认为当国家工作人员利用其特殊身份对他人实施诬告陷害时,会使得其犯罪行为更容易实施,对法益的侵害也更加严重,因此具有国家工作人员身份的人必须是利用了该特殊身份对他人进行诬告陷害,才应当从重处罚。如果在实施诬告陷害时没有利用其国家工作人员身份,则不应当从重处罚。现今法益侵害说是刑法理论通说,因此单要素模式中不真正不作为犯的成立,以行为人利用其特殊身份实施犯罪为前提条件。

除了依据法益侵害说,本书还认为,我国刑法规定"不真正身份犯"也是基于一般预防的考虑。因为立法者在划定犯罪圈及设定法定刑时,并没有将法益侵害作为唯一标准,而是同时考虑了一般预防必要性。例如,醉酒驾驶航空器对法益的侵害远大于醉酒驾驶机动车,但根据《刑法》第133条之一规定,我国《刑法》只处罚醉酒驾驶机动车的行为,但不处罚醉酒驾驶航空器的行为。就是因为醉酒驾驶航空器发生的概率较低,对该类行为的一般预防需要不大。再如,《刑法》第264条和第275条分别规定了"盗窃罪"和"故意毁坏财物罪"。故意毁坏财物罪对法益的侵害重于盗窃罪,其法定刑反而低于盗窃罪,这也是因为盗窃案发生的概率远高于故意毁坏财物,对盗窃行为的一般预防需要更大。我国刑法之所以对"不真正身份犯"进行立法,也是因为对此类行为的一般预防需要较大。当前,我国《刑法》中共有16个"不真正身份犯",其中有12个采取的是单要素规定模式,即叛逃罪,诬告陷害罪,妨害作证罪,帮助毁灭、伪造证据罪,包庇毒品犯罪分子罪,组织卖淫罪、强迫卖淫罪,协助组织卖淫罪,引诱、容留、介绍卖淫罪,引诱幼女卖淫罪,刑讯逼供转化为故意伤害罪和故意杀人罪。另外4个采取的是双要素规定模式,即非法拘禁罪、非法搜查罪、非法侵入住宅罪、非法拘禁罪转化为故意伤害罪和故意杀人罪。其中,从重处罚的特殊行为主体包括国家工作人员、国家机关工作人员、司法工作人员、缉毒人员、相关行业的单位主要负责人。从相关罪名与特殊行为主体的对应关系可以看出,对上述"不真正身份犯"进行立法的原因也是基于一般预防的需要。例如,叛逃罪本来就是一个"真正身份犯",即其行为主体为国家机关工作人员,但是掌握国家秘密的国家工作人员往往是境外间谍机构重点拉拢、诱惑的人员,这一类人员发生叛逃的概率较大,一般预防的需要也更大,因此刑法将叛逃罪同时规定为"不真正身份犯"。旅馆业、饮食服务业、文化娱乐业、出租汽车业等单位的主要负责人因其工作性质的原因,实施相关卖淫嫖娼犯罪的概率更大,一般预防的需要也更大。其他的诸如非法拘禁罪对国家机关工作人员从重处罚;非法搜查罪,非法侵入住宅罪,妨害作证罪,帮助毁灭、伪造证据罪对司法工作人员从重处罚;包庇毒品犯罪分子罪对缉毒人员从重处罚等,都是因为这一类人员由于工作性质的原因,实施相关犯罪的概率更大,一般预防的需要也更大。可见,我国刑法对"不真正身份犯"进行立法的原因,除了对法益侵害的考量外,也因为特殊主体利用其特殊身份实施这一类犯罪的概率较大,基于一般预防的需要必须对其从重处罚。因此,司法实践中对被告人适用上述"不真正身份犯"条款从重处罚时,即使该条款中没有"行为人利用其特殊身份实施犯罪"的规定,也应当将被告人实施该犯罪时利用了这种特殊身份这一要素作为从重处罚的前提条件。至于立法者为何在"不真正身份犯"的部分条款中对"行为人利用其特殊身份实施犯罪"这一要素作出明确规定,本书认为,应当将这一类规定理解为"注意性规定"。例如,在"非法拘禁罪"中,由于"非法拘禁罪"是司法实践中常见的犯罪,与国家机关工作人员的身份联系并不紧密,立法者担心司法者在对国家机关工作人员犯非法拘禁罪从重处罚时因疏忽而未将"利用职权"这一要素考虑进去,故此作出该规定。

可见,在单要素模式下,"不真正身份犯"的成立除了需要具备"特定身份"外,还需要主体利用该特定身份实施犯罪,这就为刑事辩护大大拓展了空间。因为关于被告人是否具备"特定身份"必然是公诉人及法官关注的重点,公诉人也一定会为此准备充分的证据,辩护人要想在"特定身份"这方面有所突破,十分困难。然而,由于在单要素模式下刑法没有规定需要利用特定身份，公诉人通常会想当然地认为利用特定身份不是该不真正身份犯成立的前提条件，自然也就不会去准备这方面的证据，如果辩护人在法庭上提出该观点并进行充分的论证说理，很容易打公诉人一个措手不及。当然，回过神来的公诉人很可能以我国刑法中存在单要素模式和双要素模式两种不同的"不真正身份犯"立法为由，主张单要素模式下利用特定身份不是不真正身份犯成立的前提条件。对此，辩护人应当予以反驳：双要素模式中对主体利用特定身份的规定是一种注意性规定，不能因为双要素模式中有这样的规定，就倒推单要素模式中主体不需要利用特殊身份。

附录：案例与辩护意见

1. 案例

2020年5月3日，被告人秦某某（案发时为"支教、支农、支医和扶贫工作人员"）与被害人齐某某（2007年3月31日出生）在网上相识并加为微信好友，微信聊天过程中齐某某告诉秦某某其年龄为十四五岁，尚在读初中。后两人在微信上确认为男女朋友关系。2020年5月12日，齐某某与秦某某在某宾馆开房并发生了性关系。2020年5月16日，秦某某与齐某某再次开房发生了性关系。后齐某某母亲得知二人发生性关系之事后报案。秦某某于2020年6月13日被抓获归案，到案后如实供述了上述事实。后被告人亲属对被害人进行了赔偿，取得了被害人及其父母的谅解。在该案的审查起诉阶段，检察机关给秦某某做了认罪认罚，量刑建议为：判处有期徒刑3年4个月。一审判决被告人秦某某犯强奸罪，判处有期徒刑3年4个月。一审判决宣告后，秦某某不服提起上诉。检察机关亦提起抗诉。理由是：①原审判决未认定秦某某国家工作人员身份，导致未依法从严惩处，属于事实认定错误。②原审判决错误认定秦某某具有坦白情节，导致量刑明显不当。

2. 辩护意见

秦某某涉嫌强奸罪二审辩护词

审判长、审判员：

江西豫章律师事务所受本案被告人秦某某家属的委托，并经征得其本人同意，指派胡东平律师担任被告人秦某某二审辩护人。现依据事实与法律，发表辩护意见如下：

1. 一审程序严重违法，剥夺了诉讼参加人的诉讼权利，影响到本案事实查明

本案中，被害人陈述系重要的定案证据。《最高人民法院、最高人民检察院关于审理强奸案件应慎重处理被害人出庭问题的通知》（以下称《审理强奸案件通知》）第1条规定："人民法院开庭审理强奸妇女和奸淫幼女案件时，对于被害人依照刑事诉讼法的规定，愿意出庭向被告人发问、陈述作证和发言辩论的，可以通知被害人到庭；对于被害人不愿出庭的，可不通知其到庭。被害人是否愿意出庭行使诉讼权利和履行作证义务，人民法院应当在开庭前征求被害人的意见，并将被害人的意见告知提起公诉的人民检察院。"因此，在一审开庭审理前，一审辩护人向一审法院提交了《被害人出庭作证申请书》，本案被害人经一审法院通知同意出庭作证，并于开庭当日到达法庭外等候，准备陈述作证。然而，根据一审《法庭审理笔录》记载，在整个一审庭审中，合议庭并没有让被害人出庭作陈述作证。据一审辩护人回忆，合议庭只是在庭审结束后，由审判人员将被害人带到办公室进行单独询问，当时辩护人和公诉人都不在场。

辩护人认为，根据《审理强奸案件通知》第3条的规定："强奸妇女和奸淫幼女，属于涉及个人隐私的案件。依照刑事诉讼法第一百一十一条的规定，人民法院对这类案件实行不公开审理。开庭时，除本案的审判人员、书记员、公诉人、律师、值庭人员、司法警察和其他诉讼参与人在场外，不允许其他任何人进入法庭。……"可见，我国法律对强奸案实行的是不公开审理，所谓"不公开审理"，是指开庭时，不允许本案的审判人员、书记员、公诉人、律师、值庭人员、司法警察和其他诉讼参与人以外的其他任何人进入法庭。但是，在本案中，被害人陈述不但是在庭审结束后作出，而且当时只有审判人员在场，公诉人和辩护人都不在场，这无异于将《刑事诉讼法》规定的对强奸案实行"不公开审理"变成了"秘密审理"。一审辩护人至今都不知道当时被害人陈述的内容，亦无法对该证据进行质证并据此发表辩护意见。

因此，一审程序严重违法，剥夺了诉讼参加人的诉讼权利，影响到本案事实查明。

2. 一审中对于违法收集的被害人陈述这一证据没有予以排除

《刑事诉讼法》规定，询问女性未成年被害人，应当有女工作人员在场。本案中，公安机关于2020年6月15日凌晨给被害人制作了最重要的第一份询

问笔录,该询问笔录中询问人"佟某某"的签名明显是事后添加上去的。因为办案公安机关在2020年8月27日出具的《情况说明》中陈述:"2020年6月15日凌晨,我大队在对受害人齐某某进行询问时,除侦查员何某某、李某外,大队女民警佟某某亦在场。"但是,《情况说明》上只有办案机关的印章,而无侦查员何某某、李某的签名。根据《最高人民法院关于适用〈中华人民共和国刑事诉讼法〉的解释》第101条第2款之规定:"公诉人提交的取证过程合法的说明材料,应当经有关侦查人员签名,并加盖公章。未经有关侦查人员签名的,不得作为证据使用。上述说明材料不能单独作为证明取证过程合法的证据。"

因此,没有证据能够证明2020年6月15日凌晨,侦查人员在对受害人齐某某进行询问时有女工作人员在场。对于被害人2020年6月15日的第一份询问笔录不能作为本案证据,但一审法院却没有将其予以排除。

3. 一审判决认定事实不清,适用法律错误

本案定案的关键问题是被告人在与被害人发生性行为时,是否"明知"被害人为幼女。被害人在第一次笔录中说:"GOLD(即秦某某)问过我的年龄,我说我14岁,我还告诉他我现在刚读完初一。"在第二次笔录中,办案民警问:"GOLD是否问过你的年龄和相关情况?"(见证据卷P10)被害人答:"问过,我们在辉煌网吧第一次见面的时候他就问过我的年龄,我说我14岁,他还问我在哪里读书,我说我就在明星路附近读书,马上就读初二。"(见证据卷P16)被告人在第二次笔录中说:"我问过她读几年级,她说她读初中,我忘记了她有没有跟我说过读书初几,我也问过她的年纪,她说她十四五岁。"(见证据卷P28)其在第三次笔录中说:"我问过她的情况,她就告诉我她读初中,14、15岁。"(见证据卷P30)在第五次笔录中说:"我问过她的年龄。我是在和她发生性关系之前问的,是当面聊天的时候问的,她跟进我说十四五岁,在读初中。"(见证据卷P34)

可见,在发生性关系前秦某某是否知道被害人为幼女这一问题上,被害人陈述和被告人供述都很稳定且基本上能够相互印证,即被害人当时告诉被告人她14(15)岁,在读初中。正因如此,一审判书载明:"经审理查明,2020年7月10日晚,被告人秦某某与被害人齐某某(女,2007年3月31日出生)在辉煌网吧认识,聊天过程中秦某某得知齐某某年龄为十四五岁,尚在读初中。"应当说,一审判决审理查明的上述事实与本案证据反映的情况是

一致的。

然而，一审判书随后又说："本院认为，被告人秦某某明知他人是不满十四周岁的幼女仍两次与其发生性关系，其行为已构成强奸罪，并应从重处罚。"至于为什么前面审理查明"秦某某得知齐某某年龄为十四五岁"，一审判决仍然认为"被告人秦某某明知他人是不满十四周岁的幼女仍两次与其发生性关系"？一审判决的理由是"被告人秦某某明知齐某某是初中生，作为成年人的被告人秦某某应当具有与其年龄相当的认知能力，应当认识到作为初中生的齐某某可能系不满十四周岁的幼女"。但该理由根本不能成立。

根据《最高人民法院、最高人民检察院、公安部、司法部关于依法惩治性侵害未成年人犯罪的意见》第19条规定："知道或者应当知道对方是不满十四周岁的幼女，而实施奸淫等性侵害行为的，应当认定行为人'明知'对方是幼女。对于不满十二周岁的被害人实施奸淫等性侵害行为的，应当认定行为人'明知'对方是幼女。对于已满十二周岁不满十四周岁的被害人，从其身体发育状况、言谈举止、衣着特征、生活作息规律等观察可能是幼女，而实施奸淫等性侵害行为的，应当认定行为人'明知'对方是幼女。"可见，行为人"明知"对方是幼女包括"知道"和"应当知道"两种情形。所谓"知道"是指有证据证明被告人知道幼女的年龄。例如，在张某某强奸罪一案中（见[2019]吉0381刑初689号判决书），法院经审理查明，根据卷宗证据中被告人张某某的供述称被害人刘某1确实曾跟其说过她生日是2005年2月份快要过年的时候。而双方第一次发生性关系的时间是2019年8月3日晚。据此，法院认定被告人张某某"明知"被害人为幼女。所谓"应当知道"是指，虽然没有证据证明被告人知道对方为幼女，但是"从其身体发育状况、言谈举止、衣着特征、生活作息规律等观察可能是幼女"。即"应当知道"是指在被告人没有获得对方年龄信息的情况下，根据对方的身体发育状况、言谈举止、衣着特征、生活作息规律等综合情况，可以判断出被害人系幼女。本案中，一审判决在认定"聊天过程中秦某某得知齐某某年龄为十四五岁"的前提下，仅凭"被告人秦某某明知齐某某是初中生"这个单一情节，就得出秦某某"应当认识到作为初中生的齐某某可能系不满十四周岁的幼女"这一结论，明显是错误的。因为按照我国《义务教育法》的规定，初中一般是13周岁~15周岁。如果不考虑其他因素，的确可以得出"应当认识到作为初中生的齐某某可能系不满十四周岁的幼女"这一结论。然而，本案中，秦某某不但得知齐某某是初中生,而且在"聊天过程中秦某某得知齐某某年龄为十四五岁",以及知道被害人在网吧上网包夜,经常夜不归宿(与幼女不同的作息规律),知道被害人能够熟练地操作宾馆开房间,懂得很多避孕措施(与幼女不同的言谈举止),综合这些因素,就不能得出秦某某"应当认识到作为初中生的齐某某可能系不满十四周岁的幼女"这一结论了。

本案中,一审判决支持了公诉机关对秦某某行为性质的认定。公诉机关认定秦某某明知被害人不满14周岁的一个重要理由是,秦某某的微信聊天记录显示他曾经想与别的幼女发生性关系。公诉人因此推定秦某某对本案被害人是否系幼女持希望的心理,即如果秦某某明确知道被害人系幼女也会与其发生性关系,然后就得出秦某某明知被害人不满14周岁这一结论。然而,这是犯了将假设当成现实来认定的错误。例如,甲与乙有深仇大恨,一直想杀死乙但苦于没有机会。一天甲在打猎时误将从此经过的乙当成猎物射杀。该案中,虽然甲在主观上想犯故意杀人罪,但这不影响其客观上只能构成过失致人死亡罪。本案亦是如此,即便秦某某主观上希望与幼女发生性关系,但客观上他仍然是把被害人当成已满14周岁的女性而与其发生性关系。因此,不能因为秦某某主观上希望与幼女发生性关系,就认为客观上他对被害人系幼女就是明知。这是混淆了犯罪的主观和客观的认定。

4. 本案检察机关对一审判决进行抗诉的理由不能成立

本案中,检察机关抗诉的理由是:①被告人秦某某在证据没有发生任何变化的情况下,以不构成犯罪为由提出上诉,属于以认罪认罚形式换取较轻刑罚,再利用上诉不加刑原则提起上诉,认罪动机不纯,秦某某认罪认罚后反悔提出上诉,说明上诉人不是真诚认罪悔罪,对其不应适用认罪认罚从宽处理。②秦某某是"三支一扶"人员,属于国家工作人员,依据《最高人民法院、最高人民检察院、公安部、司法部关于依法惩治性侵害未成年人犯罪的意见》,国家工作人员实施强奸犯罪的,依法从严惩处。③本案中,秦某某明知被害人未满14周岁,2次和被害人发生性关系,应当酌情从重处罚。

辩护人认为,上述理由不能成立。

(1) 本案中,秦某某在签署认罪认罚具结书的过程中其合法权利没有得到保障,该具结书没有表现其真实意思。

认罪认罚制度适用的前提条件是,被告人在对认罪认罚的性质和法律后果有明确的认知的情况下,自愿作出认罪认罚的决定。为此,《最高人民法院、最高人民检察院、公安部、国家安全部、司法部关于适用认罪认罚从宽制度的指导意见》对认罪认罚中被告人的相关辩护权保障以及该制度适用中应当遵守的程序作出了明确规定。本案的认罪认罚中存在以下违反该意见规定的情形：

第一，一审辩护人未尽到应有职责，被告人获得法律帮助权没有得到保障。

《最高人民法院、最高人民检察院、公安部、国家安全部、司法部关于适用认罪认罚从宽制度的指导意见》第10条第1款规定："获得法律帮助权。人民法院、人民检察院、公安机关办理认罪认罚案件，应当保障犯罪嫌疑人、被告人获得有效法律帮助，确保其了解认罪认罚的性质和法律后果，自愿认罪认罚。"第15条规定："辩护人职责。认罪认罚案件犯罪嫌疑人、被告人委托辩护人或者法律援助机构指派律师为其辩护的，辩护律师在侦查、审查起诉和审判阶段，应当与犯罪嫌疑人、被告人就是否认罪认罚进行沟通，提供法律咨询和帮助，并就定罪量刑、诉讼程序适用等向办案机关提出意见。"本案中，秦某某的家属委托了江西瑞中律师事务所的魏某某、赵某某两位律师作为秦某某在侦查、审查起诉和一审阶段的辩护人。但据秦某某本人陈述，只有魏某某律师在批捕阶段会见过秦某某一次，会见中也没有和他谈起过认罪认罚的问题。整个刑事诉讼中，除了公诉人提审秦某某时要求秦某某签署认罪认罚具结书（公诉人也没有询问过秦某某是否就认罪认罚问题获得过律师的解答），没有任何人就认罪认罚的性质和法律后果向秦某某作过阐述和解答。一审辩护人未尽到应有职责，被告人获得法律帮助权没有得到保障。

第二，检察机关在为秦某某办理认罪认罚时在程序上存在重大瑕疵。

《最高人民法院、最高人民检察院、公安部、国家安全部、司法部关于适用认罪认罚从宽制度的指导意见》第27条规定："犯罪嫌疑人认罪认罚的，人民检察院应当就下列事项听取犯罪嫌疑人、辩护人或者值班律师的意见，记录在案并附卷：（一）涉嫌的犯罪事实、罪名及适用的法律规定；（二）从轻、减轻或者免除处罚等从宽处罚的建议；（三）认罪认罚后案件审理适用的程序；（四）其他需要听取意见的情形。人民检察院未采纳辩护人、值班律师意见的，应当说明理由。"但整个案卷中，只有2020年11月12日检察机关给秦某某作的讯问笔录中问了句"你是否认罪认罚"，秦某某答"我自愿认罪认罚"。此外没有见到《最高人民法院、最高人民检察院、公安部、国家安全部、司法部关于适用认罪认罚从宽制度的指导意见》第 27 条规定的听取意见记录，甚至连秦某某涉嫌的罪名都未告知他。

《最高人民法院、最高人民检察院、公安部、国家安全部、司法部关于适用认罪认罚从宽制度的指导意见》第 31 条第 1 款规定："签署具结书。犯罪嫌疑人自愿认罪，同意量刑建议和程序适用的，应当在辩护人或者值班律师在场的情况下签署认罪认罚具结书。犯罪嫌疑人被羁押的，看守所应当为签署具结书提供场所。具结书应当包括犯罪嫌疑人如实供述罪行、同意量刑建议、程序适用等内容，由犯罪嫌疑人、辩护人或者值班律师签名。"本案中，秦某某签署的《认罪认罚具结书》第 4 条"自愿签署声明"载明："本人就本具结书内容已经听取辩护人的法律意见，知悉认罪认罚可能导致的法律后果。"《认罪认罚具结书》辩护人签名栏中签有"赵某某、魏某某"的名字，并附有"本人系江西省某某律师事务所的律师，担任犯罪嫌疑人秦某某的辩护人。本人证明，该犯罪嫌疑人已经阅读了《认罪认罚从宽制度告知书》及《认罪认罚具结书》，自愿签署了上述《认罪认罚具结书》"的见证声明。

然而，据秦某某回忆，签订《认罪认罚具结书》时到场的只有两人，一个是办案检察官，另外一人他不认识（但不是魏某某）。而且在整个过程中该人都没有表明自己的身份，办案检察官也未向秦某某介绍该人的身份，或者询问秦某某是否需要向辩护人咨询。导致秦某某一直以为同来这个人是检察院的工作人员。但是，案卷中的《认罪认罚具结书》中却有"赵某某、魏某某"两人的签名。显然，"魏某某"根本未到现场，其签名属于"无效"补签。赵某某虽然到场，但既未表明身份，也未就认罪认罚事项向秦某某提供法律意见，严重违反法律规定，该《认罪认罚具结书》不发生法律效力。

（2）一审判决书和庭审笔录显示本案不是按照认罪认罚程序审理：

第一，庭审笔录显示本案没有按认罪认罚审理。

《最高人民法院、最高人民检察院、公安部、国家安全部、司法部关于适用认罪认罚从宽制度的指导意见》第 39 条第 1、2 款规定："办理认罪认罚案件，人民法院应当告知被告人享有的诉讼权利和认罪认罚的法律规定，听取被告人及其辩护人或者值班律师的意见。庭审中应当对认罪认罚的自愿性、具结书内容的真实性和合法性进行审查核实，重点核实以下内容：（一）被告人是否自愿认罪认罚，有无因受到暴力、威胁、引诱而违背意愿认罪认罚；（二）被告人认罪认罚时的认知能力和精神状态是否正常；（三）被告人是否理解认罪认罚的性质和可能导致的法律后果；（四）人民检察院、公安机关是否履行告知义务并听取意见；（五）值班律师或者辩护人是否与人民检察院进行沟通，提供了有效法律帮助或者辩护，并在场见证认罪认罚具结书的签署。庭审中审判人员可以根据具体案情，围绕定罪量刑的关键事实，对被告人认罪认罚的自愿性、真实性等进行发问，确认被告人是否实施犯罪，是否真诚悔罪。"

根据一审庭审笔录记载，整个庭审中审判人员只问了被告人一句"被告人是否自愿认罪"，被告人答"自愿认罪"。这里审判人员问的是"是否自愿认罪"而不是"是否自愿认罪认罚"。在司法实践中，在普通的非认罪认罚庭审中，审判人员通常都会在公诉人宣读完起诉书后，问被告人对《起诉书》指控的犯罪事实是否有异议，是否认罪？而且，整个庭审中审判人员也没有按《最高人民法院、最高人民检察院、公安部、国际安全部、司法部关于适用认罪认罚从宽制度的指导意见》第39条的要求对相关事项进行审查核实。可见，一审庭审并没有按照认罪认罚程序审理。

此外，《最高人民法院、最高人民检察院、公安部、国家安全部、司法部关于适用认罪认罚从宽制度的指导意见》第39条第3款还规定："被告人违背意愿认罪认罚，或者认罪认罚后又反悔，依法需要转换程序的，应当按照普通程序对案件重新审理。……"被告人秦某某在庭审之初虽然表示对起诉书指控的犯罪事实和罪名没有异议，自愿认罪。但是，在随后的庭审中发表辩护意见时说："我主观上一直认为未成年是已满十四周岁不满十八周岁的人，被害人会抽烟，去网吧，她会跟同学去摆摊挣钱，而且好像也跟我说过她十六岁了。""我是考虑过被害人是未满十四周岁，但我综合她的行为认为她已满十四周岁，才会发生性关系。我微信聊天证明我发生性关系的对象是已满十四周岁的，而且我说的十三四岁是夸张的说法。"可见，秦某某在庭审中为自己所作的辩护实际上是无罪辩护。根据《最高人民法院、最高人民检察院、公安部、国家安全部、司法部关于适用认罪认罚从宽制度的指导意见》第39条之规定，在此种情况下也不应当按认罪认罚程序进行审理。

第二，一审判决书显示本案未适用认罪认罚程序。

首先，虽然一审判决书中提到："本案审理过程中，公诉机关向本院提交了量刑建议书，建议对被告人秦某某判处有期徒刑三年四个月。"但一审判决书中并未记载本案系根据认罪认罚程序审理。根据我国法律，公诉机关向审判机关提交量刑建议书并非只存在于认罪认罚程序中,在非认罪认罚的普通程序中公诉机关亦可向审判机关提交量刑建议书。其次,一审判决书认定本案中被告人秦某某的从宽处罚情节有两个:一是"被告人秦某某归案后能如实供述自己所犯罪行,属坦白,可依法从轻处罚";二是"积极赔偿被害人损失并取得被害人的谅解,可酌情从轻处罚"。一方面,一审判决并未将认罪认罚作为对秦某某从宽处罚的依据。另一方面,《最高人民法院、最高人民检察院、公安部、国家安全部、司法部关于适用认罪认罚从宽制度的指导意见》第9条第2款规定:"认罪认罚的从宽幅度一般应当大于仅有坦白,或者虽认罪但不认罚的从宽幅度。对犯罪嫌疑人、被告人具有自首、坦白情节,同时认罪认罚的,应当在法定刑幅度内给予相对更大的从宽幅度。认罪认罚与自首、坦白不作重复评价。"可见,在同一个刑事案件中,不能将认罪认罚和坦白同时作为从宽处罚的量刑情节。一审判决将"坦白"作为量刑情节,表明本案没有适用认罪认罚程序审理。

第三,所谓"认罪认罚后反悔提出上诉,说明上诉人不是真诚认罪悔罪,对其不应适用认罪认罚从宽处理"的抗诉理由没有法律依据。如前所述,本案中检察机关给秦某某所作的"认罪认罚"严重违反程序,系秦某某签署的《认罪认罚具结书》在法律上是无效的。而且,一审判决也不是依据"认罪认罚"程序作出的。本案不存在认罪认罚后反悔提出上诉的问题。退一万步来说,即使本案确实是认罪认罚后提出上诉,检察机关也不应当以此为由提起抗诉。一方面,如前所述,本案中的重要证据"被害人陈述"存在重大瑕疵,一审中未被发现,这足以影响本案的定性,应当通过二审予以纠正;另一方面,没有任何法律或司法解释明确规定,"认罪认罚后反悔提出上诉,说明上诉人不是真诚认罪悔罪,对其不应适用认罪认罚从宽处理,检察机关应当提起抗诉"。相反,2021年1月13日最高人民检察院张军检察长在河南郑州调研时,针对认罪认罚案件的上诉和抗诉问题指出:认罪认罚从宽制度适用下的上诉和抗诉问题很复杂,需要具体作一些分析,不能一概而论。张军检察长提出,只有对于为不再移送监狱服剩余刑期而进行的"假上诉"才是原则上应当予以抗诉的。

(3)《抗诉书》中以秦某某属于国家工作人员应当依法从严惩处的抗诉理由不能成立。《抗诉书》认为:根据《最高人民法院、最高人民检察院、公安部、司法部关于依法惩治性侵害未成年人犯罪的意见》第25条第1款的规定,对未成年人负有特殊职责的人员、与未成年人有共同家庭生活关系的人员、国家工作人员或者冒充国家工作人员,实施强奸、猥亵犯罪的,在从重处罚的基础上,更要依法从严惩处。在本案中,被告人秦某某是"三支一扶"人员,历任乡扶贫专干、团委专职副书记、综治干事、纪委干事,其依法从事公务,属于国家工作人员,符合前述意见中所规定的情形,应当在从重处罚的基础上,更要依法从严惩处。

辩护人认为,《最高人民法院、最高人民检察院、公安部、司法部关于依法惩治性侵害未成年人犯罪的意见》实际上是将强奸未成年人型的"强奸罪"作为"不真正身份犯"来对待。所谓"不真正身份犯",是指以特殊身份作为某种犯罪的刑罚之加重或减轻根据的犯罪,在这种情形下,行为人不具有该种特殊身份不影响定罪,但该种特殊身份会成为刑罚加重或减轻的事由。即对国家工作人员实施的强奸未成年人的行为以强奸罪从重处罚。辩护人认为,"不真正身份犯"的成立除了行为人必须具备某种特殊身份外,还必须利用这种特殊身份实施犯罪。理由如下:

第一,刑法将国家工作人员、国家机关工作人员实施的部分犯罪设立为"不真正身份犯"不是因为这类人实施犯罪会损害国家机关或司法机关的形象。因为国家工作人员所实施的任何犯罪,都会损害国家机关或司法机关的形象,但我国刑法却只将"诬告陷害罪""非法拘禁罪"等极少数犯罪规定为"不真正身份犯",其他大部分犯罪都没有规定为"不真正身份犯"。

第二,我国刑法之所以对"不真正身份犯"进行立法,一方面是因为只有行为人利用这种特殊身份实施犯罪,才会对法益造成更严重的侵害,所以才需要对行为从重处罚。例如,我国《刑法》第243条第2款规定:"国家机关工作人员犯前款罪的,从重处罚。"如果国家工作人员未利用其特殊身份实施诬告陷害,该行为对公民的人身权及国家的司法秩序造成的侵害与普通人实施诬告陷害没有区别。只有当国家工作人员利用其特殊身份实施诬告陷害时,该行为对公民的人身权及国家的司法秩序造成的侵害才会重于普通人。另一方面是因为对于此类行为的一般预防需要较大。例如,叛逃罪本来就是一个"真正身份犯",即其行为主体为国家机关工作人员,但是掌握国家秘密的国家工作人员往往是境外间谍机构重点拉拢、诱惑的人员,这一类人员发生叛逃的概率较大,一般预防的需要也更大,因此刑法将叛逃罪同时规定为"不真正身份犯"。其他的诸如非法拘禁罪对国家机关工作人员从重处罚;非法搜查罪，非法侵入住宅罪，妨害作证罪，帮助毁灭、伪造证据罪对司法工作人员从重处罚；包庇毒品犯罪分子罪对缉毒人员从重处罚等，都是因为这一类人员由于工作性质的原因，实施相关犯罪的概率更大，一般预防的需要也更大。

第三，《最高人民法院、最高人民检察院、公安部、国家安全部、司法部关于适用认罪认罚从宽制度的指导意见》规定对"未成年人负有特殊职责的人员""与未成年人有共同家庭生活关系的人员"强奸未成年人从重处罚，是因为这两类人员利用其特殊身份实施犯罪的概率较无身份者更大，一般预防的需要也更大，才有必要从重处罚。《最高人民法院、最高人民检察院、公安部、司法部关于依法惩治性侵害未成年人犯罪的意见》规定对"冒充国家工作人员"强奸未成年人从重处罚，更是直接表明，只有利用"国家工作人员"这种身份实施强奸未成年人的行为，才有从重处罚的必要。

本案中，秦某某的行为不成立强奸未成年人的"不真正不作为犯"，理由如下：

第一，秦某某系"三支一扶"人员。根据《中共中央办公厅、国务院办公厅关于引导和鼓励高校毕业生面向基层就业的意见》之规定，"三支一扶"系国家为解决高校毕业生就业问题及老少边穷地区缺乏人才问题而出台一项政策。"三支一扶"人员在工作期间没有国家工作人员编制，服务期结束后需要重新进入人才市场就业。亦没有任何法律或司法解释规定"三支一扶"人员在服务期间以国家工作人员论。

第二，即使认为秦某某具有国家工作人员身份，但是，如前所述，"不真正身份犯"的成立除了行为人必须具备某种特殊身份外，还必须利用这种特殊身份实施犯罪。本案证据显示，秦某某与齐某某从认识到发生性关系的整个过程中，都没有告诉齐某某自己是"三支一扶"人员，亦即秦某某没有利用其"国家工作人员身份"与齐某某发生性关系。

退一万步说，即使对秦某某应以国家工作人员论，亦不能以此作为抗诉的理由。因为该情况在一审时即已存在，秦某某并未隐瞒。如果认为"认罪认罚"从宽处罚抵消了国家工作人员从严处罚的部分，导致一审判决量刑畸轻，则抗诉的理由仍然是秦某某认罪认罚后反悔提出上诉，而与国家工作人员身份无关。

（4）一审判决结果没有超出按普通程序审理的量刑范围。

本案中，一审判决认定秦某某奸淫幼女 2 次，有坦白和积极赔偿被害人损失并取得被害人的谅解等从宽情节。根据《江西省高级人民法院〈关于常见犯罪的量刑指导意见〉实施细则》，奸淫幼女一人的，可以在 4 年~7 年有期徒刑幅度内确定量刑起点。强奸 2 次以上的可以增加基准刑的 30% 以下。对于坦白情节，如实供述自己罪行的，可以减少基准刑的 20% 以下。对于积极赔偿被害人经济损失并取得谅解的，可以减少基准刑的 40% 以下。本案的量刑起点为 4 年，增加减少基准刑皆取中位数，则在不考虑认罪认罚的情形下，根据上述细则秦某某的量刑为 48 月，48 月×15% = 40.8 月。这与一审判决结果 3 年 4 个月（即 40 个月）几乎完全相等。由此可见，一审判决结果没有超出按普通程序审理的量刑范围。

综上所述，本案一审程序存在重大瑕疵，非法证据未予排除，认定事实错误，检察机关抗诉理由不能成立。请二审法院对本案事实重新予以认定，依法判决秦某某不构成强奸罪。

以上辩护意见敬请采纳！

辩护人：胡东平
2021 年 3 月 7 日

第三编

责任理论编

第九章

责任主义原则在刑事辩护中的运用

一、作为刑法格言的责任主义

所谓责任主义,即"无责任则无刑罚",是指没有责任就不成立犯罪,并且刑罚的量不能超出责任的程度。我国《刑法》第3、4、5条规定了刑法的三大原则:罪刑法定原则、法律面前人人平等原则、罪责刑相适应原则。有学者认为,除了刑法明文规定的基本原则外,法益保护与责任主义也是刑法的基本原则。[1]本书认为,关于犯罪的本质存在法益侵害和规范违反的学说对立,对于责任也存在心理责任与规范责任的不同理解,因此与其将责任主义视作刑法的基本原则,不如说"无责任则无刑罚"与"无行为则无犯罪"一样,都是刑法格言。

(一) 责任主义的产生

"责任主义"原则是建立在对封建刑法的批判基础之上的。众所周知,封建时代实行的是客观责任与团体责任。所谓客观责任,是指只要行为造成客观损害就要追究行为人的责任,而不论行为人主观心态如何。这种带有复仇主义和报复色彩的责任形式在中外古代都体现得极为明显。古希腊时只要客观上造成了侵害法益的结果,就要承担客观责任或结果责任。[2]可见,在古希腊人的观念中,惩罚与犯罪意图是没有关系的。[3]在公元5世纪到公元9世纪的日耳曼法中,只要有损害的事实和结果,不管行为人是谁,主观上是

---

[1] 张明楷:《刑法学》(第4版),法律出版社2011年版,第49页。

[2] 参见[日]大谷实:《刑法总论》(新版第2版),黎宏译,中国人民大学出版社2008年版,第281页。

[3] 参见何勤华、夏菲主编:《西方刑法史》,北京大学出版社2006年版,第98页。

否有过错，都要承担责任，这也是典型的客观责任。[1]我国古代，也是不论行为的结果是否为偶然现象，不论犯人对犯罪事实有无认识，不论精神正常与否和年龄大小，只按行为及行为引起的结果来追究犯人的责任，因而被称为结果责任时代。[2]例如，《史记·陈涉世家》记载，秦律中有"戍边失期当斩"的规定，即戍边时只要没有按时到达，哪怕是因为意外原因造成（连下暴雨），也都要处以死刑。[3]所谓团体责任，是指只要行为构成犯罪，不仅要追究行为人的责任，还要追究与行为人有关的其他人的责任。盛行于我国古代的"连坐""株连"等制度都是团体责任的体现。对于被株连的人来说，其对他人的犯罪行为并不存在主观过错，因此团体责任亦可被视为客观责任的另一种表现形式。

"客观责任"和"团体责任"会造成处罚的泛滥，有损于公民的个人自由，因此受到了批判。于是，自近代以来以"主观责任"和"个别责任"为特征的"责任主义"逐步被确立为一项刑法的原则。刑法上的不法是有责行为，不仅在客观上要求结果与行为人的意志活动之间存在联系，而且行为人的行为具有违法性，且主观上行为人因其违法行为而受到非难。[4]因此，某种行为即使符合刑法条文规定的构成要件，并给法益造成了侵害或者威胁，但仅此还不能科处刑罚，科处刑罚还要求对行为人具有非难可能性。不仅是否科处刑罚要考虑责任，刑罚的量也不能超出责任的程度。简单地说就是"无责任则无犯罪"（责任是定罪的前提），"刑罚应与责任相当"（责任是量刑的基准），这便是责任主义的含义。大陆法系国家的刑法理论认为，犯罪成立需要具备构成要件该当性、违法性和有责性这三个条件，该理论又被称为"三阶层理论"。其中的"有责性"即是"责任主义"的体现。但是，"责任主义"中的责任与作为犯罪成立条件之一的有责性（也称为责任）并非完全等同，而是由构成要件符合性、违法性、有责性组成的犯罪性，或者说是违法性与狭义的有责性相乘。因此，这种责任不仅能够确保刑罚适用的正当性，

---

[1] 参见[日]大谷实：《刑法总论》（新版第2版），黎宏译，中国人民大学出版社2008年版，第193页。

[2] 参见蔡枢衡：《中国刑法史》，广西人民出版社1983年版，第185页。

[3] 参见宁汉林：《中国刑法通史》（第2分册），辽宁大学出版社1986年版，第547页。

[4] [德]弗兰茨·冯·李斯特：《李斯特德国刑法教科书》，[德]埃贝哈德·施密特修订，徐久生译，北京大学出版社2021年版，第201页。

而且是适用刑罚时确定刑种、强度及其极限的根据。[1]

(二) 责任主义的根据

为什么责任是定罪的前提与量刑的基准？易言之，责任主义原则确立的根据何在？这可以从宪法和刑罚目的两方面加以说明：

首先，责任主义是建立法治国的要求。例如，联邦德国宪法法院在1966年10月25日的一份判决中指出："对刑法上的不法行为的刑罚以及对其他不法行为的类似刑罚的制裁等一切刑罚均以存在责任为前提的原则，具有宪法的价值。该原则在作为基本法的本质原则之一的法治国原理中可以找到根据；法的安定性与实质的正义也是法治国原理的内容；此外，正义的理念要求构成要件与法律效果之间具有实质的适合关系……刑罚、秩序罚对行为人的违法行为进行非难。这种刑法上的非难以具有非难可能性为前提。如果不是这样，刑罚便成为对行为人不应当承担责任的事实的一种报应，显然，主观责任不等于所谓主观归罪，与法治国原理不一致。因此，对没有责任的行为人的举止进行刑法的威慑或者类似刑法的威慑违反了法治国原理，侵害了行为人所享有的基本法第2条第1款的基本权。"[2]可见，法治国要求法的安定性与实质的正义。法的安定性要求法律规则具有明确性和可预测性，法律体系要保持稳定，并且法律应当得到社会公众的高度认同和尊重。离开了主观责任和个人责任，国民对于其行为后果便会无法预测，法的安定性就会受到破坏。实质正义强调的是结果上的公正与公平，其核心在于善行应该得到善报，而恶行必须得到恶报。如果依据客观责任和团体责任科处刑罚，就会导致没有实施恶行的人得到恶报，这就颠覆了实质正义的观念。因此，责任主义是建立法治国的必然要求。

其次，责任主义还是实现刑罚目的的根据。当代刑罚理论强调责任与预防并重。德国学者罗克辛指出："目的理性体系以这里所代表的形式提出的第二个核心创新，形成了把'罪责'扩展为'责任'的范畴。在这里，对于罪责这个各种刑罚必不可少的条件，总还必须补充进刑事惩罚的（特殊或者一般）预防必要性。因此，罪责和预防性需要是相互限制的，然后才能共同产

---

[1] 姜涛：《责任主义与量刑规则：量刑原理的双重体系建构》，载《政治与法律》2014年第3期，第142～143页。

[2] 张明楷：《责任论的基本问题》，载《比较法研究》2018年第3期，第2页。

生引起刑罚的行为人个人的'责任'。"[1]刑罚的目的包括一般预防和特殊预防。一般预防是指通过对犯罪人适用刑罚来防止社会上的一般人实施犯罪行为。如果处罚没有责任的行为,是不可能防止一般人在将来的同样状况下实施相同的"犯罪"行为(不可能达成一般预防的效果)的。因为刑罚是以痛苦为本质内容的,但单纯的痛苦并不是刑罚的目的,而是通过刑罚的痛苦来表达对犯罪行为的谴责,由刑罚传达给一般人,从而抑止一般人将来可能实施的犯罪。如果不采取责任主义,在行为人对结果没有故意与过失时,也将行为作为犯罪科处刑罚,虽然通过科处刑罚可以让一般人知道该行为为法律所禁止,从而形成实施行为的所谓"反对动机"。但是,由于该行为是在缺乏对结果的预见(故意)与结果的预见可能性(过失)的情形下成立犯罪,这样对一般人而言便不可能通过设定为了避免结果发生而不实施犯罪行为的"反对动机"来规制行为。可见,处罚没有责任的行为是不能实现一般预防之目的。特殊预防是指通过对犯罪人适用刑罚,防止其再次实施犯罪。特殊预防是通过对犯罪人适用刑罚,消除其再犯罪的人身危险性,从而实现防止其再次实施犯罪的效果的。当行为人实施的是没有责任的行为时,就表明该行为人并不具有再次实施犯罪的人身危险性,对其科处的刑罚就是无效之刑罚。离开了责任,将来之犯罪仍然是在没有故意或过失的情形下所实施的,行为人仍然有可能再次实施上述行为。可见,处罚没有责任的行为也不能实现特殊预防之目的。

(三) 责任主义的内容

责任主义包括主观责任与个人责任这两个原则。"主观责任"以行为选择上的意思自由为前提,要求行为人至少认识或预见到其行为会侵害法益,并具有选择避免实施相应行为的现实可能性。[2]换言之,"主观责任"是指只有当行为人具有责任能力以及故意、过失、违法性意识与期待可能性时,才能对行为人进行非难。值得一提的是,在某种意义上,客观责任等于客观论罪,即两者都是指只要行为造成客观损害,而不论行为人主观心态如何,都要追究行为人的刑事责任,对其定罪处罚。但主观责任却不等于主观论罪,

---

[1] [德] 克劳斯·罗克辛:《德国刑法学总论》(第1卷·犯罪原理的基础构造),王世洲译,法律出版社2005年版,第125页。

[2] 参见劳东燕:《罪责的客观化与期待可能性理论的命运》,载《现代法学》2008年第5期,第51~52页。

因为主观论罪是指只要行为人主观上具有犯罪的意图，即使没有实施危害行为，也要追究行为人的刑事责任，对其定罪处罚，也就是我们通常所说的"其心可诛"。而主观责任则是指在行为人实施了危害行为的情形下，只有当行为人具有责任能力以及故意、过失、违法性意识与期待可能性等责任要素时，才能对行为人进行非难。可见，主观责任实际上接近于我国传统刑法理论中的"主客观相一致"的归罪原则。

所谓"个人责任"是指，只能就行为人实施的个人的行为对行为人进行非难。"个人责任"与"主观责任"二者之间具有密切联系，即判断是否存在"主观责任"时，"责任能力、故意、过失、违法性意识与期待可能性"等要素是针对实施了危害行为的个人而言的，而在追究"个人责任"时，则要求"个人"不但实施了危害行为，而且对于该危害行为"具有责任能力、故意、过失、违法性意识与期待可能性"。就"主观责任"而言，我国司法实践强调定罪量刑活动中必须坚持"主客观相统一"，这里的"主"就包含了"主观责任"的内容。但是，在一些特殊的领域，例如结果加重犯、客观处罚条件等，仍然存在行为人对某种危害结果是否需要具备故意或过失的争论。就"个人责任"而言，我国在司法实践中亦承认"罪责自负"也是定罪量刑活动中必须坚持的原则，这里的"自负"指的就是"个人责任"。但是，在某些情形下，例如"共谋共同正犯""对向犯"等，也存在行为人是否应当对其实施犯罪过程中他人的行为造成的危害后果承担责任的问题。上述司法实践中的争议或问题，使得有关"责任主义"的相关刑法理论在刑事辩护中有了用武之地。对此本书将在本章的第三部分详细论述。

二、责任主义原则的理论演进

(一) 报应刑观念下的积极责任主义

如前文所述，责任主义产生于对客观责任、结果责任的批判，其本意是防止对没有主观过错的行为人科处刑罚，此即为"没有责任就没有刑罚"的归责上的责任主义。归责上的责任主义相较于以往的客观责任，当然具有一定的人权保障功能，但也仅限于在是否科处刑罚时发挥作用。此后，随着人权保障观念的深入人心，不但要影响刑罚的发动，还要限制刑罚的范围的责任主义观念开始产生，这便是量刑上的责任主义。正如我国古代的谚语"青出于蓝而胜于蓝"，量刑上的责任主义虽然是在归责上的责任主义的基础上产生的,但前者使责任主义具有了限制国家刑罚权的作用,其对于人权保障的意义明显大于后者。于是,责任的重心从归责上的责任主义转向量刑上的责任主义。这样的责任主义被称为"双面责任主义",盛行于1960年之前的大陆法系国家。责任主义之双面性在于:"刑罚必须与责任相对应,不仅如此,有责任即当然必须有刑罚。"[1]即一方面"有责任必然有刑罚",另一方面"刑罚不能超出责任的范围"。这在《德国1962年刑法修正草案》第60条第1项、1972年《日本刑法修正草案》第48条中均有体现。这种责任主义被称为积极的责任主义,是以报应刑思想为主导的。[2]

报应刑源自刑事古典学派的刑法思想。近代启蒙时期,自由、理性观念深入人心。其认为人的本质是人性,这种人性的基础是人有自由意志、有理性,与这种人性相关,人人都有与生俱来的人的自由权利和尊严,人在任何时候都只应当作目的,而不能作为实现其他目的的手段。[3]因此,刑罚的作用在于报应犯罪者出于自由意志而实施的给他人或社会造成侵害的行为,以对犯罪人进行惩罚造成的痛苦来均衡犯罪人的罪责,从而实现正义的理念。除此之外,刑罚并没有其他的目的。[4]报应刑论将社会原来的正义状态(未发生犯罪前)想象成一个"天平",犯罪是加诸天平一方并破坏平衡的重量,刑罚则是犯罪后国家施加于天平另一方的重量,目的在于恢复原来的绝对正义状态,所以报应刑论也被称为绝对理论。一方面,报应刑将刑罚的目的视为对正义的恢复,因此在报应刑论看来,"有责任必然有刑罚",否则就不能实现对正义的恢复,而正义恰恰是刑法的最高价值。另一方面,既然刑罚的目的在于恢复原来的平衡,则刑罚的轻重也应完全以犯人的罪责为测量基准,"刑罚不能超出责任的范围",这就设定了国家发动刑罚权力的界限,防止将人(犯)当作治乱世用重典的工具,从而具有保障个人自由的功效。[5]可见,报应刑观念下必然主张积极的责任主义。

(二)相对报应刑观念下的消极责任主义

20世纪60年代之后,报应刑论的思想在大陆法系国家逐渐弱化,刑事政

---

[1] 吴景芳:《刑罚与量刑》,载《法律适用》2004年第2期,第9页。
[2] 参见高永明:《责任主义简论》,载《海峡法学》2016年第4期,第75页。
[3] 参见马克昌主编:《近代西方刑法学说史略》,中国检察出版社2004年版,第111页。
[4] 参见赵秉志主编:《刑罚总论问题探索》,法律出版社2002年版,第10页。
[5] 参见胡东平:《人格导入定罪研究》,法律出版社2019年版,第44~45页。

策要素开始对犯罪人的量刑发挥影响。例如《德国 1988 年刑法》第 46 条对行为人的动机、目的、行为意图、违法程度、行为方式和后果、行为人的经历、经济情况、犯罪后的态度等所作的规定。《日本刑事诉讼法》第 248 条规定，在决定是否暂缓起诉时应加以考虑的事项有"犯人的性格、年龄和境遇，犯罪的轻重和情节，以及犯罪后的情况"。《意大利刑法典》第 133 条也有类似规定。然而，即使法律中刑事政策要素的规定逐渐增多并已成为影响刑罚轻重的因素，责任仍然是决定刑罚轻重最重要的要素，也不允许超出责任的范围去科处刑罚，"所有的刑罚都应当只在责任的范围内"的原则，乃为责任主义的一环。[1]由于考虑了基于预防之目的刑事政策的要素，因此即使存在有责之行为，但当行为人的人身危险性较小而无特殊预防之必要时，对于该行为就无需科处刑罚，责任主义就从以往的"有责任必然有刑罚"的积极的责任主义，转向了即使有责任也未必一定科处刑罚的"无责任即无刑罚"，此即"消极的责任主义"。从积极责任主义发展到消极责任主义，表面上是基于刑事政策要素之考量，例如《日本刑事诉讼法》第 248 条根据"犯人的性格等因素"决定是否暂缓起诉的规定，实际上是受到了相对报应刑论的影响，在责任的评价因素中，加入了预防因素的结果。

相对报应刑论是报应刑论和特殊预防刑论调和的产物。特殊预防论认为，刑罚的目的在于预防被科处刑罚的犯罪人将来再实施犯罪。既然刑罚是对犯罪人科处的，刑罚的目的当然就不是预防社会上的一般人犯罪，而是预防特定的犯罪人本人再次犯罪。[2]由于认为刑罚的目的是预防特定的犯罪人再犯罪，因此特殊预防论强调"因材施教"。例如，将犯罪人关押于监狱之中，在报应刑论看来是一种惩罚，以恢复被损害的正义。但在特殊预防论看来，则是为了发挥刑罚的矫治功能，改善犯罪人的人格，使其再社会化，即使以后回归社会也不会再犯罪，以保护社会。特殊预防论没有把刑罚作为一种恶害或威吓，而是将刑罚目的指向刑法的社会性任务，"特殊预防所主张的并不是要把行为人赶出社会并在他身上打上耻辱的烙印，而是要使他与社会融为一体"。[3]这有助于减少不必要的刑罚，使刑罚完全为矫正犯罪人人格服务，并

---

[1] [日]大塚仁：《犯罪论的基本问题》，冯军译，中国政法大学出版社 1993 年版，第 77 页。
[2] 参见赵秉志主编：《刑罚总论问题探索》，法律出版社 2002 年版，第 11 页。
[3] [德]克劳斯·罗克辛：《德国刑法学总论》（第 1 卷·犯罪原理的基础构造），王世洲译，法律出版社 2005 年版，第 40 页。

促进刑罚的人道化。

　　报应刑论与特殊预防刑论分别将报应和特别预防作为刑罚的正当化根据。然而，报应刑论以追求法律的绝对正义为目标，就必然秉持刑罚措施与行为危害相对应的理念，这将阻碍不少具有特殊预防目的性的处遇，并使刑罚丧失了必要的弹性。一方面，缓刑、假释和累犯等具有刑事政策目的性的制度将不能被采用；另一方面，短期自由刑等在刑事政策上可能产生不良后果的制度将不得不继续施行。

　　特殊预防刑论则会冲击传统的公平正义观念。因为特殊预防论强调刑罚的目的是预防特定犯罪人的再次犯罪，刑罚的对象仅限于有再犯罪可能性的人，对于犯有严重罪行却无再犯可能性的犯罪人势必不能适用刑罚，这是对传统的公平正义观念的彻底颠覆。而且，"完全放弃处罚对于通过在一般国民的法意识中将规范遵守内在化来保障规范稳定化来说，必然是个很大的威胁"。[1]这会淡化公民守法意识，降低其对法律的忠诚度。此外，特殊预防刑论还会损害刑法的人权保障机能。因为刑罚以预防犯罪人再犯为目的，则刑罚的适用以犯罪人有再犯可能（即人身危险性）为前提。一则人身危险性难以测定，容易导致刑罚的滥用，损害公民的人身自由；二则依人身危险性科处刑罚，会造成轻罪重罚的后果，刑罚权不受限制；三则将特殊预防论彻底贯彻，司法机关可以犯罪人的人身危险性未消除为由长期甚至是无限期地对其进行监禁。

　　报应刑论为追求正义而不计代价，置刑法保卫社会秩序的任务与现代监狱的执行理念于不顾，固然不足取；预防理论为追求功利而牺牲正义，造成刑罚时轻时重的后果，也需要检讨。由此便产生了刑罚目的观上的综合理论。综合理论"是指把绝对主义和相对主义的主张合并在一起，认为刑罚的法的根据在于正义和合目的性的立场，提出'因为有犯罪，并且为了不犯罪，才予以处罚'"。[2]在综合理论中，相对报应刑论是现今刑法理论的通说。该种理论认为，报应和预防作为刑罚追求的目的，都是不可或缺的。但是，在地位上，报应目的具有绝对的主导性，预防目的退到次要的地位上。因此，

---

[1] [韩]金日秀、徐辅鹤：《韩国刑法总论》（第11版），郑军男译，武汉大学出版社2008年版，第698~699页。

[2] [日]大塚仁：《刑法概说（总论）》（第3版），冯军译，中国人民大学出版社2003年版，第53页。

在追究行为人的刑事责任时，这两种目的都必须实现。一方面，报应目的具有绝对的主导性，而报应是需要受到责任限制的，不能超出责任的范围，于是"所有的刑罚都应当只在责任的范围内"成了一项不可突破的原则，这主要表现在量刑领域，不得为了预防之目的而超出责任的范围加重处罚。另一方面，预防的目的也要实现，这在定罪领域表现为当行为人不具有人身危险性，没有预防必要性时，对其作出罪处理。这在量刑领域表现为当行为人的人身危险性较小、预防必要性较小时，对其科处较轻的刑罚或适用缓刑。这便是有责任未必一定科处刑罚的"无责任即无刑罚"原则。由此可见，"消极的责任主义"是以相对报应刑论作为其指导思想的。一般认为，我国现行刑法在刑罚观上采取的就是相对报应刑论，因此我国刑法也体现出了"消极的责任主义"的特征。例如，《刑法》第13条的但书规定"情节显著轻微危害不大的，不认为是犯罪"。这里的"情节显著轻微"包含有行为人的人身危险性特别小的因素，因此不具有特殊预防的必要性，对其作出罪处理，体现了"消极的责任主义"所追求的有责任未必一定科处刑罚的"无责任即无刑罚"原则。再如，我国刑法规定自首、立功可以从轻减轻处罚，以及关于缓刑适用对象的规定，都是因为上述行为人的人身危险性较小、预防必要性较小，可以对其科处较轻的刑罚或适用缓刑，这同样是"消极的责任主义"所追求的有责任未必一定科处刑罚的"无责任即无刑罚"原则的体现。

（三）风险社会下责任主义面临的挑战

随着人类进入工业社会，科技在给人类带来各种便利的同时，也产生了不计其数的新型危险，人类进入了所谓风险社会。[1]风险社会下每时每刻都可能发生的不确定的事故风险，为个人和国家都提出了进行风险管理的目标。作为风险控制机制中的组成部分，刑法不再为报应与谴责而惩罚，主要是为控制风险进行威慑。威慑成了施加刑事制裁的首要理由。[2]随着新型危险犯罪的大量涌现，为控制风险，一些国家的刑法针对食品安全、药品安全等关系到国民健康的犯罪，不再固守"无责任则无犯罪"的主观责任的传统，开创了以严格责任追究涉及食品安全、药品安全犯罪之先河。此外，部分国家

---

[1] [德]乌尔里希·贝克：《世界风险社会》，吴英姿、孙淑敏译，南京大学出版社2004年版，第102页。

[2] 参见劳东燕：《公共政策与风险社会的刑法》，载《中国社会科学》2007年第3期，第128~129页。

的刑法对过失危险犯的立法，以及英美刑法中存在的具有团体责任色彩的代理责任，表明消极的责任主义已被逐渐松懈。因为消极的责任主义虽然主张报应和预防并重，但报应却是以自由意志主导下造成实害的发生为基本依据的。过失危险犯对实害结果的漠视、严格责任对主观责任的颠覆、代理责任对个人责任的违反，无一不是对传统责任主义的突破。究其原因，传统的责任主义只允许刑法在行为发生具体的危害后果时介入，这在前风险社会中，尚可做到"亡羊补牢，犹未为晚"。但在当下的风险社会中，如果刑法不能提前介入，则无以遏制上述风险的发生。因此，刑法必然要由以报应为主导的消极的报应主义向以预防为主导的积极的预防主义转换。

为了实现刑法理论从报应主义向预防主义转换，德国刑法学者罗克辛教授创立了预防性的综合理论。他认为："刑罚的目的只能是预防性的。刑罚规范只有以保护个人自由和为其服务的社会秩序为目标，刑罚的目的才能被认为是有正当化根据的，同时具体刑罚追求的也仅仅是预防犯罪的目的。"[1]这里的预防犯罪包括特殊预防和一般预防，并且二者作为刑罚的目的通常是同时存在的。罗克辛进一步认为，应当将报应观念从刑罚目的中逐出，但鉴于预防理论自身存在的缺陷，即都没有包含法治国所需要的对刑罚权的限制，因此报应虽然不应当作为刑罚的目的，但报应理论中的罪责原则，作为设定刑罚界限的手段还是有存在的必要的。即不论是出于何种预防目的的需要，刑罚都不能超过罪责的范围，否则便是侵犯了人的尊严。从界定刑罚的功能上说，罪责原则应当具有宪法性地位。虽然刑罚不允许超过罪责的程度，但是它却可以在预防目的允许的范围内不达到这个程度。这是预防性综合理论和相对报应刑论的关键区别所在。尽管相对报应理论也同样通过罪责程度来限制刑罚，但那样一种与罪责程度相适应的刑罚，在各种案件中都是与各种预防的必要性无关的。

诞生于传统工业社会的责任主义原则，似乎已不能满足风险社会下预防犯罪的需求，过失危险犯、严格责任和代理责任等一次次地对传统责任主义进行突破，预防性综合理论也有替代相对报应刑论的趋势，表明风险社会下责任主义对定罪量刑的意义在相当程度上已被弱化。然而，一方面严格责任

---

[1] [德] 克劳斯·罗克辛：《德国刑法学总论》（第1卷·犯罪原理的基础构造），王世洲译，法律出版社2005年版，第45页。

和代理责任都只是在部分国家适用于刑法的特定领域,另一方面预防性综合理论虽然声称要将"责任"从刑法目的中驱逐,但却又保留了"罪责"来限制刑罚的范围。而对于"罪责"与"责任"究竟有何不同,罗克辛本人似乎也没有说清楚。因此,即使在风险社会之下,也不能说责任主义就已经被抛弃。更何况过失危险犯、严格责任和代理责任等制度在我国现行刑法中并未得到认可,相对报应刑仍然是公认的刑法指导。可见,"无责任即无刑罚"这一刑法格言,仍然是在我国刑事司法实践中应当坚守的。

三、责任主义原则与刑事辩护

"无责任即无刑罚"作为公认的刑法格言,应当在整部刑法的施行与适用中得到贯彻。刑事辩护本身就是关于如何正确适用刑法以维护被告人合法权益的一项重要的刑事司法活动。因此,将责任主义的刑法理论贯彻、运用于刑事辩护之中,实为坚持责任主义的应有之义。本书认为,责任主义原则可以在以下类型的刑事案件的辩护中发挥重要作用。

1. 关于"违规造成严重后果型犯罪"

我国《刑法》规定了这样一类犯罪:行为人故意违反某种国家规定,但只有造成严重后果才给予处罚。包括《刑法》第 129 条规定的"丢失枪支不报罪"、第 186 条规定的"违法发放贷款罪"、第 304 条规定的"故意延误投递邮件罪"、第 397 条规定的"滥用职权罪"等。本书将这类犯罪称为"违规造成严重后果型犯罪"。这一类犯罪有以下几个特点:①行为人实施了故意违反某种国家规定的行为;②该违反国家规定的行为必须造成了严重后果(或造成了重大损失);③对于行为人对该严重后果持何种罪过心理,法律没有明文规定。一方面,该类犯罪中行为人的行为都是故意的,法律只要求行为造成严重后果,但行为人对于危害后果应持何种罪过心理,法律却未明文规定。另一方面,在现实生活中,虽然行为人实施该类犯罪时对造成的严重后果多持间接故意或过失心理,但要对此进行证明却非常困难。因此,有人主张,在认定该类犯罪中行为人对于危害后果的罪过心理时应当采取"严格责任"。

严格责任是英美刑法中的一种无罪过责任。即只要行为人实施了造成危害结果的行为,不论其是否有罪过,均应当追究刑事责任。在英美刑法中,严格责任的犯罪是由刑事制定法加以明确规定的,主要是违反工商业或交通管制法规的罪行,大多属于轻微的犯罪,处以较轻的刑罚。严格责任是为了全力打击某些特定的危害行为，减轻证明行为人罪过的举证责任。近年来，随着风险社会概念的盛行，我国部分学者主张在风险犯罪的场合实行严格责任。理由是，严格责任的规定比罪过责任更具威吓力，它可以促使人们在从事有关社会活动时更加小心谨慎，从而发挥防范风险的作用。

本书认为，将英美刑法的严格责任制度移植到我国，虽然可以解决"违规造成严重后果型犯罪"的罪过形式难以判定的问题，却犯了南橘北枳的错误。首先，我国《刑法》第16条规定："行为在客观上虽然造成了损害结果，但是不是出于故意或者过失，而是由于不能抗拒或者不能预见的原因所引起的，不是犯罪。"因此，在我国刑法中不存在无罪过的犯罪，严格责任在我国刑法中没有容身之地。其次，正如许玉秀教授所言，从"人为自己意志的创作负责"的共识出发，对于刑法中的归责入门门槛而言，重要的不是行为人有没有实际认识，而是客观上有无认识可能性。[1]若是行为时根本就无法预见注意义务的违反性与行为所蕴含的法益侵害的危险，刑法却仍向行为人提出不予实施或者应当实施相关行为的诫命，便不当地干预了个人的自治空间。这样的诫命在现代社会必然缺乏正当性基础。也正是基于此，日本学者将此种意义上的预见可能性要求解读为是缘于"法不强人所难"，认为根据"法不强人所难"，不能要求行为人避免不可能认识到的危险性。因此，即便要对行为人科以结果避免义务，该义务也应该限于为了避免行为人原本能够认识到的危险性。[2]因此，不根据行为人的罪过定罪是不公正的，在行为人没有可能意识到自己的行为是犯罪的情况下，不能对行为人施以刑罚，如果对无罪过的行为人施以刑罚，那么刑罚的适用便是无效的。倘若在这种情况下适用刑罚，那这种做法只是将行为人当作防范风险的工具，而没有尊重行为人的人格，更是对国民行为预测可能性的破坏。可见，无论是从我国《刑法》第16条规定，还是从刑罚的目的来看，责任主义原则都是必须坚守的底线。

因此，在司法实践中明确地主张以严格责任来追究被告人的责任是很罕见的。然而，变相地以"严格责任"来追究行为人的刑事责任的情形却不少见。例如，常有检察机关在被告人对严重后果没有故意或过失的情况下，仍

---

[1] 参见许玉秀：《主观与客观之间——主观理论与客观归责》，法律出版社2008年版，第132~133页。

[2] 参见［日］桥爪隆：《过失犯的构造》，王昭武译，载《苏州大学学报（法学版）》2016年第1期，第120页。

然对被告人以"违规造成严重后果型犯罪"提起公诉。理由是该类犯罪是故意犯罪，被告人的违规行为也是故意实施的，符合刑法规定。对此，辩护人可以予以反驳：根据我国《刑法》第14、15条之规定，故意或过失针对的是行为的危害结果，而不是行为本身。因此，在"违规造成严重后果型犯罪"中，行为人仅仅具有故意之行为是不够的，还必须对其行为造成的严重后果至少主观上要具备过失。检察机关在被告人对于严重后果没有故意或过失的情况下，仍然追究被告人的刑事责任，是变相地以"严格责任"替代"主观责任"，是违反责任主义原则的。

2. 关于"结果加重犯"

结果加重犯是指行为人实施了某个基本犯罪构成要件的行为，由于发生了基本犯罪构成要件以外的加重结果，而加重其法定刑的情况。较为典型的是故意伤害致人死亡。对于结果加重犯中行为人对于加重结果是否需要具有故意或过失，存在以下三种观点：第一种观点认为，故意实施某种犯罪，发生了行为人预想以外的加重结果时，即使行为人对此结果不能预见，也应当对加重结果承担责任。第二种观点认为，由于结果加重犯是对关于基本犯罪行为通常能预想的结果追究罪责，所以只要预见可能的范围与相当因果关系的范围通常是一致的，基于二者所得出的结论就没有实质性差异。第三种观点认为，对结果加重犯的认定应当符合责任主义，只有当行为人对加重结果至少具有过失时（某些犯罪要求对加重结果具有故意），才能被认定为结果加重犯，否则，行为人只能承担基本犯罪的责任。

本书认为，预见可能性是刑法归责的正当性要求，因为只有在行为时可预见的，才是意志上可支配的，从而是刑法上可归责的。正因为预见可能性具有为刑法归责提供作为正当性门槛的事实基础的地位与作用，所以但凡涉及不法层面的行为归责与结果归责的情形便都需要考虑预见可能性的因素，它构成归责的外在边界。结果加重犯中，加重结果能否归责于基本犯行为，要求考虑行为时的预见可能性。[1]第一种观点认为，即使行为人对重结果不能预见，也应当对加重结果承担责任。这明显违反了责任主义的要求。第二种观点认为，立法者在设立加重结果时，已经对其范围进行了筛选，即这些加重结果本身就是在可预见范围之内，与相当因果关系的范围是一致的，因

---

[1] 劳东燕：《责任主义与过失犯中的预见可能性》，载《比较法研究》2018年第3期，第51页。

此只要能够认定加重结果与行为之间存在相当因果关系,就不需要考虑行为人对加重结果是否存在故意或过失。第二种观点表面上看似乎并不违反责任主义,但实则不然。因为相当因果关系虽然介入了日常经验判断,似乎是考虑了对加重结果的预见性。但因果关系毕竟属于不法的范畴,根据"违法是客观的,责任是主观的"这一刑法格言,进行违法的判断时采取的通常是普通人的标准,即使认为加重结果是基本犯罪行为通常能预想的结果,这也是针对普通人而言的。但责任却必须是根据行为人的个人情况作出的判断。即使基本行为与加重结果之间存在相当因果关系,也可能因为行为人的认识能力低于普通人而导致其对加重结果不具有故意或过失,在这种情形下对其以结果加重犯论,仍然是违反责任主义的。

值得一提的是,结果加重犯是一种加重的犯罪构成,抑或是也可以将其视为是一种法定的从重处罚情节。在对被告人适用该法定的从重处罚情节时,必须证明被告人对加重的结果主观上具有罪过(至少有过失)。如果被告人对于"加重的结果"没有罪过心理,但是毕竟出现了"加重的后果",可以将其视为一种酌定的从重处罚情节。这种酌定的从重处罚情节并不违反责任主义原则。因为,责任主义原则也存在例外,刑法理论中的客观处罚条件就是基于刑法以外的目的设定,即基于控制风险的公共政策需要而设置的犯罪成立条件,这正是责任主义原则的例外。此外,刑事政策、被害人与犯罪人之间的和解等都会影响到法官量刑,这些也是责任主义原则的例外。对此,张明楷教授指出:"即使承认责任为刑罚提供根据,也只是意味着责任是成立犯罪和科处刑罚的前提条件。"[1]即量刑除了考虑责任之外,还需考虑其他因素。在被告人对"加重的结果"没有罪过心理的情形下,将之视为"责任主义"的例外,作为酌定的从重处罚情节是合理的。例如,在故意伤害案件中出现了被害人死亡的结果,检察机关在没有证据证明被告人对被害人的死亡具有故意或过失的情形下,仍然主张以《刑法》第234条第2款("故意伤害致人死亡")追究被告人的刑事责任。辩护人可以一方面指出这是违反责任主义的,另一方面提出应当将被害人死亡的结果作为酌定的量刑情节,即对被告人以《刑法》第234条第1款("故意伤害他人身体")酌情从重处罚。

---

[1] 张明楷:《责任主义与量刑原理——以点的理论为中心》,载《法学研究》2010年第5期,第129页。

这样既不违反责任主义,也容易为法院所采纳,同时也维护了被告人的合法权益。

3. 关于"共谋共同正犯"

共谋共同正犯,是指两人以上共谋实行某犯罪行为,但只有一部分人基于共同的意思实行了犯罪,没有直接实行犯罪的共谋人与实行了犯罪的人,共同构成所共谋之罪的共同正犯。成立共同正犯,本来是要求各行为人至少实施了一部分实行行为,但在共谋共同正犯的场合,对于参与了共谋但并没有实施实行行为的人,也要以正犯论。这也就意味着行为人将因为他人的实行行为而承担责任,这就涉及承认共谋共同正犯是否会违反责任主义的问题。对此,存在肯定说和否定说两种理论。

肯定说包括共同意思主体说和间接正犯类似说。共同意思主体说认为,共谋者基于实行一定犯罪的共同目的结成共同意思主体,该共同意思主体类似于民法中的法人,但由于共同意思主体只是一时存在的,对其不能以法人犯罪论,因此只能将共谋者作为正犯来处罚。共同意思主体说一方面认为共同谋议是一种团体活动,另一方面又将责任转嫁到团体成员个人,表明该学说实际上是立足于团体责任的立场,违反了现代刑法个人责任的原则。间接正犯类似说认为,共谋但未实施实行行为者,实际上是将其他实行行为者作为犯罪的工具进行利用,其在共同犯罪中的地位类似于间接正犯,因此可以对其以共同正犯论处。间接正犯类似说立足于个人责任的原理,符合责任主义的要求。但是,将共谋但未实施实行行为者以间接正犯论并不合适,因为间接正犯之所以是正犯,是因为其与被利用者之间存在支配与被支配的关系,因此可以将被利用者作为犯罪工具进行利用。共谋但未实施实行行为者与其他实行行为者之间则并不是支配与被支配的关系,而是一种平等关系,其并不能将其他实行行为者作为犯罪工具进行利用。

否定说中具有代表性的是优势支配理论,该理论认为共谋者的共同谋议行为只能给实行者以心理上的强化和帮助,由于其并未实施实行行为,根据责任主义的要求,应当以教唆犯或帮助犯论。只有当共谋者系实行者的上级或拥有类似地位,对实行者占据优势支配地位,对共谋者才能以共同正犯论。由于肯定说有违反责任主义之嫌,而否定说则符合责任主义的要求,因此本书赞成否定说。

大陆法系国家根据"分工"标准,将共犯分为"正犯"和"从犯"(包括教唆犯和帮助犯），对正犯的处罚通常要重于从犯。与此不同，我国《刑法》采取的是以"作用"为主、以"分工"为辅的标准，将共犯分为主犯、从犯、协从犯和教唆犯四种，对主犯的处罚要重于从犯和协从犯。因此，共谋共同正犯的理论似乎对于刑事辩护而言没有实际意义。但是，根据我国《刑法》第 27 条第 1 款的规定："在共同犯罪中起次要或者辅助作用的，是从犯。"即从犯包括两类，次要的实行犯（正犯）和帮助犯。由此可见，我国刑法实际上认为对于没有实施实行行为者（非正犯）只能作为从犯论处（教唆犯除外）。因此，如果检察机关在《起诉书》中将参与了共谋但没有直接实施犯罪的共谋人当作主犯来对待，辩护人就可以根据共谋共同正犯的理论（否定说），指出被告人虽然参与了共谋，但其对于其他共谋者而言，并不具有上级或类似地位，因此被告人的行为不成立共谋共同正犯。同时，被告人也没有实施教唆行为，不成立教唆犯。因此，对被告人只能以从犯论。《起诉书》将被告人列为主犯，其实质是将被告人当作共谋共同正犯对待，是违反责任主义要求的。

4. 关于"对向犯"

对向犯是指以行为人双方的对向性行为作为犯罪构成要件的犯罪。例如受贿与行贿、拐卖妇女儿童与收买被拐卖的妇女儿童。我国刑法理论通说认为对向犯是必要共犯的一种。由此带来的问题是，如果对向犯是必要共犯，根据共同犯罪"部分行为、全部责任"的原理，行为人便需要对对向方的行为造成的后果承担责任。例如，甲知道乙专门从事拐卖妇女的营生，为了结婚，向乙提出希望买个年轻的妇女。乙表示手头上暂时没有妇女，如果甲能够支付定金，乙会尽快办理。于是，甲向乙支付了定金，乙在采取暴力手段绑架妇女的过程中，造成妇女亲属重伤，后乙将该妇女卖给甲。根据《刑法》第 240 条之规定，拐卖妇女造成被拐卖的妇女、儿童或者其亲属重伤、死亡或者其他严重后果的，对于拐卖妇女的行为人应当加重处罚。如果拐卖妇女儿童罪与收买被拐卖的妇女儿童罪是对向犯（必要共犯），则甲也要对造成妇女亲属重伤的后果承担责任。但这样一来，让甲为他人的行为（乙的行为）承担责任是否存在违反了责任主义的要求的嫌疑？

本书认为，对向犯这一概念可以被用来表示对向性的犯罪之间的相互关系，但不应当将对向犯视为必要的共犯，对向犯也不是共犯。因为根据我国《刑法》第 25 条之规定，成立共犯必须具有共同的故意和共同的犯罪行为，但是对向犯显然不是这样。以拐卖妇女儿童罪与收买被拐卖的妇女儿童罪为例，对于收买者来说，只有收买的故意，并没有拐卖的故意，而且收买行为也不能被视为拐卖行为的帮助行为或者教唆行为，因此对向犯的两种犯罪行为之间并不成立共同犯罪，此为其一。其二，如前所述，如果将对向犯视为必要共犯，根据共同犯罪"部分行为、全部责任"的原理，则收买者需要对拐卖者造成被拐卖者及其亲属重伤死亡的后果承担责任。但我国《刑法》第241条规定，对于收买被拐卖的妇女儿童罪的量刑只有"收买被拐卖的妇女、儿童的，处三年以下有期徒刑、拘役或者管制""收买被拐卖的妇女、儿童，对被买儿童没有虐待行为，不阻碍对其进行解救的，可以从轻处罚；按照被买妇女的意愿，不阻碍其返回原居住地的，可以从轻或者减轻处罚"这两个规定。显然，《刑法》并没有让收买者为拐卖者造成被拐卖者及其亲属重伤死亡的后果承担责任。因此，应当摒弃对向犯是必要共犯的传统观念，否则司法人员就容易产生收买者应当为拐卖者的拐卖行为造成的后果承担相应责任的观念，进而加重收买者的刑罚，这既不符合《刑法》第241条之规定，也违反了责任主义的要求。

我国部分司法机关在案件发生了某种损害结果的情形下，容易受"结果导向"的影响，常常要求被告人就该损害结果承担刑事责任。在对向犯的场合，更容易产生这种冲动。因为对向犯中双方互以对方的犯罪行为为实施犯罪的条件，即使损害结果不是由被告人而是由对向方的行为造成的，但司法实践中受纯粹的"条件说"影响（即将条件完全等同于原因），司法工作人员容易产生如果没有被告人的行为，就不会有对向方的行为，也就不会发生损害结果的联想，加之受"对向犯是必要共犯"这一传统刑法理论的影响，就会理直气壮地要求被告人对损害结果承担相应的刑事责任。对此，辩护人应指出这种观点的三点谬误：第一，纯粹的"条件说"不能作为判断因果关系的标准，因为条件不能完全等同于原因；第二，对向犯不是必要共犯，甚至不是共犯；第三，在这种情形下要求被告人对损害结果承担相应的刑事责任，其实质是要求行为人对他人的犯罪行为承担刑事责任，这违反了责任主义中的"个人责任"要求。

附录：案例与辩护意见

1. 案例

张某一与赵某之间因工程纠纷，双方约好到工地解决。张某一约张某二、李某一、李某二等人一起去工地，李某二又约了王某一和王某二去现场助阵（王某一与赵某有旧怨）。到达工地后，双方发生械斗、斗殴中，赵某持刀将王某一伤害致死，致王某二轻微伤，赵某自己则被张某一一方的人员打成轻伤。后南昌市中级人民法院以赵某构成故意伤害罪（致人死亡）判处其15年有期徒刑。南昌市青山湖区人民法院先对李某一、李某二进行审判，认定李某一具有从犯情节，李某二具有从犯及认罪认罚情节，以聚众斗殴罪分别判处李某一有期徒刑2年3个月，李某二有期徒刑1年8个月；半年后南昌市青山湖区人民检察院对张某一和张某二审查起诉时，给张某一和张某二作了认罪认罚，认定张某一具有自首、赔偿谅解、认罪认罚等情节，认定张某二具有从犯、自首、赔偿谅解、认罪认罚等情节。在张某一和张某二的量刑建议表中，起点刑为45个月，致1人死亡增加12个月，致1人轻伤增加2个月，致1人轻微伤增加1个月，即按60个月作为基准刑，然后考虑各自所具有的从宽情节，最终的量刑建议为张某一两年有期徒刑，可适用缓刑；张某二1年6个月有期徒刑，可适用缓刑。但南昌市青山湖区人民法院认为，张某一和张某二所犯聚众斗殴系暴力犯罪，且致1人死亡、1人轻伤、1人轻微伤的严重后果，不宜适用缓刑。遂以聚众斗殴罪判处张某一2年有期徒刑、张某二1年6个月有期徒刑。张某一和张某二不服一审判决，遂提起上诉。

2. 辩护意见

张某一涉嫌聚众斗殴罪二审辩护词

审判长、审判员：

江西豫章律师事务所接受张某一家属的委托，指派胡东平律师担任张某一涉嫌聚众斗殴罪二审阶段被告人张某一的辩护人。现依据事实与法律，发表辩护意见如下：

一、本案一审中存在严重的违反法定诉讼程序的问题

1. 一审法院严重违反认罪认罚的相关规定

本案中，被告人张某一在审查起诉阶段即认罪认罚，签署了认罪认罚具

结书，公诉机关给出了判处有期徒刑2年缓刑2年的量刑建议。一审也是按照认罪认罚的程序进行审理的。《最高人民法院、最高人民检察院、公安部、国家安全部、司法部关于适用认罪认罚从宽制度的指导意见》（以下称《指导意见》）第40条第1款规定："量刑建议的采纳。对于人民检察院提出的量刑建议，人民法院应当依法进行审查。对于事实清楚，证据确实、充分，指控的罪名准确，量刑建议适当的，人民法院应当采纳。具有下列情形之一的，不予采纳：（一）被告人的行为不构成犯罪或者不应当追究刑事责任的；（二）被告人违背意愿认罪认罚的；（三）被告人否认指控的犯罪事实的；（四）起诉指控的罪名与审理认定的罪名不一致的；（五）其他可能影响公正审判的情形。"一审判决书认定："公诉机关的指控，事实清楚，证据确实、充分，适用法律正确，指控罪名成立，本院予以采纳。"一审判决既然认定公诉机关适用法律正确，也就意味着一审判决认为公诉机关给予被告人张某一缓刑的量刑建议是正确的，正确的量刑建议本该采纳，但一审判决又判决张某一有期徒刑2年的实刑，该判决本身就自相矛盾。此外，根据《指导意见》第40条"量刑建议的采纳"，除非存在上述五种情形，否则人民法院对于公诉机关的量刑建议应当采纳。本案明显不存在上述五种情形，但一审判决却依然没有采纳公诉机关的量刑建议，一审判决显然违反了《指导意见》第40条之规定。

《指导意见》第41条第1款规定："量刑建议的调整。人民法院经审理，认为量刑建议明显不当，或者被告人、辩护人对量刑建议有异议且有理有据的，人民法院应当告知人民检察院，人民检察院可以调整量刑建议。人民法院认为调整后的量刑建议适当的，应当予以采纳；人民检察院不调整量刑建议或者调整后仍然明显不当的，人民法院应当依法作出判决。"从本案判决结果来看，一审法院似乎认为检察院给予被告人张某一缓刑的量刑建议明显不当。根据《指导意见》第41条之规定，一审法院本该告知检察院。如果检察院同意调整量刑建议，根据《人民检察院办理认罪认罚案件开展量刑建议工作的指导意见》第33条的规定："开庭审理前或者休庭期间调整量刑建议的，应当重新听取被告人及其辩护人或者值班律师的意见。庭审中调整量刑建议，被告人及其辩护人没有异议的，人民检察院可以当庭调整量刑建议并记录在案。当庭无法达成一致或者调整量刑建议需要履行相应报告、决定程序的，可以建议法庭休庭，按照本意见第二十四条、第二十五条的规定组织听取意见，履行相应程序后决定是否调整。"根据上述规定，人民法院如果认为检察院的量刑建议明显不当，应当告知检察院，检察院听取法院的意见后认为需要调整量刑建议，还应当听取被告人及辩护人的意见。这是因为，适用认罪认罚程序的前提条件就是被告人自愿认罪认罚，而"自愿"是以被告人对自己可能判处的刑罚有认知且有认同为前提。正因如此，认罪认罚具结书中都会注明量刑建议。被告人认罪认罚，认的罪是具结书中指控的罪，认的罚也是具结书中列明的刑罚。如果调整后的量刑建议不为被告人认可，认罪认罚程序就失去了存在的基础。因此，只有经过法定程序，被告人对调整后的量刑建议表示认可，才能按认罪认罚程序继续审理该案件。但在本案中，一审法院在没有告知检察院，也没有告知被告人及辩护人的情况下，直接在一审判决中将检察院的量刑建议由缓刑改为实刑，这不但严重违反了法定的诉讼程序，也剥夺了被告人在认罪认罚程序中的知情权，违反了认罪认罚自愿这一基本原则。

2. 一审法院未履行通知辩护职责，导致一审同案被告人张某二在审判期间未获得律师辩护

根据2017年10月9日下发的《最高人民法院、司法部关于开展刑事案件律师辩护全覆盖试点工作的办法》第11条的规定："第二审人民法院发现第一审人民法院未履行通知辩护职责，导致被告人在审判期间未获得律师辩护的，应当认定符合刑事诉讼法第二百二十七条第三项规定的情形，裁定撤销原判，发回原审人民法院重新审判。"《江西省高级人民法院、江西省司法厅开展刑事案件律师辩护全覆盖试点工作的实施办法（试行）》（2019年）第2条的规定："适用简易程序、速裁程序审理的案件，被告人没有辩护人的，人民法院应当通知法律援助机构派驻的值班律师为其提供法律帮助。"本案中，同案犯张某二在一审审判期间未获得律师辩护，依法应当裁定撤销原判，发回重审。

二、一审判决认定事实不清，适用法律错误

一审判决认定："被告人张某一同他人持械聚众斗殴，且致1人死亡、1人轻伤、1人轻微伤，系严重暴力型犯罪，严重影响社会秩序与稳定，不适用缓刑。"一审判决存在认定事实不清，适用法律错误的问题。

（1）众所周知，我国刑法在追究刑事责任上采取的是"罪责自负"的原则，即犯罪人只对自己行为所造成的危害结果承担刑事责任。如果要求犯罪人对他人行为所造成的危害结果承担刑事责任，就违反了刑法上公认的"责

任主义"原则。"责任主义"包含"主观责任"和"个人责任"两大内容，所谓"主观责任"是指只有当行为人具有故意、过失等主观过错时，才能对行为人追究刑事责任。所谓"个人责任"是指只能就行为人实施的个人的行为对行为人追究刑事责任。"个人责任"与"主观责任"这二者之间具有密切联系，判断是否存在"主观责任"时，"故意、过失等主观过错"是针对实施了危害行为的个人而言的，而在追究"个人责任"时，则要求"个人"不但实施了危害行为，而且对于该危害行为"具有故意、过失等主观过错"。本案中，从"个人责任"的角度来看，是赵某的行为造成被害人王某一死亡，被告人张某一不存在"个人责任"；从"主观责任"的角度来看，被告人张某一对于赵某的行为造成被害人王某一死亡也不具有故意、过失等主观过错，被告人张某一也不存在"主观责任"。因此，要求被告人张某一对赵某的行为及结果承担刑事责任，是违反责任主义原则的。我国的刑法理论中，只有在共同犯罪中，才能要求被告人对他人的行为及结果承担刑事责任。因为共同犯罪采取的"部分结果，全体责任"的追责原则，即部分共同犯罪人造成的危害结果，全体共同犯罪人都要对此承担刑事责任。在本案中，如果张某一需要对此承担刑事责任，无异于是认为张某一与赵某成立共同犯罪关系，这显然是很荒谬的。

（2）虽然有观点认为聚众斗殴罪是对向犯，即成立聚众斗殴罪需要对方也实施聚众斗殴行为才构成该罪，而对向犯是必要共犯的一种。根据共同犯罪"部分行为、全部责任"的原理，聚众斗殴的一方需要对对向方的行为造成的后果承担责任。但是，这种观点并不符合我国相关的法律规定。例如，拐卖妇女罪和收买被拐卖的妇女罪是对向犯。根据《刑法》第240条之规定，拐卖妇女造成被拐卖的妇女、儿童或者其亲属重伤、死亡或者其他严重后果的，对于拐卖妇女的行为人应当加重处罚。但我国《刑法》第241条规定对于收买被拐卖的妇女儿童罪的量刑只有"收买被拐卖的妇女、儿童的，处三年以下有期徒刑、拘役或者管制""收买被拐卖的妇女、儿童，对被买儿童没有虐待行为，不阻碍对其进行解救的，可以从轻处罚；按照被买妇女的意愿，不阻碍其返回原居住地的，可以从轻或者减轻处罚"这两个规定，显然，《刑法》并没有让收买者为拐卖者造成被拐卖者及其亲属重伤死亡的后果承担责任。因此，对向犯这一概念可以用来表示对向性的犯罪之间的相互关系，但不应当将对向犯视为是必要的共犯，甚至对向犯也不是共犯。将对向犯视为是必要的共犯的观点,既不符合《刑法》第241条之规定,也违反了责任主义的要求。

(3) 认为聚众斗殴的被告人需要对聚众斗殴的双方人员的死伤都承担刑事责任,明显违反公平正义的刑法观念。例如,甲方与乙方聚众斗殴,甲方不但人数众多,而且下手特别凶残,造成乙方1人死亡,3人重伤,4人轻伤的严重后果;乙方人数较少,斗殴中手段较为克制,只造成甲方1人轻微伤的后果。如果按照一审判决的裁判思路,则甲方在聚众斗殴中造成1人死亡,3人重伤,4人轻伤、1人轻微伤的严重后果,乙方亦是在聚众斗殴中造成1人死亡,3人重伤,4人轻伤、1人轻微伤的严重后果。双方的刑事责任完全一样,这就违反了公平正义的刑法观念。

(4) 辩护人收集到的众多类似判例,且都是全国各高级人民法院的生效二审判决,都没有因为对方造成己方人员死亡,而追究己方人员责任的。例如,在"龚某某等故意伤害、聚众斗殴案"(2017湘刑终308号)中,龚某某一方与柏某某一方因琐事发生持械斗殴,龚某某一方在斗殴中砍伤柏某某一方人员张某一致其死亡。二审法院认定龚某某一方人员聚众斗殴,致1人死亡的同时,认定上诉人"柏某某未能妥善处理矛盾,对纠纷的引发负有重要责任,其后参与纠集人员,持械斗殴,由于处于弱势一方,未对他人造成伤害后果,情节相对较轻"。该生效判决中,二审法院并没有因为上诉人柏某某对纠纷的引发负有重要责任,并参与纠集人员,持械斗殴,就认为斗殴中出现的双方人员的伤亡都是其造成的,都要负刑事责任。而是实事求是地认为柏某某"未对他人造成伤害后果,情节相对较轻"。

(5) 南昌市青山湖区人民法院在对本案张某一一方的另外两名被告人,即李某一、李某二的刑事判决书(2022赣0111刑初206号)中,认定"被告人李某一、李某二同他人持械积极参加聚众斗殴,其行为已构成聚众斗殴罪。被告人李某一、李某二系从犯,依法应当减轻处罚。被告人李某二具有坦白情节,并自愿接受处罚依法可以从宽处罚"。虽然说李某一、李某二在本案中是从犯,如果说张某一因为是主犯需要对王某一的死亡承担责任(事实上张某一并没有授意李某一去叫人),但被害人王某一是李某一电话纠集过来的,李某一似乎更应当对王某一的死亡承担责任,但该判决书却并没有认定李某一、李某二致一人死亡,更没有认定这是严重的暴力犯罪。此外,南昌市青山湖区人民法院最终以聚众斗殴罪判决李某一有期徒刑2年3个月,这显然也没有将王某一的死亡作为量刑的情节。根据张某一一案中南昌市青山湖区人民检察院的量刑建议评价表，本案量刑起点选定数为45个月，确定基准刑为：45+12（死亡一人）+2（轻伤一人）+1（轻微伤一人）=60个月，如果按照这个基准刑，李某一在本案中只有从犯一个量刑情节，根据《江西省常见罪名量刑指导意见》，从犯可以在基准刑基础上减少20%~50%，取中间数35%（南昌市青山湖区人民法院通常做法），则李某一应当判处60×（1-35%）=39个月的徒刑，但实际上李某一判处了27个月（2年3个月），相差了12个月。但是，如果在确定李某一的基准刑时不计对方造成的死亡1人，轻微伤1人，则其确定基准刑为：45+2（轻伤1人）=47个月，则李某一应当判处47×（1-35%）=30.5个月的徒刑，这个结果和南昌市青山湖区人民法院的实际判决只相差了3个月左右。可见，从南昌市青山湖区人民法院对李某一和李某二实际判处的刑罚来看，没有认定李某一、李某二致1人死亡，1人轻微伤。

（6）南昌市中级人民法院的法官也持有与辩护人相同的观点。例如，南昌市中级人民法院洪某某法官在评析南昌县人民法院审理的一起聚众斗殴案件（2011南刑初字第109号刑事判决）时认为"斗殴双方分属于两个利益共同体，本方斗殴人员对本方人员的伤亡不负责任仅对对方人员的伤亡承担责任。理由是聚众斗殴中，一方与对方而言都是一个完整的行为共同体，任何一方在聚众斗殴中对己方的伤害都不应承担责任，否则就会导致行为人与被害人在法律上的混淆。因此，被害人熊龙云死亡应由致其死亡，受伤的斗殴一方承担责任"。辩护人非常赞同该法官的观点，即斗殴中的一方与对方是一个完整的行为共同体。例如，甲邀约乙与丙斗殴，斗殴中乙被丙伤害致死，丙在斗殴中没有受伤，则甲的行为不构成犯罪。如果按照一审判决的思路，就要认定甲的斗殴行为导致1人死亡的严重后果，则对甲要以故意伤害罪或过失致人死亡罪论，这显然是很荒谬的。

综上，一审判决认定事实不清，适用法律错误。本案中，张某一的聚众斗殴行为没有导致1人死亡、1人轻微伤的后果，只导致了1人轻伤的后果。因此，对其确定基准刑应为：45+2（轻伤1人）=47个月。由于其有赔偿谅解（-30%）、自首认罪认罚（-30%）等情节，张某一的刑期应当确定为47×（1-60%）=18.8个月。由于张某一的聚众斗殴行为没有导致1人死亡，1人轻微伤的后果，只导致了1人轻伤的后果，该行为也不能视为是严重的暴力犯罪，因此应当对其适用缓刑。

三、一审判决遗漏了张某一的一些酌定从宽情节

本案中，张某一存在以下可以从轻处罚的情节：

1. 本案起因系赵某等人欲强占张某一良田倾倒淤泥产生，张某一系出于解决纠纷、维护自身权益的目的前往现场。且双方人员到场后，一开始仅互相叫骂，并且象征性地挥挥锹，并没有真正斗殴。后系因为王某一个人恩怨，因为其个人原因主导并导致冲突升级。

2. 本案证据显示，张某一一直试图采用报警的方法来解决他和赵某等人的纠纷。包括：

（1）2021年11月7日13时59分拨打管片民警张警官电话，张警官后来证明当时张某一打电话给他是反映赵某要将工程的淤泥堆放在他的田上，张某一不同意，赵某就扬言要杀了他。张警官要求张某一主动拨打110报警。

（2）2021年11月7日14时52分拨打110报警电话，称"两劳人员"赵某在齐家镇青树村强揽工程、非法施工、占用良田，还扬言要杀掉自己。

（3）2021年11月7日15时06分再次拨打管片民警张警官电话，张警官证明当时张某一打电话给他还是反映赵某扬言要杀了他的情况。张警官再次要求张某一拨打110报警。

（4）2021年11月7日15时07分拨打110报警电话，称有黑社会人员在齐家镇青树村施工，并告诉110出警人员还未到达。

（5）2021年11月7日15时11分拨打110报警电话，话单显示通话时长6秒。公安机关未调取到该段录音。

可见，本案起因系赵某等人欲强占张某一良田倾倒淤泥产生，赵某一方对本起聚众斗殴案的发生具有明显过错；张某一在案发前直到案发后先后5次报警，希望通过警方来解决本起纠纷。上述事实证明张某一聚众斗殴的主观意识较弱，可以酌情从轻处罚。但一审判决对上述情节没有予以认定。

综上所述，本案一审存在严重的违反法定诉讼程序，认定事实不清，适用法律错误，遗漏张某一的一些酌定从宽情节等问题。请二审法院依法撤销一审判决，改判张某一有期徒刑18.8个月，且适用缓刑，或将本案发回重审。

辩护人：胡东平

2023年5月23日

第十章
监督过失理论在刑事辩护中的运用

一、过失犯罪理论的反思与借鉴

(一) 我国传统过失理论的反思

我国《刑法》第 15 条将过失犯罪分为疏忽大意的过失与过于自信的过失这两类,传统刑法理论亦是将过失犯罪作上述分类。由于我国刑法中"所有的过失犯都是结果犯",过失犯的成立以过失行为与危害结果之间具有刑法上的因果关系为必要条件。在因果关系的认定上,我国传统刑法理论通说是必然因果关系说和偶然因果关系说。在涉及事故犯罪的因果关系问题上,传统刑法理论又提出原因与结果之间存在一因多果和一果多因这两种所谓因果关系的复杂性问题。在司法实践中针对事故犯罪"一果多因"这种复杂的因果关系,司法机关采取了"无必然因果关系出罪、有偶然因果关系入罪"的归责模式。

如果司法机关认为被告人的过失行为与危害结果之间不存在必然的因果关系,则会认定被告人的行为不构成过失犯罪。例如:在王某玩忽职守案中,法院认定王某不构成本罪。理由是:①王某发现涉案违章建筑后下达了《责令停止违法行为通知书》和《限期改正通知书》,并在当天报告了领导何某乐,何某乐已经知晓案情。第二天何某乐带队到现场调查,王某也参与其中,上述过程应视为何某乐已经接手参与处理该工作,根据行政管理流程,王某已经完成了职责交接,故该履职不当行为可能造成的不法后果不能归责于王某。②因果关系是实行行为与法益侵害结果之间的关系。本案存在两个行为,即被告人王某不正确履行职责的行为,以及相关人员违法施工的行为;存在两个结果,即涉案仓库违法施工的结果以及因发生坍塌造成人员伤亡的结果。王某不正确履行职责的行为与违法施工的结果具有因果关系，但是该行为本身并未具有造成人身伤亡的危险，本案所涉犯罪的实行行为并非王某不正确履行职责的行为，而是建设单位、施工单位等其他责任主体的行为。[1]

如果司法机关认为被告人的过失行为与危害结果之间存在偶然的因果关系，则会认定被告人的行为构成过失犯罪。例如，在韩某某玩忽职守案中，法院认定，韩某某作为负有道路运输监管职责的道路运输管理机构工作人员，在工作中不认真履行监管职责，放任没有从业资格证的司机载货拉运一年有余，最终因司机的过失行为导致2人死亡的交通事故发生，致使人民利益遭受重大损失，其渎职行为侵犯了国家机关的正常管理活动，与交通肇事致2人死亡的危害后果存在刑法上的因果关系。[2]

然而，作为我国传统刑法理论通说的必然因果关系与偶然因果关系说，在对因果关系的认定上只是提供了一种较为粗略判断模式。因为在进行必然因果关系的判断时，首先面临的问题就是，我们很难判断危害行为是否包含着结果产生的根据，也很难判断危害行为是否合乎规律地导致危害结果发生，因为很多规律并没有被我们认识和掌握。偶然因果关系说认为，当危害行为本身并不包含产生危害结果的客观根据，但在其发展过程中，偶然介入其他因素，由介入的因素合乎规律地引起危害结果发生时，危害行为与危害结果之间就是偶然因果关系。可见，偶然因果关系的认定不但存在比较抽象、概括的问题，而且其实质上是将介入到因果关系流程中的某些条件也作为原因来对待，从而与因果关系理论中的"条件说"一样，会导致处罚范围过大。

（二）国外过失理论的发展脉络

众所周知，大陆法系的过失犯罪理论经历了旧过失论、新过失论和新新过失论几个阶段。旧过失论关注的是行为人对结果的预见可能性。根据旧过失论，行为人只要由于不注意而没能预见导致结果发生，即构成过失犯罪。可见，旧过失论以结果预见可能为中心，一旦被认为能够预见结果发生，就要被追究责任，这样会导致处罚范围过大的结果。例如，只要驾驶机动车出行，就存在预见发生某种事故的可能性。这样，旧过失论就接近于结果责任。[3]

---

[1] 参见海口市中级人民法院［2018］琼01刑终字第540号刑事裁定书。
[2] 参见山西省襄汾县人民法院［2016］晋1023刑初字第157号刑事判决书。
[3] 参见张明楷：《外国刑法纲要》，清华大学出版社1999年版，第233页。

新过失论则认为，过失犯罪的成立不仅仅要求行为人对结果有预见可能性，还要求行为人对结果的发生具有避免义务和避免能力。换句话说，新过失论不仅关注行为人的主观心态，还关注行为人在客观上是否采取了避免结果发生的必要措施。这样注意义务的中心就从结果预见义务转向了结果回避义务。在上述驾驶机动车出行的场合，只要行为人遵守交通法规，就会被认为是履行了结果回避义务，即使发生了事故，也不承担责任。新新过失论是随着公害犯罪大量发生而兴起的一种过失犯罪理论。新新过失论仍然以结果回避义务为中心，但由于公害犯罪造成的损害更为重大，新新过失论对行为人提出了高度的结果回避义务，而作为这种结果回避义务前提的预见可能性，则不要求对具体结果的预见可能性，只要行为人具有某种不安感、畏惧感就认为有预见可能性。[1] 运用新新过失理论认定过失犯罪较为典型的判例是"日本森永乳业公司案"：1955 年 4 月至 7 月，日本森永乳业（公司）德岛工厂所购买的生产原料中含有大量的砒霜，造成食用奶粉的 12 000 名婴儿中毒、133 人死亡。一审法院经审理认为，被告人不会预见到购进的物品含有对人体有害的砒霜，因而宣判二被告人无罪。二审法院撤销了原判，发回重审。一审法院经过重审认为："预见的可能性并不是要求必须预见到具体的因果关系的可能，而是，虽然不能确定会发生什么事，但是，只要有不能绝对排除的危险和不可忽视的恐惧感就够了。"因此，一审法院认定制造科长有罪，同时认定厂长与事件没有具体联系，判决厂长无罪。[2]

监督过失理论源于新新过失论。在重大事故案件中，存在"监督者由于远离事故现场，难以追责"的问题，因为难以证明监督者对事故的发生具有明确的预见可能性。新新过失理论"不要求行为人对具体结果的预见可能性，只要行为人具有某种不安感，危惧感就认为有预见可能性"，则为追究监督者的过失提供了理论依据。"监督过失不要求监督者对具体的危害结果有所预见，只要对介入的被监督者的行为引发身体、生命、财产等某种危害有不安感，即可认定具备过失的预见可能性。"[3] 虽然新新过失论提出的"畏惧感、不安感"等概念过于模糊，难以正确认定，从而容易造成过分扩大处罚范围，

---

[1] 张明楷：《外国刑法纲要》，清华大学出版社 1999 年版，第 238 页。
[2] 参见［日］西田典之：《日本刑法总论》，刘明祥、王昭武译，中国人民大学出版社 2007 年版，第 209~210 页。
[3] 参见彭凤莲：《监督过失责任论》，载《法学家》2004 年第 6 期，第 59 页。

导致过失责任滑向客观责任的危险,因而受到了批评。但"监督过失理论是新新过失论的副产品,虽然新新过失论不再被日本刑法学界采用,但监督过失理论则成为富有特色的过失理论并在日本刑法学中成为一个亮点"。[1]

(三) 监督过失理论对于事故犯罪的借鉴

监督管理过失理论是日本刑法学界为应对司法实务的需求而提出的独特理论,其核心内容是以何理由且在什么范围内论处监督者责任。[2] 监督过失是一种特殊的过失类型,主要涉及监督者与被监督者之间的关系。监督过失的概念包括狭义和广义两种。狭义的监督过失是指监督者(处于指挥、监督地位的人)因怠于履行监督义务,导致被监督者(直接行为人)的行为发生危害结果。广义的监督过失除了狭义监督过失之外,还包括由没有确立安全管理体制导致的管理过失。如无特别说明,本书中提到的监督过失仅指狭义的监督过失。监督过失在刑法中的应用主要解决企业犯罪中管理人员的刑事责任问题。监督过失的构成要件包括监督者违反了监督或管理义务,未能防止被监督者产生的过失行为引起的危害结果。在特定情况下,如被监督者故意实施犯罪行为,或者监督者已尽必要的监督义务,监督过失可能不成立。

本书认为,作为新新过失理论的副产品的监督过失理论,虽然不可避免地延续了新新过失理论的某些弊端,例如可能导致处罚范围扩大的后果。但是在处理责任事故类犯罪时,监督过失理论相对于我国传统的过失犯罪理论仍然具有明显的优势。如前所述,传统的过失犯罪理论在因果关系的认定上采取的是"必然因果关系说和偶然因果关系说",受此影响,司法实践中针对事故犯罪"一果多因"这种复杂的因果关系,则采取"无必然因果关系出罪、有偶然因果关系入罪"的归责模式。由此造成在事故犯罪的认定上,几乎与因果关系论中的"条件说"完全相同,这种因果关系的认定以每个监督者的不作为为基础,即当想象监督者履行作为义务时不法结果就不会发生,这种假定因果关系其实就会把处于监督者地位的"所有人"一网打尽。更重要的是,在"无必然因果关系出罪、有偶然因果关系入罪"的归责模式中,由于"难以判断危害行为是否合乎规律地导致的危害结果发生",导致这种归责只有入

---

[1] 陈兴良:《过失犯论的法理展开》,载《华东政法大学学报》2012年第4期,第45页。
[2] 参见王珏:《监督管理过失成立范围的界定》,载《学术交流》2016年第11期,第79页。

罪模式而无出罪模式。

监督过失是堵截刑罚处罚漏洞的产物,从减少重大事故、督促公务员勤政的角度出发,监督过失当然也存在对领导者、管理者责任的扩大化追究问题。这是因为,在责任事故犯罪中,被监督者的过失行为是导致事故发生的直接原因,应当受到刑罚处罚的是被监督者的过失行为。监督者不履行监督义务或不正确履行监督义务只是被监督者过失行为发生的原因,对于事故发生的危害结果而言,监督者只是一个间接原因,本来监督者并不需要对危害结果的发生承担刑事责任。但是,一方面,基于预防刑的要求,有必要强化监督者的责任意识、减少和预防重大责任事故;另一方面,基于报应刑的要求,需要满足民众对越来越多人为发生的重大灾害事故中的监督者对此负责的报应情感。因此,监督过失责任就成了扩大刑罚处罚的必然产物。但是,该理论的拥趸也认识到,对监督者的追责绝不能退化到结果责任、严格责任,导致这种责任与刑罚目的背道而驰,罚及无辜。因为毫无保留地促进威慑和预防,有可能使不受限制的国家干预获得许可,而且在缺乏具体限制的情况下,可能导致刑法过于广泛和具有侵入性。[1]为防止上述情形发生,监督过失理论设计了对该理论适用时必须遵守的两个标准:因果性与注意义务,从而限缩了该理论的适用范围。这样一来,监督过失理论既有入罪模式,亦有出罪模式,这也符合我国当下的"当宽则宽、当严则严、宽严相济"的刑事政策。

值得注意的是,监督过失并不是独立于疏忽大意的过失与过于自信的过失之外的第三种过失类型,而是为解决未直接导致危害结果发生的监督者的刑事责任问题而创设的概念。监督过失既可能是一种疏忽大意的过失,也可能是一种过于自信的过失。当监督者应当预见自己不履行监督义务或不正确履行监督义务可能会引起被监督者的过失行为,进而发生危害结果时,该监督过失同时也是疏忽大意的过失;当监督者已经预见自己不履行监督义务或不正确履行监督义务可能会引起被监督者的过失行为,但轻信被监督者不会有过失行为,最终发生危害结果时,该监督过失同时也是过于自信的过失。

---

[1] 参见姜涛:《监督过失的限缩适用方案》,载《清华法学》2021年第6期,第38页。

二、监督过失的成立标准

（一）监督过失中的因果性

1. 监督过失中因果关系的认定

如前所述，过失犯罪都是结果犯，因此监督过失的成立必须是监督过失行为与危害结果之间存在刑法上的因果关系。对于这两者之间是一种什么样的因果关系？我国刑法理论界有"两个阶段论"和"两个因果关系论"两种观点。"两个阶段论"认为，监督过失引起被监督者的过失是第一阶段，被监督者的过失引起危害结果是第二阶段。监督过失犯罪的成立显然以第二阶段存在因果关系为前提，故监督过失犯罪中的因果关系应在第一阶段予以讨论。[1]"两个因果关系论"则认为，监督过失行为存在两个因果关系论：一是监督人过失与被监督人过失之间具有因果性；二是被监督人过失与最终危害结果之间具有因果性。监督人只是对自身过失所直接引起的被监督人过失承担刑事责任。[2]

本书认为，无论是"两个阶段论"还是"两个因果关系论"，都存在将监督者的过失行为与被监督者的过失行为割裂开来看待的问题。从表面上看，从监督者的过失开始到最终危害结果的发生是一个动态发展的过程，但实际上，监督过失是伴随被监督者过失行为始终的，即并非从被监督者开始实施过失行为后，监督者的过失就业已消失或不复存在，亦即监督过失与被监督过失并非分先后的，而是"并存"的。例如，在"李某玩忽职守罪"案中，被告人李某是山西省平定县安全生产监督管理局煤矿监督管理股副股长兼煤矿五人督查小组第二组组长，其职责主要是贯彻国家有关安全生产的法律法规，依法检查煤矿计划，组织本小组检查监督所包煤矿的安全生产工作，对煤矿的违法违规行为进行查处以及督促存在安全隐患的煤矿企业进行整改等。其在工作期间对其辖区的某煤矿企业长期存在的探水人员无证上岗以及探水密度和深度不足等违规行为未能及时发现。由于被告人没有对煤矿进行有效监督，最终导致了该煤矿发生了透水事故，造成了5名矿工的死亡。[3]本案

---

[1] 参见易益典：《论监督过失理论的刑法适用》，载《华东政法大学学报》2010年第1期，第79页。

[2] 参见彭凤莲：《监督过失责任论》，载《法学家》2004年第6期，第62页。

[3] 参见山西省阳泉市中级人民法院［2015］阳刑终字第28号刑事判决书。

中，被告人李某未履行监督煤矿安全生产工作的行为与煤矿企业违规作业的行为之间在某个节点上存在所谓的先后顺序关系。道理很简单，如果在发生了透水事故的前一天，李某履行了监督职责，叫停了违规作业，自然就不会发生透水事故了。而在此之前，李某未履行监督煤矿安全生产工作的行为与煤矿企业违规作业的行为都是长期存在的。事实上，这两种行为是一种相互缠绕的并存关系，而事故的发生是由这两种行为共同造成的，而不是说煤矿企业违规作业的行为是造成透水事故的直接原因，李某未履行监督煤矿安全生产工作的行为是造成透水事故的间接原因。

综上所述，在监督过失的场合，虽然从时间上说，监督者的过失先于被监督者的过失，但两者之间并不存在绝对的先后顺序，即被监督者的过失发生后并不会导致监督者的过失自然消亡，也不存在监督者的过失与被监督者的过失这两种独立过失。这两种过失是相互依存的关系，最终监督者的行为过失与被监督者的行为过失相互竞合造成危害结果。正如张明楷教授所指出的：狭义的监督过失，实际上是二人以上的过失竞合，即被监督者的一般过失与监督者的监督过失竞合在一起导致了结果的发生。[1]

2. 原因力大小对监督过失的限制

我国传统刑法因果关系理论是一种事实的因果关系理论。但是，刑法要解决的是行为人的行为是否应当受到刑罚处罚的问题。因此，刑法上的因果关系的价值在于从诸多的事实因果关系中挑选出同刑事责任有联系的因果关系，它必须服务于刑罚目的或刑事政策目标。英国学者认为："在每一个案件中都会存在许多事实原因，因果关系原则的目的就是限制刑事责任于其中一个（有时超过一个）责任者。这就需要其他的限制原则，通常被表述为'法律'原因，以求将其从纯粹的事实因果关系中区别出来。"[2]因此，刑法上的因果关系是规范的因果关系，它都是在归因的基础上考虑归责，这样就可以改变事实上的因果关系导致的处罚范围过大的问题。

监督过失不会直接引起危害结果，而是直接引起被监督者的过失行为，并与被监督者的过失行为竞合引发危害结果。因此，对于未履行监督义务的行为所制造的危险是否需要归责，就要考虑监督过失与被监督者的过失行为

---

[1] 张明楷：《刑法学》（第4版），法律出版社2011年版，第272页。
[2] 张绍谦：《刑法因果关系研究》，中国检察院出版社2004年版，第7页。

在危害结果发生过程中的原因力大小，使这种危害结果能够被视为监督者的"作品"。原因力大小对监督过失的限制主要体现在以下几方面：

第一，在监督者已履行了相关监督职责的场合，应当认为不成立监督过失。如前所述，大陆法系国家的刑法理论经历了从旧过失论向新过失论的发展历程。旧过失论认为，过失犯的本质在于行为人违反注意义务而应受到非难的心理态度。[1]其核心是行为人没有预见到某种应当预见的结果，预见义务成了过失责任的判断依据。然而，自人类进入工业社会以来，各种作业风险日趋增多，这些作业风险是行为人应当预见的。如果仍然采取旧过失论，则会使得行为人处于两难：为防止危害结果发生而放弃作业，会使社会发展停滞不前；继续作业而引起危害结果，则会因行为人具有预见义务而承担过失责任。由此产生的新过失论认为，为维系社会正常生活而实施某些危险行为是必要的，只要行为人采取了必要措施避免该结果发生，即使该结果仍然发生了，也不应当承担责任。因此，过失犯的本质不在于预见可能性，而是在于违反了结果回避义务。根据新过失论，监督者只要履行了相关的监督职责，即使在当时情形下仍然应当预见到被监督者的过失行为但却没有注意，因此而发生了危害结果，监督者也不应当承担过失的责任。例如，安监部门的安监工作人员发现民营煤矿存在安全生产隐患，于是按规定下达了停产通知书，但该民营煤矿以前曾有过收到停产通知书后仍然偷偷生产的历史，该工作人员应当预见到即使下达了停产通知书，也仍然存在偷偷生产的可能，但却未能预见到，最终发生了安全事故。在该案中，对该安监工作人员的行为就不能以监督过失论。

第二，在被监督者实施故意犯罪的场合，应当考虑排除监督者的过失责任。有学者指出，在监督者的过失行为与结果之间介入了被监督者的故意犯罪行为的情形下，一般可免于对监督者进行归责。理由是：①即使监督者未正确履行监督职责的过失行为会引起一定的危险，但该监督过失的行为并不能对危害结果产生直接的原因力。在被监督者的故意犯罪行为介入后，支配、控制犯罪因果进程的只能是被监督者的故意犯罪行为，监督者的过失行为实际上对结果已失去原因力。[2]②如果被监督人实施了故意犯罪，则无论监督者

---

[1] 周光权：《刑法总论》（第3版），中国人民大学出版社2016年出版，第162页。
[2] 参见姜涛：《监督过失的限缩适用方案》，载《清华法学》2021年第6期，第42页。

如何恪尽职守，也难以对此有所预料和防范。因此，在介入了被监督者的故意犯罪行为时，原则上就中断了监督者的过失行为对结果的原因力，自然也无需承担监督过失上的责任。[1]本书认为，上述观点具有一定的合理性，但其主张故意犯罪的场合一律排除监督过失成立则过于绝对了。在此，需要考虑被监督者的故意犯罪与监督者的职权之间是否具有支配关系。如果两者之间不存在支配关系，则排除监督过失成立。反之，则不能排除监督过失成立。例如，某公司注册后超过6个月未营业，但作为工商行政管理机关的监督者（工商工作人员）未认真审核相关资料，没有按照法律规定将该企业予以强制注销，该公司后来以企业名义实施了几起合同诈骗行为。作为工商行政管理机关的监督者（工商工作人员）与企业等被监督者之间的职权活动在于年检等业务，其与企业的诈骗行为之间不具有职权上的支配关系，即使工商工作人员存在监督过失，也不应当对该公司的合同诈骗后果承担刑事责任。

反之，如果卫生主管部门的工作人员没有对辖区内的行医人员及时进行检查，无证人员在从事非法行医犯罪行为中导致患者死亡，则该案中监督者与被监督者之间就具有了职权上的支配关系，监督缺失与患者死亡之间也就具有了原因力，不能免除监督者的监督过失责任。

第三，在被监督者实施故意行为导致过失犯罪的场合，应当考虑减轻监督者的过失责任。刑法意义上的过失犯罪，是指行为人对危害结果持过失的心理，但行为人对引起该危害结果的行为则既可能是故意，也可能是过失。前者如行为人故意高速超车进而引发交通事故；后者如锅炉工在值班时忘记给锅炉加水导致发生爆炸。由于上述介入的行为都不是故意犯罪行为，因此不能中断监督者的过失行为对结果的原因力。但是，相对于由过失行为导致的过失犯罪而言，监督者的过失行为对故意行为导致的过失犯罪产生的原因力更小。这是因为，在过失行为导致的过失犯罪的情形下，只要监督者正确履行了监督义务，一般就可以避免发生危害结果。例如，医生发现护士没有给病人做皮试就准备打青霉素，只要及时提醒护士，就可以防止发生医疗事故。但是，在故意行为导致的过失犯罪的情形下，即使监督者正确履行了监督义务，也仍然具有发生危害结果的可能性。例如，交通运输管理人员发现货车车主私自加装超载运货，即使管理人对其进行处罚要求整改，货车车主

---

[1] 参见钱叶六：《监督过失理论及其适用》，载《法学论坛》2010年第3期，第16页。

为了营利也仍然有可能继续超载运货,最终导致发生交通事故。在被监督者实施故意行为导致过失犯罪的情形下,由于监督者未能正确履行监督义务对于该事故发生具有的原因力更小,因此应当减轻监督者的刑事责任。

(二) 监督过失中的注意义务

1. 注意义务的认定标准

所有的过失犯罪都是对注意义务的违反,监督过失自然也不例外。如何认定行为人是否违反了注意义务?有两个问题需要讨论:第一,监督过失的注意义务的对象是什么?第二,监督过失的注意义务的内容是什么?

对于第一个问题,有观点认为:监督者只是将预见和避免被监督者的行为本身作为注意义务。[1]另有观点认为,预见到被监督者的过失行为便意味着能够预见到最终的结果。[2]本书认为,虽然监督过失的注意义务直接对应的是被监督者的过失行为,但过失犯在本质上是结果犯,结果犯是以危害结果的出现作为根本的成立条件的。因此,监督过失的注意义务的对象最终仍然是危害结果,而被监督者的行为只是一种临时的"介质"而已。对于监督过失而言,最终应将危害结果的预见或避免作为其注意义务的对象,"预见到被监督者的过失行为便意味着能够预见到最终的结果"这一结论是成立的。

对于第二个问题,有日本学者认为,应将危害结果预见义务作为监督过失的注意义务的实质内容。[3]我国亦有学者持相同观点。理由是:监督过失的因果关系具有两个特点:一是间接性,即监督过失行为并非直接作用于危害结果,而是通过被监督者的行为才能对危害结果的产生施加原因力;二是多层次性,即先由监督者的监督过失行为对直接行为人施加影响,再由直接行为人的行为导致危害结果的发生。这种因果进程的阶段性实际上也就是在时间维度方面有先后的层次性。[4]本书认为,该观点是将被监督者的过失视作危害结果的"近因",而将监督者的过失视作危害结果的"远因"。于是,身处"近因者"便对危害结果负有避免义务,而身处"远因者"对危害结果

---

[1] 参见童德华、马嘉阳:《刑法中监督过失的适用条件及归属限制》,载《社会科学动态》2020年第6期,第16页。

[2] 参见王珏:《监督管理过失成立范围的界定》,载《学术交流》2016年第11期,第83页。

[3] 参见[日]大塚仁:《犯罪论的基本问题》,冯军译,中国政法大学出版社1993年版,第244页。

[4] 参见马嘉阳:《客观归属下监督过失因果关系的认定》,载《山西警察学院学报》2020年第3期,第34页。

只能负有预见义务。但如前所述,就因果关系而言,被监督者的过失和监督者的过失是相互竞合引发危害结果,而不是分两个阶段或层次。可见,所谓监督过失的注意义务的实质内容是危害结果预见义务的观点是难以成立的。因此,应当将危害结果的避免义务作为监督过失注意义务的实质内容。这样一方面在逻辑上更符合被监督者的过失和监督者的过失是相互竞合引发危害结果这一结论,另一方面危害结果的预见义务较为主观、随意,容易导致处罚范围过大,而危害结果的避免义务的认定则更加客观、规范,更加有利于人权保障。

综上所述,监督过失中注意义务的认定涉及注意义务的对象和注意义务的内容两方面的问题。对于前者,虽然注意义务直接对应的是被监督者的过失行为,但过失犯在本质上是结果犯,注意义务的对象最终的落脚点还是在危害结果上。对于后者,由于被监督者的过失和监督者的过失是相互竞合引发危害结果,而且危害结果的避免义务的认定较为客观、规范,注意义务的内容只能是危害结果的避免义务。因此,监督过失中注意义务的履行标准,是监督者对于被监督者的行为可能造成的危害结果是否履行了结果避免义务。

2. 信赖原则对监督过失的限制

信赖原则,指在有关多数人的事件中,与该事件有关的人,信赖其他有关人遵守规则采取适当的行动的相当场合,如果其他有关人无视规则等采取不适当的行动,它与自己的行动相结合发生构成要件的结果,对其结果不追究过失责任的原则。[1]换言之,当行为人符合信赖原则时,可以认为行为人没有违反注意义务。信赖原则首先在交通事故中被广泛适用,进而在医疗或工程领域等多数人分担事务的作业中也被适用。

监督过失是否适用信赖原则呢?即监督者是否能够以自己有理由信赖被监督人员将会遵守规则并采取适当的行动为由主张其没有违反注意义务?对此,刑法理论有肯定说与否定说两种观点。肯定说认为:完全否定信赖原则在监督关系中的适用不符合现代社会生活的实际。从现代社会的组织结构和运作方式来看,分工已成为组织运行机制的核心特征,也是组织化行为得以高效运行的基础。组织体内部的事务处理越来越专业、细密,上层管理者、监督者不可能事必躬亲,而是逐渐从细微、琐碎的技术性事务中抽身出来,

---

[1] 马克昌:《比较刑法原理——外国刑法学总论》,武汉大学出版社2002年版,第261页。

转而集中精力于决策规划、组织协调、重点管理等,具体事务则被逐级分配给各个专业部门的下级完成。而且,随着专业化、技术化特征日益明显,许多事务往往只能由具备相当知识和经验的专业精英来承担,对于那些具备相当资质、技能和谨慎态度的从业者,信赖其能够在确保安全的前提下完成业务应该是相当且必需的。在监督者已尽必要的监督义务的场合,只要行为人客观上具有注意能力并尽到具体的注意义务,即便造成危害结果,也不负过失责任。否定说则认为,在监督过失这样存在监督者与被监督者的支配从属关系的情境下,原则上没有信赖原则的适用余地。如果分工存在着上下级从属关系,例如主治医师与实习医师之间存在上下级从属关系,在这种关系中,处于监督者地位的上司在对其下属的挑选、指导、监督过程中,必须小心为之,即负有挑选、指导、监督其他成员的注意义务,因此,无信赖原则的适用空间。信赖原则的适用,以分工中处于并列地位的主体之间的横向关系为前提预设。而监督过失却以处于指导监督地位的人和处于服从地位的人之间的纵向关系为内容,与信赖原则所预设的横向关系存在本质上的不同。

  本书认为,监督过失能否适用信赖原则,需要区别对待。监督过失有地位等同的监督过失与地位不同的监督过失之分,前者是基于民事法律行为建立的监督过失(与管理过失同义),这种监督过失被学界称为平行主体之间基于分工、法律行为等形成的横向监督关系。例如,同为值夜班的看守人员、共同驾驶航空器的机组人员、共同从事同一或相关安全生产的工人等。在这种监督过失中,监督者与被监督者之间虽然也存在监督与被监督的关系,但是这种监督与被监督更加类似一种非支配性的合作或协作关系,唯有彼此配合才能更好地完成相关作业,因此是一种弱监督。后者则是一种具有主从关系的监督过失,即监督者与被监督者分别处于行政执法主体与行政执法对象地位,被监督者必须服从监督者的依法监督,对于监督者发布的命令必须予以执行,因此是一种强监督。这种监督管理不是发生在单位共同体内部,而是发生在监管机构与被监管单位之间,这种监督管理的有效实施,完全以国家强制力作为后盾,相互之间没有共同的利益,没有相互信赖的基础。而在单位内部,处在不同工作岗位的监督管理者与被监督管理者相互之间有着共同的工作目标和共同的利益,可以说是一个利益共同体,在这种共同体内,存在彼此相互信赖的基础,因而可以适用信赖原则。就此而言,在监督管理过失领域,"信赖原则只适用于单位内的监督管理过失领域,而不能适用于单位外的监督管理过失领域"这一论断基本上是正确的。然而，该论断仅仅是在判断责任的有无时的标准，在判断责任的大小时，即使是单位外的监督管理，在特定情形下也应当考虑信赖原则的作用。例如，监督者与被监督者虽然不在同一单位内，但是其监督关系的形成是为了完成某一特定的工程项目，此时监督者与被监督者除了监督关系之外，还有一定程度的合作或协作关系，双方形成某种共同利益，需要彼此配合才能完成相关作业。这时仍然应当承认信赖原则的作用，只不过此处的信赖原则不能免除监督者责任，而只能减轻其责任。

三、监督过失理论与刑事辩护

（一）刑事裁判文书中的监督过失

监督过失理论是个舶来品，与我国传统的刑法理论存在较大差异性，这也导致司法实践中实务界较少运用监督过失理论来处理刑事案件。一份关于监督过失在刑事判决中适用的研究表明：

1. 多数判决未使用"监督过失"概念

在研究者收集到的涉及监督过失的268份刑事裁判文书中，除了21份裁判文书外，其他的裁判文书均未使用"监督过失"的概念。例如，山东省济宁市中级人民法院［2015］济刑终字第182号刑事裁定书表述为"三被告人未履行环境监管职责，间接导致了两次重大环境污染事故的发生，且其未认真履职行为与两次重大环境污染事故的发生具有因果关系，三被告人行为均已构成环境监管失职罪"。从表述的内容来看，三被告人的行为属于监督过失，但判决中却未使用监督过失的概念。

2. "监督过失"更多被用于入罪

从控辩双方意见及判决采纳意见来看，只有2起案件被告人辩护提出被告人所犯之罪系"监督过失"，但均未被法院采信。法院最终认定被告人所犯之罪为故意（间接故意），与指控罪名相同。涉及的罪名包括：污染环境罪、传播淫秽物品罪（均为故意犯罪）。在总共268份刑事判决书中，也只有19份刑事判决书被法院认定被告人具有"监督过失"。对行政职务上负有监督义务的被告人进行责任认定时，未明确责任的大小，仅认定侵害结果与其玩忽职守（或滥用职权）有因果关系；在非基于行政职务产生责任的认定上，对具有监督过失的被告人多认定为"主要责任"。可见，在少数使用监督过失这一理论的刑事判决中,以存在"监督过失"作为构成犯罪判决依据的案件数量明显高于将"监督过失"作为辩护理由或无罪理由的案件数量,表明司法实践中监督过失更多是在入罪意义上使用。[1]

(二) 责任事故犯罪中刑辩之窘境

监督过失理论在刑事司法实践中受到冷落是一个不争的事实,由此带来的后果就是,事故类犯罪的刑事辩护开展起来非常困难。如前所述,传统刑法理论将过失犯罪区分为疏忽大意的过失和过于自信的过失两大类。在涉及事故犯罪问责时,则依据的是"一果多因"这一传统刑法理论。虽然在因果关系的判断上,传统刑法理论采取的是必然因果关系说和偶然因果关系说,但在司法实践中,在对事故犯罪进行追责时,更多采取的却是"条件说"的"没有前者就没有后者"的因果关系判定模式。于是,我们常常看到,每当发生重大事故时,就会有大量的涉案人员被以相关的事故犯罪追究刑事责任。司法机关认定责任的模式为:首先,考察涉案当事人是否正确履行了相关的职责,如果没有正确履行职责,则会认为涉案当事人主观上存在过失(疏忽大意或过于自信)。其次,考察如果涉案当事人正确履行了相关职责是否能够避免事故发生,如果能够避免事故发生,则会认定不履行职责的行为与事故结果之间具有刑法上的因果关系,这样就可以追究刑事责任了。

上述追责方式会导致以下两个问题:一是会导致被追究刑事责任的范围过于扩大;二是无法明确责任大小的判断标准。在责任事故的场合,涉及的相关人员非常之多,会出现部分人员未能履行职务对避免不法结果发生概率很小,但是如果该人员履行了职责,却可以避免危害结果发生的情形。那么,在面对某种极端的匪夷所思的不法结果时,这部分人员都需要被追责吗?在我国传统的因果关系说之下,上述人员不履行职责均是不法结果发生的原因,他们的行为与不法结果之间具有因果关系,都应当被追究责任。但这样一来,被追究刑事责任的范围将过于扩大。另外,在涉案人员都被追究责任的情形下,如何区分责任的大小也是一个问题。在故意犯罪中,可以通过将共同犯罪人区分为正犯和共犯(教唆犯和帮助犯)或者主犯和从犯来认定刑事责任的大小。但是,我国目前的刑法规定和刑法理论都不承认共同过失犯罪,这样一来就无法通过对共同犯罪人进行分类的方法来区分事故犯罪中各涉案人

---

[1] 参见姜涛:《监督过失的限缩适用方案》,载《清华法学》2021年第6期,第32页。

员的刑事责任。由此带来的问题是,在刑事辩护中,在相关的责任事故犯罪中,对于那些不是直接导致事故发生,但是对事故发生具有间接责任的被告人,辩护人在现有的刑法语境下,无论是作无罪辩护还是作罪轻辩护,都很难获得刑法理论的支撑。例如,某甲是某县安监局的局长,其职责为督促局里的安监员按固定的时间去煤矿检查安全生产工作,后来该煤矿因为违反安全生产制度发生重大事故,造成人员伤亡和财产损失。事后查明,发生事故前的那段时间,安监员没有按规定到煤矿检查安全生产工作,某甲也没有及时发现安监员的渎职行为。后来某甲和安监员都被以玩忽职守罪提起公诉。而且某甲还被列为第一被告。理由有二:第一,从两人的身份来看,某甲是局长,应当负领导责任;第二,公诉机关认为某甲的渎职行为是发生事故的源头,即只要某甲履行了职务,就不会发生后面的事情。面对公诉机关的上述理由,依据我国传统的过失犯罪理论,辩护人恐怕很难对公诉机关的指控作出有力回击。

(三) 监督过失在刑辩中的展开

本书认为,对于责任事故犯罪中间接导致事故发生的被告人,可以运用监督过失理论展开辩护。相对于"一因多果"理论对原因及责任认定的含混不清,采用监督过失开展刑事辩护具有以下三个优势:第一,监督过失这一概念本身就说明被告人的行为不是直接引起事故发生,而是间接引起事故发生,这样可以让刑事审判朝着排除或减轻被告人责任的方向发展;第二,监督过失理论中存在着一系列比较明确的规则,并且这些规则多数都涉及案件客观事实,通过对这些规则的运用,可以使辩护人摆脱与公诉人在难以认定的主观过错方面的纠缠;第三,在监督过失的适用规则中,既有直接否定责任成立的规则,也有减轻责任的规则,辩护人可以根据案件的具体情形,决定开展无罪辩护或是罪轻辩护,尽最大可能争取有效辩护。

运用监督过失理论展开辩护时应当注意以下问题:

1. 运用监督过失理论展开辩护的领域

有学者指出,监督过失理论应当适用于发生重大企业责任事故时处于监督、领导地位人员的业务过失场合。[1]本书认为,业务过失,是指因违反业务上的注意义务而导致的过失犯罪,业务过失是一种特殊的过失类型,它通

---

[1] 参见林亚刚:《犯罪过失研究》,武汉大学出版社 2000 年版,第 247 页。

常发生在具有一定专业技能或从事特定业务的人员身上,如医生、驾驶员等。但在发生重大企业责任事故的场合,除了会追究企业内部人员过失犯罪的责任,还会追究对企业安全生产负有监督管理职责的相关行政机关工作人员渎职犯罪的责任。究其原因,不但企业内部生产作业领域中存在的各种监督与被监督的关系,国家行政管理机关对企业安全生产也存在这种监督关系。在此意义上,监督过失可被分为业务监督过失和职务监督过失。因此,发生重大企业责任事故时的监督过失不仅涉及生产作业的自行管理领域,也涉及国家行政管理领域,运用监督过失理论展开刑事辩护可以针对上述两个领域。具体来说,关于业务监督过失涉及的辩护罪名主要是刑法分则中的相关责任事故犯罪,如重大责任事故罪、重大劳动安全事故罪或工程重大责任事故罪等。关于职务监督过失涉及的辩护罪名主要是刑法分则中的玩忽职守犯罪,如玩忽职守罪、环境监管失职罪和食品监管失职罪等。

2. 运用监督过失理论展开无罪辩护

(1) 单位内的监督管理过失领域中信赖原则的运用。根据信赖原则,在行为人合理信赖被害人或第三者将采取适当行为时,如果被害人或第三人采取不适当的行为造成了侵害结果,行为人对此不承担责任。在被告人被指控过失犯罪的场合,虽然可将信赖原则作为无罪辩护的理由,但在监督过失领域,"信赖原则只适用于单位内的监督管理过失领域,而不能适用于单位外的监督管理过失领域"。因此,辩护人首先需要证明被告人与造成损害结果的第三人之间存在单位内的监督与被监督关系。其次,辩护人应当证明被告人存在着合理信赖第三人会采取适当的避免结果发生的行为的理由。这种理由通常是被告人对第三人的上述信赖的日常积累。例如,医师具有监督护士在手术前对手术器械进行消毒的责任。如果某次因为护士忘记给手术器械进行消毒,而医生也没有在手术前对此进行询问,最终造成医疗事故。此时辩护人就不能以该护士是资深护士作为适用信赖原则的理由,而应当主张:双方之间存在多年的共同参与手术经历,该护士在术前器械消毒方面的工作一直符合要求,因此被告人有理由信赖在本次手术中该护士也会做好术前器械消毒工作。

(2) 无支配关系场合下被监督者故意犯罪理论的运用。当监督者的过失引起被监督者实施故意犯罪,进而造成危害结果发生的场合,如果被监督者的故意犯罪与监督者的职权之间不存在支配关系,应当考虑排除监督者的过失责任。例如,因消防主管部门审核不严格,导致不符合要求的某企业通过消防验收并顺利营业,在营业中实施了非法集资犯罪行为,造成公众巨额财产损失。检察机关认为,消防主管部门相关工作人员在该案中存在渎职行为,以玩忽职守罪对相关工作人员提起公诉。对此,辩护人可以作如下辩护:虽然被告人在该案中存在监督过失,但作为消防主管部门的监督者与企业等被监督者的职权活动在消防验收检查等业务,当作为被监督者的企业实施非法集资犯罪行为时,监督者与被监督者之间就不再具有职权上的支配关系,这种情况是消防工作人员难以预见的,被告人不应当对非法集资犯罪行为造成公众巨额财产损失这一后果承担刑事责任,不构成玩忽职守罪。

3. 运用监督过失理论展开罪轻辩护

(1) 单位外的监督管理过失领域中信赖原则的运用。如前所述,在监督过失领域,"信赖原则只适用于单位内的监督管理过失领域,而不能适用于单位外的监督管理过失领域"。但是,在某些情形下,监督者与被监督者虽然分属两个单位,但为完成某一特定的项目而形成监督关系时,信赖原则虽不能免除监督者责任,但可以减轻其责任。例如,在建设工程项目中,建设单位为确保工程质量合格,需要聘请监理单位对施工单位的施工活动进行监督。在施工单位的过失行为造成责任事故,而监理单位因存在监督过失而被检察机关提起公诉的情形下,辩护人可以主张:在建设工程中,监理单位和施工单位之间除了监督者与被监督者的关系外,还有一定程度的协作关系,双方形成某种共同利益,需要彼此配合才能完成建设工程。因此,信赖原则仍然在发挥作用,尽管由于双方不是单位内的监督关系,不能完全阻却监理单位的责任,但可以因这种信赖而减轻监理单位的责任。

(2) 被监督者故意行为成立过失犯罪时的辩护理由。在被监督者实施故意行为导致过失犯罪的情形中,监督者的监督过失与被监督者的故意行为竞合造成损害结果,因此不能阻却监督者的过失责任,但可以主张减轻监督者的过失责任。例如,安监部门发现煤矿企业存在安全隐患,于是下达了整改通知书,要求企业进行为期3个月的整改并通过验收后才能继续开采,但在整改期间没有派员进行检查。企业在整改期间继续冒险作业,终于酿成了重大责任事故。由于企业的冒险作业不是故意犯罪行为,不能中断监督过失行为对结果的原因力,因此对该案中的被告人安监部门工作人员不能作无罪辩护。但是,辩护人可以主张,由于本起事故是由企业人员的故意冒险作业行为造成的,即使整改期间安监部门工作人员开展了例行检查,企业主为避免停工的损失,仍然可能在检查结束后冒险作业,仍然具有发生事故的可能。因此,本案中,由于被告人未能正确履行监督义务对于该起事故的原因力较小,应当对被告人从轻处罚。

附录:案例与辩护意见

1. 案例

2016年1月,江西致新股份有限公司丰泽三期发电厂与上海纪格公司工程咨询有限公司(以下称"上海纪格公司")签订《江西丰泽电厂三期2X1000MW超临界机组扩建工程施工监理合同》,由上海纪格公司负责江西丰泽电厂三期扩建工程项目的施工监理。被告人石某某、柳某某、回某分别为项目监理部的总监理工程师,安全副总监理工程师和土建副总监理工程师。该扩建工程项目的总承包方为中国东方电力设计院(以下称"东方设计院"),东方设计院又将7号冷却塔分包给河北万德工程有限公司(以下称"河北万德公司")。2016年7月,电厂三期扩建工程项目部提出将工程施工时间缩短,并报监理和业主确认。此后,7号冷却塔工程施工出现赶工期现象,筒壁拆模周期由一天一节,逐渐缩短为二天三节,再变为一天二节。

2016年9月27日,河北万德公司开始浇筑7号冷却塔筒壁第一节混凝土,筒壁拆模混凝土强度试验或是通过聘请的建材试验室进行抗压强度试验,或是用回弹仪进行检测。但当时聘请的建材试验室没有相应资质,不具备进行混凝土试件抗压试验的条件。回弹仪检测筒壁拆模混凝土强度的数据不可靠。从第1~50节筒壁拆模时混凝土强度不受控的安全隐患一直存在,但未引起三期扩建项目部、监理方及施工方重视。2016年11月21日至24日,当地气温从20摄氏度骤降至5摄氏度,且为阴雨天气。2016年11月24日上午7时许,施工人员在第50节筒壁混凝土强度不足的情况下,违规拆除第50节模板,造成第50节及以上筒壁混凝土和模架体系倾塌坠落,平桥整体倒塌。事故发生时,第50节筒壁模板拆除现场无管理人员,河北万德公司、上海纪格公司均未对现场施工进行管理、监督。事故导致筒壁施工及设备操作人员73人坠落死亡、地面作业人员2人受伤,直接经济损失10 197.2万元的严重后果。三期扩建项目部、河北万德公司、上海纪格公司等单位的相关工作人员因涉嫌重大责任事故罪被批准逮捕并被提起公诉。其中对被告人石某某的指控为：审核施工方案不周全，组织项目监理不到位，在生产、作业中违反有关安全管理的规定，造成冷却塔施工平台坍塌，因而发生重大伤亡事故等严重后果，情节特别恶劣，应当以重大责任事故罪追究刑事责任。

2. 辩护意见

石某某涉嫌重大责任事故罪

一审辩护词

审判长、审判员：

我受石某某家属的委托和江西豫章律师事务所的指派，担任涉嫌重大责任事故罪被告人石某某的辩护律师。现依据事实与法律，发表以下辩护意见，敬请采纳。

公诉机关在《起诉书》中认定石某某的行为构成重大责任事故罪。辩护人认为，"11·24事故"是一起严重的重大责任事故案，造成73人死亡及国家财产重大损失，事故各方都应当对此进行深刻反省。因此，辩护人对《起诉书》认定石某某构成重大责任事故罪不持异议。但同时认为，石某某在本案中亦存在一些可以从轻处罚的情节，敬请合议庭采纳。

1. 石某某在本案中是一种监督过失行为，其行为对本起事故的发生所起作用是次要的

(1) 石某某的监督过失行为间接引起本起事故的发生。

根据国务院调查组的《事故调查报告》，本起事故的直接原因是施工单位在7号冷却塔第50节筒壁混凝土强度不足的情况下，违规拆除第50节模板，致使第50节筒壁混凝土失去模板支护，不足以承受上部荷载，从底部最薄弱处开始坍塌，造成第50节及以上筒壁混凝土和模架体系连续倾塌坠落。坠落物冲击与筒壁内侧连接的平桥附着拉索，导致平桥也整体倒塌。（见《事故调查报告》第15页）

《事故调查报告》显示，施工单位未按施工质量验收的规定对拆模工作进行验收，违反了拆模前必须报告总承包单位及监理单位的管理要求。对筒壁工程混凝土同条件养护试块强度检测管理缺失，大部分筒壁混凝土未经试压即拆模。可见，施工单位的上述失职行为是造成冷却塔坍塌的直接原因。

《起诉书》认定石某某存在"审核施工方案不周全，组织项目监理不到位"等两项问题，辩护人和石某某本人都没有异议。但辩护人同时要指出，

就引起重大责任事故的原因而言，石某某是一种监督过失行为。即石某某领导的监理团队，本来是有义务监督施工合同的承包方严格依照施工方案施工，但由于过失没有尽到监督义务，导致被监督者（承包方）未依照施工方案施工，而（承包方）未依照施工方案施工（违规拆模）则直接导致了本起重大责任事故的发生。由此可见，（承包方）未依照施工方案施工（违规拆模）是导致本起重大责任事故的直接原因，石某某的监督过失行为是导致本起重大责任事故的间接原因。

（2）石某某的监督过失对于本起事故的发生是一种远因，居于较次要地位。

根据上海纪格公司与江西致新股份有限公司丰泽三期发电厂签订的《监理施工合同》，上海纪格公司的职责是监督承包方（即东方设计院）严格依照施工方案施工。由于东方设计院将7号冷却塔分包给河北万德公司，这样在东方设计院（总包）和河北万德公司（实际施工方）之间便又形成了另一层级的监督关系。即石某某领导的监理团队对东方设计院有监督职责，东方设计院又对河北万德有监督职责。这种分层级的监督职责可以从浇筑令及拆模的签发程序得到印证。即浇筑及拆模都是先由河北万德向东方设计院申请，东方设计院批准后，再由其向上海纪格公司申请。

本案中，河北万德公司未能严格依照施工方案施工造成重大事故，是本起事故发生的直接原因；东方设计院未能监督河北万德公司严格依照施工方案施工，其监督过失行为是造成本起事故发生的间接原因；上海纪格公司未能监督东方设计院依法履行职责，其监督过失行为是造成本起事故发生的更为间接的原因。因此，本案中，石某某监督过失对于本起事故的发生是一种远因，其作用不但次于河北万德，也次于东方设计院。

庭审中，被告人韩某（东方设计院工作人员）的辩护人提出，本案中监理单位工作人员的监督责任是一种法定义务，而总包单位工作人员的监督责任是一种约定义务，法定义务重于约定义务，因此监理单位工作人员的责任大于总包单位工作人员。辩护人认为，上述主张不能成立。首先，法定义务是指在没有合同约定的情况下，依照法律的规定应当承担的义务。在有约定的情况下，则应当是约定义务优先于法定义务；其次，监理只是一种需要具备一定资质的工作岗位，就如同律师、医师一样，法律只对监理应当如何履行职责有规定。但在接受委托之前，监理并不存在法定的职责。本案中监理单位工作人员对于承包单位工作人员的监督义务仍然是基于监理单位与业主单位签订的《监理施工合同》。因此，所谓监理单位工作人员的责任大于总包单位工作人员的责任的说法不能成立。

被告人林某某（河北万德公司工作人员）的辩护人提出，本案中监理单位工作人员不但对总包单位工作人员负有监督义务，而且对施工单位工作人员负有监督义务。辩护人认为这种主张不能成立。因为根据《监理施工合同》，监理单位工作人员只对承包方负有监督义务，这里的承包方即为东方设计院。只是因为东方设计院将7号冷却塔筒壁施工分包给了河北万德公司，才产生所谓总包单位和施工单位。因此，监理单位工作人员并不是同时对总包单位工作人员和施工单位工作人员有监督义务，而是只对承包方工作人员有监督义务。监理单位对实际施工人的监督其实仍然是对承包方的监督。总包单位和施工单位这种提法只存在于承包方内部。因此，本案中的监督义务存在外部的监督义务即监理对施工方的监督（不区分总包方和施工方）和内部的监督（总包方对施工方）两个层级。所谓监理单位工作人员不但对总包单位工作人员负有监督义务，而且对施工单位工作人员负有监督义务的说法无法成立。

（3）本案中基于信赖原则可降低石某某的监督过失的责任程度。

信赖原则，是指在行为人可以合理信赖第三人将会遵守规则，如果第三人未遵守规则而导致危害后果发生，行为人对此不承担责任或减轻责任。一般认为，信赖原则适用于单位内部的监督者与被监督者之间。然而，该论断仅仅是在判断责任有无时的标准，在判断责任的大小时，即使是单位外的监督管理，在特定情形下也应当考虑信赖原则的作用。当监督者与被监督者虽然不在同一单位内，但是其监督关系的形成是为了完成某一特定的工程项目时，监督者与被监督者除了监督关系之外，还有一定程度的合作或协作关系，双方形成某种共同利益，需要彼此配合才能完成相关作业。这时仍然应当承认信赖原则的作用，只不过此处的信赖原则不能免除监督者责任，而只能减轻其责任。本案中，石某某所在的监理公司与被监督者施工单位虽然不在同一单位内，但是其监理关系的形成是为完成案涉工程，此时监理公司与施工单位之间除了监督关系之外，还有一定程度的合作或协作关系，从两方都参加了由业主方主导的"大干一百天"活动可以看出，双方形成了为顺利完成案涉工程而存在的共同利益，需要彼此配合才能完成案涉工程。因此，本案中，石某某虽然不能因为信赖原则而免除其责任，但仍然能够依据信赖原则而减轻其责任。

（4）本案是因施工单位故意违规作业造成事故发生，对此可以减轻石某某的监督过失责任。

刑法中的过失犯罪，包括行为故意而对结果有过失的过失犯罪和行为与结果均为过失的过失犯罪。但是，相对于因过失行为导致的过失犯罪而言，监督者的过失行为对故意行为导致的过失犯罪产生的原因力更小。因为在过失行为导致的过失犯罪的情形下，只要监督者正确履行了监督义务，就可以避免发生危害结果。但是，在故意行为导致的过失犯罪的情形下，即使监督者正确履行了监督义务，也仍然具有发生危害结果的可能性。本案中，即使被告人石某某审核施工方案周全，对施工单位主要管理人员资质、履职情况以及现场施工安全进行了必要的监管，但施工单位为了赶进度，仍然有可能在混凝土强度不足的情况下拆除模板，进而酿成事故。在施工单位为赶进度而引发事故的场合，由于监理未能正确履行监督义务对该事故发生的原因力更小，因此应当减轻被告人石某某的刑事责任。

本案中，石某某的监督过失主要表现为一种不作为。由于施工单位在拆模前没有向监理单位报告，导致监理单位无法通过审核拆模前同条件养护试块强度报告来及时发现安全隐患。当然，石某某作为总监理工程师，没有纠正施工单位不按要求检测拆模混凝土强度、拆模前不报告的错误行为，这也是一种较为严重的失职。但在刑法中这是一种不作为，即消极的不履行自己应当履行的义务，以至于危害结果发生。当然，石某某的这种不作为的监督过失行为已构成重大责任事故罪。然而，相较于施工方工作人员违规拆模造成严重后果的这种作为行为而言，石某某的不作为虽然也造成严重后果，但其消极的不作为（不履行监督职责）行为显然较施工方工作人员积极的作为（违规拆模）社会危害性要小，正如见死不救也可能构成故意杀人罪（不作为），但其社会危害性远远小于用刀把人砍死构成的故意杀人罪（作为）。

2. 本案中，造成石某某没有履行监督职责的原因是复杂的

辩护人不否认造成石某某没有履行监督职责有其主观上对待监理工作不够认真负责的原因。但同时也应当看到其中也有一些客观原因存在：

首先，《事故调查报告》指出，业主单位丰泽三期发电厂未经论证就发起"大干一百天活动"，大幅压缩冷却塔工期后，未按规定对工期调整的安全影

响进行论证和评估。业主单位盲目压缩工期是冷却塔坍塌的直接诱因。被告人作为项目总监理工程师,本来应当对"大干一百天活动"提出反对意见。但由于参加"大干一百天"活动是由业主发起的。因此,石某某虽然也采取在联系单上设置前提条件的委婉方式表达其对"大干一百天"活动的担忧,但最终未能对这一活动提出反对意见。其主要原因还是这是由业主发起的,为了监理单位的利益,他只好参加。

其次,本案事故发生时监理人员未在现场,其中有监理人员责任意识不强的原因。但同时也应该看到,相关规定对于拆模时监理单位是否必须旁站规定得不够具体,也是导致本案事故发生时监理人员未在现场的原因之一。《GB/50319-2013建设工程监理规范》2.0.13旁站定义:对工程的关键部位或关键工序的施工质量进行的监督活动。参照《房屋建筑工程施工旁站监理管理办法》的规定基础工程包括:混凝土浇筑、土方回填、混凝土灌注桩浇筑、后浇带及其他结构混凝土、防水混凝土浇筑。主体结构工程包括:梁柱节点钢筋隐蔽过程,混凝土浇筑属旁站项目。可见,拆模是否属于工程的关键部位或关键工序直接决定着监理人员在拆模时是否必须履行旁站义务。但现有法律法规并没有对拆模是否属于工程的关键部位或关键工序作出明确规定。因此,作为监理总工程师的石某某,未能在拆模时安排监理人员现场旁站。

最后,施工单位为赶工期,在第51、52板未经监理单位和总包单位同意而擅自浇筑,也是造成石某某未能履行职责的客观原因。本案中,第51、52板浇筑令上监理人员和总包人员的签名系伪造。根据相关法律法规及施工合同,进行浇模是必须经过监理人员和总包人员同意的,未经同意的浇模系非法的。如果当时施工单位将第51、52板浇筑令向监理单位和总包单位申请批准,则监理人员和总包人员本来还有机会对当时是否具备连续浇模条件进行审查,进而避免本起重大责任事故的发生。当然,如果作为总监理工程师的石某某能够正确履行职责,安排督促监理人员去现场监理施工,也能够及时发现并制止施工单位的上述冒险作业。但无论如何,施工单位在第51、52板未经监理单位和总包单位同意而擅自浇筑,是造成石某某未能履行监督职责的客观原因。

3. 石某某没有前科,一贯表现良好,在本案中有自首情节,依法可以从轻、减轻处罚

石某某长期从事监理工作,一贯表现良好,多次被评为优秀工作者,且

没有前科。本案中，在发生冷却塔坍塌这一特别重大事故后，作为总监理工程师的石某某已经意识到自己涉嫌犯罪，但却没有躲避，在已得知警方人员正赶往现场的情况下，主动到现场积极参加救援。在办案人员要求他到案说明情况后，就非常配合地到公安机关接受调查。因此，其行为应当认定为自动投案。本起重大责任事故立案后，石某某在整个案件办理过程中，都能积极配合办案人员，如实回答相关问题，如实交代自己的罪行。因此，石某某的行为已成立自首，依法可以从轻、减轻处罚。

4. 石某某归案后一直深刻反省，认罪悔罪，可酌情从轻处罚

在辩护人办理本案一年多的时间里，会见石某某多达十余次。与其他犯罪嫌疑人不同的是，会见中从未见到石某某怨天尤人，谈案情时也从不推卸责任或顾左右而言他，而是实事求是，对自己履职过程中存在哪些失职行为从不回避。对于因其失职行为造成73名农民工兄弟在事故中丧生感到悔恨不已，觉得愧对他们的家人。对于因其失职行为造成国家巨额财产损失感到无比痛心，觉得对不起党和国家的培养。而且，石某某本人也常常对本起事故进行反思，总结今后的监理工作应当吸取的教训。被捕一年多以来，石某某体重直线下降，容颜日益憔悴。可以说，石某某一直在深刻反省、认真悔罪，以上认罪悔过情节，可以酌情从轻处罚。

综上所述，石某某在本案中是一种监督过失行为，其行为对本起事故的发生所起的作用是次要的。本案中，造成石某某没有履行监督职责的原因是复杂的。石某某，没有前科，一贯表现良好，在本案中有自首、认真悔罪等情节。此外，本案所有的被害人都已得到赔偿，石某某等人的犯罪行为也已得到大部分被害人家属的谅解。敬请合议庭对上述依法或酌情可以从轻、减轻处罚的情节予以考虑，对石某某从轻处罚。

以上辩护意见请合议庭采纳！

辩护人：胡东平
2018 年 4 月 18 日

第十一章
违法性认识理论在刑事辩护中的运用

一、司法实务中的违法性认识问题

(一) 违法性认识的司法实务现状

违法性认识，是指认识到自己的行为是违法的。由于我国传统刑法理论信奉"不知法者不赦"的信条，即行为人是否存在违法性认识错误不影响对其的定罪量刑。因此，我国的司法工作人员对"违法性认识"问题不太重视。在司法实务中，虽有辩护人以违法性认识错误为由为被告人开展无罪或罪轻辩护，但最终被法院采纳的判决极为少见。法院的判决要么对辩护意见根本不予回应，要么以辩护意见不成立为由直接予以驳回，只有少数会对辩护意见进行说理分析。司法实务对违法性认识问题如此漠视，以至于有学者自嘲"违法性认识问题只是学者们自言自语，坐而论道"。[1]

本书作者收集到的一份关于涉及"违法性认识"刑事判例的统计资料显示，在总共906起刑事判决书中：

(1) "违法性认识"不影响定罪量刑的判决书共有850份。法院对于辩护律师提出被告人存在违法性认识错误的处理方式分为三种：其一，301份判决书中法官未予回应；其二，307份判决书中是以不影响定罪量刑为由简单予以应对；其三，242份判决书中进行了说理分析，认为被告人不存在违法性认识错误。这类判决书的理由主要分为两类：第一种是法院认为从普通人的常理、常识、常情即可推断所实施的行为存在违法性，如"冯某等组织、领导传销

---

[1] 李兰英、傅以：《网络金融犯罪中违法性认识错误可避免的司法判断》，载《南京大学学报（哲学·人文科学·社会科学版）》2021年第5期，第83页。

活动案"。另一种情形是，法院认为特殊的职业门槛决定了被告人应该对所实施的行为违法具备认知条件。如"贾某某、刘某某非法吸收公众存款案"。

（2）"违法性认识"不影响定罪，但影响量刑（从轻处罚）的判决书共有 47 份。这 47 份裁判文书均认为虽然存在违法性认识错误但不属于不可避免，因此不影响定罪但在量刑上予以从轻，如"新沂市高流镇夏塘村村民委员会、王某站等滥伐林木案"。该份判决书在上述 47 份裁判文书中，属于说理较为充分的。其他 46 份文书中，基本上均是以"违法性认识不足"等表述简单回应，然后判决可以酌情从轻处罚。

（3）"违法性认识"影响定罪量刑的判决书共有 9 份。具体分为三种情形：第一种情形为行为人被指控犯有数罪，其中一罪因行为人存在违法性认识错误而被判无罪，如在"牛某杏被控诈骗罪和危险驾驶案"中，辩护人认为：鉴于目前法律法规对超标机动自行车的属性未作明确规定，有关部门又没有按照机动车进行管理，被告人欠缺违法性认识，因此，按照主客观相统一的原则，被告人的危险驾驶罪指控不成立。法院采纳了该辩护意见。第二种情形为被告人对于公诉人指控的罪名存在违法性认识错误，法院认为被指控的行为构成其他罪名并直接予以变更，如"张某刚交通肇事案"。第三种情形为被指控的单罪中存在违法性认识错误，法院直接判决无罪，如"顾某非法经营案"。[1]

在上述 906 起案例中，因为被告人的行为存在违法性认识错误而直接判无罪的现象仅有 1 例。即以违法性认识错误作为无罪辩护理由的成功率只有 1‰左右，可见绝大部分司法机关并不认可违法性认识错误是被告人出罪的理由。

司法机关在刑事判决中对"违法性认识"的无视，最终引发了对被称为"新四大奇案"的广泛争议：

（1）鹦鹉案：被告人王某从 2014 年 4 月起非法收购、繁殖珍贵、濒危的鹦鹉并出售牟利。经查证，王某将其孵化的 2 只小太阳鹦鹉出售给他人，并在其住处查获 45 只珍贵、濒危的鹦鹉。法院以王某犯非法收购、出售珍贵、濒危野生动物罪，判处其有期徒刑 2 年，并处罚金人民币 3000 元。[2]

---

[1] 参见张泽涛：《行政犯违法性认识错误不可避免的司法认定及其处理》，载《政法论坛》2022 年第 1 期，第 183 页。

[2] 参见广东省深圳市中级人民法院［2017］粤 03 刑终 1098 号刑事判决书。

(2) 玉米案：被告人王某军于 2014 年 11 月至 2015 年 1 月期间，未办理粮食收购许可证，未经工商部门核准登记并颁发营业执照，违法收购玉米并转卖，非法经营数额 218 288.6 元，非法获利 6000 元。一审法院以王某军犯非法经营罪，判处其有期徒刑 1 年，缓刑 2 年，并处罚金人民币 20 000 元。后该案经再审，改判王某军无罪。[1]

(3) 兰草案：被告人秦某换于 2016 年 4 月 22 日在未办理野生植物采集证的情况下，在某林坡上采挖兰草 3 株。经鉴定，该兰草系国家重点保护植物蕙兰。法院以秦某换犯非法采伐国家重点保护植物罪，判处有期徒刑 3 年，缓刑 3 年，并处罚金人民币 3000 元。[2]

(4) 气枪案：被告人赵某华于 2016 年 10 月 12 日在天津市摆设射击游艺摊位进行营利活动时，被巡查民警查获其摊位上枪形物 9 支。经鉴定，其中 6 支为能正常发射、以压缩气体为动力的枪支。法院以被告人赵某华犯非法持有枪支罪，判处有期徒刑 3 年，缓刑 3 年。[3]

上述所谓"新四大奇案"之所以被称为"奇案"，不仅是因为刑法理论界认为这样的判决结果有违"责任主义"的刑法原则，而且广大民众也普遍对这类判决的公正性感到不满。以"气枪案"为例，在普通民众看来，气枪是市民生活中常见的娱乐用品，没有人觉得气枪会危害社会，也没有人会想到这样的气枪居然是法律所禁止的。因此，"气枪案"的判决结果不但有违普通民众朴素的正义感，也让他们对刑法产生了一种"兔死狐悲"的不安。有学者指出，将违法性认识排除在犯罪要素之外的"新四大奇案"等案件的裁判进一步加剧了传统观念与责任主义的冲突，引发了民众对司法良知和刑法底线的质疑。[4]

(二) 违法性认识为司法实务所冷落的原因

"违法性认识"不受司法实务重视，一方面是受传统刑法理论的影响。我国传统刑法理论对违法性认识问题向来不重视，刑法教科书一般是将"违法性认识"问题放在犯罪主观方面的认识错误中来讲述，即把认识错误分为法

---

[1] 参见内蒙古自治区巴彦淖尔市中级人民法院［2017］内 08 刑再 1 号刑事判决书。
[2] 参见河南省卢氏县人民法院［2016］豫 1224 刑初 208 号刑事判决书。
[3] 参见天津市第一中级人民法院［2017］津 01 刑终 41 号刑事判决书。
[4] 参见刘艳红：《'司法无良知'抑或'刑法无底线'——以'摆摊打气球案'入刑为视角的分析"》，载《东南大学学报（哲学社会科学版）》2017 年第 1 期，第 75 页。

律认识错误和事实认识错误,其中法律认识错误即是违法性认识错误,传统刑法理论只用寥寥数语表明法律认识错误不影响对行为人的定罪量刑,但却很少去论证其原因。近年来,违法性认识虽然逐渐引起了刑法理论界的重视,但是正如刘艳红教授所言:"我国刑法理论对违法性认识虽然有诸多研究,但并未有终局性的定论,从而使得违法性认识的问题成为刑法理论里一个悬而未决的盲点。"[1]"违法性认识"理论研究存在这种"悬而未决的盲点",这自然会对司法实务产生影响。

另一方面是基于司法现实的考量:首先,我国刑事司法在理念上存在重打击犯罪而轻人权保障的传统。近年来,虽然党中央提出将"依法治国"作为我国国家治理的基本方针,刑法学家们也著书立说大力强调刑法保障人权机能的重要性。但是,司法活动是存在惯性的,刑法保障人权的理念不是一朝一夕就能建立起来的。将违法性认识排除在犯罪要素之外,有利于打击犯罪,发挥刑罚的威慑功能,维护社会稳定,是传统刑法理念在司法实践中的体现。其次,刑法理论更多的是考虑公平、正义等抽象的价值观念,但司法实践则必须面对程序、证据等具体的操作方法。违法性认识涉及被告人主观上对其行为违反法律是否明知或者是否应当知道的问题,这种主观上的要素本身就难以证明。如果将违法性认识作为犯罪构成要素则势必要建立举证责任的分配、证明标准等一系列规则,即使能够建立这样的证据规则,在适用时势必十分烦琐,这将大大影响刑事案件的审理效率。这也是令司法机关对违法性认识"避之不及"的重要原因。

(三) 违法性认识进入司法解释的视野

随着我国行政犯的立法在刑法典中占据更大的比重,违法性认识问题受到越来越多理论和实务界人士的关注。根据我国《刑法》第14、15条的规定,故意和过失是基于行为的社会危害性的认识的心理,随之而来的问题是,违法性认识与社会危害性认识之间是什么关系,违法性认识与社会危害性认识是一致的还是不一致的?如果是一致的,则违法性认识不影响刑事责任的认定;如果是不一致的,则违法性认识会影响到刑事责任的认定。对于杀人、抢劫、强奸这一类的刑事犯来说,违法性认识与社会危害性认识基本上是一

---

〔1〕 刘艳红:《违法性认识的体系性地位——刑民交叉视野下违法性认识要素的规范分配》,载《扬州大学学报(人文社会科学版)》2015年第4期,第16页。

致的,违法性认识"旨趣等同于社会危害性认识"。[1]在普通民众看来,刑法就是惩罚危害社会的行为,因此危害社会的行为必定也是违法的。反之,违法的行为也必定是有害于社会的。例如,水浒传中杨志杀死泼皮牛二的行为,在他本人和围观群众看来,这是一个"为民除害"的行为,但杨志仍然主动前往官府投案自首,这就说明他认识到其行为毕竟是杀人,杀人就是危害社会并且违法的。因为如果行为人认识到其行为是有害的,不可能仍然认为该行为是合法的。反之,如果其认识到自己的行为是法律所禁止的,也不会仍然认为其行为是有益于社会的。

但是,行政犯并非当然具有侵害社会秩序的性质,大都是为适应形势的需要或者基于贯彻行政措施的需要而特别规定的犯罪。行政犯本身,并非当然具有反社会性与反道义性,只是由于违反行政法规的规定才构成犯罪。对于行政犯而言,违法性认识和社会危害性认识未必是一致的。由于这类规范本身并不违反伦理道德,加之这类规范数量庞大繁杂,行为人对此常常不具有违法性意识。但是,对于普通民众而言,他们并不能区分行政犯和刑事犯,在行政犯的场合,普通民众仍然认为违法性行为必然是危害社会的,反之亦然。因此,当行为人对其行为发生违法性存在认识错误时,就会影响到对行为的社会危害性的认识。例如,行为人不知道我国法律禁止捕杀麻雀、青蛙,自然就不会认为捕杀麻雀、青蛙的行为具有社会危害性。这时,如果仍然以刑罚对其进行非难,就有违反责任主义之嫌了。近年来,司法实践中引起社会民众普遍关注的刑事案件也大都与行政犯存在违法性认识错误有关,前文所述的"新四大奇案"都是发生于行政犯场合。"新四大奇案"的被告人无一例外均存在违法性认识错误,但还是被判有罪,表明司法实践仍然坚持法律认识错误不影响定罪量刑的传统,但社会民众却对此普遍表达了不满,可见在行政犯领域考虑违法性认识错误问题已经到了刻不容缓的地步。有鉴于此,我国的最高司法机关对于长期秉持的"不知法者不赦"的理念开始松动,其标志就是《最高人民检察院关于办理涉互联网金融犯罪案件有关问题座谈会纪要》(以下称《办理涉互联网金融案件纪要》)作出了特定条件下违法性认识错误影响定罪的规定。《办理涉互联网金融案件纪要》第10条规定:

---

[1] 石经海、吴永辉:《违法性认识的本土化》,载《河南大学学报(社会科学版)》2019年第1期,第88页。

"对于无相关职业经历、专业背景,且从业时间短暂,在单位犯罪中层级较低,纯属执行单位领导指令的犯罪嫌疑人提出辩解的,如确实无其他证据证明其具有主观故意的,可以不作为犯罪处理。另外,实践中还存在犯罪嫌疑人提出因信赖行政主管部门出具的相关意见而陷入错误认识的辩解。如果上述辩解确有证据证明,不应作为犯罪处理,但应当对行政主管部门出具的相关意见及其出具过程进行查证,……"该条规定中的"陷入错误认识"即"违法性认识错误",对于该种情形的违法性认识错误,《办理涉互联网金融案件纪要》明确规定不作为犯罪处理。这表明,我国的最高司法机关已经开始认可"违法性认识错误"可以成为出罪的理由。此外,2022年4月9日起实施的《最高人民法院、最高人民检察院关于办理破坏野生动物资源刑事案件适用法律若干问题的解释》(以下称《办理破坏野生动物资源案件解释》)第13条第1款规定:"实施本解释规定的相关行为,在认定是否构成犯罪以及裁量刑罚时,应当考虑涉案动物是否系人工繁育、物种的濒危程度、野外存活状况、人工繁育情况、是否列入人工繁育国家重点保护野生动物名录、行为手段、对野生动物资源的损害程度,以及对野生动物及其制品的认知程度等情节,综合评估社会危害性,准确认定是否构成犯罪,妥当裁量刑罚,确保罪责刑相适应;根据本解释的规定定罪量刑明显过重的,可以根据案件的事实、情节和社会危害程度,依法作出妥当处理。"《办理破坏野生动物资源案件解释》明确将"对野生动物及其制品的认知程度"作为认定犯罪和裁量刑罚的要素,其中的"认知程度"既包括对野生动物及其制品保护级别的认识,也包括对相关行为是否违反法律、是否构成犯罪的认识。可见,该解释亦是主张刑事判决应当将违法性认识作为犯罪构成要素。

二、违法性认识的学说评析

与我国刑法理论及司法实践中长期对违法性认识问题采取漠不关心或回避的态度不同的是,大陆法系国家的刑法理论和刑事司法实践则对此问题更加关注,并在关于成立犯罪是否需要行为人具有违法性认识或者违法性认识的可能性,以及故意与违法性认识的关系问题上产生了以下刑法学说。

(一)违法性认识不要说

该说认为,故意犯的成立,只需要行为人对犯罪事实有认识即可,而不需要其具有违法性认识或者违法性认识的可能性。理由是:首先,故意是对事实的认识，违法性的认识是对刑法的禁止规范或者评价规范违反的认识，违法性认识不是故意的要素，因此有无违法性认识不影响故意的成立；其次，"不知法者不赦"是一项古老的法律原则，该原则是刑法得以有效实施的必要条件。对于具有辨认和控制能力的人来说，都应当知晓法律。如果不知法是免责的理由，则意味着司法机关必须证明行为人主观上是否不知法，但这是很困难的，不利于刑法的实施。因此，违法性认识的可能性也不是责任的要素，违法性认识错误不阻却责任。违法性认识不要说是心理责任论的产物。心理责任论认为，责任就是行为人与犯罪结果的主观上的联系。因此，作为责任的要素，故意是一种纯粹的心理现象，或者说故意本身就是纯粹的心理学上的概念，不具有规范意义上的评价功能。与此相反，违法性认识却是一种规范评价的前提条件的要素，违法性认识既不能容身于故意之中，也无法成为责任的要素。"心理责任论立场下在责任阶层就会得出违法性认识不要说的结论。"[1]

本书认为，违法性认识不要说有利于从刑事政策的视角推动全民学法、知法、守法，因为不知法也不免责，就能得出知法才能避免犯法的结论；有利于处罚的公正，因为不知法和知法同等处罚，避免知法反而不利于己的荒唐结论；有利于程序的现实可行，因为若采取违法性认识必要说，缺乏违法性认识就会否定故意或免除责任，那么自然而然的结论就是在具体案件中要求司法人员证明行为人有违法性认识，但是这是一件不可能实现的事情。[2]但是，违法性认识不要说最大的问题是违反责任主义，并会导致刑罚的滥用。如前所述，在行政犯立法日益扩张的现代，立法机关所创设的所有规范并不都能为普通人所辨识，认为具有辨认和控制能力的人都应当知晓法律未免有些强人所难。在现实生活中，虽然对自己的行为及结果有认识，但有理由相信其行为并不为刑法所禁止的现象是存在的。因为不懂法或者误读法律，本想要遵守法律但反而触犯法律的现象亦有可能发生。对于这些不具有非难可能性的行为不加区分地施以刑罚，相当于要求所有公民在任何情况下都知法，"是一种国家的'蛮不讲理'"，[3]而且有违责任主义的要求。此外，违法性

---

[1] 冯军：《刑事责任论》（修订版），社会科学文献出版社2017年版，第203页。

[2] 参见张亚平：《法定犯违法性认识错误不可避免性的出罪适用》，载《中国刑事法杂志》2023年第6期，第7~8页。

[3] 周光权：《违法性认识不是故意的要素》，载《中国法学》2006年第1期，第165页。

认识不要说也不利于发挥刑罚的预防功能。一方面，行为人是在欠缺违法性认识及可能性的情况下实施了违法行为，对行为人施加刑罚处罚，行为人不会认为这是自己的错误行为所应当得到的惩罚，反而会认为自己是因为运气不好才受到处罚，由此心中对刑罚并不认可，这样刑罚的特别预防功能将无法实现。另一方面，根据积极的一般预防理论，应当通过增强民众对法律的忠诚和信仰，而不是通过刑罚的威慑来预防犯罪。对法律的忠诚是一种观念形态的东西，观念的形成离不开对现实的认识及考虑。只有当民众认识到守法符合自己的根本利益时，才有可能产生对法律的忠诚。[1]国家在行为人没有违法性认识及可能性的情况下动用刑罚，虽然能够收获一定的威慑效果，但却难以得到公众的认同，无法培养公众对法律的信仰和忠诚，因此不利于刑罚积极的一般预防功能之发挥。

（二）违法性认识必要说

该说认为只有当行为人具有现实的违法性认识时才成立犯罪。根据违法性认识是否是故意的要素，该说又可以被分为严格故意说和区别说。严格故意说认为，构成要件的事实和行为的合法性都是故意的认识要素，在行为人存在违法性认识错误时阻却故意的成立。理由是：①在存在违法性认识错误和构成要件认识错误的情形下，行为人都会误认为自己的行为合法，在客观上都是不遵守行为规范，在这两种情形下对法秩序的破坏没有明显区别。换言之，构成要件认识错误也是某种形式的违法性认识错误。②故意不仅是对构成要件事实本身的认识，而且也是对构成要件事实的法律评价，即违法性的认识。存在构成要件认识错误或违法性认识错误时，都阻却故意。③当行为人误以为自己的行为合法时，是不能期待其会形成行为的反对动机的，因此对于任何犯罪来而言，行为人不具有现实的违法性认识时不成立故意。④认为严格故意说会导致放纵犯罪的说法并不成立。因为在行为人缺乏违法性认识的情形下，严格故意说虽然认为不成立故意犯罪，但认为如果行为人是由过失导致其陷入违法性认识错误，成立过失犯罪，因此不会放纵犯罪。在意大利，认为违法性是故意必须认识的内容，行为人不知道自己实施的是违反刑法的行为，就无故意可言，曾经是长期在刑法学界占据统治地位的观点，至

---

[1] 参见胡东平：《人格导入定罪研究》，法律出版社2019年版，第58页。

今仍然得到了不少人的支持。[1]区别说则认为,自然犯和法定犯的故意要素的构成有所不同。对于自然犯而言,违法性认识不是故意的认识要素,因为自然犯是对社会伦理道德的违反,只要行为人认识到犯罪事实而实施行为,就能征表其反社会的性格,即违法性认识不是自然犯的成立要件。对于法定犯而言,违法性认识则是故意的认识要素,因为法定犯本身并不违反社会伦理道德。因此,仅有对犯罪事实的认识还不够,只有明知该事实是违法的仍然实施行为才能对其反社会人格作出认定,即违法性认识是法定犯成立的要件。违法性认识必要说是随着规范责任论的兴起而提出的。规范责任论认为:责任的本质不是意志活动本身,而是意志活动的可责性或者可非难性。这样便将责任的理解,从心理事实本身转向了对行为人心理事实的评价。由于此种评价主要着眼于行为人是否能够形成对法规范忠诚的反对动机,而该种反对动机只有行为人有能力知悉并且实际知悉了法规范以后才有可能形成,因此违法性认识开始进入责任阶层,即在认定责任是否存在时,应当考虑违法性认识。[2]

本书认为,违法性认识必要说固然坚守了责任主义的立场,亦令人感受到了刑法的温度,但却走向了另一个极端。①严格故意说将行为的合法性作为故意的认识要素,使得责任故意(有关意思形成的责任判断对象的心理活动形式的故意)与违法性意识(意思形成过程中反对动机能否形成的规范意识)这两种本质上、把握方法上、机能上都不同的东西被强行统一到了故意概念之下。[3]②严格故意说在故意中加入了对行为举止的社会危害性和法秩序侵害性的认识,这是对传统故意概念的不当拓展。"刑法上的罪责针对的只是违反法定的法规。为了遵守相应的法律规范,行为人应当避免符合构成要件,因此,除了对违法举止事实上的前提条件的认识之外,不应当再有其他内容。"[4]③按照严格故意说,越是对法律漠不关心,就越有可能因为欠缺违法性认识而没有故意最终不成立犯罪,即"不知者不罪";越是学习关注法

---

[1] 参见[意]杜里奥·帕多瓦尼:《意大利刑法学原理》(注评版),陈忠林译评,中国人民大学出版社2004年版,第187页。

[2] 石佳宇:《不法归属视野下违法性认识的功能论证——兼论〈刑法〉第14条之规范解释》,载《南大法学》2023年第4期,第32~33页。

[3] 参见周光权:《刑法总论》(第3版),中国人民大学出版社2016年版,第235页。

[4] [德]乌尔斯·金德霍伊泽尔:《刑法总论教科书》(第6版),蔡桂生译,北京大学出版社2015年版,第270页。

律,就越有可能因为具有违法性认识而构成故意犯罪,即"知法犯法",这显然是很荒谬的。④由于违法性认识难以证明,将违法性认识作为故意的要素,将大大加重司法机关的证明责任。⑤根据此说,激情犯、确信犯和常习犯因为不具有违法性认识而不应当以故意犯罪论,但实际上刑法对上述犯罪都以故意犯论。⑥根据此说,欠缺违法性认识时,不成立故意犯,但若行为人本来应当认识到行为的违法性,但因为疏忽大意而没有认识到,就应当成立过失犯,但若刑法对该行为又没有处罚过失犯的规定,则该行为就不构成犯罪,这是让人无法接受的。区别说认为违法性认识只是法定犯的故意要素而不是自然犯的故意要素,当然是一种进步。但这样一来,故意的认定就完全取决于行为的类型。而且,随着社会的发展变化,自然犯与法定犯之间的界限日渐模糊,在无法区分行为是自然犯还是法定犯的情形下,也就无法判断行为是否具有故意,这显然是不可取的。此外,根据此说,法定犯的成立要求行为人具备违法性认识,这样法定犯的场合能够被作为故意犯处罚的范围就会显著缩小,难以达到行政取缔的立法初衷。[1]

(三) 违法性认识可能性说

该说认为犯罪的成立不需要行为人具有现实的违法性认识,而只需要具有违法性认识的可能性即可。根据违法性认识可能性是不是故意的要素,又可以分为限制故意说和责任说。限制故意说认为,故意的成立不需要行为人具有现实的违法性认识,但需要具有违法性认识的可能性。限制故意说是根据人格责任论的理论提出的主张,在行为人没有现实的违法性认识,但具有违法性认识的可能性的场合,仍然可以看出行为人直接的反规范人格态度,所以可以肯定故意责任。根据该学说,即使没有现实的违法性认识,但具有违法性认识的可能性,仍然成立故意。反之,如果没有违法性认识的可能性,则阻却故意的成立。但是,即使不成立故意犯罪,"如果有处罚过失的规定,则属是否成立过失犯的问题"。[2]责任说则认为,故意是对事实的认识,因此违法性认识的可能性不是故意的认识要素之一。违法性认识的错误不影响故意的成立。但是,违法性认识的可能性是责任的要素。当行为人不具有违法

---

[1] 参见 [日] 大塚仁:《犯罪论的基本问题》,冯军译,中国政法大学出版社1993年版,第221页。

[2] [日] 川端博:《刑法总论二十五讲》,甘添贵监译,余振华译,中国政法大学出版社2003年版,第240页。

性认识的可能性时,可以阻却责任的成立。当行为人具有违法性认识的可能性但没有现实的违法性认识时,虽不能阻却责任但可以减轻责任。责任说反对传统理论将故意与过失作为责任要素的观点,认为故意中的事实的认识和过失都属于构成要件和违法性,只有违法性意识的可能性、责任能力、期待可能性才是责任的要素,因而违法性的认识错误与故意的成立没有关系。[1] 由于将违法性认识可能性与故意相剥离,使得违法性认识可能性不但可以决定责任的有无,还可以影响责任的轻重,这是责任说与限制故意说的重大区别。

违法性认识可能性说认为,在没有违法性认识的可能时,就没有非难的可能,这就与责任主义相契合。同时,判断的对象是违法性认识的可能性,而不是现实的违法性认识,这样就规避了行为人主观违法认识难以证明的问题。因此,违法性认识可能性说相较于另外两种学说更加合理。但是,其中的限制故意说存在与严格故意说一样的问题,即将违法性作为故意的认识因素,从而扩张了传统故意的概念。此外,限制故意说在"可能性的认识"中加入了"认识的可能性"这种过失的要素,将故意与过失这两种本质上互相排斥的矛盾概念拼凑在一起,在理论上是有瑕疵的,也混淆了故意与过失的界限。

本书赞成责任说。首先,责任说坚持故意的认识因素是事实而不是合法性这一传统观点,与我国《刑法》第14条保持了一致。另外,《办理涉互联网金融案件纪要》第10条规定了两种不作为犯罪处理的情形:一是纯属执行单位领导指令的案件中无证明其具有主观故意的证据;二是因信赖行政主管部门出具的相关意见而陷入错误认识。前者是因为没有故意而不构成犯罪,后者是因为没有违法性认识可能而不构成犯罪,这与责任说的主张完全契合。其次,责任说认为,在违法性认识错误无法避免时阻却责任,能够避免时虽不能阻却责任但可以减轻责任。在无责任和有责任之间加入了一个"减轻责任"的中间地带,这与其他学说只有"有责"和"无责"的二分法显然不同,也合理得多。虽然,因为对法律漠不关心而导致的"不知法而犯法"也应当追究责任,但相对于"知法犯法"而言,前者的非难可能性要小一些,责任自然也要轻一些。最后,在限制故意说中,违法性认识可能性是责任的积极要素,而责任说则将违法性认识可能性看作是责任的消极要素,不具备违法性认识可能性就成了排除责任事由,这与诉讼法的立场保持了一致。因

---

[1] 马克昌:《比较刑法原理——外国刑法学总论》,武汉大学出版社2002年版,第481页。

为故意、过失属于《刑事诉讼法》规定的"犯罪事实",检察官通常需要对此进行证明。但是,作为排除责任事由的不具备违法性认识可能性,则是《刑事诉讼法》中的"妨碍犯罪成立的理由",应当由被告人承担举证责任。[1]可见,责任说在坚守责任主义的同时,既与我国现行刑法及司法解释相一致,亦能合理认定行为人的刑事责任,同时与刑事诉讼法的立场保持一致,是一种值得采纳的学说。

三、违法性认识理论与刑事辩护

如前所述,在关于违法性认识的诸多理论中,违法性认识不要说违反了责任主义,并会导致刑罚的滥用,应当被摒弃。违法性认识必要说虽然坚守了责任主义的立场,但其中的严格故意与我国《刑法》第14条相矛盾,区别说将故意的认定取决于行为的类型,都不可取。违法性认识可能性说中的限制故意说存在与严格故意说相同的问题。只有责任说既与责任主义相契合,也符合我国《刑法》第14条之规定,而且责任说认为,在违法性认识错误无法避免时可以阻却责任,能够避免时可以减轻责任。可见,责任说不但更具合理性,也为刑事辩护提供了一个很好的舞台。因此,刑事辩护应当采用责任说,以被告人不具有违法性认识的可能性或这种可能性较低为由,为被告人展开无罪或罪轻辩护。在运用责任说理论进行刑事辩护时,应当遵守以下规则,以求得到最佳的辩护效果:

(一)被告方承担违法性认识可能性的证明责任

首先,在证明责任上,鉴于是否知法一般仅为本人所知,相关证据一般掌握在辩方手中,控方难以证明。而且与事实认识不同,违法性认识难以通过客观因果律进行推断,是否存在"认识错误"较之是否存在"认识"更易证明。同时,大部分案件均不存在违法性认识争议,将其作为积极责任要素将极大地提高案件办理的成本和难度,因而"推定公民知法"是刑事司法必不可少的"假想",违法性认识属于消极责任要素。具体而言,因"构成要件是违法性同时也是责任的类型化"[2],控方一般仅需证明行为符合构成要件即可推定行为人具有违法性认识,无需单独证明,辩方提出被告人存在违法

---

[1] 参见[日]大谷实:《刑法总论》(新版第2版),黎宏译,法律出版社2008年版,第259页。
[2] [日]大塚仁:《犯罪论的基本问题》,冯军译,中国政法大学出版社1993年版,第39页。

性认识错误的则应负举证责任。〔1〕

其次,当被告人以违法性认识错误不可避免作为辩护理由时,由被告人及其辩护律师承担证明责任。

(1) 该做法不违反《刑事诉讼法》的规定。虽然《刑事诉讼法》第51条明确规定由控诉方承担证明责任,但违法性认识属于被告人的主观要素,对于主观要素的证明通常是根据被告人的客观行为来进行推定。例如,抢劫罪要求被告人主观上具有非法占有目的,只要控诉方证明被告人实施了暴力、胁迫及其他方法等行为,并且当场取走了财物,就可以推定被告人主观上具有非法占有财物之目的,而不需要额外证明其取走财物是基于非法占有之目的。如果被告人主张其虽然取走了财物,但并不具有非法占有之目的,就需要被告人提供证据来证明,比如当时只是误拿,发现后已委托第三人将财物归还等。因此,当控诉方认为被告人具有违法性认识时,控诉方也只要能够证明被告人故意实施了违法行为就可推定被告人具有违法性认识。如果被告人主张当时存在违法性认识的错误且不可避免,这是其反驳控诉的权利,按照"谁主张、谁举证"的刑事证明责任的分配机理,被告人及其辩护律师此时就必须承担证明其主张成立的义务。

(2) 证明责任倒置是刑法、司法解释以及司法实务中认可的例外情形。虽然由控诉方承担证明责任是原则性规定,但立法、司法解释以及司法实务中存在证明责任倒置的例外性做法。如巨额财产来源不明罪、非法持有型犯罪、严格责任犯罪的证明责任均是由被告人及其辩护律师承担的。非法吸收公众存款罪作为典型的行政犯罪,《办理涉互联网金融案件纪要》也明文规定,若被告人提出违法性认识错误不可避免,必须确有证据予以证明,否则仍应认定为被告人具有非法吸收公众存款罪的主观故意。因此,辩护人切记不得以"公诉机关没有证据证明被告人在本案中具有违法性认识的可能"为由来主张被告人不具有违法性认识的可能,而应当积极收集并提供相关证据来证明被告人不具有违法性认识的可能。

(3) 由被告人及其辩护律师承担"违法性认识错误不可避免"的证明责任,是当今世界各国的通行做法。在美国,如果被告人以本案存在阻却违法

---

〔1〕 江珞伊:《违法性认识错误的司法困境与判断方法——以936份裁判文书为样本》,载《中外法学》2023年第1期,第194页。

或阻却责任事由作为抗辩理由时,各州的法律通常要求被告人必须提交足够的证据。如果被告人未能提交证据,或提交的证据达不到法律要求的证明程度,法官将会提示陪审团不应采纳被告人主张的阻却违法或阻却责任事由。再如,《法国刑法典》第122-3条规定:"能证明自己系由于其无力避免地对法律的某种误解,认为可以合法完成其行为的人,不负刑事责任。"可见,《法国刑法典》非常明确地将"违法性认识错误不可避免"的举证责任分配给了被告人。另外,对于这种"违法性认识错误不可避免"的情形,《法国刑法典》特别列明了两种情况:其一是行为人专门向行政机关咨询,但行政机关给予了错误的解释;其二是没有颁布规范性文件的情况。仅就第一种情形而言,必须由被告人去援引对法律的错误认识,并且被告人还需要举证证明导致其错误认为"其可以如此作为"的各种因素。如果被告人只是提交一个简单的说明是远远不够的,只有提交充足的证据材料才能使法院相信被告人存在"法律上的认识错误"。

(二) 采取二元制的违法性认识可能性判断标准

我国有学者认为,应区别个别人与一般人确立不同的违法性认识错误不可避免性的判断尺度:一方面,在一般普通人的基本生活领域,应当斟酌个案中的具体情况,根据行为人的生活经历以及他个人的认知能力来确定可避免性要求的尺度;另一方面,如果案件涉及行为人职业上的工作领域,或者在法律上加以特殊规制和调整的生活领域,此时就不宜再按照行为人的个别化标准来判断,而是应当采取在这个领域中的一般内行人的客观评判尺度。〔1〕本书赞成这种违法性认识可能性二元制的认定标准。即根据案件当事人是普通人还是专业人士采取不同的判断标准。

(1) 对于普通人,应当采取"主观"标准,即根据行为人自身的认知水平,结合当时的客观条件进行综合分析,判断行为人对其行为是否存在违法性认识的可能。例如,对于常年生活在深山里的不识字的老农,按照传统生活方式,在稻田里抓捕野生青蛙及野生蛇类供自己食用,即使数量达到"非法狩猎罪"的立案标准,也不应当以"非法狩猎罪"论。但是,对于生活在大城市里的公司白领,在夜间酒吧参加聚会后开车回家的途中,被交警查出醉酒驾驶,即使其声称不知道有"禁止醉驾"的法律规定,也应当以"危险

---

〔1〕 参见车浩:《法定犯时代的违法性认识错误》,载《清华法学》2015年第4期,第32~34页。

驾驶罪论"。在本书作者办理的一起非法吸收公众存款案件中,被告人康某是某县人事局干部,经朋友李某介绍成为深圳市金融控股集团某县分公司的股东(李某为总经理)。李某告诉被告人康某他们分公司经营的金融产品是总公司发布的,是取得了金融许可证的合法的私募基金产品。公安机关收集的证据显示,该分公司经营的私募基金"牛王稳鸿""青石汇缘"等理财产品确实是在相关协会办理了登记备案。康某虽然是国家干部,但从他的学习以及从业经历来看,他对于金融方面的经验是十分欠缺的。因此,其对于该分公司向社会不特定人员销售私募基金"牛王稳鸿""青石汇缘"等理财产品的行为已违反《证券投资基金法》《私募投资基金监督管理暂行办法》等法律法规关于合格投资者、募集人数、募集方法等的规定主观上不具有违法性认识的可能性。

(2)对于专业人士,则应当采取"客观"标准,即基于从事该行业的人员是否应当知道该行为违反了相关法律规定来判断行为人对其行为是否存在违法性认识的可能。因为对于一些特定行业的从业人员而言,知晓该领域的各项行政法规是其从事该行业的前提条件,因为从事该行业本身不但使得行为人有机会了解相关法律规定,为完成相关工作也促使行为人要去关心在工作中将要适用的法律条文。因此,对于这类人员,不得通过强调个人的特殊情况来主张其没有违法性认识的可能。特殊行业的从业人员不得以"其对行业的行政性规范存在违法性认识错误"为辩护事由也为多数国家的法律所采纳。例如,美国联邦最高法院在"兰伯特案"中确立了"信赖原则",但该原则只适用于普通市民以"违法性认识错误"作为抗辩事由的案件,而不能扩展到特殊行业的从业人员。例如,行政法规规定药剂师对所开出的危险药品必须作书面记载,如果药剂师确因不知道该规定而没有作书面记载,即使药剂师的违法性认识错误符合"兰伯特案"确定的"信赖原则"的各项条件,其主张因此而免责的辩护理由也仍然会被驳回。"兰伯特案"确定的"信赖原则"也被日本司法实务所采纳,即该原则的适用对象只限于普通人而不包括特殊行业的从业人员。日本虽然认为护士不属于专业人士,但也认为其应该知道医护行业的相关法律法规,因此被排除在"信赖原则"的适用范围外。德国法律也有"特定行业从业人员不得以不知法律禁止性规定作为免责的抗辩事由"这类规定。例如,银行从业者、餐饮从业者、旅店从业者或者重型卡车驾驶人都应当知道法律上的相关禁止性规定,即使某些规定过于冷僻或特殊,上述从业人员对此确实存在误解,也不能成为法律认识错误的抗辩事由。实际上，我国在司法实践中对于专业人士通常也是采用这种"客观"标准。在本书作者办理的另一起非法吸收公众存款案件中，被告人余某某入职一家金融公司的分公司任部门经理，根据总公司的指令招揽客户从事高息存储，被控"非法吸收公众存款罪"。该案中，被告人余某某在法庭上辩称：其本人只有中专文化程度，其所学专业也不是金融，其对相关的金融法律并不了解。入职时其被告知该公司是依法成立的，并且其本人也看到过该公司的营业执照，她并不知道开展揽储业务还需要另外获得批准，因此事实上也确实不知道该公司的行为违法。但是，法院的判决认为，被告人余某某之前曾在另外两家金融公司工作过，是金融领域的专业人士，应当推定其具有这方面的专业知识，其主张不具有违法性认识的理由不能成立。

（三）违法性认识可能性的抗辩事由以"官方解释"为准

（1）所谓"官方解释"，是指行政机关或司法机关对当事人的咨询进行的解答。如果行为人就某一事项事先咨询了行政机关或司法机关，后者提出了专业性的书面法律意见，行为人基于对行政机关或司法机关的信赖而陷入违法性认识错误，此时应当认为该法律认识错误不可避免，即行为人没有违法性认识的可能性。反之，非官方的解释，例如专家学者的专业性意见、律师的意见等不能成为违法性认识错误不可避免的抗辩事由。这是因为，刑法的解释根据作出解释的主体的不同可被分为立法解释、司法解释和学理解释三种类型，但只有立法解释和司法解释是有权解释，学理解释则属于无权解释。这表明只有国家才享有对刑法专属的解释权，专家学者、律师等专业人士只是对法律进行研究的个体，不属于对刑罚法规的解释、运用、执行负有法律责任的司法工作人员，如果允许信赖私人专家学者的专业性意见而实施某种行为，就会有损于法律制度的统一性。可见，从国家法律制度的统一性与刑法解释权的国家专属性来看，不应该将专家学者的专业性意见作为没有违法性认识可能性的抗辩事由。

（2）非"官方解释"不得作为违法性认识可能性的抗辩事由，是多数国家的通常做法。例如，《美国模范刑法典》对于行政犯法律认识错误的"合理信赖"原则由以下三条项组成："（1）他信赖的是官方错误的法律声明；（2）法律声明出现在法律条文、司法判决、行政命令或行政授权许可或对法律的解释、实施、执行负有职责的政府官员或机构的官方解释中；（3）这个信赖是合理的。"其中的第1项和第2项都明确规定信赖的只能是"官方解释"。再如，2004 年生效的《芬兰刑法典》第 4 章第 2 条的"免责事由"明确规定："如果犯罪人错误地认为其行为是合法的，而且如果该错误基于以下原因而被认为是明显可恕的，则应被免除刑事责任：（1）法律的公布有瑕疵或有错误；（2）法律内容不明确；（3）官方的错误意见；或者（4）与此相似的其他意见。"该条款中所列举的四项也全部属于"官方解释"，即只有因"官方解释"导致的违法性认识错误才能免除刑事责任。

附录：案例与辩护意见

1. 案例

2018 年 9 月 28 日，南昌市中级人民法院对水某某诉金某某、秦某某民间借贷一案作出一审判决：由金某某向水某某偿付借款本金 600 万元、利息损失 398 万元，秦某某对上述款项承担连带清偿责任。金某某不服一审判决，向江西省高级人民法院提出上诉。2019 年 6 月 5 日，江西省高级人民法院作出二审判决：维持南昌市中级人民法院判决。2019 年 6 月 12 日，二审民事判决发生法律效力。判决生效后，被告人金某某、秦某某未履行判决确定的义务。2019 年 7 月 10 日，水某某向南昌市中级人民法院申请强制执行。执行过程中，该院多次要求两被告履行判决确定的义务，二人拒不履行。2019 年 11 月至 2022 年 7 月，金某某、秦某某从南昌德皇实业发展有限公司、南昌泰隆资产运营管理有限公司各自领取的工资性收入分别为 55 万元以上、37 万元以上，收到工资后也未报告法院，也没有偿还法院判决款，而是用于偿还其他未经法院判决的个人借款和生活开支。后水某某向公安机关报案称金某某、秦某某的行为已构成拒不执行判决罪，该案经公安机关立案侦查后移送南昌市红谷滩检察院审查起诉，检察机关认为被告人金某某、秦某某对人民法院的判决有能力执行而拒不执行，其行为触犯了《刑法》第 313 条第 1 款之规定，应当以拒不执行判决罪追究其刑事责任，遂提起公诉。

2. 辩护意见

秦某某涉嫌拒不执行判决、裁定罪
一审辩护词

审判长、人民陪审员：

我受秦某某的委托和江西豫章律师事务所的指派，担任涉嫌拒不执行判决、裁定罪被告人秦某某的辩护律师。现依据事实与法律，发表如下辩护意见：

一、本案中秦某某缺乏违法性意识，亦不具有违法性认识的可能性，依法不构成拒不执行判决、裁定罪。

拒不执行判决、裁定罪在性质上属于法定犯罪。根据我国的相关司法解释，追究法定犯的刑事责任时，除了要求行为人的主观方面具有故意外，还应当具备违法性意识，或者至少是具有违法性认识的可能性。例如，《最高人民检察院关于办理涉互联网金融犯罪案件有关问题座谈会纪要》（以下称《纪要》）第10条规定："对于无相关职业经历、专业背景，且从业时间短暂，在单位犯罪中层级较低，纯属执行单位领导指令的犯罪嫌疑人提出辩解的，如确实无其他证据证明其具有主观故意的，可以不作为犯罪处理。另外，实践中还存在犯罪嫌疑人提出因信赖行政主管部门出具的相关意见而陷入错误认识的辩解。如果上述辩解确有证据证明，不应作为犯罪处理，但应当对行政主管部门出具的相关意见及其出具过程进行查证，……"可见，《办理涉互联网金融案件纪要》第10条规定了两种不作为犯罪处理的情形：一是纯属执行单位领导指令的案件中无证明其具有主观故意的证据；二是因信赖行政主管部门出具的相关意见而陷入错误认识。前者是因为没有故意而不构成犯罪；后者是因为没有违法性认识可能性而不构成犯罪。

本案中，《起诉书》指控秦某某构成该罪的主要理由是，秦某某无视法院生效判决，在有部分偿还能力时不履行法院生效判决，而去偿还未经法院判决的他人债务。但是，无论是从刑法的规定来看，还是从相关的立法解释和司法解释来看，都没有很明确地将该种行为规定为构成拒不执行判决、裁定罪。在普通人看来，所谓拒不执行判决、裁定罪，应当是有能力执行而通过转移财产、低价处置财产或挥霍财产等方式来逃避执行，一般人不可能会认识到"不履行法院生效判决，而去偿还未经法院判决的他人债务"的行为也能构成拒不执行判决、裁定罪。秦某某作为非法律专业人士的普通公民，也是第一次被法院列为被执行人，以其认知水平，当然是不可能认识到该行为构成拒不执行判决、裁定罪。此外，在执行过程中，执行法院送达了很多相关司法文书给秦某某，在这些司法文书中对执行过程中被执行人实施了哪些行为会被当作犯罪追究刑事责任进行了列举。因此，这些司法文书可以被视为《办理涉互联网金融案件纪要》）第10条中规定的"行政主管部门出具的相关意见"。然而，这些司法文书并没有将"不履行法院生效判决，而去偿还未经法院判决的他人债务"这种行为当作犯罪进行告知。例如，在《江西省南昌市红谷滩区人民法院被执行人须知［2022］赣0113执270号》中，只告知了"被执行人或其他人隐藏、转移、变卖、毁损已被查封、扣押的财产（包括责令其保管的财产），人民法院将根据情节轻重予以罚款、拘留；构成犯罪的，依法追究其刑事责任"。即只有被执行人的行为涉及已被查封、扣押的财产（包括责令其保管的财产）才可能会被追究刑事责任，没有说"不履行法院生效判决，而去偿还未经法院判决的他人债务"的行为也会被追究刑事责任。《江西省南昌市红谷滩区人民法院执行通知书［2022］赣0113执270号》告知："如你（单位）有下列拒不执行行为之一的，本院将根据情节轻重对你予以罚款、拘留；构成犯罪的，依法追究刑事责任：（一）具有拒绝报告或者虚假报告财产情况、违反人民法院限制高消费及有关消费令等拒不执行行为，经采取罚款或者拘留等强制措施后仍拒不执行的；（二）伪造、毁灭有关被执行人履行能力的重要证据，以暴力、威胁、贿买方法阻止他人作证或者指使、贿买、胁迫他人作伪证，妨碍人民法院查明被执行人财产情况，致使判决、裁定无法执行的；（三）拒不交付法律文书指定交付的财物、票证或者拒不迁出房屋、退出土地，致使判决、裁定无法执行的；（四）与他人串通，通过虚假诉讼、虚假仲裁、虚假和解等方式妨害执行，致使判决、裁定无法执行的；（五）以暴力、威胁方法阻碍执行人员进入执行现场或者聚众哄闹、冲击执行现场，致使执行工作无法进行的；（六）对执行人员进行侮辱、围攻、扣押、殴打，致使执行工作无法进行的；（七）毁损、抢夺执行案件材料、执行公务车辆和其他执行器械、执行人员服装以及执行公务证件，致使执行工作无法进行的；（八）拒不执行法院判决、裁定，致使债权人遭受重大损失的。"《执行通知书》也没有明确地将"不履行法院生效判决，而去偿还未经法院判决的他人债务"这种行为作为"构成犯罪追究刑事责任"的行为进行告知。秦某某基于对上述司法文书的信赖，认为既然司法文书并未将"不履行法院生效判决，而去偿还未经法院判决的他人债务"这一行为列为"构成犯罪追究刑事责任"，当然她就其在此期间实施上述行为，就不会有相应的刑事风险。庭审中，辩护人将《江西省南昌市红谷滩区人民法院被执行人须知［2022］赣0113执270号》作为证据进行了提交，公诉人对该证据的真实性亦没有提出异议。因此，本案完全符合《办理涉互联网金融案件纪要》

第 10 条规定的"犯罪嫌疑人提出因信赖行政主管部门出具的相关意见而陷入错误认识的辩解。如果上述辩解确有证据证明，不应作为犯罪处理，但应当对行政主管部门出具的相关意见及其出具过程进行查证"之规定。

综上，本案中秦某某虽然具有"不履行法院生效判决，而去偿还未经法院判决的他人债务"之行为，但是无论是从刑法的规定来看，还是从相关的立法解释和司法解释来看，都没有很明确地将该种行为规定为构成拒不执行判决、裁定罪。而且，执行法院送达的相关司法文书也未将该行为作为犯罪行为进行告知，在此情况下，秦某某作为非法律专业人士的普通公民，是不可能认识到该行为构成拒不执行判决、裁定罪的。因此，秦某某在本案中不具有违法性认识可能，其行为不构成拒不执行判决、裁定罪。否则就是不教而诛，违反刑法的责任主义原则。

二、本案中秦某某偿还未经法院判决的他人债务的行为多发生在非执行程序时期，该行为对司法权威的侵害较小，依法应酌情从轻处罚。

南昌市红谷滩区人民法院出具的《金某某涉嫌拒不执行生效判决、裁定罪的情况说明》显示，南昌市中级人民法院于 2019 年 7 月 10 日对本起执行案件立案执行，案号［2019］赣 01 执 376 号。该院于 2019 年 7 月 12 日向秦某某发出执行通知书、报告财产令等法律文书。在执行过程中，南昌市中级人民法院经查询被执行人秦某某银行账户、房产登记、车辆登记等财产信息未发现其有可供执行的财产，2020 年 1 月 9 日南昌市中级人民法院作出［2019］赣 01 执 376 号终结本次执行程序裁定书。后因申请执行人万申请指定执行，南昌市中级人民法院于 2021 年 12 月 24 日作出［2021］赣 01 执监 9 号执行裁定书，裁定将该起民间借贷纠纷一案（［2021］赣 01 执恢 298 号）指定到南昌市红谷滩区人民法院执行。2022 年 1 月 10 日，南昌市红谷滩区人民法院立案执行，执行案号为［2022］赣 0113 执 270 号。南昌市红谷滩区人民法院于 2022 年 1 月 13 日向秦某某发出执行通知书、报告财产令、被执行人须知等法律文书，但是并未送达成功，遂于 2022 年 2 月 7 日公告送达上述文书，公告 30 日。

由此可见，本起执行案件进入法院的执行程序的时间分为两段：2019 年 7 月 12 日至 2020 年 1 月 9 日、2022 年 3 月 7 日至今天。也即在 2020 年 1 月 10 日至 2022 年 3 月 7 日这一段时间是处于非执行程序之中。公安机关的《起诉意见书》认定，秦某某在判决生效后，偿还甘某 15 万元，偿还白某某 30

余万元。另外于2021年8月为南昌众创公司向银行贷款提供担保，所得贷款部分用于偿还未经法院判决的他人债务及自身消费。根据证人甘某陈述，秦某某偿还甘某15万元的时间分别为：2020年1月23日偿还5万元、2020年6月偿还5万元、2023年1月19日偿还5万元（参见证据材料卷1第195页）。根据证人白某华陈述，2015年开始，秦某某和白某某说好一年还10万元钱给我弟弟，一直还到2022年（参见证据材料卷1第191页）。根据被告人秦某某的口供，其于2021年8月为江西众创公司向银行贷款作担保人，南昌众创公司（金某海）将所得贷款中的33万元借给了秦某伟用于归还胡某红的欠款，将12万元借给秦某某用于偿还秦某波的欠款（参见证据材料卷1第139页）。本案的证据材料中并没有显示秦某某有将部分贷款用于自身消费。另外，根据上述证据可以得知，秦某某偿还甘某的15万元中只有5万元是在本案执行期间，偿还白某某的30万元中只有约10万元是在本案执行期间，偿还秦某波的12万元则全部不在本案的执行期间。

本案中秦某某偿还未经法院判决的他人债务的行为主要发生在非执行期间（执行期间只有15万元）。由于拒不执行判决、裁定罪主要侵害的法益是司法权威，在非执行期间偿还未经法院判决的他人债务的行为明显比执行期间偿还未经法院判决的他人债务的行为的社会危害性要小得多。因此，即使认为秦某某的行为构成拒不执行判决、裁定罪，由于该行为的社会危害性较小，应酌情从轻处罚。

综上所述，本案中秦某某不具有违法性认识的可能性，依法不构成拒不执行判决、裁定罪。秦某某偿还未经法院判决的他人债务的行为多发生在非执行程序时期，该行为对司法权威的侵害较小，即使认为秦某某的行为构成拒不执行判决、裁定罪，由于该行为的社会危害性较小，亦应作出酌情从轻处罚。

以上辩护意见，敬请采纳。

江西豫章律师事务所
胡东平　律师
2024年1月8日

第十二章
期待可能性理论在刑事辩护中的运用

一、大陆法系刑法中的期待可能性

（一）期待可能性理论的诞生

期待可能性，是指根据具体情况，有可能期待行为人不实施违法行为而实施其他合法行为的情形。法谚云"法律不强人所难"，只有根据行为时的具体情况，有可能期待行为人不实施违法行为而实施其他合法行为时，才能对其作出谴责。在无期待可能性的情况下，就不存在谴责可能性。在这个意义上说，期待可能性是一种归责要素，期待不可能则是一种责任排除要件。

期待可能性理论源自德国法院 1897 年对"癖马案"所作的判决：马车夫多年以来受雇驾驶双匹马车，其中一匹马具有以其尾绕住缰绳并用力压低马车的癖性。马车夫多次要求换一匹马，但是，雇主没有答应他的要求。某日该马烈性发作，马车夫虽然采取了所有紧急措施，但马仍然撞伤他人。检察官以过失伤害罪对马车夫提起公诉，原判法院宣告无罪，检察官不服，提出抗诉，案件被移至德意志帝国最高法院。德意志最高法院驳回了检察官的抗诉，法院的裁判理由是："如果让所有的人放弃任何可能和可预见到的会引起违法结果的行为，才会让我们免于承担刑法上的过失责任，这显然是不合理的。因为我们身边无时无刻不存在着可能侵害他人财产、身体、生命等法益的行为，即使我们尽到了最大的小心谨慎，也可能无法彻底避免结果的发生。如果这样的行为都认定为过失犯，这是不合立法原意的。因此，要确定过失犯的成立，还必须附加一定的条件，行为人实施行为时，对于公共利益的注意和顾及，没有达到人们期待他必须达到的程度。"[1]在这个判例中，法官并没有刻板地适用法律，而是考虑到了马车夫当时的为难处境，考虑到了人性的弱点。"癖马案"的时代背景是：19世纪末20世纪初的德国，经济较为落后，劳苦大众生活艰难，尤其是失业率高。在这种情况下，"癖马案"中期待行为人坚决违抗雇主的命令，不惜失去职业而履行避免其已预见的伤害行为的结果发生的义务，确实是强人所难。所以，法院根据行为人所处的社会关系、经济状况否定了期待可能性的存在，从而否定了在损害结果的发生上行为人的应受谴责性。

在以往的大陆法系三阶层的犯罪论体系中，责任阶层只包括责任能力、故意或过失等要素。故意或过失是行为人的心理事实，只要具备该心理事实，就可以对行为人进行非难。但在"癖马案"中，法官认为，尽管马车夫曾经认识到"驾驭有恶癖的马可能会伤害行人"（即具有心理事实），但是不能期待马车夫不惜失去自己的职业，违反雇主的命令而拒绝使用这匹马（缺乏"不应当实施不法行为"的规范性评价），因此判决马车夫不承担过失责任。这样，期待可能性理论的出现标志着责任论从心理责任论向规范责任论转向。因此，期待可能性是责任的要素，在进行责任的判断时，必须考虑期待可能性这个要素，如果根据具体情况，不能期待行为人实施其他合法行为，就不能对其进行非难，也就不存在刑法上的责任。在大陆法系刑法理论中，期待可能性既可以决定责任的有无，也可以影响责任的程度。日本刑法学者大塚仁教授就认为，对期待可能性也可以进行程度的考虑，适法行为的期待可能性大时刑事责任就重，期待可能性小时责任就轻。在决定期待可能性的程度时，应该考虑其具体行为环境中的一切情状，包括行为人过去的成长过程及其境遇的人格形成责任。[2]

（二）期待可能性理论的刑法表现

期待可能性理论诞生后，对大陆法系的刑法理论产生的最大影响，就是在责任论上由以往的心理责任转向规范责任，并在刑事立法、刑事司法和刑法解释等方面获得普遍的认可。

---

[1] 陈兴良主编：《刑事法判解》（第10卷），北京大学出版社2009年版，第380页。
[2] 参见[日]大塚仁：《刑法概说（总论）》（第3版），冯军译，中国人民大学出版社2003年版，第409页。

1. 关于刑事立法

作为期待可能性理论的发源地，缺乏期待可能性的情形陆续被德国刑法明文规定为犯罪阻却事由。例如，《德国刑法典》第33条规定："防卫人由于慌乱、恐惧、惊吓而防卫过当的，不负刑事责任。"第35条第1项规定："为使自己、亲属或者其他与自己关系密切者的生命、身体或者自由免受正在发生的危险，不得已而采取的违法行为不负刑事责任。"[1]德国刑法分则也规定了因缺乏期待可能性而不予处罚的情形：包括第138条规定了不告发被计划的犯罪行为罪、第139条第3款规定，如果为防止亲属犯罪做出了努力，即使不告发也不处罚，第258条规定，为了自己或者亲属所实施的妨碍刑事司法的行为，不受处罚等。[2]

此外，在其他大陆法系国家，期待可能性理论在刑法中也获得了广泛承认。例如，《韩国刑法》第23条第1项的免责的紧急避难、第21条第2项的过当防卫、第21条第3项的非通常状态下的过当防卫、第22条第3项的过当避难、第23条第2项的过当自救行为、第12条的被强迫行为、第26条的中止未遂以及分则第151条第2项、第155条第4项等，就是根据期待可能性的理由解释阻却责任的根据。[3]日本刑法关于防卫过当及避险过当，亲属之间的藏匿犯人、隐瞒证据，《盗犯防止法》第1条第2款的行为等都是由于缺乏期待可能性或者期待可能性较小的法规上的排除、减轻责任事由。而单纯脱逃罪、堕胎罪以及取得伪造货币之后知情行使的使用假币罪的法定刑比较轻，也是因为考虑到了期待可能性的思想。[4]

2. 关于刑事司法

"在德国，缺乏期待可能性的情形已基本上被刑法明文规定为犯罪阻却事由，故超法规的缺乏期待可能性的情形已不多见。"[5]因此，刑事司法中对期待可能性理论运用通常都是将案件事实解释为缺乏期待可能性，再与具体的刑法规定相联系。例如，德国法院曾经遇到一个气体风流观测员是否要对6

---

[1]《德国刑法典》(2002年修订)，徐久生、庄敬华译，法律出版社2004年版，第13页。

[2] 参见张明楷：《期待可能性理论的梳理》，载《法学研究》2009年第1期，第70页。

[3] 参见[韩]金日秀、徐鹤辅：《韩国刑法总论》(第11版)，郑军男译，武汉大学出版社2008年版，第390页。

[4] 参见[日]大谷实：《刑法总论》(新版第2版)，黎宏译，法律出版社2008年版，第268页。

[5] 张明楷：《期待可能性理论的梳理》，载《法学研究》2009年第1期，第70页。

名矿工死于矿坑瓦斯爆炸的事故负过失致人死亡罪的责任的案件。该案中，被告在两小时前第一次确认了矿井瓦斯浓度的变化，但未告知曾与其短暂相遇的值班矿长。在被告第二次确认了瓦斯的浓度有直接危险后，未警告坑内的矿工便仓促离开。法院判决指出："为了警告在场的矿工而留在有瓦斯爆炸危险的坑道中，这对被告（气体风流观测员）而言是不可期待的。"[1]最终，法院认为该案被告之行为符合德国刑法第35条关于紧急避险之规定，判决被告不承担刑事责任。

期待可能性理论被引入日本后，该学说对于日本裁判实务影响颇大，特别是在"二战"后的混乱时期，下级裁判所依据该学说作出了不少无罪判决，直至昭和30年代后半期，以缺乏期待可能性为由的无罪判决才逐渐减少。例如在配炭公团案中，一审宣告有罪，而控诉审则认为被告无不法取得之意思，因而不构成业务侵占罪，然而该案存在是否成立背信罪的问题，且其以一审对于上述事实关系需调取充足的证据为由，认为应该检讨诉因变更程序上的缺失，最终以缺乏期待不可能为由撤销原判并宣告无罪。上述依据该学说作出的无罪判决书通常载有如下内容：被告于前述诸般情状下，实为不得不实施该违法行为之情形，一般人在面临同样的场合时，亦无法期待其实施其他适法行为，无法于社会一般道义上予以非难。[2]

3. 关于刑法解释

在日本，期待可能性理论被日本刑法学者泷川幸辰、佐伯千仞等人介绍进来后，进一步发扬光大，奠定了其在日本刑法学中的坚实地位。[3]该理论在二战后成为日本刑法学界的通说，并被用于对日本相关刑法规定进行合理解释。例如，《日本刑法典》第104条规定的"隐灭证据罪"要求"隐灭、伪造或者变造有关他人刑事案件的证据"，即行为人隐灭自己的刑事案件证据不构成该罪，就是因为缺乏期待可能性；第105条规定"犯人或者脱逃人的亲属，为了犯人或者脱逃人的利益而犯前两条之罪的，可以免除刑罚"。第244条规定"配偶、直系亲属或者同居的亲属之间犯第231条之罪、第235条之2

---

[1] 董文蕙、吴辉龙：《期待可能性理论的体系风险及中国态度》，载《华南理工大学学报（社会科学版）》2020年第3期，第52页。

[2] 董文蕙、吴辉龙：《期待可能性理论的体系风险及中国态度》，载《华南理工大学学报（社会科学版）》2020年第3期，第49~51页。

[3] 参见童德华：《刑法中的期待可能性论》，中国政法大学出版社2004年版，第7~17页。

之罪或者这些罪的未遂罪的,免除刑罚。"根据上述规定,涉及刑事被告人湮灭自己案件证据;犯人或脱逃人的亲属为犯人或脱逃人的利益而藏匿犯人、湮灭证据;亲属间的财产犯罪等情形,要么不追究责任,要么免除刑罚,原因是上述情形中存在缺乏期待可能或期待可能性较小的情况。此外,对于在极端贫困的情况下实施的轻微盗窃,在再就业极为困难时因担心拒绝上司强索可能失业而实施的行贿行为等超法规的责任阻却事由,都存在运用期待可能性解释的必要。[1]

(三)期待可能性理论的现状

1. 期待可能性理论在德国逐渐被冷落

期待可能性理论诞生于德国,但令我国刑法学者意外的是,期待可能性在德国已经因备受冷落而变成一种无足轻重的刑法理论。[2]究其原因,不外乎以下两点:

(1)期待可能性理论是规范责任论的产物,但如今的德国很多学者已放弃了规范责任论而改采取功能责任论。罗克辛认为,"刑罚的目的只能是预防性的。刑罚规范只有以保护个人自由和为其服务的社会秩序为目标,刑罚的目的才能被认为是有正当化根据的,同时具体刑罚追求的也仅仅是预防犯罪的目的。"[3]雅科布什认为,只有目的才能使责任概念具有内涵,责任概念的内容完全由一般预防的目的所决定,有无一般预防的必要性就决定了行为人有无责任。[4]规范责任论将责任的前提理解为是非难可能性,因此期待可能性成为责任的要素,功能责任论认为责任的前提是现实的或可能的预防需要,于是期待可能性没有存在的必要。

(2)期待可能性理论在当今之德国缺乏适用的必要性。一方面,由于德国社会已获得充分发展,国民在日益完备的法律制度下享有充分行动的自由,在行为时不具有期待可能性的情形的确少见。例如,根据今天的德国劳动法,癖马案的行为人就不会再陷入因害怕被解雇而勉强工作的状态;另一方面,

---

[1] 参见马克昌:《德、日刑法理论中的期待可能性》,载《武汉大学学报(哲学社会科学版)》2002年第1期,第9页。

[2] 参见陈兴良:《期待可能性问题研究》,载《法律科学(西北政法大学学报)》2006年第3期,第79页。

[3] [德]克劳斯·罗克辛:《德国刑法学总论》(第1卷·犯罪原理的基础构造),王世洲译,法律出版社2005年版,第45页。

[4] 参见张明楷:《期待可能性理论的梳理》,载《法学研究》2009年第1期,第68页。

如前文所述，德国刑法中设置了大量的因缺乏期待可能性而不受处罚的条款，因此在刑法之外需要适用期待可能性理论以免除行为人之责任的情形本身也较为罕见。

2. 期待可能性理论在日本走上了类型化的道路

与德国不同的是，功能责任论没有得到日本学者的普遍认同，规范责任论仍然是理论通说。因此，期待可能性理论在日本并没有受到冷落。但是，由于期待可能性在概念、内涵外延及适用范围等方面不易把握，日本学者于是试图通过明确期待可能性理论适用的具体类型以解决上述问题，即走上了类型化的道路。例如，将刑事被告人湮灭自己案件证据的行为；犯人或脱逃人的亲属为犯人或脱逃人的利益而藏匿犯人、湮灭证据；下级接受来自上级的违法拘束命令等[1]，作为适用期待可能性理论的具体类型。

二、我国刑法中的期待可能性

(一) 刑法理论中的期待可能性

我国不论是刑法理论界，还是司法实务中，长期以来奉行的是四要件的犯罪论体系，在该犯罪论体系中，犯罪主体要件和犯罪主观方面要件大致相当于三阶层中的责任。但是，犯罪主体要件中包括责任年龄、责任能力和主体的特定身份；犯罪的主观方面包括故意或过失、犯罪目的和犯罪动机。可见，在四要件中是不包含对期待可能性的判断，根据四要件的犯罪体系，即使当时存在不能期待行为人实施合法行为的情形，对行为人也不能进行出罪或减轻处罚的处理。因此，我国不少刑法学者对于期待可能性理论之于我国刑法的借鉴价值提出质疑：有学者指出，在以心理责任论为通说的俄罗斯和我国传统刑法理论中，都没有期待可能性理论的位置。[2]有学者认为，西方的期待可能性概念以行为的违法性作为其理论前提，与他们的刑法理论及体系是协调的，却不符合我国刑法理论。[3]更有学者提出，期待可能性理论和我国犯罪构成理论难以找到契合点，引进的实际意义不大。[4]

---

[1] 参见马克昌：《比较刑法原理——外国刑法学总论》，武汉大学出版社2002年版，第460页。
[2] 参见龙长海：《期待可能性理论之否定》，载《北方法学》2010年第2期，第86~92页。
[3] 参见李立众、刘代华：《期待可能性理论研究》，载《中外法学》1999年第1期，第31~39页。
[4] 参见姜涛：《期待可能性理论：引进还是拒绝》，载《江苏大学学报（社会科学版）》2005年第4期，第60~66页。

将期待可能性拒之于我国刑法之门外当然很容易，但是，这样一来，在有些案件中就会发生"合法不合理"的情形。例如在海难中，甲乙为争抢唯一的救生圈而打斗，最终甲将乙打晕并抢到救生圈得以生还，乙则沉入海底丧生。根据我国《刑法》第21条的规定，紧急避险必须是牺牲的利益小于保全的利益，甲乙二人的生命是同等的，因此甲的行为不符合紧急避险的条件，如果认为期待可能性不是责任的要素，即使该案中不能期待甲实施其他合法行为，也不能以此来阻却责任，因此甲的行为仍然构成故意杀人罪。但这样的处理结果在普通公众看来很不合理。大陆法系刑法则不但在理论上将期待可能性作为责任的要素，而且将期待可能性融入刑事立法中，让其成为法律明文规定的责任阻却事由。例如，德国刑法就将紧急避险分为两类，当损害的利益小于保全的利益时，该避险行为阻却违法；当损害的利益等于保全的利益时，该避险行为虽然具有违法性，但可以阻却责任。上述规定实际上就是认为在损害的利益等于保全的利益时，不能期待行为人实施其他合法行为，因此阻却责任。适用德国刑法来处理上述海难案件，就会得出甲不构成故意杀人罪的结论，这样的处理结果更合理，且易为普通公众所接受。

因此，我国亦有不少刑法学者认为，期待可能性理论不但能够弥补我国犯罪构成体系责任认定的缺陷与不足，而且也能扭转我国犯罪构成重入罪轻出罪的传统立法观念，强化刑法的人权保障机能。例如，陈兴良教授认为期待可能性的体系地位关系到责任的规范构造，期待可能性是不同于故意、过失的规范评价要素，应将其作为罪责排除事由。[1]张明楷教授认为，基于免责的一般原理，期待可能性应该成为一项独立的超法规的免责事由，并进一步确定了期待可能性相对明确的判断标准。[2]刘艳红教授认为，期待可能性理论对人性弱点的尊重，决定了它对于积极缓和法律的严苛与人性弱点、妥当处理呆板的法律规范与不断发展的社会要求之间的矛盾具有重要意义。[3]我国学者钱叶六教授亦认可上述学者的观点，并对司法实践中可以适用期待可能性事由的情形予以类型化梳理，认为以下七种情形可以适用期待可能性：

---

[1] 参见陈兴良：《期待可能性的体系性地位——以罪责构造的变动为线索的考察》，载《中国法学》2008年第5期，第88~96页。

[2] 参见张明楷：《期待可能性理论的梳理》，载《法学研究》2009年第1期，第60~77页。

[3] 参见刘艳红：《调节性刑罚恕免事由：期待可能性理论的功能定位》，载《中国法学》2009年第4期，第115页。

①牺牲他人保全自己生命的紧急避险；②安乐死；③执行上级的违法命令；④受虐女性不堪忍受长期家庭暴力而杀夫；⑤近亲属妨害司法；⑥迫于生活困难而出卖子女；⑦妇女因受客观条件所迫而重婚。[1]

（二）刑事立法中的期待可能性

虽然刑法理论可以有较大区别，但各国的刑事立法则大体相似。因此，我国有学者认为，根据我国现行刑法之相关规定，追究行为人责任时其实是要考虑期待可能性的。

例如，我国《刑法》第16条规定："行为在客观上虽然造成了损害结果，但是不是出于故意或者过失，而是由于不能抗拒或者不能预见的原因所引起的，不是犯罪。"该规定中就含有规范责任论的思想。因为所谓不能抗拒，是指行为人虽然认识到自己的行为会发生损害结果，但由于当时主客观条件的限制，不可能排除或防止损害结果的发生。显然，不可抗力缺乏期待可能性。[2]但是也有反对的观点认为，不可抗力是缺乏故意或者过失的非人为情况，其缺乏犯罪构成的主体要件和主观要件，是典型的阻却犯罪构成的要件。而期待可能性则是以不法行为为前提条件，所以将期待可能性解释为不可抗力显然不合适。或许正是基于这种考虑，我国主流刑法教科书并没有将期待可能性置于不可抗力之中，而是将之作为与意外事件、不可抗力并列的无罪过事件。[3]

再如，我国《刑法》第20条第2款关于防卫过当应当减轻或免除处罚、第21条第2款关于避险过当应当减轻或免除处罚之规定，也是考虑行为人期待可能性较低。[4]

本书认为，我国《刑法》第16条关于不可抗力不负刑事责任之规定，不是因为缺乏期待可能性。因为期待可能性适用的前提是，行为人具有故意或过失，但不能期待其实施适法行为，期待的前提是行为人客观上存在选择实施适法行为的可能。在不可抗力的情形下，首先是不存在故意或过失，其次

---

[1] 参见钱叶六：《期待可能性理论的引入及限定性适用》，载《法学研究》2015年第6期，第127~134页。

[2] 参见张明楷：《期待可能性理论的梳理》，载《法学研究》2009年第1期，第69页。

[3] 参见《刑法学》编写组编：《刑法学》（上册·总论），高等教育出版社2019年版，第180~181页。

[4] 参见周光权：《刑法总论》（第3版），中国人民大学出版社2016年版，第246页。

行为人对于其行为客观上也不具有选择可能性，也就不存在能否期待的问题。因此，不可抗力是因为没有过错（故意或过失）而没有责任，而不是缺乏期待可能性而没有责任。正因如此，刑法第 16 条才将不可抗力与另一种无过错行为，即意外事件并列在同一个法条之中。

至于我国《刑法》第 20 条第 2 款的防卫过当、第 21 条第 2 款的避险过当之立法，则是考虑了行为人期待可能性较低。以防卫过当构成故意伤害罪为例，由于刑法存在禁止伤害他人身体的规范，因此法律有理由期待行为人不实施故意伤害行为。但当行为人面对突如其来的不法侵害时，虽然可以期待其实施适当的防卫行为来保全自己，但即使其防卫行为过当了，基于人性的考虑，也应当认为此时较普通的故意来说，对行为人的期待应当有所降低，否则就有违普通人的正义观念。

(三) 刑事司法中的期待可能性

期待可能性理论所尊崇的"法律不强人所难"的精神，也为我国最高人民法院所接受。1999 年《全国法院维护农村稳定刑事审判工作座谈会纪要》规定，对于那些迫于生活困难，受重男轻女思想影响而出卖亲生子女的，可不作为犯罪处理。在审判实践中，妇女因遭受自然灾害外流谋生而重婚的，因丈夫长期外出下落不明造成家庭生活严重困难而与他人结婚的，因强迫或包办婚姻或因婚后受虐待外逃而重婚的，因被拐卖后重婚的都不以重婚罪论处。该司法解释的规定明显是对期待可能性理论的肯定。此外，《办理盗窃案件解释》第 8 条规定："偷拿家庭成员或者近亲属的财物，获得谅解的，一般可不认为是犯罪；追究刑事责任的，应当酌情从宽。"这也是考虑了期待可能性问题。

最高人民法院的上述态度当然会传导到司法实务中，期待可能性理论在司法实务中亦被逐渐认可。据统计，自 2015 年至今，适用期待可能性的裁判文书数目逐年增多。"从 2015 年起情况逐渐发生变化，2015 年涉及期待可能性的裁判文书为 19 篇，2016 年 35 篇，2017 年 43 篇，2018 年 70 篇，2019 年 115 篇，2020 年 121 篇。"[1]上述判决中虽然直接以缺乏期待可能性为由判决被告人无罪的并不多见，但以期待可能性较低为由从宽处罚的却不在少数。

---

[1] 翟宇航：《期待可能性理论在刑事审判中的应用研究——以 412 份刑事裁判文书为样本》，载《西安石油大学学报（社会科学版）》2021 年第 5 期，第 94 页。

例如，在被告人帮助配偶、近亲属当事人毁灭、伪造证据的案件中，法院判决虽然认为成立帮助毁灭、伪造证据罪，但同时在量刑时作出从宽处罚。再如，对于犯罪人的配偶、近亲属实施的窝藏、包庇行为，司法实践中对这种行为一般也以窝藏、包庇罪论处，但在处罚上却较普通的窝藏、包庇罪轻。

三、期待可能性理论与刑事辩护

最高人民法院在司法解释中认可期待可能性在部分犯罪中影响定罪量刑，这为刑事辩护开创了新的领域。辩护人可以在刑事辩护中以被告人不具有期待可能性或期待可能性较低为由作无罪或罪轻辩护。但是，期待可能性要在刑事辩护中真正发挥作用，还必须解决以下四个问题：一是期待可能性的法律性质；二是期待可能性在犯罪体系中的位置；三是期待可能性的判断标准；四是发生期待可能性错误时的处理。

（一）期待可能性的法律性质

期待可能性的法律性质，即缺乏期待可能性是超法规的责任阻却事由，还是仅限于刑法有明确规定时才阻却责任。期待可能性理论在德国的产生是基于人类社会认识和理性认识的结果，是对极端理性和形式主义的反思。这使得法律的躯体在形式主义的骨骼之上得到了规范性的"血肉人性"，对罪责作出了更为严格和合理的限制。因此，法律上基于对免责事由之判定标准明确性的极致追求，对具有不可期待性的免责事由在刑法条文中进行了明确的规定。[1] 在德国，由于缺乏期待可能性的情形已基本上被刑法明文规定为责任阻却事由，对于超法规的无期待可能性的责任阻却事由没有太大需求。

我国刑法没有对缺乏期待可能性的情形作出相应的规定。因此，司法实践中有必要承认缺乏期待可能性是一种超法规的责任阻却事由，否则就无法发挥期待可能性理论所具有的限制刑罚的功能。作为超法规的责任阻却事由只能是基于规范责任论的立场上，充分考虑当时情形下确实不能期待行为人作出适法行为时，才能阻却责任。刑事辩护中，辩护人应当对案件进行仔细地挑选，只有在对行为的主体、行为的对象和行为的手段等因素进行综合分析的基础上，能够得出被告人缺乏期待可能性的结论时，才可采用该理论为

---

[1] 参见李拥军、杨德敏：《期待可能性的人性意涵和实践反思》，载《河北法学》2023年第9期，第81页。

被告人作无罪或罪轻辩护。因为,随意使用期待可能性理论只会导致对人性弱点的廉价同情,最终国家、社会与公民将会三受其害,只能在极其稀有的特殊案例中作为刑罚恕免事由予以使用。[1]

例如,脱逃罪的行为主体是依法被关押的罪犯、已决犯、被告人与犯罪嫌疑人。因此,辩护人绝对不能以不能期待被关押之人不脱逃为由为其作无罪或者罪轻辩护。但是,在被告人事实上无罪,是在被错拘、错捕或错判的情形下脱逃的,则存在以缺乏期待可能为由为被告人作无罪辩护的可能。虽然,"只要作出羁押、判决当时的相应证据符合刑事程序法的要求,且是由有抽象的司法权力的机关作出的,犯罪嫌疑人、被告人、已决的罪犯就属于依法被关押者"[2]。脱逃罪的保护法益是国家的司法秩序,因此,事实上无罪的人的脱逃行为也具有违法性。但是,如果辩护人能够证明,被告人在脱离司法人员的控制时,有足够的理由确信自己是无罪的,就可以主张,在被告人确信自己无罪,而且事后也证明其无罪,完全由于司法机关的错误导致其被关押的情况下,是不能期待其仍然能够坚守做一个遵纪守法的好公民。对于被告人这一单纯脱逃的行为,应认为缺乏期待可能性,不构成脱逃罪。但是,如果被告人采取的是暴力破坏监舍、袭击狱警等方法脱逃,就不宜以缺乏期待可能性为由作无罪辩护,但仍然可以期待可能性较低为由作罪轻辩护。

再如,在妨害作证罪中,如果是被告人自己实施了本罪行为,辩护人可否以不能期待被告人不作出妨害作证之行为为由,为其作无罪辩护?有观点认为,即使是犯罪嫌疑人、被告人自己采取非法手段妨害作证的,也构成本罪。[3]这种观点从法益保护的角度来说是正确的,但是是否构成犯罪还应当考虑被告人是否缺乏期待可能。而是否缺乏期待可能,除了要考虑是否为本人所实施,还应当考虑妨害作证的方式、方法。如果被告人采取一般的嘱托、请求、劝诱等手段阻止他人作证或者指使他人作伪证的,由于被告人采用的是通常手段,辩护人可以主张被告人缺乏期待可能性,不构成妨害作证罪。但是,如果被告人采取暴力、威胁、贿买等异常手段阻止他人作证或者指使

---

[1] 参见刘艳红:《调节性刑罚恕免事由:期待可能性理论的功能定位》,载《中国法学》2009年第4期,第110~121页。

[2] 周光权:《刑法各论》(第3版),中国人民大学出版社2016年版,第401页。

[3] 参见周道鸾、张军主编:《刑法罪名精释——对最高人民法院、最高人民检察院关于罪名司法解释的理解和适用》(第3版),人民法院出版社2007年版,第601页。

他人作伪证时，辩护人就不宜坚持主张其缺乏期待可能性，这时需要转换辩护策略，以被告人的期待可能性较低为由，为其提供罪轻辩护。

还如，在帮助毁灭、伪造证据罪、窝藏、包庇罪中，对于被告人帮助配偶、近亲属当事人毁灭、伪造证据的，或者对被告人的配偶、近亲属实施的窝藏、包庇行为，能否以缺乏期待可能为由作无罪辩护？虽然我国的司法实践中对这些行为通常是以犯罪论处的，但这种做法与规范责任论的原理相抵触。因为我们不能期待每个人在此情形下都能够做到"大义灭亲"，因此上述情形中辩护人完全可以引用我国古代"亲亲相隐匿"制度，以及外国刑法的相关规定，说明在此情形下，被告人缺乏期待可能性，应当宣告无罪。

（二）期待可能性在犯罪体系中的位置

期待可能性是责任的要素，但它是责任的积极要素还是消极要素？如果是积极要素，它是故意、过失的构成要素，还是与责任能力、故意、过失相并列的责任要素？如果是消极要素，则意味着缺乏期待可能性是一种责任阻却事由。在我国刑法理论与司法实践所遇到的具体问题，是应当在故意论、过失论中讨论期待可能性，还是应当在故意论、过失论之外讨论期待可能性？[1]即期待可能性在犯罪体系中的位置，这个问题对于刑事辩护会产生两方面的影响，其一是对该理论的运用是否符合我国现行刑法的规定；其二是会影响到控辩双方取证责任的分配，因此不容忽视。

对此，刑法理论有3种观点：第一种是故意、过失的构成要素说，该说将期待可能性理解为是故意与过失的构成要素，即缺乏期待可能性时，故意与过失也不成立。第二种是第三责任要素说，该说把期待可能性理解为是与责任能力、故意与过失并列的第三责任要素，即缺乏期待可能性时，故意与过失仍然成立，但行为人没有责任。第三种是责任阻却说，该说认为期待可能性既不是故意与过失的构成要素，也不是与责任能力、故意与过失并列的第三责任要素，而是一种责任阻却事由，即缺乏期待可能性时，阻却责任。

本书认为，构成要素说存在的最大问题是，故意、过失是对事实的认识，而期待可能性并不涉及基本的行为事实之有无，期待可能性并不具有区分故意、过失之功能。[2]因此该说与刑法理论和我国《刑法》第14、15条之规定

---

[1] 参见张明楷：《期待可能性理论的梳理》，载《法学研究》2009年第1期，第62页。
[2] 周光权：《刑法总论》（第3版），中国人民大学出版社2016年出版，第245页。

相抵触。此外，如前所述，期待可能性既存在有无的问题，也存在程度的问题。但故意、过失却只存在有无的问题而不存在程度的问题。如果将期待可能性视为是故意与过失的构成要素，则意味着只能运用期待可能性为被告人作无罪辩护，而不能作罪轻辩护，这将大大压缩刑事辩护的空间。第三责任要素说存在的问题是，一方面，期待可能性虽然是指向行为人的主观，是对行为人主观选择的期待，但是它与故意与过失还是存在明显的区别。因为故意与过失是行为人的主观心理事实，是否具有故意与过失是一种事实的认定；但期待可能性则是在考虑行为当时的实际情况、有无特殊事由存在等因素以后，再从法律的视角对处于具体状况下的行为人的主观选择的评价，是一种价值的判断。就归责而言，故意与过失是主观性的归责要素，期待可能性则是客观的归责要素，两者在性质上并不相同。如果将期待可能性理解为是与责任能力、故意与过失并列的第三责任要素，则期待可能性就容易被视为与责任能力、故意或过失一样，成为犯罪事实的一部分，这样司法机关就必须证明被告人具有期待可能性，这样不但会加重检察官的责任，也不具有可操作性，从而让司法机关倾向于否认期待可能性对定罪发挥影响。

　　因此，责任阻却事由说是恰当的。该说虽然主张期待可能性是责任的要素，但认为期待可能性不是和故意、过失相并列的第三责任要素，即期待可能性不是责任的积极要件，而是责任的消极要件。因为刑法条文一般会将不具有期待可能性的行为排除在犯罪圈外，例如，我国《刑法》第307条规定：帮助当事人毁灭、伪造证据，情节严重的，构成犯罪；但没有规定当事人毁灭、伪造证据，情节严重的，构成犯罪。从法益侵害的立场来看，前者是帮助行为，后者是实行行为，如果前者都要处罚，后者没有出罪的理由。显然，这是因为立法者已经考虑到了当事人毁灭、伪造证据的行为不具有期待可能性。因此，在判断犯罪是否成立时，不需要对行为人具有期待可能性进行积极的证明。只要具有责任能力的人，基于故意、过失实施某一危害社会的行为，通常就认为行为具有期待可能性，行为构成犯罪。期待可能性是责任的阻却事由，通常只有在一些比较特殊的案件中，才能以不具有期待可能性为由排除犯罪的成立。这些特殊的案件主要包括两类：一类是因为行为人具有特殊的身份地或地位，例如我国古代法律规定的亲亲相隐制度、下级执行上级的违法命令、我国最高人民法院关于盗窃罪的司法解释中规定"亲属间相互盗窃的，一般不作为犯罪处理"等；另一类是涉及行为人的重大安全及利益,例如前述的海难事故、司法解释中因逃荒而重婚的规定等。此外,期待可能性既是定罪时的责任阻却事由,也是量刑时的责任阻却事由。例如,我国《刑法》第 20 条和第 21 条规定,对于防卫过当、避险过当应当减轻处罚,即是考虑到防卫和避险中的行为人期待可能性较低。再如,同样是使用假币的行为,相较于故意购买假币为图利而使用的行为而言,误收假币后为减少损失而使用的行为处罚更轻,也是考虑到后者的期待可能性更低。可见,责任能力、故意、过失是责任的原则要素,期待可能性是责任的例外要素,即缺乏期待可能性是一种责任阻却事由。[1]但这样一来,缺乏期待可能性的证明责任就应当由被告人和辩护人来承担。

(三) 期待可能性的判断标准

期待可能性的判断标准,是指判断行为人在实施符合构成要件的违法行为时是否具有实施合法行为的期待可能性的标准。如果对于期待可能性缺乏统一的判断标准,则辩护人与公诉人可能采取不同的标准,从而在被告人是否具有期待可能性问题上各说各话,导致期待可能性无法在刑事辩护中真正发挥作用。我国有学者对引入期待可能性论持反对态度,其理由就是,期待可能性论标准模糊笼统的内生缺陷使其容易被滥用,具有多重风险。[2]

对于期待可能性的判断标准,国外理论存在行为人标准说、平均人标准说和法规范标准说或国家标准说这三种学说。行为人标准说认为,应当以行为时的具体情形下的行为人自身的能力为判断标准。如果在当时的具体情形下,根据行为人自身的能力,不能期待该行为人实施合法行为,则表明缺乏期待可能性。对于该学说的批评是,法律是普遍适用的规范,如果因为其自身的能力问题就不期待其实施合法行为,就没有法秩序可言。行为人标准说的最大问题是无法解释确信犯。确信犯是指基于道德、宗教、政治上的信仰而实行的犯罪。确信犯通常认为自己的行为是正当的,因此根据行为人标准,是不能期待其实施其他合法行为的。但事实上,没有哪个国家的刑法认为确信犯是不可罚的,还有的国家专门为确信犯设立了非廉耻刑以示与其他犯罪区别对待。平均人标准说认为,应当以行为时的具体情形下的普通人的能力

---

[1] [韩] 李在祥:《韩国刑法总论》,[韩] 韩相敦译,中国人民大学出版社 2005 年版,第 263 页。
[2] 参见董文蕙、吴辉龙:《期待可能性理论的体系风险及中国态度》,载《华南理工大学学报(社会科学版)》2020 年第 3 期,第 56 页。

为判断标准。如果在当时的具体情形下，不能期待普通人实施合法行为，则该行为人的行为也缺乏期待可能性。平均人标准说有利于维持法秩序的统一，弥补了行为人标准说的缺陷。但是，责任是对该当构成要件且违法的行为的实施者进行人格非难。人格是具体的，因人而异。在对普通人能够期待而对行为人不能够期待的情况下，按平均人标准说，行为人仍然要承担责任，这样责任就不是对行为的实施者进行的人格非难了。因此，平均人标准说偏离了责任的本意。法规范标准说或国家标准说认为，应当以国家或者国家的法秩序的具体要求为标准，判断行为人的行为是否具有期待可能性。因为所谓期待行为人实施合法行为，是国家或法秩序对行为人的期待，而不是行为人本人的期待或普通人的期待。因此，是否具有期待可能性，只能以国家或法秩序的要求为标准，而不是以被期待的行为人或平均人为标准。法规范标准说或国家标准说存在与平均人标准说相同的问题，即偏离了责任的本意。因为期待可能性理论本来就是针对人性的弱点而给予的法律上的救济，当行为人在人格上存在不能适应国家的期待的情形下，是难以对其进行人格非难的。该标准还存在一个更大的问题，就是什么情况下国家或法秩序能够期待行为人实施合法行为？该学说并不能提出一个明确的标准。因此，法规范标准说或国家标准说实际上是没有标准的标准。

由于法规范标准说或国家标准说未能提出一个明确的判断标准，现在几乎没有人主张。争论主要发生在行为人标准说和平均人标准说之间。本书认为，虽然行为人标准说更符合责任的本意，也更多地体现了人性的关怀，但是在我国现阶段，还是应当采纳平均人标准说。因为期待可能性作为责任阻却事由，在我国司法实践中是长期缺位的。因此需要民众和司法人员有一个逐步的接受和适应的过程。受报应刑观念及重刑主义的影响，我国民众对于任何宽恕犯罪人的判决都异常的敏感，常常会因此而对判决的公正性或是否存在司法腐败产生怀疑。民众的这种态度又进一步影响到司法人员对案件的处理，于是刑事司法实践中"宁枉勿纵"的风气盛行。如果现在就采取行为人标准说，对民众而言，因为无法对行为人"感同身受"而容易对无罪或罪轻判决产生抵触；对司法人员而言，则由于没有相似的案例可供参考，会在是否适用期待可能性理论作出有利于被告人的判决时畏首畏尾。这样反而不利于期待可能性理论在司法实践中的运用。因此，辩护人应当采用易于为普通民众和司法机关接受的平均人标准，展开无罪或罪轻辩护。

（四）发生期待可能性错误时的处理

司法实践中还可能发生期待可能性错误的情形。针对此种情形，辩护人应当区分不同情况采用不同的辩护思路。期待可能性错误包括两种情形：

一种是积极的错误，即行为人误以为当时存在不能期待其实施合法行为的情形，但实际上并不存在。例如，在海难事故中，唯一的救生圈具有的浮力完全足够两个人逃生使用，但被告人以为救生圈的浮力只够一人逃生使用，遂为争夺救生圈而将被害人击沉致其死亡。该案中，被告人以为救生圈的浮力只够一人逃生，所以认为不能期待他不做出为争抢救生圈而将被害人击沉的行为，但由于救生圈的浮力足够两人逃生，所以并不存在这种所谓的不能期待。对于积极的错误如何处理？有两种观点：一种认为这种场合下的错误是对事实的认识错误，不是对法律的认识错误，因此阻却故意；另一种认为这种场合下的错误虽然是事实的错误（对救生圈的浮力的认识错误），但不是对构成要件的内容的认识错误（被告人对于自己击打被害人的行为会造成被害人溺水死亡没有错误认识），因此不阻却故意。本书认为，积极的错误实际上就是刑法理论中的"假想的避险过当"，司法实践中辩护人应当根据被告人对此种错误认识是否应当预见来决定辩护方案：如果现有证据表明被告人应当预见到其错误认识，例如明明救生圈比供一人逃生用的救生圈大了许多，但被告人却因为疏忽大意而没有发现，辩护人可主张被告人不成立故意杀人罪，而应当以过失致人死亡罪论；如果现有证据证明被告人无法预见到其错误认识，例如救生圈看起来和供一人逃生用的救生圈差不多大，只是其用特殊材质制作，浮力大了一倍，被告人从未使用过这种救生圈因而不知道，则辩护人可主张以意外事件论，不追究被告人的刑事责任。

另一种是消极的错误，即被告人误以为当时存在能够期待其实施合法行为的事情，但实际上并不存在。例如，在海难事故中，唯一的救生圈因为充气不足，具有的浮力只够一人逃生使用，但被告人不知道该救生圈充气不足，以为救生圈的浮力足够两人逃生使用，但被告人因为与被害人不和，遂为争夺救生圈而将被害人击沉致其死亡。该案中，被告人以为救生圈的浮力足够两人逃生，所以认为能够期待他不做出争抢救生圈而将被害人击沉的行为，但由于救生圈的浮力只够一人逃生，所以并不存在这种所谓的能够期待。对于消极的错误如何处理？也有两种观点：一种站在法益侵害说的立场，认为既然客观上存在缺乏期待可能性的事情，被告人主观上的认识错误并不会增加法益的侵害，应当阻却责任；另一种站在规范违反说的立场，认为客观上虽然存在缺乏期待可能性的事情，但其主观上具有犯罪的故意，且这种认识错误对其犯罪的故意并没有发生任何影响，因此不发生阻却责任的问题。本书赞成前一种观点，除了因为本书作者持法益侵害立场外，还因为本书作者一向认为，认定犯罪时除了要考虑法益侵害，还应当兼顾一般预防的必要性。而一般预防的必要性取决于如果不处罚该行为，是否会激起模仿的兴趣。通常有两类行为不具有一般预防的必要性：一类是该类行为因为不能满足普通人的某种需求而导致普通人缺乏模仿的动机；另一类是该类行为存在难以模仿的情形。消极的错误发生的概率极低，即使不处罚该类行为，其他人也难以模仿，因此对其缺乏一般预防的必要，对其不能进行非难，因此消极的错误阻却责任。在存在期待可能性消极错误的情形中，辩护人应当结合法益侵害说和一般预防的要求，通过证明被告人的行为没有增加法益侵害的危险以及被告人的行为是在极端情形下发生，没有一般预防的必要性，来为被告人作无罪辩护。

附录：案例与辩护意见

1. 案例

2012 年，江西省某机关干部周某通过南昌市某区政府领导向该区创投公司董事长魏某打招呼，要求创投公司将资金存入某商业银行帮助周某的亲戚完成揽储任务。魏某则将公司财务人员赵某（任财务部长）秦某（任会计）齐某（任出纳）介绍给周某，指示上述财务人员配合周某完成揽储任务。此间，周某发现创投公司作为银行的大客户，银行为其提供上门办理业务的 VIP 服务。周某当时因经商办企业亏损了大量的资金，欠下巨额债务，急于用钱的周某觉得有空子可钻，遂萌生了骗取创投公司存款的想法。他安排亲戚韩某冒充某商业银行员工上门为创投公司办理在某商业银行的开户手续（办理的是真实的开户手续），同时利用为创投公司办理开户手续之机私刻了创投公司的印章。创投公司在某商业银行开户后，根据周某的要求将 1.3 亿元资金转入创投公司在某商业银行的账户上。周某指使韩某拿着盖有假印鉴的支票到某商业银行办理转账，将创投公司账户的存款 1.3 亿元转至他本人控制的公司账户后，大部分用于清偿所欠债务，少部分用于个人挥霍，至上述赃款未能归还。案发后，某商业银行向创投公司全额支付了 1.3 亿元。周某被检察机关以涉嫌票据诈骗等罪提起公诉,创投公司的财务人员赵某、秦某和齐某则被以涉嫌国有公司人员失职罪被提起公诉。一审判决认定赵某、秦某和齐某犯国有公司人员失职罪,分别判处有期徒刑3年、2年和2年。赵某、秦某和齐某不服一审判决,提起上诉。

2. 辩护意见

秦某涉嫌国有公司人员失职罪
二审辩护词

审判长、审判员:

江西豫章律师事务所接受本案上诉人秦某的委托,指派胡东平律师作为秦某涉嫌国有工作人员失职一案二审辩护人。接受委托后,本辩护人通过仔细阅读本案的卷宗材料,与上诉人会谈,对本案有了清晰的了解,现依据事实和法律发表如下辩护意见,诚望合议庭采纳。

一、一审判决认定事实错误,被告人秦某不构成国有公司人员失职罪

一审判决认为秦某"身为国有公司工作人员,负有对国有公司资产监督管理的职责,但在工作中违反法律和职责规定的义务,严重不负责任,造成共有存款1.3亿元人民币被骗,使国家利益遭受特别重大损失,其行为已经构成国有公司人员失职罪"。

辩护人认为,依照《刑法》第168条的规定,国有公司人员失职罪属结果犯,国有公司、企业的工作人员有严重的失职行为,造成了国有公司、企业破产或严重亏损,发生了国家利益遭受重大损失的结果,才构成犯罪。而一审判决作出的上述认定没有法律依据,也与事实不符,因此,一审判决判定秦某构成国有公司人员失职罪因缺乏必要的构成要件而不能成立。具体理由如下:

1. 一审判决认定本案中周某等人诈骗的1.3亿元是创投公司所有的资金属于认定事实错误。

辩护人认为,储户在银行的存款在法律性质上是储户与银行之间建立的一种债权债务关系。即自储户将自有资金存入其在银行开设的账户时起,该资金的所有权就由储户转移给了银行,银行即可占有、使用并处分该笔存款,而储户则对银行享有债权,即要求还本付息的权利。储户对其在银行的存款享有的是债权而不是物权,这可以从以下事实得以验证:

首先，我国《商业银行法》第71条第2款规定："商业银行破产清算时，在支付清算费用、所欠职工工资和劳动保险费用后，应当优先支付个人储蓄存款的本金和利息。"据此，我们可以看到，我国法律是将存款视为储户对银行享有的债权并通过破产清算程序来清偿。如果存款的性质是物权而不是债权，那么在银行破产时，该存款就不属于银行的资产而是储户资产，储户在银行破产时就享有该存款的"取回权"，而无需通过破产清算程序来清偿。

其次，我国《刑法》第193条规定了贷款诈骗罪，即行为人以非法占有为目的，诈骗银行或其他金融机构的贷款，数额较大的行为。对于该罪的犯罪客体，刑法理论和司法实践都无争议地认为是双重客体，即银行和其他金融机构对贷款的所有权和国家的金融管理制度。由此可见，我国《刑法》第193条实际上确认贷款在交付借款人之前，是银行所有的资金，在交付借款人之后，就成为借款人所有的资金。而贷款主要是由储户的存款转化而来，如果认为存款在存入银行后其所有权人仍然是储户而不是银行，则贷款在交付借款人之前其所有权人也是储户而不是银行，银行只是占有人。这样一来，司法实践中所有的贷款诈骗行为侵犯的都只是银行对贷款的占有权而不是所有权，由于没有侵犯银行对贷款的所有权，所有的贷款诈骗行为都不成立贷款诈骗罪。这显然是很荒谬的，但这是"将存款视为是物权而不是债权"必然推导出来的结论。

最后，如果认为存款的所有权是储户的而不是银行的，这便无法解释以下现象：如果存款人仍然拥有存款的所有权，为什么银行在支付本金时无需交付与存入时完全相同号码的货币？如果存款人仍然拥有存款的所有权，在存款人没有授权的情形下，银行凭什么将不属于自己的资金贷给借款人？如果存款人仍然拥有存款的所有权，为什么不是存款人向银行支付保管费，而是银行向存款人支付利息？如果存款人仍然拥有存款的所有权，为什么在发生意外导致存款灭失时，损失由银行承担而不是由所有权的拥有者存款人承担？

综上，本案中，上诉人秦某等人的失职行为导致周某等人通过欺诈的手段（冒充某商业银行的工作人员）骗得创投公司在某商业银行开设账户并将创投公司1.3亿元资金转入该账户，但此时创投公司并没有任何损失。后来，周某等人又通过伪造创投公司印章的方法，冒充创投公司工作人员将创投公司账户里的1.3亿元钱转出去，但这仍然没有给创投公司造成任何损失。因为，如前所述，银行与储户之间是一种债权债务关系，创投公司存入某商业银行的这 1.3 亿元存款自存入起，所有权归某商业银行，相应地创投公司对某商业银行享有相同数额的债权。因此，本案的受害人是某商业银行，被骗走的是某商业银行的资金，而不是创投公司的资金。可见，无论从法律上分析，还是从现实来看，上诉人秦某的行为都没有给创投公司造成任何损失。

2. 本案中，上诉人秦某存在一定的失职行为，也有国家利益遭受重大损失的情形发生，但其行为与国家利益遭受重大损失之间不具有刑法上的因果关系，该行为不符合国有公司人员失职罪的犯罪构成，依法不构成该罪。

本罪是过失犯罪，过失犯罪的成立要求行为人具有过失行为、发生危害结果、过失行为与危害结果之间具有刑法上的因果关系。本案中，秦某具有过失行为，也发生了危害结果（导致某商业银行损失 1.3 亿元，国家利益遭受重大损失）。但并不能因此就认为两者之间存在刑法上的因果关系。固然，如果没有秦某的过失行为，就不会发生国家利益遭受重大损失的危害结果，但这仅仅说明秦某的过失行为是本案危害结果发生的一个条件。两者之间要成立刑法上的因果关系，还必须满足一个前提，即该危害结果没有超出国有公司人员失职罪的构成要件的保护范围。根据《刑法》第 168 条，国有公司人员失职罪是指国有公司的工作人员，由于严重不负责任造成国有公司破产或者严重损失，致使国家利益遭受重大损失的行为。因此，该罪的危害结果是"国家利益遭受重大损失"，但是"国家利益遭受重大损失"是依靠"国有公司破产或者严重损失"来表现的。问题是，"失职行为必须造成了国有公司破产或者严重损失"仅指国有公司工作人员的失职行为造成了其所任职的国有公司破产或者严重损失，还是指国有公司工作人员的失职行为造成了任何一家国有公司破产或者严重损失。

辩护人认为，《刑法》第 168 条中的"国有公司破产或者严重损失"是指国有公司工作人员的失职行为造成了其所任职的国有公司破产或者严重损失。因为刑法设立本罪是为促使国有公司工作人员依法履行其职责，而职责的内容当然是管理和保护其任职所在国有公司的财产，而不可能要求此国有公司工作人员履行职责的目的是要管理和保护彼国有公司的财产，即《刑法》第 168 条的构成要件的保护范围仅限于国有公司工作人员所任职的公司的财产。这也可以从相关司法解释中得到印证，《最高人民法院关于审理扰乱电信市场管理秩序案件具体应用法律若干问题的解释》第 6 条规定："国有电信企业的工作人员,由于严重不负责任或者滥用职权,造成国有电信企业破产或者严重损失,致使国家利益遭受重大损失的,依照刑法第一百六十八条的规定定罪处罚。"根据该司法解释,国有电信企业的工作人员的失职行为只有造成国有电信企业破产或者严重损失,致使国家利益遭受重大损失才成立国有公司人员失职罪,如果国有电信企业的工作人员的失职行为造成的是国有非电信企业破产或者严重损失,即使国家利益因此遭受了重大损失,也不成立本罪。

综上,成立国有公司人员失职罪必须是国有公司工作人员的失职行为造成了其所任职的国有公司破产或者严重损失,进而导致国家利益遭受重大损失。本案中,上诉人秦某是创投公司的工作人员,其在工作中确实存在一定的失职之处,该失职行为与某商业银行的1.3亿元资金被骗之间只具有条件关系(但不是原因,本案中银行资金被诈骗的原因是银行工作人员审核不严),但由于该失职行为没有造成其所任职的创投公司任何损失。即周某等人的诈骗行为对于创投公司对某商业银行享有的存款债权没有任何影响,事后某商业银行向创投公司全额支付了这1.3亿元存款说明本案的受害人是某商业银行而不是创投公司。因此,本案中虽然国家利益遭受重大损失,但那是因某商业银行的1.3亿元资金被骗造成的,而不是因上诉人秦某所任职的创投公司的资金被骗造成的,因此被告人秦某的行为不符合国有公司人员失职罪的犯罪构成,依法不构成该罪。

二、上诉人秦某即使有失职行为,其行为也缺乏期待可能性,依法不应当追究刑事责任

期待可能性,是指根据具体情况,有可能期待行为人不实施违法行为而实施其他合法行为的情形。一般认为,在缺乏期待可能性的情形下应当阻却刑事责任的成立。我国刑法中虽然没有行为人缺乏"期待可能性"时不追究刑事责任的明确规定,但相关刑法条文及司法解释表明,期待可能性既可以决定刑事责任的有无,也可以影响刑事责任的轻重。例如,我国《刑法》第307条第2款规定,帮助当事人毁灭、伪造证据,情节严重的,构成犯罪。但没有规定帮助当事人毁灭、伪造证据,情节严重的,构成犯罪。就是因为对于当事人而言,其实施毁灭、伪造证据的行为缺乏期待可能性。我国《刑法》第20条和第21条规定,对于防卫过当、避险过当应当减轻处罚,也是考虑到防卫和避险中的行为人期待可能性较低。另外,最高人民法院关于重婚罪的司法解释中规定,对于因逃荒而与其他男子再婚的已婚妇女,不以重婚罪

论，作出这些规定的原因也是在于逃荒妇女的再婚行为缺乏期待可能性；最高人民法院关于盗窃罪的司法解释中规定"亲属间相互盗窃的，一般不作为犯罪处理"也是因为其行为缺乏期待可能性。因此，司法实务中，司法机关在是否追究行为人的刑事责任以及决定刑事责任的轻重时，期待可能性亦是应当考虑的因素。关于如何判断行为人是否具有期待可能性，主要有行为人标准和平均人标准两种模式：行为人标准认为，应当以行为时的具体情形下的行为人自身的能力为判断标准。如果在当时的具体情形下，根据行为人自身的能力，不能期待该行为人实施合法行为，则表明缺乏期待可能性。平均人标准则认为，应当以行为时的具体情形下的普通人的能力为判断标准。如果在当时的具体情形下，不能期待普通人实施合法行为，则该行为人的行为也缺乏期待可能性。

本案中，上诉人秦某即使有失职行为，其行为也缺乏期待可能性，依法不应当追究刑事责任。理由如下：

1. 创投公司内部关于财务人员职责的规章制度缺乏

创投公司作为区政府设立的非常重要的一家政府投资公司，对于公司财务人员的职责本来应当通过具体的规章制度予以明确，这是确保公司资金安全必须具备的前提条件。但是我们看到，到本案案发时止，创投公司的相关规章制度并没有对公司财务人员的职责作出明确规定。由于没有明确的规章制度规范财务人员在银行业务中的行为，导致上诉人秦某在银行业务中只能凭一般的约定俗成的规则开展工作。而各大商业银行为了对外揽储，推出了各种优惠或者便利的业务方式，其中就包括对于一些重要的客户（VIP）上门办理开户、储蓄等业务。因此，上诉人秦某在办理银行业务过程中没有亲自去银行柜台办理开户手续，也没有亲自去银行办理对账及转账业务，而是交由上门的所谓的"某商业银行工作人员"办理，固然存在失职之处，但创投公司没有制定规定公司财务人员相关职责的规章制度也是导致本案发生的一个重要原因。

2. 创投公司领导对上诉人秦某等财务人员多次发出不当指示

本案中，上诉人秦某的主要失职之处表现为没有对冒充"某商业银行工作人员"上门办理开户业务的韩某身份进行核实，并将诸如对账及转账等业务交由韩某办理而没有亲自去银行柜台办理。但造成这种情况发生的主要原因则是受到了创投公司相关领导的指示。例如，周某是创投公司董事长魏某介绍给上诉人的,韩某所谓"某商业银行工作人员"身份也是魏某介绍的,而且魏某还指示上诉人以后与某商业银行对接的相关工作就与周某联系。在后来与某商业银行办理相关业务过程中,甚至是周某通过创投公司总经理楚某直接指示上诉人应该如何做。

可见,本案中秦某的失职行为是在创投公司内部关于财务人员职责的规章制度缺乏的情形下,按照单位领导的指示办理开户业务。在当前"领导一言九鼎,领导决定个人一切"的这种社会文化氛围中,无论是按照行为人标准,还是按照平均人标准,要求上诉人秦某无视领导的指示,去核实领导亲自介绍来的"某商业银行工作人员"的身份,以及要求上诉人秦某不按领导的指导亲往现场去办理相关业务,显然都是强人所难。因此,本案中上诉人秦某的失职行为也缺乏期待可能性,依法不应当追究刑事责任。

综上所述,辩护人认为,南昌市东湖区人民法院[2014]东刑初字第16号刑事判决书之针对上诉人的判决,在事实查明、认定评价等方面存在严重偏差,判决错误,恳请二审法院本着实事求是,认真负责,有错必纠的工作态度,给上诉人秦某一个公正公平的判决。

辩护人:胡东平
2014 年 11 月 9 日

参考文献

一、著作类

1. 叶孝信主编:《中国法制史》,北京大学出版社1989年版。
2. 范忠信、陈景良主编:《中国法制史》,北京大学出版社2007年版。
3. 李放主编:《法学问题集解》,吉林大学出版社1985年版。
4. 司法部法学教材编辑部编审,何秉松主编:《刑法教科书》,中国法制出版社1997年版。
5. 刘艳红:《实质犯罪论》,中国人民大学出版社2014年版。
6. 梁根林、[德]埃里克·希尔根多夫主编:《中德刑法学者的对话:罪刑法定与刑法解释》,北京大学出版社2013年版。
7. 张明楷:《刑法学》(第4版),法律出版社2011年版。
8. 黎宏:《刑法学各论》,法律出版社2016年版。
9. 陈兴良:《本体刑法学》,商务印书馆2001年版。
10. 韩忠谟:《刑法原理》,中国政法大学出版社2002年版。
11. 李希慧:《刑法解释论》,中国人民公安大学出版社1995年版。
12. 张明楷:《刑法分则的解释原理》,中国人民大学出版社2004年版。
13. 杨仁寿:《法学方法论》,中国政法大学出版社1999年版。
14. 林山田:《刑法通论》(上册),林山田自版第9版。
15. 黄荣坚:《刑法问题与利益思考》,中国人民大学出版社2009年版。
16. 陈兴良:《当代中国刑法的新视野》,中国政法大学出版社1999年版。
17. 张明楷:《刑法格言的展开》,法律出版社1999年版。
18. 马克昌主编:《刑罚通论》(第2版),武汉大学出版社1999年版。
19. 马克昌主编:《犯罪通论》(第3版),武汉大学出版社1999年版。
20. 王作富主编:《刑法分则实务研究》(第2版·下册),中国方正出版社2003年版。
21. 赵炳寿主编:《刑法若干理论问题研究》,四川大学出版社1992年版。

22. 邱兴隆、许章润：《刑罚学》，群众出版社 1988 年版。
23. 李海东：《刑法原理入门（犯罪论基础）》，法律出版社 1998 年版。
24. 张明楷：《外国刑法纲要》，清华大学出版社 1999 年版。
25. 张明楷：《刑法的基本立场》，中国法制出版社 2002 年版。
26. 司法部法学教材编辑部编审，高铭暄、马克昌主编：《刑法学》（上编），中国法制出版社 1999 年版。
27. 周光权：《法治视野中的刑法客观主义》，清华大学出版社 2002 年版。
28. 高铭暄、马克昌主编：《刑法学》（第 3 版），北京大学出版社、高等教育出版社 2007 年版。
29. 高铭暄主编：《新编中国刑法学》（上册），中国人民大学出版社 1998 年版。
30. 马克昌：《比较刑法原理——外国刑法学总论》，武汉大学出版社 2002 年版。
31. 陈金林：《积极一般预防理论研究》，武汉大学出版社 2013 年版
32. 张明楷：《法益初论》，中国政法大学出版社 2000 年版。
33. 吕世伦、文正邦主编：《法哲学论》，中国人民大学出版社 1999 年版。
34. 郑永流：《法律方法阶梯》，北京大学出版社 2008 年版。
35. 姜敏：《刑法修正案犯罪化及限制》，中国法制出版社 2015 年版。
36. 赵万一：《商法基本问题研究》，法律出版社 2002 年版。
37. 欧阳涛、魏克家、刘仁文主编：《易混淆罪与非罪、罪与罪的界限》，中国人民公安大学出版社 1999 年版。
38. 高铭暄主编：《中国刑法学》，中国人民大学出版社 1989 年版。
39. 付立忠：《环境刑法学》，中国方正出版社 2001 年版。
40. 赵秉志主编：《犯罪总论问题探索》，法律出版社 2003 年版。
41. 吴建国：《唯物辩证法对偶范畴论》，江苏人民出版社 1986 年版。
42. 储槐植：《美国刑法》（第 3 版），北京大学出版社 2005 年版。
43. 周光权：《刑法总论》（第 3 版），中国人民大学出版社 2016 年版。
44. 许玉秀：《当代刑法思潮》，中国民主法制出版社 2005 年版。
45. 许玉秀：《主观与客观之间——主观理论与客观归责》，法律出版社 2008 年版。
46. 陈兴良：《共同犯罪论》，中国社会科学出版社 1992 年版。
47. 阎二鹏：《共犯与身份》，中国检察出版社 2007 年版。
48. 马克昌、莫洪宪主编：《中日共同犯罪比较研究》，武汉大学出版社 2003 年版。
49. 高铭暄、赵秉志主编：《犯罪总论比较研究》，北京大学出版社 2008 年版。
50. 陈兴良、周光权：《刑法学的现代展开Ⅰ》（第 2 版），中国人民大学出版社 2015 年版。
51. 何勤华、夏菲主编：《西方刑法史》，北京大学出版社 2006 年版。
52. 蔡枢衡：《中国刑法史》，广西人民出版社 1983 年版。

53. 宁汉林:《中国刑法通史》(第2分册),辽宁大学出版社1986年版。
54. 马克昌主编:《近代西方刑法学说史略》,中国检察出版社2004年版。
55. 赵秉志主编:《刑罚总论问题探索》,法律出版社2002年版。
56. 胡东平:《人格导入定罪研究》,法律出版社2019年版。
57. 张绍谦:《刑法因果关系研究》,中国检察院出版社2004年版。
58. 林亚刚:《犯罪过失研究》,武汉大学出版社2000年版。
59. 冯军:《刑事责任论》(修订版),社会科学文献出版社2017年版。
60. 陈兴良主编:《刑事法判解》(第10卷),北京大学出版社2009年版。
61. 童德华:《刑法中的期待可能性论》,中国政法大学出版社2004年版。
62. 《刑法学》编写组编:《刑法学》(上册·总论),高等教育出版社2019年版。
63. 周道鸾、张军主编:《刑法罪名精释——对最高人民法院、最高人民检察院关于罪名司法解释的理解和适用》(第3版),人民法院出版社2007年版。
64. [意] 切萨雷·贝卡利亚:《论犯罪与刑罚》,黄风译,中国法制出版社2005年版。
65. 严平编选:《伽达默尔集》,邓安庆等译,上海远东出版社1997年版。
66. [日] 野村稔:《刑法总论》,全理其、何力译,邓又天审校,法律出版社2001年版。
67. [德] 阿图尔·考夫曼、温弗里德·哈斯默尔主编:《当代法哲学和法律理论导论》,郑永流译,法律出版社2002年版。
68. [德] 康德:《法的形而上学原理——权利的科学》,沈叔平译,林荣远校,商务印书馆1991年版。
69. [德] 安塞尔姆·里特尔·冯·费尔巴哈:《德国刑法教科书》(第14版),徐久生译,中国方正出版社2010年版。
70. [日] 大塚仁:《犯罪论的基本问题》,冯军译,中国政法大学出版社1993年版。
71. [日] 中山研一:《刑法的基本思想》,姜伟、毕英达译,李平校,国际文化出版公司1988年版。
72. [美] 汤姆·L.彼彻姆:《哲学的伦理学》,雷克勤等译,中国社会科学出版社1990年版。
73. [日] 大塚仁:《刑法概说(总论)》(第3版),冯军译,中国人民大学出版社2003年版。
74. [韩] 李在祥:《韩国刑法总论》,[韩] 韩相敦译,中国人民大学出版社2005年版。
75. [日] 山口厚:《刑法总论》(第3版),付立庆译,中国人民大学出版社2018年版。
76. [日] 曾根威彦:《刑法学基础》,黎宏译,法律出版社2005年版。
77. [日] 大谷实:《刑法总论》(新版第2版),黎宏译,中国人民大学出版社2008年版。
78. [德] 弗兰茨·冯·李斯特:《李斯特德国刑法教科书》,[德] 埃贝哈德·施密特修订,徐久生译,北京大学出版社2021年版。

79. ［德］罗克辛：《德国刑法学总论》（第 1 卷·犯罪原理的基础构造），王世洲译，法律出版社 2005 年版。

80. ［韩］金日秀、徐辅鹤：《韩国刑法总论》（第 11 版），郑军男译，武汉大学出版社 2008 年版。

81. ［德］乌尔里希·贝克：《世界风险社会》，吴英姿、孙淑敏译，南京大学出版社 2004 年版。

82. ［日］西田典之：《日本刑法总论》，刘明祥、王昭武译，中国人民大学出版社 2007 年版。

83. ［意］杜里奥·帕多瓦尼：《意大利刑法学原理》（注评版），陈忠林译评，中国人民大学出版社 2004 年版。

84. ［德］乌尔斯·金德霍伊泽尔：《刑法总论教科书》（第 6 版），蔡桂生译，北京大学出版社 2015 年版。

85. ［日］川端博：《刑法总论二十五讲》，甘添贵监译，余振华译，中国政法大学出版社 2003 年版。

86. 张凌、于秀峰编译：《日本刑法及特别刑法总览》，人民法院出版社 2017 年版。

二、论文类

1. 李炜杰、全荃：《并非"舶来品"：我国罪刑法定原则的思想渊源与当代意涵》，载《辽宁大学学报（哲学社会科学版）》2021 年第 2 期。

2. 武玉虹、徐建峰：《应然的论说与实然的评说——对新刑法罪刑法定原则"中国特色"透析与质疑》，载《浙江省政法管理干部学院学报》2001 年第 3 期。

3. 周少华：《罪刑法定与刑法机能之关系》，载《法学研究》2005 年第 3 期。

4. 郑厚勇：《盗窃罪：司法解释与刑法规定之冲突——质疑司法解释［1998］第 4 号》，载《湖北社会科学》2004 年第 2 期。

5. 李希慧：《罪刑法定原则与刑法有权解释》，载《河北法学》2009 年第 5 期。

6. 张明楷：《网络诽谤的争议问题探究》，载《中国法学》2015 年第 3 期。

7. 付立庆：《恶意散布他人捏造事实行为之法律定性》，载《法学》2012 年第 6 期。

8. 梁根林：《罪刑法定原则：挑战、重申与重述——刑事影响力案件引发的思考与检讨》，载《清华法学》2019 年第 6 期。

9. 杨兴培：《检视罪刑法定原则在当前中国的命运境遇——兼论中国刑法理论的危机到来》，载《华东政法大学学报》2010 年第 1 期。

10. 高巍：《重构罪刑法定原则》，载《中国社会科学》2020 年第 3 期。

11. 马荣春：《刑法的可能性：预测可能性》，载《法律科学（西北政法大学学报）》2013 年第 1 期。

12. 张明楷：《刑法学中的当然解释》，载《现代法学》2012年第4期。
13. 吴丙新：《罪刑法定与刑法解释的冲突》，载《法学论坛》2001年第5期。
14. 李翔：《论我国刑法中的当然解释及其限度》，载《法学》2014年第5期。
15. 魏治勋：《当然解释的思维机理及操作规则》，载《法商研究》2018年第3期。
16. 陈兴良：《刑法教义学中的当然推理》，载《环球法律评论》2024年第3期。
17. 王星光：《刑事司法中举轻以明重的滥用与规制》，载《法律适用（司法案例）》2018年第24期。
18. 王明辉、唐煜枫：《论刑法中重复评价的本质及其禁止》，载《当代法学》2007年第3期。
19. 聂慧苹：《禁止重复评价之刑法展开与贯彻》，载《中国刑事法杂志》2015年第3期。
20. 陈兴良：《禁止重复评价研究》，载《现代法学》1994年第1期。
21. 杨大器：《论"同一罪名"之认定与连续犯之适用》，载《刑法总则论文选辑》，五南图书出版有限公司1984年版。
22. 彭子衡、侯成成：《论禁止重复评价原则及其司法适用》，载《公安理论与实践（上海公安高等专科学校学报）》2007年第6期。
23. 孙万怀、刘环宇：《论禁止重复评价的判断标准及其适用争议问题》，载《法治研究》2022年第2期。
24. 苗生明、周颖：《认罪认罚从宽制度适用的基本问题——〈关于适用认罪认罚从宽制度的指导意见〉的理解和适用》，载《中国刑事法杂志》2019年第6期。
25. 杨忠民、陈志军：《刑法第13条"但书"的出罪功能及司法适用研究》，载《中国人民公安大学学报（社会科学版）》2008年第5期。
26. 陈兴良：《社会危害性理论：进一步的批判性清理》，载《中国法学》2006年第4期。
27. 樊文：《罪刑法定与社会危害性的冲突——兼析新刑法第13条关于犯罪的概念》，载《法律科学（西北政法大学学报）》1998年第1期。
28. 陈兴良：《社会危害性理论——一个反思性检讨》，载《法学研究》2000年第1期。
29. 刘艳红：《社会危害性理论之辨正》，载《中国法学》2002年第2期。
30. 黎宏：《判断行为的社会危害性时不应考虑主观要素》，载《法商研究》2006年第1期。
31. 詹红星：《社会危害性理论研究的逻辑前提》，载《法学评论》2008年第4期。
32. 王勇：《论犯罪的本质特征》，载《宁夏社会科学》1987年第5期。
33. 马荣春、韩丽欣：《论犯罪社会危害性评价机制的确立》，载《中国刑事法杂志》2007年第4期。
34. 刘科：《回顾与展望：社会危害性理论研究三十年》，载《河北法学》2008年第11期。
35. 叶高峰、史卫忠：《情节犯的反思及其立法完善》，载《法学评论》1997年第2期。

36. 冀洋：《法益保护原则：立法批判功能的证伪》，载《政治与法律》2019 年第 10 期。

37. 郑军男：《论数据权益的刑法保护——民刑交错视角下的法益保护论探讨》，载《交大法学》2023 年第 6 期。

38. 刘艳红：《我国应该停止犯罪化的刑事立法》，载《法学》2011 年第 11 期。

39. 时延安：《犯罪化与惩罚体系的完善》，载《中国社会科学》2018 年第 10 期。

40. 陈兴良：《从归因到归责：客观归责理论研究》载《法学研究》2006 年第 2 期。

41. 周光权：《客观归责理论的方法论意义兼与刘艳红教授商榷》，载《中外法学》2012 年第 2 期。

42. 周光权：《客观归责论与实务上的规范判断》，载《国家检察官学院学报》2020 年第 1 期。

43. 周光权：《行为无价值论与客观归责理论》，载《清华法学》2015 年第 1 期。

44. 车浩：《假定因果关系、结果避免可能性与客观归责》，载《法学研究》2009 年第 5 期。

45. 庄劲：《客观归责理论的危机与突围——风险变形、合法替代行为与假设的因果关系》，载《清华法学》2015 年第 3 期。

46. 张明楷：《也谈客观归责理论——兼与周光权、刘艳红教授商榷》，载《中外法学》2013 年第 2 期。

47. 周光权：《风险升高理论与存疑有利于被告原则——兼论"赵达文交通肇事案"的定性》，载《法学》2018 年第 8 期。

48. 孙运梁：《客观归责理论的引入与因果关系的功能回归》，载《现代法学》2013 年第 1 期。

49. 劳东燕：《风险分配与刑法归责：因果关系理论的反思》，载《政法论坛》2010 年第 6 期。

50. 付立庆：《被害人因受骗而同意的法律效果》，载《法学研究》2016 年第 2 期。

51. 周光权：《被害人受欺骗的承诺与法益处分目的错误——结合检例第 140 号等案例的研究》，载《中国刑事法杂志》2022 年第 2 期。

52. 徐海东：《客观归责理论与污染环境罪因果关系的判断》，载《广西社会科学》2020 年第 3 期。

53. 孙运梁：《客观归责论在我国的本土化：立场选择与规则适用》，载《法学》2019 年第 5 期。

54. 王钢：《被害人承诺的体系定位》，载《比较法研究》2019 年第 4 期。

55. 王钢：《被害人自治视阈下的承诺有效性——兼论三角关系中的判断》，载《政法论丛》2019 年第 5 期。

56. 车浩：《论刑法上的被害人同意能力》，载《法律科学（西北政法大学学报）》2008 年第 6 期。

57. 肖敏：《被害人承诺探究——民权刑法视域中的利益衡量》，载《政治与法律》2007 年第 4 期。
58. 张亚军：《被害人承诺新论》，载《中国刑事法杂志》2005 年第 4 期。
59. 黎宏：《被害人承诺问题研究》，载《法学研究》2007 年第 1 期。
60. 吴振兴、林铤：《论不纯正身份犯及其共犯问题》，载《广西大学学报（哲学社会科学版）》2011 年第 4 期。
61. 林维：《真正身份犯之共犯问题展开——实行行为决定论的贯彻》，载《法学家》2013 年第 6 期。
62. 阎二鹏：《身份犯本质刍议》，载《当代法学》2007 年第 5 期。
63. 姜涛：《责任主义与量刑规则：量刑原理的双重体系建构》，载《政治与法律》2014 年第 3 期。
64. 劳东燕：《罪责的客观化与期待可能性理论的命运》，载《现代法学》2008 年第 5 期。
65. 张明楷：《责任论的基本问题》，载《比较法研究》2018 年第 3 期。
66. 吴景芳：《刑罚与量刑》，载《法律适用》2004 年第 2 期。
67. 高永明：《责任主义简论》，载《海峡法学》2016 年第 4 期。
68. 劳东燕：《公共政策与风险社会的刑法》，载《中国社会科学》2007 年第 3 期。
69. 劳东燕：《责任主义与过失犯中的预见可能性》，载《比较法研究》2018 年第 3 期。
70. 张明楷：《责任主义与量刑原理——以点的理论为中心》，载《法学研究》2010 年第 5 期。
71. 彭凤莲：《监督过失责任论》，载《法学家》2004 年第 6 期。
72. 陈兴良：《过失犯论的法理展开》，载《华东政法大学学报》2012 年第 4 期。
73. 王珏：《监督管理过失成立范围的界定》，载《学术交流》2016 年第 11 期。
74. 姜涛：《监督过失的限缩适用方案》，载《清华法学》2021 年第 6 期。
75. 易益典：《论监督过失理论的刑法适用》，载《华东政法大学学报》2010 年第 1 期。
76. 钱叶六：《监督过失理论及其适用》，载《法学论坛》2010 年第 3 期。
77. 童德华、马嘉阳：《刑法中监督过失的适用条件及归属限制》，载《社会科学动态》2020 年第 6 期。
78. 马嘉阳：《客观归属下监督过失因果关系的认定》，载《山西警察学院学报》2020 年第 3 期。
79. 吴世敏：《过失犯中注意义务违反性之研究》，台湾大学 1999 年硕士学位论文。
80. 李兰英、傅以：《网络金融犯罪中违法性认识错误可避免的司法判断》，载《南京大学学报（哲学·人文科学·社会科学版）》2021 年第 5 期。
81. 张泽涛：《行政犯违法性认识错误不可避免的司法认定及其处理》，载《政法论坛》

2022 年第 1 期。

82. 刘艳红：《"司法无良知"抑或"刑法无底线"——以"摆摊打气球案"入刑为视角的分析》，载《东南大学学报（哲学社会科学版）》2017 年第 1 期。

83. 刘艳红：《违法性认识的体系性地位——刑民交叉视野下违法性认识要素的规范分配》，载《扬州大学学报（人文社会科学版）》2015 年第 4 期。

84. 石经海、吴永辉：《违法性认识的本土化》，载《河南大学学报（社会科学版）》2019 年第 1 期。

85. 张亚平：《法定犯违法性认识错误不可避免性的出罪适用》，载《中国刑事法杂志》2023 年第 6 期。

86. 周光权：《违法性认识不是故意的要素》，载《中国法学》2006 年第 1 期。

87. 石佳宇：《不法归属视野下违法性认识的功能论证——兼论《刑法》第 14 条之规范解释》，载《南大法学》2023 年第 4 期。

88. 江珞伊：《违法性认识错误的司法困境与判断方法以 936 份裁判文书为样本》，载《中外法学》2023 年第 1 期。

89. 车浩：《法定犯时代的违法性认识错误》，载《清华法学》2015 年第 4 期。

90. 张明楷：《期待可能性理论的梳理》，载《法学研究》2009 年第 1 期。

91. 董文蕙、吴辉龙：《期待可能性理论的体系风险及中国态度》，载《华南理工大学学报（社会科学版）》2020 年第 3 期。

92. 马克昌：《德、日刑法理论中的期待可能性》，载《武汉大学学报（哲学社会科学版）》2002 年第 1 期。

93. 陈兴良：《期待可能性问题研究》，载《法律科学（西北政法大学学报）》2006 年第 3 期。

94. 龙长海：《期待可能性理论之否定》，载《北方法学》2010 年第 2 期。

95. 李立众、刘代华：《期待可能性理论研究》，载《中外法学》1999 年第 1 期。

96. 姜涛：《期待可能性理论：引进还是拒绝》，载《江苏大学学报》2005 年第 4 期。

97. 陈兴良：《期待可能性的体系性地位——以罪责构造的变动为线索的考察》，载《中国法学》2008 年第 5 期。

98. 刘艳红：《调节性刑罚恕免事由：期待可能性理论的功能定位》，载《中国法学》2009 年第 4 期。

99. 钱叶六：《期待可能性理论的引入及限定性适用》，载《法学研究》2015 年第 6 期。

100. 翟宇航：《期待可能性理论在刑事审判中的应用研究——以 412 份刑事裁判文书为样本》，载《西安石油大学学报》2020 年第 5 期。

101. 李拥军、杨德敏：《期待可能性的人性意涵和实践反思》，载《河北法学》2023 年第 9 期。

102. ［日］桥爪隆：《过失犯的构造》，王昭武译，载《苏州大学学报（法学版）》2016年第1期。

三、辞书类

1. 中国大百科全书总编辑委员会《法学》编辑委员会、中国大百科全书出版社编辑部编：《中国大百科全书·法学》，中国大百科全书出版社1984年版。
2. 中国社会科学院语言研究所词典编辑室编：《现代汉语小词典》，商务印书馆1980年版。
3. 中国社会科学院语言研究所词典编辑室编：《现代汉语词典》，商务印书馆2005年版。
4. 夏征农主编，徐复等编：《辞海·语辞分册》，上海辞书出版社2003年版。
5. 《德国刑法典》（2002年修订），徐久生、庄敬华译，法律出版社2004年版。
6. ［美］乔治·恩德勒等主编：《经济伦理学大辞典》，王淼洋译文主编，李兆雄、陈泽环译，上海人民出版社2001年版。

后 记

我是从大学毕业就分配到一所警察学校教授刑法。说来惭愧，当时自己几乎是刑法理论的门外汉，想到"要给学生一滴水，自己就要有一桶水"，心中实在是惶恐不安。于是每天下班后独自留校，利用晚上时间加紧备课，第二天再将头一天自学的东西现学现卖。于是我的刑法理论知识就在这种疲于应付之中慢慢积累起来，以后又经过三年博士生涯刑法名师的指点，等到博士毕业入职南昌大学法学院时，自觉讲授刑法理论时已不再怯场了。

然而，校园内回答学生有关刑法问题时我虽然胸有成竹，但校园外面对熟人朋友的法律咨询时却常常底气不足。因为自己虽然可以运用所掌握的刑法理论知识侃侃而谈，但毕竟没有司法实务的经验，总担心自己的回复是否与司法实践的做法一致，是否会误导了咨询者？毕竟，咨询者并不关心该回复在刑法理论上是否正确，而是期望我的答复能够对他的案件的最终处理结果有所帮助。

正好我在多年前就通过了律师资格考试，基于对刑事实务的好奇，我开启了一面在大学教授刑法理论，一面在律师事务所从事兼职律师的生涯。由于自己所学专业是刑法，又在大学里教授刑法，所以自然被贴上"专办刑案"的标签，也因此获得了许多办理刑事案件的实务经验。

这种游走于刑法理论与刑事辩护之间的生活至今已有十余年，如今再面对熟人朋友的法律咨询当然是底气十足，即便是在学校教授刑法理论时，也常常能够做到理论结合实践。这些年由于自己的懒惰，在刑法学术上乏善可陈，愧对导师刘艳红教授当初对我"厚积薄发"的鼓励；但毕竟讲授二十多年的刑法课程，于刑法基础理论也算是烂熟于心。因此在办理刑事案件时，总是会不由自主地想到运用相关刑法理论来构建我的辩护思路。这样一方面使得我获得了部分当事人的认可，例如在一起关于帮助信息网络犯罪活动罪的案件中，被告人不服一审判决上诉了，其家属找到我时，我就运用社会危害性理论对一审判决存在的错误进行了分析，家属在此前已咨询过好几位律师，听了我的分析后，感慨于前面咨询的律师都没能发现一审存在的问题，遂委托我代理该案件的二审。另一方面也令我的辩护工作受到部分法官检察官的称赞，例如在一起涉黑犯罪中，一审判决被告人犯虚假诉讼罪、诬告陷害罪、非法拘禁罪、敲诈勒索罪等众多罪名，我作为其二审辩护人，在认真研究案卷的基础上，运用禁止重复评价、被害人承诺、违法性认识等刑法理论撰写了辩护词。在与二审法官沟通时，法官对于我的辩护意见大加夸赞，声称较她接触过的其他律师要出彩得多。

当然，我的这种辩护风格除了收获掌声，有时也会遭遇冷眼。毕竟多数法官检察官更关心的是案件事实的认定，而对于运用刑法理论对案件进行的法律分析并不十分在意，另一方面，也囿于无罪判决率极低的司法现实，我的辩护意见被采纳的比例并不高。这时我就常常以苏轼《观棋》诗中的"胜固欣然，败亦可喜"自勉。败之所以可喜，是因为失败让人知道自己的不足，以便"知耻而后勇"。只是偶尔也会对刑法理论在司法实务中不被重视这种现状生出几丝抱怨。

然而，近年来，当出入检察官办公室，在年轻的检察官案头上常常看到张明楷教授所著的厚厚的《刑法学》专著作时，当受邀参与法院的刑事案件研讨会，听到法官运用片面共犯等刑法理论对案件的定性侃侃而谈时，我就想，刑事案件的办理其实是需要刑法理论的，就象鱼儿需要水一样。对于自己以往注重刑法理论的刑事辩护风格也是信心倍增，并萌生了将自己多年的刑法理论学习和刑事辩护实践进行总结提炼的想法，于是便有了本书的创作。

本书的出版得到了南昌大学法学院的大力资助及中国政法大学出版社的鼎力支持，江西豫章律师事务所为本书的创作提供了诸多素材，在此对南昌大学法学院胡华爱书记、熊永明副院长、韩宇鹏副书记、刘雪岚副院长、张恩典副院长、蓝寿荣教授、黄娅琴教授、刘晓农教授，中国政法大学出版社丁春晖编辑、吴承垚编辑，江西豫章律师事务所苑德闽主任、何大年主任、战赢主任、徐建章主任的关心、支持，致以诚挚谢意！

胡东平

2025 年 2 月于南昌大学前湖